老子的
道论

冯国超 著

道可道

当代中国出版社
Contemporary China Publishing House

图书在版编目（CIP）数据

道可道：老子的道论／冯国超著 . -- 北京：当代中国出版社，2024. 9. -- ISBN 978－7－5154－1451－5

Ⅰ . B223.15

中国国家版本馆 CIP 数据核字第 2024TV9471 号

出 版 人	王　茵
责任编辑	徐　芳
责任校对	贾云华　康　莹
印刷监制	刘艳平
封面设计	宋　涛　鲁　娟
出版发行	当代中国出版社
地　　址	北京市地安门西大街旌勇里 8 号
网　　址	http：//www. ddzg. net
邮政编码	100009
编 辑 部	（010）66572154
市 场 部	（010）66572281　66572157
印　　刷	中国电影出版社印刷厂
开　　本	710 毫米 ×1000 毫米　1/16
印　　张	29.75 印张　1 插页　382 千字
版　　次	2024 年 9 月第 1 版
印　　次	2024 年 9 月第 1 次印刷
定　　价	108.00 元

版权所有，翻版必究；如有印装质量问题，请拨打（010）66572159 联系出版部调换。

目　录

绪　论

第一章　老子之"道"的确切含义及丰富意蕴

第一节　老子之"道"的确切含义 / 009

　一、历代学者对老子之"道"的解释及存在的不足 / 009

　二、"吾不知其名，字之曰道，强为之名曰大"——《老子》一书中对"道"之含义的唯一直接解释 / 012

第二节　"道"之本体的特点 / 019

　一、"视之不见""听不之闻""搏之不得"——《老子》第十四章，对"道"之本体的论述 / 020

　二、"道之为物，惟恍惟惚"——《老子》第二十一章，论"道"之本体若有若无，模糊不清 / 034

　三、"道常无名、朴，虽小"——"道"之本体永远是无形无名且浑然整全的 / 041

　四、"周行而不殆"——《老子》第二十五章，对"道"之本体存在及运行状况的论述 / 046

　五、《老子》中关于"道"之本体与作用关系的论述 / 051

第三节　老子之"道"的丰富意蕴 / 069

一、"道可道，非常道"——"道"之作用可以言说，"道"之本体不可言说 / 069

二、"道常无为而无不为"——《老子》第三十七章，论"道"与"为"的关系 / 078

三、"反者道之动，弱者道之用"——《老子》第四十章，论"道"运动的特点及发挥作用的方式 / 082

四、《老子》第四十一章，论"道"与世俗观念之关系 / 087

五、"虽有拱璧以先驷马，不如坐进此道"——《老子》第六十二章，论"道"的重要价值 / 093

六、"道大，似不肖"——《老子》第六十七章，论"道"之作用的特点 / 100

七、《老子》中"道"字的不同含义 / 105

第二章　"道"与天地及万物的关系

第一节　"道"是天地的根源和天下万物的母亲 / 144

一、《老子》第一章，论"道"是天地的本始和万物的母亲 / 145

二、"可以为天下母"——《老子》第二十五章，论"道"是天下万物的母亲 / 154

三、"渊兮，似万物之宗"——《老子》第四章，论"道"是万物的宗主 / 160

第二节　"道"创生万物的具体过程 / 164

一、《老子》第四十章，论从"无"到"有"、从"有"到万物的创生过程 / 165

二、《老子》第四十二章中的"道生一，一生二，二生三，三生万物"的确切内涵 / 170

第三节 "道"创生养育万物而不以主宰者自居 / 179

一、"衣养万物而不为主"——《老子》第三十四章,论"道"对万物的庇护养育 / 180

二、"生而不有,为而不恃,长而不宰"——《老子》第五十一章,论"道"之"玄德" / 186

第三章 修道得道的途径和具体方法

第一节 "塞兑""闭门""涤除玄览"——通过内在的心灵修炼来悟道 / 200

一、"涤除玄览"——《老子》第十章,要求清除心灵中的尘垢 / 201

二、"致虚极,守静笃"——《老子》第十六章,论使心灵达到空无之境的方法 / 212

三、"浊以静之徐清","安以动之徐生"——《老子》第十五章中变浑浊为清澈、安定为生长的修道方法 / 224

四、"挫锐""解纷","塞兑""闭门":老子论怎样达到至于"玄同"之境 / 228

五、"为腹不为目"——《老子》第十二章,提倡只求内在的满足,不求外在的享受 / 239

六、"为道日损"——修道,知识和欲望一天天减少 / 247

第二节 通过遵行"道"的原则以得道 / 253

一、"执今之道,以御今之有"——《老子》第十四章中介绍的悟道之途 / 253

二、通过"无名""阅众甫"——《老子》第二十一章中关于把握"道"之本体的方法 / 261

三、知雄守雌,知白守黑,知荣守辱——《老子》第二十八章提倡通过安守柔弱、暗昧、卑辱以与"道"合一 / 267

四、《老子》第十章,论如何通过虚与实、为与无为的结合来把握"道" / 275

第四章 知"道"守"道"的重要性

第一节 知"道"守"道"的好处和作用 / 284

一、"执大象，天下往"——《老子》第三十五章，称守"道"者能得天下人的衷心拥护 / 285

二、"侯王得一以为天下正"——侯王守"道"而成为天下的君长 / 289

三、"不行而知，不见而名，不为而成"——《老子》第四十七章，称圣人因得道而具有异乎常人的功能 / 294

四、"知常曰明"，"没身不殆"——《老子》第十六章，称知"道"者终生不会有危险 / 299

五、"微妙玄通，深不可识"——《老子》第十五章，论得道者的外在表现和精神境界 / 302

六、"含德之厚，比于赤子"——《老子》第五十五章，称得道者能像赤子一样精气充盈 / 309

第二节 与"道"相背的行为及其危害 / 314

一、"不道早已"——《老子》第三十章，认为不合乎"道"的东西会提前终结 / 315

二、《老子》第二十四章，论悖道者"企""跨""伐""矜"的危害 / 322

三、"前识者，道之华，而愚之始"——《老子》第三十八章，论不合于"道"的"前识"是愚昧的根源 / 328

四、《老子》第五十三章，论"非道"的"盗夸"之行 / 337

五、"损不足以奉有余"——《老子》第七十七章中与"天之道"相背的"人之道" / 344

第五章　与"道"相关的重要概念术语

第一节　德 / 351

　　一、指"道"显现出来的作用 / 352

　　二、指得自"道"的性质、特性 / 352

　　三、指经过修行而达到的境界——《老子》第六十三、第七十九章中的"德"的含义 / 367

　　四、指恩惠、恩德：《老子》第六十章中的"德交归焉"之"德" / 377

　　五、"玄德"：深奥玄妙的最高德行 / 380

　　六、《老子》第二十三章中的充满争议之"德" / 384

第二节　自然 / 390

　　一、《老子》中的"自然"大多指自己如此、自然而然 / 390

　　二、指"道"之本体——《老子》第二十五章中的"自然" / 400

第三节　"无"与"有" / 404

　　一、"有"和"无"：具体事物的存在与不存在 / 405

　　二、"无"比"有"更为根本 / 408

第四节　"无名"与"有名" / 409

　　一、"无名"与"有名"："道"之本体与"道"之作用 / 410

　　二、"无名"与"有名"：没有名称与有名称 / 410

第五节　"一"与"抱一" / 418

　　一、"一"：包含本体与作用的宇宙万物本原 / 418

　　二、持守"道"——《老子》第十、第二十二章中的"抱一"的含义 / 419

　　三、《老子》第十四章中"故混而为一"的"一"的含义：联合而成的整体，还是指"道"？ / 422

第六节　天道 / 423

　　一、《老子》中的"天道"多指自然的规律 / 423

二、《老子》第四十七章中的"天道"指天体、气候的状况及其运行
变化的规律 / 432

第七节　朴 / 436

一、《老子》第三十七章中的"朴"指"道"之本体 / 436

二、《老子》第二十八章中的"朴"既指质朴本真，亦指"道" / 437

三、《老子》第十五、第十九章等中的"朴"指质朴本真、浑厚
整全 / 439

第八节　"无极"与"冲气" / 443

一、《老子》第二十八章中的"无极"意为没有穷尽的"道" / 443

二、《老子》第四十二章中的"冲气"之所指 / 444

附　录　《老子》

绪　论

老子的道论，主要指《老子》中与"道"相关的一系列思想，包括"道"的含义、特点，"道"与万物的关系，知"道"守"道"的重要性，如何修道得道，等等。"道"是老子思想的核心，在《老子》五千言中，"道"字共七十五见，出现的频率是很高的。这诸多的"道"字，或指规律、准则，或指方法，或指道路，或指言说等，意思并不相同。那么，具有老子特色的"道"字，其确切含义又是什么呢？对此，通常的理解，是认为老子之"道"是宇宙万物的本原，是宇宙万物变化发展的内在根据和动力，等等。这样的理解当然是有道理的，但是亦存在一个明显的不足，就是意思过于宽泛，未能准确把握老子之"道"的实质内涵。

笔者认为，关于老子之"道"的确切含义，在《老子》一书中，最具代表性的表述当见于第二十五章："有物混成，先天地生。寂兮寥兮，独立而不改，周行而不殆，可以为天下母。吾不知其名，字之曰道，强为之名曰大。"[1] 其中的

---

[1] 冯国超译注：《老子》，华夏出版社2024年版，第133页。本书所引《老子》原文均出自该书，以下不再标注。

"吾不知其名，字之曰道"一句告诉我们：宇宙万物的本原（即"混成之物"）没有"名"，只有"字"，而在中国古代，"字"是对"名"的进一步解释和说明；宇宙万物的本原没有名的根本原因是它无声无形，不可捉摸，无法命名；"字之曰道"的原因是宇宙万物的本原创生天地万物，此作用是可见可知的，老子根据此作用而称宇宙万物的本原为"道"，说明"道"指的是宇宙万物本原的作用，而非其本体。因此，老子之"道"的确切含义，便是指宇宙万物本原的作用（具体论证过程详见本书第一章第一节）。

正是基于对老子之"道"的上述认识，笔者对老子的道论作了系统的概括和总结，其中较具特色或新意的，主要有以下六个方面的内容。

一是对《老子》中七十五个"道"字的含义作了详细的分析和梳理，一一指明了其确切含义。认为它们或指宇宙万物的本原，或指宇宙万物本原之本体，或指宇宙万物本原之作用，或指自然无为的原则，或指规律，或指规则、准则，或指方法等，含义十分丰富。阅读《老子》时，务必对它们的含义有准确的把握，否则便会造成对老子思想的误读。

二是在《老子》第四十二章中，提出了"道生一，一生二，二生三，三生万物"的宇宙生成模式，然而，对于其中的"一""二""三"的确切所指，学者们的争议较多。如对于其中的"一"，有的认为指元气，有的认为指"道"，有的认为指"有"；对于其中的"二"，有的认为指阴阳，有的认为指天地，有的认为指"一"与对"一"的言说之和；对于其中的"三"，有的认为指天、地、人，有的认为指阴气、阳气与和气；等等。有的学者则认为，老子这里所说的"一""二""三"，只是对"道"生万物的模式的一种表述，并无明确的含义，对其含义的具体探究，都是画蛇添足，徒劳无功的。笔者认为，"道生一"中的"道"，指宇宙万物本原之本体；"一"，指的是包含本体和作用的宇宙万物本原;"二",指天地;"三",指天、地与"一"之和;"三生万物",指"一"流行于天地之间,从而创生万物。因此,"三生万物"的实质,是"一"创生万物,天地只是提供了万物产生的场所。因为老子认为万物由"道"所生,从来没有说过别的东西可以创生万物,故笔者作出此种理解。

三是对"道法自然"的含义作出了独特的理解。在《老子》一书中,"自然"一词共五见。对于"自然"的确切含义,是目前老子学界的一个热门研究课题。在《老子》中,"自然"主要指自己如此、自然而然的意思,如"希言自然"(第二十三章)、"夫莫之命而常自然"(第五十一章)等中的"自然",指的都是这个意思。不过,"自然"概念之所以受到学者们的重视,关键还在于第二十五章中的"道法自然"一句,因为根据"道法自然"的说法,应该有一个比"道"更根本的东西,需要"道"去效法。然而,在老子思想中,"道"是宇宙万物的本原,怎么可能有一个比"道"更根本的东西呢?因此,关于"道法自然"的含义,学者们作出了种种不同的解释,或认为"道法自然"实质上指的是人效法自然;或认为"道法自然"指"道"的本性就是自然而然,"道"并无所法;或认为"道法自然"中的"自然"指的是"道";等等。笔者认为,古今学者对于"道法自然"的理解之所以会陷入种种困境,关键在于对其中的"自然"的理解出现了偏差。在笔者看来,这里的"自然",指的就是"混成之物"即宇宙万物本原之本体,因为"混成之物"的特性是自然(意为自然而然),故以"自然"代指;这里的"道",指的是"混成之物"的作用,而非"混成之物"之本体。因此,所谓"道法自然",便是指"道"效法"混成之物",说得再具体些,便是作为宇宙万物本原之作用的"道"效法以"自然"为特性的宇宙万物本原之本体。

四是对老子关于修道得道的途径和具体方法作了系统的归纳和总结。老子一方面强调"道"是宇宙万物的本原,是宇宙万物的创生者和主宰，具有至高无上的地位；另一方面又指出，人经过某种方法的修炼，便可达到与"道"合一的境界，即"道"可以"求以得"（第六十二章）。那么，具体而言，人又怎样才能与"道"合一呢？对此，《老子》一书中提出了各种方法，如"致虚极，守静笃"（第十六章）、"知其雄，守其雌"（第二十八章），等等。深入分析这些方法，笔者认为，它们大致可以归纳为两类：一类是通过内在的心灵修炼以求得道，如"涤除玄览"（第十章）、"塞其兑，闭其门"（第五十二章、第五十六章）之类；另一类是通过对"道"的原则的遵行以求得道，如"执今之道，以御今之有，能知古始"（第十四章）、"自今及古，其名不去，以阅众甫"（第二十一章）之类。那么，为什么通过上述两种途径便可实现与大道合一呢？这是因为，在老子看来，虚无自然，无思无欲，柔弱无为，这是"道"的基本特性，因此，人若能通过修炼，使自己的心灵保持像"道"那样虚无自然、无思无欲、柔弱无为的状态，便可达到与"道"合一的境界。

五是对《老子》中与"道"相关的重要概念术语的含义作了系统的介绍和说明。在《老子》一书中，除了"道"，亦涉及"德""一""朴""无""有""无名""有名""自然""无极"等不少概念术语，它们往往与"道"存在着密切的联系，如"德"，通常认为通"得"，指得自"道"的特殊性质；如"自然"，其本义为自己如此、自然而然，有时亦指"道"之本体；如"一"，通常认为即"道之子"，是"道"之本体的作用的显现；如"朴"，本义指质朴浑厚，有时亦指"道"，用来反映"道"的浑然整全的特性；如"无"，其本义为没有，但因"道"之本体无声无形，不可捉摸，故老子有时亦用"无"来指"道"之本体；……因此，弄清上述概念术语的确切含义及其与"道"的关系，对于我们准确把握老子道论的内涵，全面、准确地认识和把握老子思想，都有十分重要的价值和意义。

六是对"道"与天地、万物的关系作了深入的梳理。通常的理解，是认为"道"是天地万物的本原，是天地万物的创造者和主宰。然而，笔者认为，根据老子的具体论述，这样的表述是不够准确的，因为在《老子》中，天地与万物并非并列的概念，天地比万物要更为根本，老子在提及"天地"时，常常与"道"之本体一起使用，如"无名，天地之始"（第一章）、"有物混成，先天地生"（第二十五章）之类；但在提到"天下"或"万物"时，则常常与"道"之作用一起使用，如"有名，万物之母"（第一章）、"天下有始，以为天下母"（第五十二章）之类。因此，在"道"与天地及万物的关系上，准确的表述，应该是："道"是天地的根源和万物的母亲。

除了上述，本书还揭示了老子之"道"的丰富意蕴，包括"道"之运动的特点，"道"发挥作用的方式，"道"无为而无不为的性质，"道"与世俗观念的关系，"道"的重要价值，等等；说明了知"道"守"道"的重要性，如知"道"者可"长生久视"（第五十九章）、"没身不殆"（第十六章），得道者可以为"天下正"（第三十九章），即做天下的君主，而背"道"者则必会面临凶险："不知常，妄作凶"（第十六章），"不道早已"（第三十章、第五十五章）。

需要说明的是，为了对问题的讨论能更为深入、全面、透彻，本书采用了一种较为特殊的论述方式，就是在每一个专题的下面，先引用老子的相关原文，然后再对老子的原文作深入的解读。在对老子原文进行解读时，则通常会引用古今学者关于该原文的各种有代表性的解释，并对它们进行综合、归类，最后由笔者提出自己的理解。这样做的好处，是既可以全景式地展示古今学者对于老子的某一论述的不同理解、观点，又可以十分便捷地比较这些理解、观点的优劣长短、是非对错，从而得出对老子思想较为准确的解读。举例来说，在本书第二章第二节关于"'道'创生万物的具体过程"的论述中，引用了第四十章"天下万物生于有，有生于无"的文字，对于其中的"无"的含义，学者们多认为它指的就是"道"，因为"道"无形，故称。然而，对于"有"的含义，学者们则有众多不同的理解：或认为这里的"有"即天地；或认为其指具体的有形之物；或认为这里的"有"，处于"无"和万物之间，相当于第四十二章所说的"道生一"中的"一"，等等。笔者在具体分析各家的观点后，指出，这里的"有"，指的就是"道"，但它指的是"道"的作用，而非"道"的本体；而这里的"无"，指的才是"道"的本体。因此，所谓"天下万物生于有，有生于无"，便是指天下万物生于"道"的作用，而"道"的作用生于"道"的本体。说得更确切些，便是因为有了"道"的作用，从而有了天下万物；而"道"的作用则是"道"的本体的外化、显现。这样的论述方式，无疑将方便读者们对于"天下万物生于有，有生于无"的确切含义的把握和理解。

当然，这样的论述方式亦会存在某种"不足"，这就是所有的立论都必须以老子的原文为依据，而《老子》本身又并非一本逻辑层次清晰的论著，其常常在同一章中谈论几个方面的问题，亦会在不同的章中重复谈论某个问题，这就造成对老子的道论作归纳论述时难免会有一些重复之处。举例来说，第三十二章中说"道常无名、朴"，涉及"道""无名""朴"三个不同的概念，因此，本书在不同的章节论述"道""无名""朴"的含义时，便都会引用该句文字。另外，本书的章节标题亦主要是依据老子的原文设立的，这或许会让人感到不是那么"严整"。笔者亦深知抛开老子原文，全凭自己的理解来写作本书的"好处"：可以天马行空，纵横自如，而且看上去逻辑完整，层次井然。只是那样的作品就不是"老子的道论"，而是"作者以为的老子的道论"了。而这样的一家之言对于老子研究究竟有多少价值，是值得商榷的。

关于老子的道论，历代学者已有丰富的研究和论述，然而，由于缺乏对老子之"道"的含义的准确把握，这些论述大多存在所论过于宽泛、不够透彻等不足。笔者认为，只有从《老子》第二十五章的

"吾不知其名，字之曰道"等论述入手，把老子之"道"的确切含义理解为宇宙万物本原的作用，同时又认识到老子为了论述的方便，有时又用"道"代指宇宙万物的本原或宇宙万物本原之本体，才有可能弄清《老子》中每一个"道"字的含义，把握老子道论的真实内涵，从而真正读懂《老子》全书。当然，认为老子之"道"的确切含义是指宇宙万物本原的作用，这亦只是笔者的一孔之得，一家之言，能否成立，还望方家们不吝指正。

第一章

老子之"道"的确切含义及丰富意蕴

关于老子之"道"的含义,历代学者已有丰富的论述,当代学者则多把它理解为宇宙万物的本原,事物变化发展的根源和动力,事物必须遵循的客观规律,等等。这样的理解尽管大致不差,但均未能很好地揭示老子之"道"的实质内涵。笔者认为,要把握老子之"道"的确切含义,我们必须从《老子》第二十五章的相关论述入手:"有物混成,先天地生。寂兮寥兮,独立而不改,周行而不殆,可以为天下母。吾不知其名,字之曰道,强为之名曰大。"它告诉我们,作为宇宙万物本原的"混成之物"包含本体和作用两个方面,其本体"寂兮寥兮",即寂静无声,空虚无形,看不见摸不着,故无法命名;其作用表现为创生天下万物,即"可以为天下母",因为此作用可见可知,故老子"字之曰道"。这就说明,"道"的确切含义,是指宇宙万物本原的作用。但在《老子》一书中,老子有时亦用"道"来代指宇宙万物的本原或宇宙万物本原之本体。

正因为"道"包含本体和作用两个方面,本体无声无形,不可捉摸,无法命名,不可言说;作用可见可知,可以言说，故在《老子》第一章中说："道可道，非常道"——可以言说的"道"的作用，不是那"道"的本体。

不过，老子虽然说"道"之本体不可言说，但在《老子》一书中，仍不乏关于"道"之本体的论述，如"道之为物，惟恍惟惚"（第二十一章），"其上不皦，其下不昧"（第十四章），等等，这为我们把握"道"之本体的实质提供了很好的线索。

"道"是老子思想的核心，因此，在《老子》一书中，有大量关于"道"的论述，如"反者道之动，弱者道之用"（第四十章），"道冲，而用之或不盈"（第四章），"道大，似不肖"（第六十七章），等等。对"道"的特点、"道"的运动方式、"道"的作用等作了丰富的论述。另外，在《老子》一书中，共出现了七十五个"道"字，它们或指"道"之本体，或指"道"之作用，或同时包含"道"之本体或作用，或指自然无为的原则，或指事物变化发展的规律，等等。然而，落实到在不同语境中出现的每一个"道"字，其确切含义又是什么，对此，迄今还未见有学者对它们一一作出具体的分析和说明，而这，正是本书试图完成的重要任务之一。

第一节　老子之"道"的确切含义

对于老子之"道"的含义，历代学者根据自己的理解，作出了各种不同的概括和说明。然而，笔者遗憾地发现，它们大多只是依据老子的相关论述作出的归纳或总结，而未能深入老子思想逻辑的内部，作出实质性的把握，从而未能真正揭示老子之"道"的确切含义。

一、历代学者对老子之"道"的解释及存在的不足

在《老子》一书中，关于"道"有丰富的论述，如第四章："道冲，而用之或不盈"；第二十一章："道之为物，惟恍惟惚"；第三十二

章:"道常无名、朴,虽小,天下莫能臣";第四十二章:"道生一,一生二,二生三,三生万物";等等。正是基于这些论述,历代学者对老子之"道"的含义提出了各种不同的解释:

道非有而有,非物而物,混沌不分,而能生成庶品。①

道者,虚极之理也。夫论虚极之理,不可以有无分其象,不可以上下格其真。②

道者自然之理,万物之所由也。……有而无形,无而有精,其大无外,故大无不包;其小无内,故细无不入,无不通也。③

这样的概括和总结,指出"道"无形无象,却又真实存在,是万物的创生者,所说均有道理,但它们基本上都是对老子思想的转述,并没有说出更多新的内容来,此正如黄克剑所说:"古时注家释'道'多婉转相随于老子之语脉,虽不无启示,却总嫌断制浑沦,即使近于明畅之诠说,……亦皆未脱晦昧而须再予疏解。"④

相比之下,当代学者则对老子之"道"的含义作了更深入的分析和归纳:

道——混沌的,是朴素的。

道——自然的,本来就存在。

道——构成万物的原始材料。

道——无形象,肉眼看不见,感官不可触摸。

道——事物的规律。⑤

---

① 熊铁基、陈红星主编:《老子集成》第1卷,宗教文化出版社2011年版,第305页。
② 熊铁基、陈红星主编:《老子集成》第1卷,宗教文化出版社2011年版,第349页。
③ 范应元:《老子道德经古本集注》,华东师范大学出版社2010年版,第1—2页。
④ 黄克剑:《老子之"道"义旨阐要》,载《哲学动态》2018年第2期。
⑤ 任继愈:《任继愈谈老子哲学》,石油工业出版社2018年版,第6页。

第一章 老子之"道"的确切含义及丰富意蕴

《老子》书中第一次提出"道"这个哲学概念，大体说，它有两个意思：（一）有时是指物质世界的实体，亦即宇宙本体；（二）在更多场合下，是指支配物质世界或现实事物运动变化的普遍规律。这两者，在老子的观念中往往是纠缠在一起，分不十分清楚。①

"道"是老子哲学上的一个最高范畴，在《老子》书上它含有几种意义：一、构成世界的实体。二、创造宇宙的动力。三、促使万物运动的规律。四、作为人类行为的准则。②

这样的概括无疑是很有道理的，它提醒我们，在《老子》一书中出现的"道"字，其意思并不是完全相同的，我们必须根据具体的语境作出恰当的理解。但是它们亦存在一个明显的不足：只是罗列了《老子》一书中出现的"道"字的诸种含义，而没有对老子之"道"的实质内涵作出准确的概括和说明。因为"道"作为老子思想的核心概念，必有其独特的内涵，此正如刘笑敢所说："我们可以找到很多很多对于什么是老子之道的解释，……比如本原、本体、元气、原初物质、客观规律、精神实体、境界形态，等等。但是这些解释都是把道当作一种现代的哲学概念，可是将这些概念放到《道德经》原文中，就会感到不吻合、不贴切。"③沈顺福也说："在中国哲学史上，讨论最多的概念大概就是'道'了，尤其是'《老子》之道'。但前人做了这么多研究，成就究竟如何呢？或者说，他们是否准确地解释了'《老子》之道'呢？在笔者看来，情形似乎不是那么乐观。虽然有些学者的观点接近于真实，但是，多数人或者小题大做，或者异想天开，并未提供令人满意的解释。"④

那么老子之"道"的实质内涵是什么呢？笔者认为，纵观《老

---

① 张松如：《老子说解》，齐鲁书社1998年版，第6—7页。
② 陈鼓应：《老子今注今译》，商务印书馆2003年版，第78页。
③ 刘笑敢：《〈道德经〉智慧100讲》，上海人民出版社2023年版，第40页。
④ 沈顺福：《作为摹状词的"〈老子〉之道"》，载《哲学动态》2018年第2期。

子》全书，真正对"道"的内涵作出实质性说明的，当见于第二十五章。

二、"吾不知其名，字之曰道，强为之名曰大"——《老子》一书中对"道"之含义的唯一直接解释

有物混成，先天地生。寂兮寥兮，独立而不改，周行而不殆，可以为天下母。吾不知其名，字之曰道，强为之名曰大。（第二十五章）

在上述引文中，特别值得我们关注的，是"吾不知其名，字之曰道，强为之名曰大"这一段。该段文字对于我们理解老子之"道"的内涵有十分重要的意义，对此，一些学者已有十分精辟的论述，如杜道坚说："首章言'无名，天地之始'，演至此而漏泄春风，有不容闷者矣。"[①]李道纯说："'有物混成'以下一节，全首章体道之要。"[②]然而，遗憾的是，因为这些论述过于简洁，一直未能受到学界的广泛关注和重视。

（一）老子为什么说"吾不知其名"？

"有物混成，先天地生"，说明在天地产生之前，即存在一个"混成"之"物"，亦即浑然一体、自然而成的东西；这个东西"可以为天下母"，即可以说是天下万物的母亲，则此"混成之物"便是宇宙万物的本原。"吾不知其名"中的"吾"，一些学者认为指的是老子，如范应元说："吾者，老子自称也。"[③]杜道坚说："老圣谦辞，谓吾不知其名"[④]。这里的"其"，指"先天地生"的"混成之物"。那么，老子为什么说他不知道"混成之物"之名呢？对此，一些学

---

① 熊铁基、陈红星主编：《老子集成》第5卷，宗教文化出版社2011年版，第493页。
② 熊铁基、陈红星主编：《老子集成》第5卷，宗教文化出版社2011年版，第10页。
③ 范应元：《老子道德经古本集注》，华东师范大学出版社2010年版，第46页。
④ 熊铁基、陈红星主编：《老子集成》第5卷，宗教文化出版社2011年版，第493页。

者指出，因为只有有形体的东西才可以命名，"混成之物""寂兮寥兮"，无声无形，所以无法命名；既然无法命名，老子当然亦就"不知其名"了。如河上公说："我不见道〔之〕形容，不知当何以名之。"① 王弼说："名以定形。混成无形，不可得而定，故曰'不知其名'也。"②

在此值得我们注意的一个问题是：老子说"有物混成，先天地生"，又说此"物""可以为天下母"，但自己又"不知其名"，这样的一种状况，是老子凭理性推理而得出的，还是老子自己的一种直觉体悟？对此，杜道坚认为当是老子"隐几神游"而得："然则道何自而知，何从而得哉？吾将欲言，而忘其所欲言也。余尝于洒扫之暇，隐几神游，溯仰先天混成之道，寂寥无朕，独立周行，化化生生，今古不忒，是宜可为天下母也。"③ 这样的解释无疑具有某种神秘的成分，不太容易为众人所接受。其实，每当老子对"道"进行描述时，人们都会发出这样的疑问。遗憾的是，对于此问题，迄今仍缺乏令人信服的解释。笔者认为，老子关于"道"的论述，应是以其独特的个人体悟及严密的逻辑推衍为依据的。

（二）"字之曰道"的内涵及"字"前是否应加"强"字

要了解"字之曰道"的确切含义，须先了解"字"的含义。"字"在这里相当于"取表字"的意思，而所谓"表字"，指的是在本名之外所取的与本名意义相关的另一名字，如孔子名丘，字仲尼，"仲尼"即与"丘"意义相关的另一名字。此正如吴澄所说："字者，名之副而非名也。"④ 因先天地而生的"混成之物"无声无形，看不见摸不着，所以无法对它命名。但是，此"混成之物"生化天地万物，其作用却

---

① 王卡点校：《老子道德经河上公章句》，中华书局1993年版，第102页。
② 楼宇烈校释：《老子道德经注校释》，中华书局2008年版，第63页。
③ 熊铁基、陈红星主编：《老子集成》第5卷，宗教文化出版社2011年版，第493页。
④ 熊铁基、陈红星主编：《老子集成》第5卷，宗教文化出版社2011年版，第620页。

是能为人所知的，故老子便根据其作用对它进行命名；因命名的只是其作用而非"混成之物"本身，所以只能说"字之曰道"，而不能说"名之曰道"。对于这一道理，学者们有这样的论述：

> 其义可言也，故"字之曰道"。"不知其名"，以心契之也；"字之曰道"，以义言之也。①

> "吾不知其名"，不可得而名也。名不可得，"字之曰道"，"字"者，代名之谓也。②

那么，老子为什么要把此"混成之物""字"之为"道"，而不是别的称呼呢？对此，有的学者指出，因为"道"的本义是道路，人要沿着道路而行，万物则无不由"混成之物"而出，两者存在相似性，故老子以"道"作为"混成之物"之"字"。如王弼说："夫名以定形，字以称可。言道取于无物而不由也。"③苏辙说："道本无名，圣人见万物之无不由也，故字之曰道。"④吴澄亦说："此物无可得而名者，以其天地万物之所共由，于是假借道路之道以为之字。"⑤

需要指出的是，"字之曰道"一句，傅奕本、范应元的《老子道德经古本集注》等作"故强字之曰道"，景龙碑本作"强字之曰道"。对此，范应元解释说："王弼同古本，河上公本上句无'强'字，今从古本。"⑥一些学者认同范应元的观点，认为"字之曰道"前面应加"强"字，以与下句"强为之名曰大"相对应，如蒋锡昌说："范谓王弼同古本，则范见王本，'字'上有'强'字。……以理而推，'大'既强名，

---

① 吕惠卿：《老子吕惠卿注》，华东师范大学出版社2015年版，第29页。
② 熊铁基、陈红星主编：《老子集成》第4卷，宗教文化出版社2011年版，第506页。
③ 楼宇烈校释：《老子道德经注校释》，中华书局2008年版，第63页。
④ 熊铁基、陈红星主编：《老子集成》第3卷，宗教文化出版社2011年版，第12页。
⑤ 熊铁基、陈红星主编：《老子集成》第5卷，宗教文化出版社2011年版，第620页。
⑥ 范应元：《老子道德经古本集注》，华东师范大学出版社2010年版，第46页。

则'道'亦强字,'字'上有'强'字者,是也。"①陈鼓应说:"'字'上通行本缺'强'字。傅奕本、李约本、范应元本有'强'字。应据傅本补上。"②

然而,笔者认为,此处文字仍应作"字之曰道",不宜作"强字之曰道",理由如下:

一是除了傅奕本、范应元的《老子道德经古本集注》等少数几个本子,历史上绝大多数《老子》本子均作"字之曰道",郭店竹简本、马王堆帛书甲乙本亦作"字之曰道",说明作"字之曰道"有较充分的依据。

二是前面已经指出,老子把"混成之物""字之曰道",是依据"混成之物"的作用而定的,因此,"字之曰道"属于"正常"的"命名"行为,并无勉强的成分;而下面的"强为之名曰大"之所以要加"强"字,是因为把"混成之物"命名为"大",属于"强"即勉强之举(具体理由见下文)。因此,"字之曰道"与"为之名曰大"两者存在性质上的不同,不能因为"为之名曰大"前有"强"字,便认为"字之曰道"前亦应加"强"字。

(三)为什么老子要把"混成之物""强为之名曰大"?

"强为之名曰大"中的"大"字,学者们较为一致地认为,它指的是"混成之物"即宇宙万物本原无限广大、无所不包的意思,如河上公说:"'大'者高而无上,罗而无外,无不包容,故曰'大'也。"③吴澄说:"至大莫如天,而天亦在道之内,则天未为大也。此道其大无外而莫能载焉,故大之一言,庶乎可以名之尔。"④

正因为"大"有无限广大之义,所以老子认为"大"可以作为

---

① 蒋锡昌:《老子校诂》,成都古籍书店1988年版,第169页。
② 陈鼓应:《老子今注今译》,商务印书馆2003年版,第170页。
③ 王卡点校:《老子道德经河上公章句》,中华书局1993年版,第102页。
④ 熊铁基、陈红星主编:《老子集成》第5卷,宗教文化出版社2011年版,第620页。

"混成之物"的"名"。但与此同时，老子又强调指出，这个"大"作为"混成之物"之"名"其实并不恰当，因为"混成之物"无声无形，无法命名，所以以"大"为"名"只是勉强为之。

既然把"混成之物"称为"大"十分勉强，那么老子为什么又要这么做呢？对此，一些学者认为，那是因为光用"道"来称"混成之物"还不能充分表达其意义，所以只好继续用"大"来勉强命名，如林希逸说："曰道不足以尽之，又强而名之曰大。"① 吴澄说："字不足以尽之，不得已而强名之曰大。"②

也有学者认为，之所以要"强为之名曰大"，是因为前面说了"字之曰道"，而通常都是先有名再有字，既然已经有了字，便须有名，如陆希声说："夫字因名立，……既与之为字，则知其有名矣。寻其名未知所谓，究其用见其极大，因强名其用谓之为大焉。"③ 成玄英则认为，通常情况下都是先名后字，老子在此之所以先说字再说名，是为了表示"道"与世俗的观念相反："人皆先名后字，今乃先字后名者，欲表道与俗反也。"④

笔者认为，在上述学者的解释中，陆希声"寻其名未知所谓，究其用见其极大"的说法颇具启发意义。因为老子之所以把"混成之物"强名为"大"，完全是依据"混成之物"的作用具有"大"的特点而定的，而所谓"混成之物"的作用具有"大"的特点，包括两个方面的含义：一是"混成之物"无所不包，天地万物均由它而产生，当然是极其之大的；二是"混成之物"是天地万物生存发展的内在根据和准则，其作用当然亦是广大无比的。因此，这里值得我们注意的是，正如"道"是根据"混成之物"的作用而非本体所取的"字"，"大"

---

① 熊铁基、陈红星主编：《老子集成》第4卷，宗教文化出版社2011年版，第506页。
② 熊铁基、陈红星主编：《老子集成》第5卷，宗教文化出版社2011年版，第620页。
③ 熊铁基、陈红星主编：《老子集成》第1卷，宗教文化出版社2011年版，第595页。
④ 熊铁基、陈红星主编：《老子集成》第1卷，宗教文化出版社2011年版，第306页。

亦是根据"混成之物"的作用而非本体所取的"名",因命名的只是其作用而非其本体,故老子称"大"为强名,即勉强命名之名,而非真名。

(四)"字之曰道,强为之名曰大",对于理解老子"道""名"关系思想的重要意义

由上文可见,对于"字之曰道,强为之名曰大"两句,一些古代学者的具体解释虽各有不同,但大多注意到了"字"与"名"的区别。王弼所谓"夫名以定形,字以称可"①,唐玄宗所谓"字者表其德,名者定其体"②,吴澄所谓"字者,名之副而非名也"③等,这些论述都告诉我们:"道"只是"混成之物"之"字"而非"名";"混成之物"之"名"是"大",但此"大"只是勉强命名,因此无法作为"混成之物"之真名;"大"虽非"混成之物"之真名,但"道"却是"混成之物"之"真字",故可以用"道"来代指此"混成之物";"道"虽可代指此"混成之物",但"道"反映的只是"混成之物"之作用,而非其本体。这就说明,作为宇宙万物本原的"混成之物"包含本体和作用两个方面,其本体无形无象,不可捉摸,无法命名;其作用则表现为创生宇宙万物,并作为宇宙万物变化发展的内在根源和动力,此作用可见可知。

以上述认识为基础来理解老子关于"道"与"名"的思想,则其间存在的不少疑难问题多可迎刃而解:如第一章"无名,天地之始",河上公解释说:"无名者谓道,道无形,故不可名也。"④ 王弼解释说:"言道以无形无名始成万物"。⑤ 看了这样的解释,人们很自然地会

---

① 楼宇烈校释:《老子道德经注校释》,中华书局2008年版,第63页。
② 熊铁基、陈红星主编:《老子集成》第1卷,宗教文化出版社2011年版,第470页。
③ 熊铁基、陈红星主编:《老子集成》第5卷,宗教文化出版社2011年版,第620页。
④ 王卡点校:《老子道德经河上公章句》,中华书局1993年版,第2页。
⑤ 楼宇烈校释:《老子道德经注校释》,中华书局2008年版,第1页。

发出这样的疑问："道"不就是其名吗，怎么能说"无名者谓道""道以……无名始成万物"呢？而据第二十五章的"吾不知其名，字之曰道"便可清晰地知道：所谓"无名者谓道"中的"无名者"，指的是先天地生的"混成之物"，"道"只是它的字，而不是它的名，因此，这里的"道"只是"无名者"的代称，故所谓"无名，天地之始"，指的其实是"混成之物"是天地的本始。而且，这样一来，关于"无名天地之始"应从"无"断句还是从"无名"断句的争论亦能得到很好的解决：既然按照老子的思想逻辑，"无名，天地之始"的表述圆融无碍，那么为什么非要从"无"去断句呢？还有如第三十二章中，老子说"道常无名"，意即"道"永远没有名，然而，既已称之为"道"，"道"即是其名，怎么能说它没有名呢？原来，这里的"道"，亦是"混成之物"的代称，"混成之物"无名，"道"只是其"字"，故说"道常无名"。如第四十一章中，老子说"道隐无名"，意即"道"幽隐而没有名，其道理亦与"道常无名"相同。

然而，令人遗憾的是，不少学者通常只是把"道"和"大"理解为"混成之物"的两个不同的名称，轻描淡写地一笔带过，而很少去关注"字"和"名"的区别以及它们对于理解老子思想的关键作用，如蒋锡昌说："但为便利人意沟通计，故不得不有一假定之名。其曰'道'，曰'大'，正犹呼牛、呼马，毫无所分。"[1]刘笑敢说："我们勉强称之为'道'或'大'，不过是给它一个符号或象征。"[2]

因此，这其实也从一个侧面告诉我们，老子思想博大精深、逻辑严密，但因其文字晦涩难懂，故稍一不慎，便会造成疏忽或误读。

不过，需要注意的是，"道"的确切含义虽然指的是宇宙万物本原

---

[1] 蒋锡昌：《老子校诂》，成都古籍书店1988年版，第169页。
[2] 刘笑敢：《老子古今》，中国社会科学出版社2006年版，第323页。

的"字",亦即宇宙万物本原的作用,但是,老子有时候为了论述的方便,亦以"道"字代指宇宙万物的本原或宇宙万物本原之本体,如第四章中说:"道冲,而用之或不盈",意即道是空虚无形的,然而它的作用却又不会穷尽,空虚无形指道之体,不会穷尽指道之用,则这里的"道"字,当指宇宙万物的本原;如第二十一章中说:"道之为物,惟恍惟惚",意即"道"这个东西,似有似无,模糊不清,则这里的"道"字,当指宇宙万物本原之本体;如第三十二章中说:"道常无名",意即道永远没有名,其中的"道"字,则既可以指宇宙万物的本原,亦可以指宇宙万物本原之本体,因为宇宙万物的本原和宇宙万物本原之本体都是没有名的;等等。

第二节 "道"之本体的特点

据上节内容可知,老子之"道"包含本体和作用两个方面,其中"道"之本体无形无象,不可捉摸,无法命名,当然也就无法言说。然而,纵观《老子》全书,却仍然可以发现不少关于"道"之本体的描述,如"其上不皦,其下不昧"(第十四章)、"道之为物,惟恍惟惚"(第二十一章)、"道冲,而用之或不盈"(第四章),等等。分析上述老子关于"道"之本体的描述,可以发现这么一个重要的特点,即在老子的笔下,"道"之本体并不是某个具体的东西,而是恍恍惚惚,似有若无的,你说它存在,却又看不见、摸不着;你说它不存在,它却又在那儿真实地发挥着作用。所以老子又用"无状之状,无物之象"(第十四章)即没有形状的形状、没有物质的形象这种看似矛盾的句子来描述"道"之本体的特点。据此,关于"道"之本体的内涵,我们大致可以理解为:一种恍惚若存、无形无象却又有着无穷作用的存在物。

一、"视之不见""听不之闻""搏之不得"——《老子》第十四章，对"道"之本体的论述

视之不见，名曰夷；听之不闻，名曰希；搏之不得，名曰微。此三者不可致诘，故混而为一。其上不皦，其下不昧，绳绳兮不可名，复归于无物。是谓无状之状，无物之象，是谓惚恍。迎之不见其首，随之不见其后。（第十四章）

上引文字主要用"夷""希""微"来描述"道"之本体看不见、听不到、摸不着的特点，说明"道"是超越人的感知能力的一种存在。同时又指出，"道"虽然不能用感官去把握，但它是客观存在的，"道"的这一特殊性质，可以用"无状之状，无物之象"和"惚恍"来表述。

（一）"视之不见，名曰夷"："道"视之不见，为什么称之为"夷"？

"视之不见，名曰夷"，意为看它看不见，叫作"夷"。这里的"之"，是指"道"，古今学者多作此种理解，如《老子想尔注》说："此三事欲叹道之德美耳。"① 奚侗说："道不可以色理求，故视之不见。"②

这里值得我们注意的是"夷"的意思。关于"夷"的意思，河上公认为指"无色"："无色曰夷。"③ 高亨认为指"无形"："夷是无形的形容词。"④ 不过，大多数学者认为"夷"是"平"的意思，如成玄英说："夷，平也。……夷然平等也。"⑤ 李荣说："夷，平也。大道甚夷，坦然

---

① 刘昭瑞：《〈老子想尔注〉导读与译注》，江西人民出版社2012年版，第92页。
② 熊铁基、陈红星主编：《老子集成》第13卷，宗教文化出版社2011年版，第7页。
③ 王卡点校：《老子道德经河上公章句》，中华书局1993年版，第52页。
④ 高亨：《老子注译》，清华大学出版社2010年版，第32页。
⑤ 熊铁基、陈红星主编：《老子集成》第1卷，宗教文化出版社2011年版，第297页。

善谋也。"①

以上所说的"平""平易",大致是平等、平坦的意思。那么,"看它不见",为什么叫作"平坦"呢?对此,学者们有这样的解释:

> 目主视,视以辩物,夷则平而无辩,非视所及,故名曰夷。②
> 迹之呈露者,目视之而易见,夷谓平夷,夷则泯没无迹,故视之不见。③
> 色理以差别而可视,平等无异,虽视不见。④

也就是说,眼睛之所以能分辨物体,是物体之间存在差别,如果视觉所及,一切都是平等相同而无差别的,没有痕迹的,也没有什么东西凸显出来,眼睛当然就无法分辨物体了。因此,老子说"视之不见,名曰夷",这样的表述是很有道理的。

当然,老子在这里说"视之不见,名曰夷",反映的是"道"的特性,即"道"不是具体事物那样的存在,人们无法用眼睛看见它。那么,"道"无法用眼睛看见,为什么要叫作"夷",而不叫作"无"呢?对此,学者们认为,"道"无色无形,无法用眼睛看见,固然可以称之为"无",但是"道"又是客观存在的,事物的颜色和形状正是"道"赋予的,所以老子把"道"这种客观存在而又"视之不见"的特性叫作"夷",如吕惠卿说:"视者无有也,故视之不见。虽不见也,然能玄能黄,不可名之以无色也,曰夷而已。"⑤

(二)"听之不闻,名曰希"中的"希"的含义

"视之不见,名曰夷",是从视觉的角度来反映"道"的特

---

① 熊铁基、陈红星主编:《老子集成》第1卷,宗教文化出版社2011年版,第356页。
② 熊铁基、陈红星主编:《老子集成》第3卷,宗教文化出版社2011年版,第270页。
③ 熊铁基、陈红星主编:《老子集成》第5卷,宗教文化出版社2011年版,第614页。
④ 熊铁基、陈红星主编:《老子集成》第13卷,宗教文化出版社2011年版,第7页。
⑤ 吕惠卿:《老子吕惠卿注》,华东师范大学出版社2015年版,第14页。

性；而"听之不闻，名曰希"，则是从听觉的角度来反映"道"的特性。这里需要弄清的是"希"的含义。关于"希"的含义，学者们多认为指"无声"，如河上公说："无声曰希。"① 高亨说："希是无声的形容词"。②

正如"道"无色无形而称之为"夷"，是为了强调"道"客观存在却又不可得见的特点；"道"无声而称之为"希"，也是为了强调"道"客观存在却又不可得闻的特点，如唐玄宗说："道非声，故听之不闻。以其于无声之中独能和焉，故名曰希。"③ 吕惠卿说："听者，无有也，故听之不闻。虽不闻也，然能宫能商，不可名之以无声也，曰希而已。"④

（三）"搏之不得，名曰微"的含义及"搏"字是否应改为"抟"或"播"

"搏之不得，名曰微"，意为摸它摸不着，叫作"微"。这里的"搏"，是触摸、抓握的意思，如成玄英说："搏，触也。"⑤ 蒋锡昌说："道绝色相，无状无物，即欲摸索而持之，亦不可得"。⑥ 这里的"微"，是杳漠无形的意思，如河上公说："无形曰微。"⑦ 吴澄说："微则杳漠无形，故搏之不得。"⑧

"搏之不得，名曰微"的思想实质，一如"视之不见，名曰夷；听之不闻，名曰希"，是用来反映"道"既客观存在而又无体无形，故无法触摸的特性的。关于这两句，值得我们注意的是"搏之不得"

---

① 王卡点校：《老子道德经河上公章句》，中华书局1993年版，第52页。
② 高亨：《老子注译》，清华大学出版社2010年版，第32页。
③ 熊铁基、陈红星主编：《老子集成》第1卷，宗教文化出版社2011年版，第421页。
④ 吕惠卿：《老子吕惠卿注》，华东师范大学出版社2015年版，第14页。
⑤ 熊铁基、陈红星主编：《老子集成》第1卷，宗教文化出版社2011年版，第297页。
⑥ 蒋锡昌：《老子校诂》，成都古籍书店1988年版，第77页。
⑦ 王卡点校：《老子道德经河上公章句》，中华书局1993年版，第52页。
⑧ 熊铁基、陈红星主编：《老子集成》第5卷，宗教文化出版社2011年版，第614页。

的"搏"字，王弼本、范应元的《老子道德经古本集注》等作"搏"，马王堆帛书甲本和乙本作"捪"，河上公本、傅奕本、景龙碑本等作"抟"。因此，有的学者认为这里应该作"抟"，有的学者认为应该作"捪"，有的学者认为应该作"搏"，一直存在较大的争议。

笔者认为，"搏"的意思为触摸、抓握，"捪"的意思为抚摸，"抟"的意思为用手团弄、捏聚（亦有学者理解为执持），老子在此要表达的是"道"触不到、摸不着的意思，因此，相比之下，"抟之不得"的说法便明显不如"搏之不得"和"捪之不得"恰当。至于用"搏之不得"还是"捪之不得"，笔者倾向于用"搏之不得"，理由有二：一是无论用"搏"还是用"捪"，均能较为恰当地表达老子在此所欲表达的意思；二是历史上有不少影响较大的《老子》本子均作"搏之不得"，作"捪之不得"的仅为帛书本，我们不宜仅据帛书本便把它改为"捪之不得"。

（四）"混而为一"的含义及"一"之所指

"此三者不可致诘，故混而为一"中的"此三者"，学者们较为一致地认为，就是指前面的"夷""希""微"。那么"夷""希""微"为什么无法究诘呢？学者们认为，因为它们无色、无声、无形、无体，所以无法究诘，如河上公说："不可致诘者，夫无色、无声、无形，口不能言，书不能传，……不可诘问而得之也。"[①] 王弼说："无状无象，无声无响，……不得而知，更以我耳、目、体不知为名，故不可致诘，混而为一也。"[②]

"混而为一"中的"混"，学者们多理解为"合"，因此，从字面上理解，"混而为一"即合而为一或合成一体的意思，如林语堂

---

① 王卡点校:《老子道德经河上公章句》，中华书局1993年版，第53页。
② 楼宇烈校释:《老子道德经注校释》，中华书局2008年版，第31页。

说：“所以它是混沌一体的”①，沙少海等说：“所以合而为一”。②而无论"混沌一体"还是"合而为一"的"一"，都是指联合而成的整体。

然而，也有学者认为，这里的"一"，指的就是"道"，如奚侗说："夷、希、微三者，亦强为之名耳。其理不可穷诘，混合言之，一而已矣。一者道也。"③ 高亨说："一者，道之别名也。……合而名之则曰一，故曰混而为一也。"④

刘笑敢则对上述理解提出了异议，他认为，"混而为一"的"一"，"是就性质来说的，不是就实有来说"的："只能把'夷''希''微'所描述的对象看作一个无法分辨、不可分析的整体，即'混而为一'，……'混而为一'之'一'显然是就性质来说，不是就实有来说。'道生一'之'一'是实有类的符号，二者不容混淆。"⑤

这里所谓的"一""是就性质来说"，指的是应理解为联合而成的整体；所谓"不是就实有来说"，也就是不应理解为本原意义上的"道"或"一"。笔者认为，刘笑敢的观点是有道理的，这里的"一"，只是表示是一个整体，而不是指"道"。

（五）"其上不皦，其下不昧"的含义及其中的"皦"是否应作"皦"或"皎"

"其上不皦，其下不昧"，意为它的上面不明亮，它的下面不昏暗。这里的"皦"，是明亮的意思；"昧"，是昏暗的意思。这里的"其"，学者们多认为指"道"，如成玄英说："言至道幽微，非愚非

---

① 林语堂：《老子的智慧》，湖南文艺出版社 2016 年版，第 58 页。
② 沙少海、徐子宏：《老子全译》，贵州人民出版社 1989 年版，第 25 页。
③ 熊铁基、陈红星主编：《老子集成》第 13 卷，宗教文化出版社 2011 年版，第 7 页。
④ 熊铁基、陈红星主编：《老子集成》第 14 卷，宗教文化出版社 2011 年版，第 40 页。
⑤ 刘笑敢：《老子古今》，中国社会科学出版社 2006 年版，第 213 页。

智"。①司马光说:"道之升,万物以生而不可见。"②也有学者认为这里的"其"指"一",如河上公说:"言一在天上,不皦皦光明。"③不过,有的学者认为,河上公所理解的"一"与"道"是同义词,如高亨说:"'其',代表'一',即代表'道'。"④

这里值得我们注意的是"其上""其下"的含义。按理说,"其"指"道",则"其上"当指"道"的上面,"其下"当指"道"的下面,有些学者正是这么理解的,如陈鼓应说:"它上面不显得光亮,它下面也不显得阴暗。"⑤但是,仅就文字进行直译,这两句话的含义还是不够明晰的,因为,所谓"道"的上面指的是什么,"道"的下面指的又是什么,并没有交代清楚;而且,为什么"其上不皦""其下不昧",个中原因也没有得到揭示。因此,要真正弄清这两句话的确切含义,还需要对它们作深入的探究。

综合古今学者对这两句话的解释,值得我们注意的主要有这样两种观点。一种认为,之所以说"道""其上不皦,其下不昧",是因为"道"是一种超越性的存在,不可以用世俗所谓的明暗来形容它,如李荣说:"言乎至道不皦不昧,不可以明暗名;非色非声,不可以视听得。"⑥苏辙说:"物之有形者,皆丽于阴阳,故上皦下昧,不可逃也。道虽在上而不皦,虽在下而不昧,不可以形数推也。"⑦另一种观点认为,这里的"上",指的是形而上,"道"为形而上之物,自然不"皦";这里的"下",指的是形而下,形而下即由"道"而生出之万物,既为万物,自然彰显,故"不昧"。如宋徽宗说:"形而上者,阴阳不测,

---

① 熊铁基、陈红星主编:《老子集成》第1卷,宗教文化出版社2011年版,第297页。
② 熊铁基、陈红星主编:《老子集成》第2卷,宗教文化出版社2011年版,第542页。
③ 王卡点校:《老子道德经河上公章句》,中华书局1993年版,第53页。
④ 高亨:《老子注译》,清华大学出版社2010年版,第32页。
⑤ 陈鼓应:《老子今注今译》,商务印书馆2003年版,第127页。
⑥ 熊铁基、陈红星主编:《老子集成》第1卷,宗教文化出版社2011年版,第356页。
⑦ 熊铁基、陈红星主编:《老子集成》第3卷,宗教文化出版社2011年版,第6页。

幽而难知，兹谓至神，故不皦。皦，言明也。形而下者，一阴一阳，辩而有数，兹谓至道，故不昧。昧，言幽也。"① 吴澄说："其上其下犹《易》言形而上形而下也。……德之上，道也，道无名，故不皦；德之下，物也，物有形，故不昧。"②

此外还有别的理解，如河上公认为，"其上"指"一在天上"，"其下"指"一在天下"："言一在天上，不皦皦光明。言一在天下，不昧昧有所暗冥。"③ 高亨认为，"其上"指在有"道"以前，"其下"指"道"生天地之后："在有道以前什么样，没有人能明白；有道以后，就有了天地，逐渐明白，而不暗昧了。"④ 等。

由上可见，关于"其上不皦，其下不昧"，古今学者的解释可谓五花八门。相比之下，笔者认为，从形而上、形而下的角度去理解"其上""其下"，虽更显思想深度，但明显有主观发挥的成分。若从"道"具有超越性的角度去理解，则能与前面的"夷""希""微""不可致诘"等较好地衔接融合，故笔者倾向于认同上面的第一种理解。至于这里的"上""下"的含义，当与后面的"迎之不见其首，随之不见其后"中的"首""后"相似，泛指"道"不可以世俗的方位概念去把握，因为"道"本无上下，亦无首尾。因此，林希逸对于"上下"的理解无疑是很有道理的："上下二字亦不可拘，但言此道不明不暗，上下求之，皆不可见耳。"⑤

需要指出的是，"其上不皦"一句，历代各种《老子》本子多作"其上不皦"，亦有一些本子作"其上不皎"。对此，学者们通常认为，作"不皦"或"不皎"均可以，因为"皦"和"皎"两字可通用，如

---

① 熊铁基、陈红星主编：《老子集成》第3卷，宗教文化出版社2011年版，第270页。
② 熊铁基、陈红星主编：《老子集成》第5卷，宗教文化出版社2011年版，第614页。
③ 王卡点校：《老子道德经河上公章句》，中华书局1993年版，第53页。
④ 高亨：《老子注译》，清华大学出版社2010年版，第33页。
⑤ 熊铁基、陈红星主编：《老子集成》第4卷，宗教文化出版社2011年版，第502页。

劳健的《老子古本考》中说:"'曒',敦煌一本作'皎',《说文》:曒,玉石之白也。皎,月之白也。义通。"①陈鼓应也说:"敦煌本、强思齐本'曒'作'皎'。'曒''皎'二字可通用。"②但是,有不少学者明确反对作"不曒",如毕沅说:"'曒'或作'皦',从'日'者非也。"③劳健说:"'皦'字从'白'不从'日',传写多误。今《释文》亦误从'日',当辨之。"④

然而,朱谦之却认为作"不皦"是错误的,应作"不曒":"'皦',河、王、傅、范并作'皦',敦煌丙本作'皎'。毕沅曰:'"皦"或作"曒",从"日"者非也。'案毕说非是"。⑤朱谦之还进一步论证说:"'其上不曒',景龙本亦作'曒',是也。……《说文》古本旧有'曒'字,后世或借用'皎'。'皎',月之白也,《诗》'月出皎兮'是也。或借用'皦','皦',白玉之白也,《论语》'皦如'是也。字义各有所属,'有如曒日'之'曒',确从'日',不从'白'也。(《一切经音义引说文笺》卷七)……'曒'者,光明之谓"。⑥也就是说,"皦"是形容玉石之白,"皎"是形容月亮之白,这两个字都用来形容某物之白,故可通用;而本章中的"曒"是指光明的意思,所以只能用"曒",不能用"皦"。

笔者认为,朱谦之的观点是很有道理的,当今一些权威的工具书如《汉语大词典》《辞海》《汉语大字典》等中都释"曒"为光明、明亮,并举例说:"《老子》:'其上不曒,其下不昧。'"故笔者主张采用"其上不曒"的表述。

---

① 熊铁基、陈红星主编:《老子集成》第15卷,宗教文化出版社2011年版,第299页。
② 陈鼓应:《老子今注今译》,商务印书馆2003年版,第127页。
③ 熊铁基、陈红星主编:《老子集成》第9卷,宗教文化出版社2011年版,第735页。
④ 熊铁基、陈红星主编:《老子集成》第15卷,宗教文化出版社2011年版,第299页。
⑤ 朱谦之:《老子校释》,中华书局2017年版,第56页。
⑥ 同上,第6—7页。

（六）"其上不皦"之前是否应加"一者"二字

河上公本、王弼本、景龙碑本等在"故混而为一"后直接接"其上不皦，其下不昧"，然而，马王堆帛书甲乙本却在"故混而为一"后有"一者"二字，其中甲本作"一者，其上不攸，其下不忽"，乙本作"一者，其上不谬，其下不忽"。另外，傅奕本亦有"一者"，作"一者，其上之不皦，其下之不昧"。据此，一些学者认为，这里的《老子》原文应有"一者"二字，如高亨说："'一者'二字，王弼本无，傅奕本、汉帛书甲乙两本均有，今据增。"① 高明说："帛书甲、乙本皆有'一者'，今本除傅奕本保存此句外，其他皆无。按此乃承上文'混而为一'而言，当有'一者'为是，无则挽漏，当据甲、乙本补。"②

那么，"其上不皦"前面究竟要不要加"一者"呢？笔者认为，还是以不加为好，理由如下：

1. 古今学者较为一致地认为，本章的主旨是描述"道"的特性和作用，因此，本章中"其上不皦，其下不昧""迎之不见其首，随之不见其后"等中的"其"，指的都是"道"。而如果在"其上不皦"前加入"一者"，则本章中的"其"之所指便都变成了"一"，而不是"道"；本章的内容，也变成了主要描述"一"，而不是"道"。

2. 或许有人认为，这个"一"就是"道"，因此对"一"的描述也就是对"道"的描述。这种说法也是站不住脚的。因为前面在分析"故混而为一"的含义时，笔者已经说过，这里的"一"指的是联合而成的整体的意思，而不是指实体性的"道"。"一者"的"一"紧接"故混而为一"而来，因此，这两个"一"的意思应该是一样的，"一者"的"一"便不能指称"道"。

---

① 高亨：《老子注译》，清华大学出版社2010年版，第32页。
② 高明：《帛书老子校注》，中华书局1996年版，第285页。

3.关于"一"和"道"的关系，有不少学者认为"一"就是"道"。但笔者认为，"一"和"道"并不能简单等同。笔者在前面已经说过，作为宇宙万物本原的"道"包含本体和作用两个方面，其本体无声无形，不可捉摸；其作用可见可知，可以言说。从本章前面所述的内容来看，"视之不见""听之不闻""搏之不得"，所述无疑是"道"之本体，而非"道"之作用。而据《老子》第四十二章"道生一"的说法，其中的"道"，指的是"道"之本体，"一"，则指的是包含本体和作用的宇宙万物本原（具体论述见本书第二章第二节）。因此，"道"和"一"是两个内涵明显不同的概念，我们绝不能笼统地说"道"即是"一"、"一"即是"道"。故不仅这里"混而为一"的"一"不能指"道"，更不宜在"混而为一"之后加"一者"二字，否则便把"道"和"一"混为一谈了。

综上所述，笔者认为，通行本中无"一者"二字，或因为其所据的古本中即无此二字，或系整理者有意删除，目的是使本章的思想更为贯通，并避免产生误读。因为本章中有不少代词，如"视之""听之""搏之""迎之""随之"等中的"之"，"其上""其下""其首""其后"等中的"其"，老子并没有说明它们的所指，但读者大致可以猜出它们所指为"道"；等到读到文末的"执今之道，以御今之有"，谜底揭开，这些"之""其"所指就是"道"，前面的文字所描述的也是"道"的特性。这样的表达方式，十分符合《老子》一书的风格，即前面描述某种现象或状态，最后进行概括或揭示其主旨。而如果在文中加入"一者"二字，则本章的主题一会儿指"道"，一会儿指"一"，不仅影响思想的表达，也极易使读者以为"道"即"一"、"一"即"道"，从而产生误解。

（七）"复归于无物"即第十六章的"复归其根"吗？

"绳绳兮不可名，复归于无物"中的"绳绳兮不可名"，意为"道"运动不绝，不可名状。这里的"绳绳"，学者们多理解为运行不绝的意思，如河上公说："绳绳者，动行无穷极也。"① 苏辙说："绳绳，运而不绝也。"② 这里的"不可名"，指"道"不可名状，即不可形容、描述。那么"道"为什么不可名状呢？学者们认为，因为"道"无色、无声、无形体，故不可名状，如河上公说："不可名者，非一色也，不可以青黄〔赤〕白黑别；非一声也，不可以宫商角徵羽听；非一形也，不可以长短大小度之也。"③ 李荣说："言乎至道不皦不昧，不可以明暗名；非色非声，不可以视听得。"④

"复归于无物"，意为返回到没有物体的状态。这里的"复归"，是回复、返还的意思；"无物"，指的是没有物体的"道"的状态。对此，学者们的理解大体相似。这里需要讨论的问题是：此"复归于无物"的主语是什么，是万物，还是"道"？

有的学者认为，这里的"复归于无物"，即第十六章的"复归其根"，因此，其主语是万物，如蒋锡昌说："'复归于无物'，即'复归其根'，谓万物虽杂然兴长，然归根到底，仍无不衰老以至于尽也。"⑤ 陈鼓应亦说："复归于无物：这和十六章'复归其根'的意思相同。"⑥

《老子》第十六章有"夫物芸芸，各复归其根"两句，意为万物纷繁众多，各自回复到它们的本源。因此，"复归其根"的主语是万物。若"复归于无物"即"复归其根"，则"复归于无物"的主语亦应是万物，故蒋锡昌才会明确说"谓万物虽杂然兴长"⑦。然而，刘笑敢认为，这里的"复归于无物"是就"道"而言的，与"夫物芸芸，各复归其根"指万物回归于"道"迥然不同："关于'复归于无物'，

---

① 王卡点校：《老子道德经河上公章句》，中华书局1993年版，第53页。
② 熊铁基、陈红星主编：《老子集成》第3卷，宗教文化出版社2011年版，第6页。
③ 王卡点校：《老子道德经河上公章句》，中华书局1993年版，第53页。
④ 熊铁基、陈红星主编：《老子集成》第1卷，宗教文化出版社2011年版，第356页。
⑤ 蒋锡昌：《老子校诂》，成都古籍书店1988年版，第80页。
⑥ 陈鼓应：《老子今注今译》，商务印书馆2003年版，第127页。
⑦ 蒋锡昌：《老子校诂》，成都古籍书店1988年版，第80页。

蒋锡昌说其义与第十六章'夫物芸芸,各复归其根'相近,其说不确。'夫物芸芸'是万物,'复归其根'是万物回归于道。但这里却是就道本身来说的。道之'绳绳'而动,绵延不绝,似有物之形,但无可描摹,终归还是无物之象。"[1]

不过,说"道""复归于无物",亦似乎会遇到一个问题:因为这里的"无物"指的就是"道"的没有物体的状态,说"道"回到"道"的无物的状态,在表述上是否会有存在矛盾之嫌呢?不会的,因为前面的"道",是有特殊所指的,它指的是"道"似乎显露出了某种迹象,所谓"绳绳兮",说的便是圣人在某种程度上感悟到了"道"运行不绝的样子,但"道"终究无法用感官去感知,用语言去描述,所以又回归到了没有物体的状态。因此,从这个意义上说,本章的"复归于无物"与第十六章的"复归其根"是不能相提并论的。

(八)"无状之状,无物之象"的含义及"无物之象"是否应作"无象之象"

"无状之状,无物之象",就文字本身而言,意为没有形状的形状,没有物体的形象。根据人们的常识,没有形状就是没有形状,没有物体就不会有形象,何来"无状之状,无物之象"之说呢?然而,老子在这里的说法,恰恰是要打破人们的常识。上文讲到,"道""绳绳兮不可名,复归于无物",即"道"绵绵不绝,不可名状,返回到没有物体的状态。那么没有物体的状态又是什么样的呢?老子说,就是"无状之状,无物之象"。老子之所以这么说,是因为"道"无色无声无形体,因此,"道"就是"无状""无物";但是,万物均由"道"而产生,万物的特性均是由"道"赋予的,因此,"道"并非真的"无状""无物","一无所有"。正是为了强调"道"的这种无而实有、有而又无(即不可感知)的特性,所以老子称之为"无状之状,

---

[1] 刘笑敢:《老子古今》,中国社会科学出版社2006年版,第214页。

"无物之象",如王弼说:"欲言无邪?而物由以成;欲言有邪?而不见其形。"① 范应元说:"谓道不可以状言,而万状由之而著,故曰'无状之状';道不可以象言,而万象由之可见,故曰'无物之象'。"②

值得注意的是,"无物之象"一句,苏辙的《老子解》、林希逸的《道德真经口义》等作"无象之象",对此,一些学者认为,这里应作"无象之象",如朱谦之说:"'无物之象',苏辙、李道纯、林希逸、吴澄、董思靖各本均作'无象之象',义长。高亨曰:'按作"无象之象"义胜。"无状之状""无象之象",句法一律,其证一也。上句既云"无物",此不宜又云"无物",以致复沓,其证二也。'今案:《韩非·解老》篇曰:'……故曰无状之状、无像之像。'其证三也。又遂州本'象'作'像'。"③

笔者认为,该句河上公本、王弼本、傅奕本、景龙碑本等历史上绝大多数有代表性的《老子》本子均作"无物之象",帛书乙本亦作"无物之象"(甲本残损),只有极少数宋及以后的本子作"无象之象",因此,仅就版本依据上来说,便应作"无物之象"。朱谦之说《韩非子·解老》篇作"无像之像",此说值得商榷,如王先慎《韩非子集解》中即作"无物之象",只在该句的注中,王先慎说:"赵孟𫖯本'物'作'象'。"④另外,即使从意思上来说,"无物之象"指没有物质的形象,"无象之象"指没有形象的形象,两者并无实质的区别。因此,与"无物之象"相比,作"无象之象"唯一的优点便是与"无状之状"在形式上一律,但是,仅仅为了形式上一律便去改变原文,这样做无疑欠妥。当然,若作"无象之象"能找到更古老的版本依据,则又另当别论。

---

① 楼宇烈校释:《老子道德经注校释》,中华书局2008年版,第31页。
② 范应元:《老子道德经古本集注》,华东师范大学出版社2010年版,第23页。
③ 朱谦之:《老子校释》,中华书局2017年版,第56—57页。
④ 王先慎:《韩非子集解》,中华书局2016年版,第157页。

（九）"迎之不见其首，随之不见其后"中的"首"和"后"的含义

继用"无状之状，无物之象"去描述"道"的特性后，老子又说"是谓惚恍"。"惚恍"意为混沌不分，隐约不清，因为"道"若存若亡，若有若无，无法确定，故称之为"惚恍"。对此，学者们大多这样去理解，如成玄英说："惚恍，不定貌也。……非有非无，而无而有。有无不定，故言惚恍。"① 苏辙说："有无不可名，故谓之惚恍。"② 吴澄说："似有似无，故曰惚恍。"③

接下来的"迎之不见其首，随之不见其后"，就文字本身来看，指的是迎着它，看不见它的头；跟随它，看不见它的尾。这是因为"道"虽无所不在，但无形象，所以见不到它的首尾，不少学者都是这么理解的，如苏辙说："道无所不在，故无前后可见。"④ 高亨说："人们按照它的运行规律，迎接在前，却看不见它的头面；追随在后，却看不见它的脊背。"⑤

上述理解的一个特点，就是都是从形体的角度去理解"首"和"后"，从而把"首"理解为"头"，把"后"理解为"尾"，因"道"无形体，所以无头无尾。然而，也有一些学者不是从形体的角度，而是从时间的角度去理解"首"和"后"。他们认为，所谓"不见其首"，指不知道"道"的开端；"不见其后"，指不知道"道"的终结，如成玄英说："明道非古，无始也；明道非今，无终也。"⑥ 蒋锡昌说："此言道既不知其所始，亦不知其所终也。"⑦

---

① 熊铁基、陈红星主编：《老子集成》第1卷，宗教文化出版社2011年版，第298页。
② 熊铁基、陈红星主编：《老子集成》第3卷，宗教文化出版社2011年版，第6页。
③ 熊铁基、陈红星主编：《老子集成》第5卷，宗教文化出版社2011年版，第614页。
④ 熊铁基、陈红星主编：《老子集成》第3卷，宗教文化出版社2011年版，第7页。
⑤ 高亨：《老子注译》，清华大学出版社2010年版，第33页。
⑥ 熊铁基、陈红星主编：《老子集成》第1卷，宗教文化出版社2011年版，第298页。
⑦ 蒋锡昌：《老子校诂》，成都古籍书店1988年版，第83页。

笔者认为，因为"首"既有头、顶端的意思，又有开端的意思，"后"亦既有与"前"或"上"相对的方位的意思，又有时间上较迟或较晚的意思，因此，从形体与时间两个角度去理解"迎之不见其首，随之不见其后"中"首"和"后"的含义，均有其道理，但是，相比之下，从形体的角度去理解这里的"首"和"后"，要更恰当些。

二、"道之为物，惟恍惟惚"——《老子》第二十一章，论"道"之本体若有若无，模糊不清

> 道之为物，惟恍惟惚。惚兮恍兮，其中有象；恍兮惚兮，其中有物。窈兮冥兮，其中有精；其精甚真，其中有信。（第二十一章）

上引文字描述的仍为"道"之本体的特性。老子指出，"道"之本体恍恍惚惚，若有若无；窈兮冥兮，深远莫测。你说它存在，但它又不是某种具体之物，所以看不见摸不着；你说它不存在，但它却确实是某种东西，即所谓"其中有精""其中有信"，等等。所以，"道"之本体的特点是似无而实有。

（一）"道之为物"的意蕴及"惟恍惟惚"的实质内涵

"道之为物"，直译的意思便是"道"作为一种物，但是这样的解释无疑是有问题的，因为老子的"道"并不是一种具体的物，"道"虽是客观存在的，但是"道"看不见，摸不着，可以称之为"无"；然而，万物均由"道"而产生，万物的性质均是由"道"赋予的，故又可以称之为"有"。这样一种既有既无、非有非无的存在，当然是不能称之为"物"的，因为"物"通常都是有形可见的。那么，老子说"道之为物"，想要表达一种什么样的意思呢？对此，学者们有这样的解释："道非物也。然谓之道，则有物矣。"①"道本不可以物言，此言为

---

① 容肇祖:《王安石老子注辑本》，中华书局1979年版，第26页。

物者,盖万物皆出于道也。"①

也就是说,"道"不是物,"道"也不可以称之为物,之所以说"道之为物",是从"万物皆出于道"的角度而言的;而所谓从"万物皆出于道"的角度而言,事实上指的是"道"虽然不是一种物,但"道"是存在的,因为万物皆由"道"而生,因此,这里所谓的"物",其实是指"存在"的意思。

关于"惟恍惟惚"的含义,学者们大多认为,它指的是"道"若有若无、模糊不清的特点,如奚侗说:"道本无物而若有物,恍忽犹仿佛,谓见不审谛也。"②林语堂说:"道这样东西是恍恍惚惚的,说无又有,说实又虚,既看不清又摸不到。"③

笔者认为,这样的理解是比较准确的。不过,在此必须注意的是,老子用"惟恍惟惚"来描述"道"的形状特点,并不是为了说明作为宇宙万物本原之本体的"道"是可以描述的,而是为了说明它是无法用语言进行确切描述的。

(二)"其中有象"中的"象"的确切含义

"惚兮恍兮,其中有象",意即在惚惚恍恍之中,有某种"象"。那么这个"象"指的是什么呢?对此,学者们主要有两种不同的解读。一种认为,此"象"就是气,如成玄英说:"中有象,即是气。虽复非象非色,而为色为象,故是气也。"④吴澄说:"象者,物生以前之气。"⑤一种认为,此"象"是指既非"无"、又非具体事物但又隐含万物形象的一种状态,如陆希声说:"谓其寂寥无形,不可为有而兆

---

① 范应元:《老子道德经古本集注》,华东师范大学出版社2010年版,第38页。
② 熊铁基、陈红星主编:《老子集成》第13卷,宗教文化出版社2011年版,第10页。
③ 林语堂:《老子的智慧》,湖南文艺出版社2016年版,第83页。
④ 熊铁基、陈红星主编:《老子集成》第1卷,宗教文化出版社2011年版,第303页。
⑤ 熊铁基、陈红星主编:《老子集成》第5卷,宗教文化出版社2011年版,第618页。

见万象"。① 吕惠卿说:"象者,疑于有物而非物也。"② "不可为有""疑于有物而非物",都说明此"象"为某种"有",但此种"有"又非具体事物那样的"有";"兆见万象",则又说明此"象"隐含万物之象。

那么上述两种理解哪一种更为合理呢?笔者认为,要回答这个问题,我们不妨参考老子在第十四章中对"道"的相关论述:"是谓无状之状,无物之象,是谓惚恍"。所谓"无状之状,无物之象",意即没有形状的形状,没有物质的形象,用来描述"道"既非具体的事物,又非彻底的"无",既客观存在,又无形无象、不可认知的特性。而且老子进一步把"道"的这种"无状之状,无物之象"的状态称为"惚恍"。若以此为依据来理解本章中的"惚兮恍兮,其中有象",则此"象"实即"无物之象",也就是没有物质的形象。由此来反观上述两种理解,则第二种理解无疑要更恰当一些。当然,把这里的"象"理解为"气",也有一定的道理,因为气无形无象,看不见摸不着,具有"无"的特点;同时气又非真的"无",气聚集起来即可成为有形可睹的具体事物。但是,把这里的"象"理解为气,又显得过于具体,遮蔽了"道"所蕴有的丰富内涵。

(三)"其中有物"中的"物"之所指

"恍兮惚兮,其中有物",指在恍恍惚惚之中,有某种"物"。那么这个"物"指的又是什么呢?对此,学者们亦主要有两种不同的理解。一种认为,这里的"物",指的就是"道之为物"或第二十五章所说的"有物混成"中的"物",用来描述"道"是一种特殊的存在,而非具体之物,如唐玄宗说:"'物'者,即上'道之为物',谓妙

---

① 熊铁基、陈红星主编:《老子集成》第1卷,宗教文化出版社2011年版,第594页。
② 吕惠卿:《老子吕惠卿注》,华东师范大学出版社2015年版,第24页。

本也。……'其中有物',言有妙物也。"① 蒋锡昌说:"此谓道之为物,虽幽远无形,然中有'无名'之物,而为天地万物之始。"② 一种认为,这里的"物",指的就是通常意义上的具体之物,如李荣说:"极玄极奥之道,……和二气而生万物也。"③ 董平说:"'其中有物'的'物'与'道之为物'的'物'不是同一个内涵,'其中有物'的'物'是通常意义上的具体现象之物。"④

笔者认为,在上述两种理解中,当以第一种理解为妥,理由如下:

首先,"惚兮恍兮"与"恍兮惚兮"的含义类似,都是对似有似无、模糊不清的状态的描述,因此,这里的"象"和"物"应处于相同的层次上。既然"象"指的不是具体事物的形象,则"物"亦不应指具体的事物。

其次,老子说"恍兮惚兮,其中有物",至少可以从两个角度进行解读,一是"道"非纯粹的"无",而是某种存在的东西,故说"其中有物",此"物"即"道之为物"或"有物混成"之"物"。二是万物由"道"生成,故"道"中隐含万物,因此,这里的"物",是指"道"隐含万物而言,而非指具体的万物。

最后,从根本上来说,"惚兮恍兮,其中有象;恍兮惚兮,其中有物",只是对"道之为物,惟恍惟惚"的具体展开和进一步说明,因此,这两个"物"字的含义应该是相同的。

(四)"窈冥"的含义及其与"恍惚"的关系

"窈兮冥兮",亦即"窈冥",关于"窈冥"的含义,学者们多认

---

① 熊铁基、陈红星主编:《老子集成》第1卷,宗教文化出版社2011年版,第467页。
② 蒋锡昌:《老子校诂》,成都古籍书店1988年版,第146页。
③ 熊铁基、陈红星主编:《老子集成》第1卷,宗教文化出版社2011年版,第361页。
④ 董平:《老子研读》,中华书局2015年版,第117页。

为指深远或深远昏暗的样子，如王弼说："窈冥，深远之叹。"① 陈鼓应说："窈兮冥兮：深远暗昧。"② 一些学者则强调"窈冥"与"恍惚"的区别，认为"恍惚"指"道"似有似无，"窈冥"则指"道"完全不可见，如吴澄说："恍惚虽不可见，而似无似有，犹似可见；窈冥则昏昏昧昧，全不见矣，此道之无也。"③ 魏源说："恍忽，似有似无；窈冥，则全不可见。"④

笔者认为，"恍惚"与"窈冥"反映的是"道"的两种不同的状态，"恍惚"指若有若无，虽模糊不清，但仍可隐约感知；"窈冥"则指"道"趋于沉寂，仅有极细微之征兆，故很难感知。

（五）众解纷纭的"精"字

"道""窈兮冥兮"，人们对它很难感知，然而，对"道"很难感知并不代表"道"不存在；相反，在"窈兮冥兮"中，却存在着"精"："其中有精"。那么这个"精"指的又是什么呢？对此，古今学者的理解分歧极多。当代学者对于"精"的解释主要有两种，一种认为，此"精"指的是一种"原质"："它是那么深远而幽昧，可是其中却具有一切生命物质的原理与原质。"⑤ "精：最微小的原质。……那样的深远暗昧，其中却有精质。"⑥ 另一种解释认为，这里的"精"是指精气："'精'与'气'，都是极细微的物质性的实体。……深远暗昧中却涵着精气。"⑦ "精，精气。……深远暗昧之中，却涵育着细微的精气。"⑧ 而所谓"精气"，指阴阳精灵之气，古人认为天地万物皆禀之以生。

---

① 楼宇烈校释：《老子道德经注校释》，中华书局2008年版，第52页。
② 陈鼓应：《老子今注今译》，商务印书馆2003年版，第157页。
③ 熊铁基、陈红星主编：《老子集成》第5卷，宗教文化出版社2011年版，第618页。
④ 魏源：《老子本义》，华东师范大学出版社2010年版，第49页。
⑤ 林语堂：《老子的智慧》，湖南文艺出版社2016年版，第83页。
⑥ 陈鼓应：《老子今注今译》，商务印书馆2003年版，第157—159页。
⑦ 任继愈：《老子绎读》，国家图书馆出版社2015年版，第46页。
⑧ 沙少海、徐子宏：《老子全译》，贵州人民出版社1989年版，第39—40页。

古代学者对"精"字的解释则可谓五花八门，且文字晦涩，很难把握其确切所指，其中值得我们注意的一种解释，是认为这里的"精"是"至精"的意思，如唐玄宗说："窈冥深昧，不可量测，含孕变化，中有至精，故云'其中有精'也。"① 范应元说："谓道既不可以有无言之，则幽微冥昧矣，然而中有至精也。"② 而所谓"至精"，指的是一种极其精微神妙而不见形迹的存在。

笔者认为，把这里的"精"理解为至精或精气，似更符合老子的本意，具体理由将在下文一并说明。

（六）"其中有信"中的"信"的含义

"其精甚真"中的"精"，若依前面的理解，把它释为至精或精气，则该句的意思便是：这至精或精气是很真实的。这里的"真"，是指真实无妄的意思，对此，古今学者的理解较为一致，如河上公说："言道精气神妙甚真，非有饰也。"③ 范应元说："至精无妄，故曰甚真"。④ 这里值得我们特别注意的是"其中有信"中"信"字的确切含义。

关于"信"的含义，通行的观点是认为指"信验"的意思，如王弼说："信，信验也。"⑤ 蒋锡昌说："谓道之精灵真实不虚，其中有信验可见也。"⑥ 那么，此"信验"的具体内容又是什么呢？王弼认为，它指的是只要返回到窈冥的境界，便可得"真精之极"，万物的本性亦可由此确定："物反窈冥，则真精之极得，万物之性定，故曰'其精甚真，其中有信'也。"⑦ 高亨认为，此"信验"指的是"道"的运行有

---

① 熊铁基、陈红星主编：《老子集成》第1卷，宗教文化出版社2011年版，第467页。
② 范应元：《老子道德经古本集注》，华东师范大学出版社2010年版，第39页。
③ 王卡点校：《老子道德经河上公章句》，中华书局1993年版，第86页。
④ 范应元：《老子道德经古本集注》，华东师范大学出版社2010年版，第39页。
⑤ 楼宇烈校释：《老子道德经注校释》，中华书局2008年版，第52页。
⑥ 蒋锡昌：《老子校诂》，成都古籍书店1988年版，第147页。
⑦ 楼宇烈校释：《老子道德经注校释》，中华书局2008年版，第52页。

规律性，可应时而验："真实中有它的信验（表现在它的规律性）。"①

除了上述观点，关于"信"的含义，学者们还有诸多别的理解，如成玄英认为，此"信"指有感必应，从不差失的意思："言道无心，有感斯应，信若四时，必无差爽。"②范应元认为，此"信"指诚或诚信的意思："信，《说文》云：诚也。……至精无妄，故曰甚真，则是其中有诚信矣。"③

由上可见，学者们关于"信"的具体解释虽然各不相同，但大多是从"信"的诚实不欺、守信用等角度来理解的，但这样一来就出现了一个明显的问题：前面讲"其中有象""其中有物""其中有精"，"象""物""精"都是名词，按理，此"信"也应该是名词，可是，所谓诚实不欺、守信用等，则明显不是名词。

正是基于这样的认识，于省吾认为，这里的"信"，应该理解为"伸"，"伸"与"申"相通，而"申"有"神"的意思，因此，这里的"信"，指的是"神"的意思：

> 自来皆读"信"如字，遂不可解结。"信""申"古通，……"申""伸"古同用。……"伸"本又作"信"，经传此例，不胜条举。……"申"即"神"字，……上言"惚兮恍兮，其中有象；恍兮惚兮，其中有物。窈兮冥兮，其中有精"，是"象"与"物"与"精"并列。至"其精甚真，其中有神"，专承"精"字而伸述之，言精既甚真，故精之中有神也。自"信""神"之通假不明，世人遂不知《老子》言"精"言"神"之义矣。④

笔者认为，于省吾释"信"为"神"，此观点能否成立，当然可

---

① 高亨：《老子注译》，清华大学出版社2010年版，第43页。
② 熊铁基、陈红星主编：《老子集成》第1卷，宗教文化出版社2011年版，第303页。
③ 范应元：《老子道德经古本集注》，华东师范大学出版社2010年版，第39页。
④ 于省吾：《双剑誃诸子新证》，中华书局1962年版，第238页。

以进一步讨论，但是于省吾的观点无疑是极具启发意义的，这里的"信"，应该指某种东西，而非某种状态或动作。不过，在笔者看来，在本章中，老子说"道之为物，惟恍惟惚。惚兮恍兮，其中有象；恍兮惚兮，其中有物。窈兮冥兮，其中有精；其精甚真，其中有信"，与第十四章说的"其上不皦，其下不昧，绳绳兮不可名，复归于无物。是谓无状之状，无物之象，是谓惚恍。迎之不见其首，随之不见其后"实质上是一样的，都是描述"道"之本体无声无形、不可捉摸的特性。既然"道"之本体是不可捉摸的，则我们似无必要非把每个字都落到实处，非要弄清楚其确切含义，而只要意会即可。

三、"道常无名、朴，虽小"——"道"之本体永远是无形无名且浑然整全的

> 道常无名、朴，虽小，天下莫能臣。（第三十二章）

上引文字主要论述了"道"之本体的三个方面的特性：一是"常无名"，即"道"永远没有名；二是"朴"，即浑然整全、纯一不散；三是虽然"小"即微妙无形，但是天下没有谁能让它臣服。

（一）"道常无名"：宇宙万物本原之本体永远没有名

"道常无名"中的"无名"，就文字本身的意思来说，指没有名称；就其具体内涵来说，则指"道"无法命名，故无名称。而"道"之所以无法命名，是因为"道"无声无形，人们对无声无形的东西无法进行命名。因此，这一思想，与第一章"无名，天地之始"、第二十五章"吾不知其名"等思想是一脉相承的，对此，学者们有这样的论述："道者，天地之始，岂得而名？"①"'无名'者，大道初成，天地未形，

---

① 熊铁基、陈红星主编：《老子集成》第3卷，宗教文化出版社2011年版，第281页。

一物不生，故无名号可称，一章所谓'无名，万物之始'也。"①

这里值得我们注意的是"道常"的含义。关于"道常"的含义，学者们主要有两种理解，一种认为"道常"即"常道"，如焦竑说："'道常'，首章所谓'常道'也。"②蒋锡昌说："'道常'即'常道'。……'道常'者，道之真；'常道'者，真之道；其实皆即道也。"③另一种认为，"道常"的"常"，是恒常、永恒的意思，因此，"道常无名"，亦即"道"以无名为常或"道"恒常无名的意思，如王弼说："道，无形不系，常不可名。以无名为常，故曰'道常无名'也。"④魏源说："道，即所谓常道也。道以无名为常。"⑤

当代学者则多持上述第二种理解，把"常"释为"永远"的意思，如陈鼓应说："道永远是无名而处于朴质状态的。"⑥

那么，"道常"究竟是指"常道"还是"道永远"呢？笔者认为，若释"道常"为"常道"，则"道常无名"，即常道没有名的意思；若释"常"为永远，则"道常无名"，即"道"永远没有名的意思。说常道没有名，这与第一章"道可道，非常道；名可名，非常名"的思想契合，但问题是：老子为什么不直接说"常道"，而要说容易引起歧解的"道常"呢？因此，相比之下，说"道"永远无名，一方面与常道无名在意思上一样，另一方面又不容易引起歧义，显得更为恰当些。

但是，说"道"永远没有名，这样的表述在语言上又存在明显的矛盾，因为老子所说的"道"是宇宙万物的本原，"道"不就是此宇宙万物本原之名吗？怎么能说它没有名呢？对于这个问题，古今学者通

---

① 蒋锡昌：《老子校诂》，成都古籍书店1988年版，第215页。
② 焦竑：《老子翼》，华东师范大学出版社2011年版，第82页。
③ 蒋锡昌：《老子校诂》，成都古籍书店1988年版，第215页。
④ 楼宇烈校释：《老子道德经注校释》，中华书局2008年版，第81页。
⑤ 魏源：《老子本义》，华东师范大学出版社2010年版，第68页。
⑥ 陈鼓应：《老子今注今译》，商务印书馆2003年版，第200页。

常的解释是:对宇宙万物的本原是无法命名的,名之为"道",只是勉强而为,故"道"只是其强名,如唐玄宗说:"道者,虚极之妙用;名者,物得之所称。……是则强名曰道,而道常无名也。"①奚侗说:"道本无名,强名为道。"②董平亦说:"称之为'道',……只不过是'强为之名'。"③

然而,遍查《老子》第八十一章,老子却从未说过"道"是宇宙万物本原之强名,关于宇宙万物本原与"道"及"名"的关系,最具代表性的论述见于第二十五章:"有物混成,先天地生。……吾不知其名,字之曰道,强为之名曰大。"由此可见,"道"是宇宙万物本原之"字",而非"名";宇宙万物的本原有一个名,这就是"大",但"大"只是宇宙万物本原之强名,而非真名。据此,我们才能真正把握"道常无名"的意蕴:"道"是宇宙万物本原之"字",在此则代指宇宙万物本原之本体;因宇宙万物本原之本体没有名,故说"道常无名"。因此,老子在此说"道常无名",而不是说"道无名",或许便是要用此"常"字来提醒大家:"道"与"无名"之间存在着特殊的关系,切莫望文生义,作简单化的理解。

(二)"小"的实质内涵

老子说"道常无名、朴,虽小",其中的"小"字,按字面意思来理解,即细小的意思。然而,按照学者们通常的理解,"朴"即"道","道"无形体,怎么能用"细小"来形容呢?因此,有不少学者认为,这里的"小",不是指形体小,而是微妙无形的意思,如河上公说:"道朴虽小,微妙无形。"④王安石说:"小者,至微而不可见者也。"⑤

---

① 熊铁基、陈红星主编:《老子集成》第1卷,宗教文化出版社2011年版,第417页。
② 熊铁基、陈红星主编:《老子集成》第13卷,宗教文化出版社2011年版,第14页。
③ 董平:《老子研读》,中华书局2015年版,第131页。
④ 王卡点校:《老子道德经河上公章句》,中华书局1993年版,第131页。
⑤ 容肇祖:《王安石老子注辑本》,中华书局1979年版,第33页。

有的学者则从"道"之大与小的关系来解释这里的"小"的含义，如范应元说："道常无名，固不可以小大言之，圣人因见其大无不包，故强为之名曰大；复以其细无不入，故曰小也。"① 吴澄说："道弥满六合，而敛之不盈一握，故曰小。"②

笔者认为，以上两种理解中，第一种理解是很有道理的，这里的"小"，指的不是形体的细小，而是"道"的微妙无形的特性。老子在第十四章中说："视之不见，名曰夷；听之不闻，名曰希；搏之不得，名曰微"，即这里的"小"的实质内涵。至于第二种理解，从"道"既大又小的角度来解释这里的"小"，则容易造成混淆，因为老子说"道"大时，通常是就"道"的作用而言的，说到"道"的本体，则只能说"小"即微妙无形，而不能说"大"。

（三）"朴"的含义及关于"道常无名朴虽小"的断句之争

对于"道常无名朴虽小"中"朴"的含义，学者们有不同的理解，其中有代表性的，主要有以下三种。

1. 有较多的学者认为，这里的"朴"即"道"，如范应元说："朴指道而言。"③ 牟钟鉴说："'朴'是就道体而言，语言无法形容。"④

2. 一些学者则在上述第一种理解的基础上，进一步认为"朴"指"道"未散而为万物时的状态，如王安石说："朴者，道之本而未散者也。"⑤ 蒋锡昌说："'朴'者，真之未散，即指初成之道而言。"⑥

3. 认为"朴"是素朴、质朴的意思，用来形容"道"的特性，如成玄英说："朴，淳素也。……言淳朴之道，其自细微。"⑦ 林语堂说：

---

① 范应元：《老子道德经古本集注》，华东师范大学出版社 2010 年版，第 58 页。
② 熊铁基、陈红星主编：《老子集成》第 5 卷，宗教文化出版社 2011 年版，第 624 页。
③ 范应元：《老子道德经古本集注》，华东师范大学出版社 2010 年版，第 58 页。
④ 牟钟鉴：《老子新说》，金城出版社 2009 年版，第 103 页。
⑤ 容肇祖：《王安石老子注辑本》，中华书局 1979 年版，第 33 页。
⑥ 蒋锡昌：《老子校诂》，成都古籍书店 1988 年版，第 215 页。
⑦ 熊铁基、陈红星主编：《老子集成》第 1 卷，宗教文化出版社 2011 年版，第 311 页。

"道体虚无，永远处于不可名而朴质的状态。"①

那么，上述三种理解中，哪一种理解更为合理呢？笔者认为，这有赖于我们对"道常无名朴虽小"整句话的理解。然而，要弄清"道常无名朴虽小"整句话的含义，我们又须先厘清关于该句话的断句之争。

对于"道常无名朴虽小"一句，古代学者通常从"名"字断句，读作"道常无名，朴虽小"，并认为"朴"即"道"，"朴虽小"，即"道"微妙无形的意思，如河上公说："道朴虽小，微妙无形。"② 王安石说："朴者，道之本而未散者也。小者，至微而不可见者也。"③

在"道常无名朴虽小"的断句上，当代学者则有明显不同的两种观点，一种是与上述古代学者一样，作"道常无名，朴虽小"，并认为"朴"即"道"，"朴虽小"即"道"虽然微小无形，如高亨说："朴，指道，……道（宇宙本体）本来是没有名称的，这个自然物，虽然微小至于无形。"④ 任继愈说："'朴'，即'道'。……'道'永远是无名的，'朴'虽然小。"⑤

另一种是作"道常无名、朴，虽小"，并把"朴"释为形容词的朴质的意思，故"道常无名、朴"，即"道"永远无名而处于朴质状态的意思，如林语堂说："道体虚无，永远处于不可名而朴质的状态。即使非常隐微"⑥。张松如说："道总常是无名、似朴，虽然幽微"。⑦

笔者认为，该段文字宜读作"道常无名、朴，虽小"，理由如下。

一是据上所述，把该段文字读作"道常无名，朴虽小"的学者，

---

① 林语堂：《老子的智慧》，湖南文艺出版社2016年版，第122页。
② 王卡点校：《老子道德经河上公章句》，中华书局1993年版，第131页。
③ 容肇祖：《王安石老子注辑本》，中华书局1979年版，第33页。
④ 高亨：《老子注译》，清华大学出版社2010年版，第57页。
⑤ 任继愈：《老子绎读》，国家图书馆出版社2015年版，第72页。
⑥ 林语堂：《老子的智慧》，湖南文艺出版社2016年版，第122页。
⑦ 张松如：《老子说解》，齐鲁书社1998年版，第187页。

通常认为这里的"朴"即"道",既然如此,则"朴"在这里无疑成了多余之字,因为老子完全可以把该段文字表述为"道常无名,虽小",没有必要多此一举,加此"朴"字,既使句意显得不够连贯、顺畅,又给人们的理解徒增了不少麻烦和困扰。

二是把该段文字读作"道常无名、朴,虽小",则句意便十分明确、顺畅:"道"是该段文字的主语,"无名""朴""小"则均是用来描述"道"之特性的,亦即"道"同时具有"无名""朴""小"的特点。而据前面的介绍,"小"指微妙无形,则这里的"朴",亦当释为形容词的质朴、浑然整全的意思,而不应释为名词性的"道"。因此,所谓"道常无名、朴,虽小",意即"道"永远是没有名、浑然整全的,虽然微妙无形。

接下来的"天下莫能臣"中的"臣",是以之为臣、使臣服的意思,因此,"道""虽小,而天下莫能臣",意即"道"虽然微妙无形,但天下没有谁能使它臣服。那么天下为什么没有谁能使"道"臣服呢?学者们较为一致地认为,那是因为"道"是天地万物之母,是天地万物的主宰,谁又能让自己的母亲和主宰臣服呢?如吕惠卿说:"其朴可谓小矣,而天下不敢臣,夫何故?天地资之以始,万物恃之以生,则天下孰有敢臣其所自始与其所自生哉?"[①]

四、"周行而不殆"——《老子》第二十五章,对"道"之本体存在及运行状况的论述

> 有物混成,先天地生。寂兮寥兮,独立而不改,周行而不殆,可以为天下母。(第二十五章)

上引文字进一步指出了"混成之物"即"道"之本体的特性,它

---

① 吕惠卿:《老子吕惠卿注》,华东师范大学出版社2015年版,第37页。

寂静无声，空虚无形，先天地而存在，周行不息。

（一）"寂兮寥兮"：寂静无声，空虚无形

"有物混成，先天地生"，即有一个浑然一体、自然而成的东西，在天地产生以前就存在，这在前面已有详细的介绍。关于"寂兮寥兮"的含义，学者们主要有两种解释。一种认为这里的"寂"指寂静无声，"寥"指空虚无形，因此，"寂兮寥兮"是无声无形的意思，如河上公说："寂者无音声，寥者空无形。"① 苏辙说："寂兮无声，寥兮无形。"② 另一种则把"寂兮寥兮"简称为"寂寥"，认为它是没有形体的意思，如王弼说："寂寥，无形体也。"③ 董平说："它是无有形体貌相的，故称之为'寂寥'。"④

不过，纵观古今学者对"寂兮寥兮"的解释，可以发现，他们大多采取上述第一种理解。有的学者甚至进一步认为，这里的"寂兮寥兮"，与第十四章"视之不见，名曰夷；听之不闻，名曰希；搏之不得，名曰微"的意思一样，如蒋锡昌说："此言道体无形无声，十四章所谓'视之不见名曰夷，听之不闻名曰希，搏之不得名曰微'也。"⑤ 林语堂说："它无形、无体、无声；既看不见，又听不到，摸不着。"⑥

笔者认为，从"寂"和"寥"的含义来看，"寂"的本义指没有声音，"寥"的本义指空虚无形，因此，把"寂兮寥兮"理解为无声无形，用来形容"混成之物"无法用感官感知的特点，是比较恰当的。

（二）"独立而不改"：独立存在而不改变

"独立而不改"中的"独立"，指"混成之物"是一个绝对的存在

---

① 王卡点校：《老子道德经河上公章句》，中华书局1993年版，第101页。
② 熊铁基、陈红星主编：《老子集成》第3卷，宗教文化出版社2011年版，第12页。
③ 楼宇烈校释：《老子道德经注校释》，中华书局2008年版，第63页。
④ 董平：《老子研读》，中华书局2015年版，第129页。
⑤ 蒋锡昌：《老子校诂》，成都古籍书店1988年版，第167页。
⑥ 林语堂：《老子的智慧》，湖南文艺出版社2016年版，第96页。

物，它既不依赖于其他任何事物而存在，也没有任何东西可与之相匹、相对，如河上公说："独立者无匹双。"① 司马光说："无与之匹，故曰独立。"②

其中的"不改"，意为不改变、不变更，不少学者认为，它指的是"混成之物"常存不变的特性。如李荣说："湛然而常存，故言'不改'。"③ 林希逸说："独立而不改，常久而不易也。"④

需要注意的是，这里所谓的"不改"，是指"混成之物"的性质不变，而不是指它静止不动，因为"混成之物"若静止不动，便不可能生化万物。对于"混成之物"这种运动不止而性质不变的特点，学者们亦有深入的揭示，如王弼说："返化终始，不失其常，故曰'不改'也。"⑤ 董平说："'不改'，也即是'不变'。而所谓'不变'，绝不是指它'不动'，而是说不论它如何'动'，它都不改变它自身本然的真实存在状态。"⑥

（三）"周行而不殆"中的"周行"与"殆"的确切含义

对于"周行而不殆"中"周行"的含义，古今学者的理解存在明显的不同，古代学者多把"周"释为周遍、遍及的意思，从而释"周行"为普遍运行、无所不至的意思，如河上公说："道通行天地，无所不入，……无不贯穿。"⑦ 王弼说："周行无所不至。"⑧

当代学者则多把"周"释为环绕、循环的意思，从而释"周行"

---

① 王卡点校：《老子道德经河上公章句》，中华书局1993年版，第101页。
② 熊铁基、陈红星主编：《老子集成》第2卷，宗教文化出版社2011年版，第545页。
③ 熊铁基、陈红星主编：《老子集成》第1卷，宗教文化出版社2011年版，第362页。
④ 熊铁基、陈红星主编：《老子集成》第4卷，宗教文化出版社2011年版，第506页。
⑤ 楼宇烈校释：《老子道德经注校释》，中华书局2008年版，第63页。
⑥ 董平：《老子研读》，中华书局2015年版，第130页。
⑦ 王卡点校：《老子道德经河上公章句》，中华书局1993年版，第101页。
⑧ 楼宇烈校释：《老子道德经注校释》，中华书局2008年版，第63页。

为循环运行,如高亨说:"周行,循环运行。"① 陈鼓应说:"循环运行而生生不息。"②

那么,以上这两种对"周行"的理解哪一种更为合理呢?对此,笔者认为,因为"周"既有周遍、遍及的意思,又有循环、环绕的意思,因此,把"周行"释为普遍运行或循环运行均有其依据。而从第二十五章的下文"大曰逝,逝曰远,远曰反",即无所不包、作用广大无比的"混成之物"运行不息,运行不息而到达极遥远之处,到达极遥远之处又返回原点来看,这里的"周行",既有普遍运行的意思,又有循环运行的意思,因此,把它释为普遍运行,循环不已,是较为恰当的。

接下来再看"不殆"的含义。值得注意的是,在对"不殆"的"殆"字的理解上,亦如对"周行"的理解一样,存在明显的古今之别,古代学者大多把"殆"释为"危殆",即危险的意思,如唐玄宗说:"应用遍于群有,故周行而不危殆。"③ 司马光说:"周行无所不至而不危。"④

当代学者则大多把"殆"释为通"怠",指懈怠、倦怠的意思,如林语堂说:"周行天下,不觉倦怠,而无所不在。"⑤ 董平说:"'殆'为倦怠、疲惫之意,'不殆'即是不会衰退、不会倦怠,永恒如此。"⑥

另外,亦有一些当代学者认为,这里的"殆",是停息、止息的意思,如高亨说:"自身循环运行,而不停息。"⑦ 陈鼓应说:"'不殆',

---

① 高亨:《老子注译》,清华大学出版社 2010 年版,第 47 页。
② 陈鼓应:《老子今注今译》,商务印书馆 2003 年版,第 173 页。
③ 熊铁基、陈红星主编:《老子集成》第 1 卷,宗教文化出版社 2011 年版,第 427 页。
④ 熊铁基、陈红星主编:《老子集成》第 2 卷,宗教文化出版社 2011 年版,第 545 页。
⑤ 林语堂:《老子的智慧》,湖南文艺出版社 2016 年版,第 96 页。
⑥ 董平:《老子研读》,中华书局 2015 年版,第 130 页。
⑦ 高亨:《老子注译》,清华大学出版社 2010 年版,第 48 页。

不息。……循环运行而生生不息。"①

笔者认为,"殆"没有停息、止息的意思,把"殆"释为停息、止息,当是由"怠"的倦怠之义引申而来的,因为不倦地运行,亦即不停地运行的意思。

那么,对这里的"殆"究竟应该释为"危殆",还是"倦怠"呢?对此,首先需要明确的一个前提是:古代学者把"殆"释为"危殆",常常是与把"周行"释为普遍运行相配合的;当代学者把"殆"释为倦怠,则常常是与把"周行"释为循环运行相配合的。因此,所谓"周行而不殆",在古代学者看来,便是指遍行天下而无危险;在当代学者看来,则是指循环运行而不倦怠。所谓循环运行而不倦怠,指的是处于永恒的循环运行之中,这个意思很好理解;那么,遍行天下而无危险的确切含义又是什么呢?对此,学者们有这样的解释:"道无不在,名曰周行。所在皆通,故无危殆。"②"周行天下,物莫能害。"③也就是说,之所以说遍行天下而无危险,指的是"混成之物"运行于天下时畅通无阻,不会受到任何伤害。

仔细分析古今学者对"周行而不殆"的两种不同解释,笔者倾向于综合上述两种理解,把"周行"释为普遍运行,循环不已,把"不殆"释为不倦怠,因此,所谓"周行而不殆",指的是普遍运行,循环不已而不倦怠的意思。这样理解的理由有二:一是把"不殆"释为不倦怠,而不是不危殆,在意思上显得更顺畅,因为"混成之物"是天地万物的创生者,说创生者在面对自己的创生物时没有危险,这样的解释无疑是十分牵强的,而说它普遍运行,循环不已而不倦怠,则指"混成之物"永恒存在、其作用永不止息,这无疑是十分契合老子

---

① 陈鼓应:《老子今注今译》,商务印书馆2003年版,第170—173页。
② 熊铁基、陈红星主编:《老子集成》第1卷,宗教文化出版社2011年版,第306页。
③ 熊铁基、陈红星主编:《老子集成》第13卷,宗教文化出版社2011年版,第12页。

思想的宗旨的。二是"周行而不殆"与"独立而不改"相对,"独立而不改"指"混成之物"独立存在而不改变,"周行而不殆"指"混成之物"普遍运行,循环不已而不倦怠,这样的理解,无论从形式到内容,都显得十分和谐、合理。

五、《老子》中关于"道"之本体与作用关系的论述

道冲,而用之或不盈。(第四章)

谷神不死,是谓玄牝。玄牝之门,是谓天地根。绵绵若存,用之不勤。(第六章)

大道泛兮,其可左右。万物恃之而生而不辞,功成不名有。衣养万物而不为主,常无欲,可名于小;万物归焉而不为主,可名为大。(第三十四章)

道之出口,淡乎其无味,视之不足见,听之不足闻,用之不可既。(第三十五章)

上引四段文字具有类似的性质,即前半段文字都是描述"道"之本体空虚无形、深奥微妙、不可捉摸之类的特性;后半段文字则论述"道"之作用不可穷尽:"用之或不盈""用之不勤""用之不可既"。从而可知,老子之所以说"道"客观存在,是因为"道"无时无刻不在发挥着作用;而"道"的作用之所以无穷无尽,正是因为它空虚无形。

(一)第四章"道冲,而用之或不盈"中的"冲"和"用之"的含义

关于第四章"道冲,而用之或不盈"的含义,学者们有各种不同的解释,其中值得我们注意的主要有以下两个地方。

1."冲"的含义

关于"冲"字的含义,学者们大多解释为"虚",即空虚、虚无。

如唐玄宗说:"冲,虚也"。①牟钟鉴说:"'冲'训作虚,道体虚无,故曰'道冲'。"②

然而,也有一些学者认为"冲"是"中",即居中不偏、中和之道。如河上公说:"冲,中也。道匿名藏誉,其用在中。"③成玄英说:"冲,中也。言圣人施化,为用多端,切当而言,莫先中道,故云'道冲而用之'。此明以中为用也。"④不过,对于这种理解,俞樾明确表示反对,他说:"河上公训'冲'为'中',失之。"⑤俞樾的理由是,这里的"冲",本字为"盅","冲"不过是"盅"的借用字而已,而"盅"的含义是"虚":"《说文·皿部》:'盅,器虚也。……《老子》曰:道盅而用之。''盅'训'虚',与'盈'正相对,作'冲'者,假字也。"⑥

恰如俞樾所说,东汉许慎的《说文解字》中所引的《老子》原文正作"道盅";另外,《老子》傅奕本亦作"道盅"。因此,有不少学者与俞樾持相同的观点,如焦竑说:"'冲',本作'盅'。器之虚也。"⑦朱谦之说:"'盅'即'冲'之古文。"⑧笔者认为,既然"道冲"的"冲"即古文"盅",而"盅"指器皿空虚,那么这里的"冲"就应该指"虚",而不应释为"中"。

2."用之"的含义及其主语

关于"道冲,而用之或不盈"中"用之"的含义,较有代表性的一种理解,是把"用"理解为作用,此"用"的主语是"道","之"在这里是助词,无实义。与此不同而值得我们关注的还有这样两种理

---

① 熊铁基、陈红星主编:《老子集成》第1卷,宗教文化出版社2011年版,第454页。
② 牟钟鉴:《老子新说》,金城出版社2009年版,第15页。
③ 王卡点校:《老子道德经河上公章句》,中华书局1993年版,第14页。
④ 熊铁基、陈红星主编:《老子集成》第1卷,宗教文化出版社2011年版,第290页。
⑤ 熊铁基、陈红星主编:《老子集成》第11卷,宗教文化出版社2011年版,第666页。
⑥ 同上。
⑦ 焦竑:《老子翼》,华东师范大学出版社2011年版,第11页。
⑧ 朱谦之:《老子校释》,中华书局2017年版,第18页。

解。一种是把"用"理解为动词,意为使用、运用,"之"则指"道",如王弼说:"冲而用之,用乃不能穷。"[1] 张默生说:"道是虚而为用的,可是用起来,似乎又是没有穷尽的样子。"[2] 另一种是除了把"用之"作与上相同的理解,还明确把"用之"的主语理解为人或万物,如吴澄说:"道之体虚,人之用此道者亦当虚而不盈,盈则非道矣。"[3] 高亨说:"道(宇宙本体)是虚无而没有形体的,但宇宙万类都在用它……而它或者不会穷尽。"[4]

比较以上关于"用之"的各种不同理解,笔者倾向于把"用之"的"用"理解为作用,作名词用,而"之"字在此为助词,无实义。理由主要有以下两点。

一是据此来理解"道冲而用之或不盈",则其意思为:道是空虚无形的,然而它的作用却又不会穷尽。这样的理解,既清晰顺畅,又符合老子思想的宗旨。而把"用之"理解为使用"道",则无论是"道"使用"道",还是人使用"道"、万物使用"道",在意思上都是比较别扭的。

二是"道冲而用之或不盈"其实反映了老子关于"道"之体用的思想,它告诉我们,"道"的本体是虚无的,"道"的作用是无穷的;而"道"的作用之所以是无穷的,正因为"道"的本体是虚无的,因为如果"道"的本体是实而不虚的,它便无法从无生有,并促成万物的生长变化。

(二)第六章中的"谷神""玄牝"之所指及"用之不勤"的含义

1."谷神":虚空而神妙之"神"

关于第六章"谷神不死,是谓玄牝"中"谷神"的含义,历来众

---

[1] 楼宇烈校释:《老子道德经注校释》,中华书局2008年版,第11页。
[2] 张默生:《老子章句新释》,成都古籍书店1988年版,第6页。
[3] 熊铁基、陈红星主编:《老子集成》第5卷,宗教文化出版社2011年版,第610页。
[4] 高亨:《老子注译》,清华大学出版社2010年版,第22页。

说纷纭,如河上公认为"谷"指养,"神"指五脏之神,因此,"谷神"即养五脏之神,是古代的一种存思修炼方法:"谷,养也。人能养神则不死,神谓五藏之神"。①王弼认为"谷神"指山谷中央无形无影而能化生万物之"至物":"谷神,谷中央无(谷)〔者〕也。无形无影,无逆无违,处卑不动,守静不衰,(谷)〔物〕以之成而不见其形,此至物也。"②《老子想尔注》认为"谷"是"欲"的意思,"谷神不死"即想要使神(指人之精神)不死:"谷者,欲也。精结为神,欲令神不死,当结精自守。"③高亨认为"谷神"指生养之神,亦即"道":"谷神者,生养之神。道能生天地,养万物,故谓之谷神。"④等。

不过,具体分析古今学者关于"谷神"的各种解释,我们可以发现它们有两个方面的共同点。一是多认为"谷神"即"道",如唐玄宗说:"欲明至道,虚而生物,妙用难名,故举谷神以为喻说。"⑤司马光说:"天地有穷而道无穷,故曰不死。"⑥二是多认为这里的"谷"指的是山谷,取的是其虚而能容之义,如成玄英说:"谷,空虚也。……如彼空谷,虚容无滞,则不复生死也。"⑦刘笑敢说:"谷神直接来源于山谷的形象,其特点是深邃、空寂。"⑧

这里需要深入讨论的是对于"谷神"之"神"字的理解。"神"有两个较为常用的含义,一是神灵,二是神妙莫测。那么,"谷神"的"神"是指神灵呢,还是指神妙莫测?考察古今学者关于"谷神"的理解,可以发现,有较多的学者把这里的"神"释为神妙莫测,如司马

---

① 王卡点校:《老子道德经河上公章句》,中华书局1993年版,第21页。
② 楼宇烈校释:《老子道德经注校释》,中华书局2008年版,第16页。
③ 刘昭瑞:《〈老子想尔注〉导读与译注》,江西人民出版社2012年版,第74页。
④ 熊铁基、陈红星主编:《老子集成》第14卷,宗教文化出版社2011年版,第36页。
⑤ 熊铁基、陈红星主编:《老子集成》第1卷,宗教文化出版社2011年版,第419页。
⑥ 熊铁基、陈红星主编:《老子集成》第2卷,宗教文化出版社2011年版,第541页。
⑦ 熊铁基、陈红星主编:《老子集成》第1卷,宗教文化出版社2011年版,第292页。
⑧ 刘笑敢:《老子古今》,中国社会科学出版社2006年版,第164页。

光说："中虚故曰谷，不测故曰神。"① 焦竑说："谷，喻也。以其虚而能受，受而不有，微妙莫测，故曰'谷神'。"②

不过，也有一些学者把这里的"神"理解为神灵，如吴澄说："谷以喻虚，虚则神存于中，故曰谷神。谷即中之处，而守之者神也。"③ 牟钟鉴说："'谷神'即是天地万物的生殖之神，由于它是无限的空虚，所以可以无限地生养万物。"④

把"谷神"的"神"理解为神灵，则"谷神"便很容易被理解为谷中之神，因此，其实质是把"谷神"看成一个名词词组；而把"神"理解为神妙莫测，则是把"神"看作与"虚空"义的"谷"并列的字。一些学者明确指出，"谷"和"神"应该是并列的两个字，而不应该连读，这里的"神"，也应该是神妙莫测的意思，如朱谦之说："傅奕云：'幽而通也。'皆以'谷神'二字连读。惟《老子》书中，实以'谷'与'神'对。……是知'谷''神'二字连读者误。"⑤ 刘笑敢也认为："本章中的'谷神'之'神'也不是一般之鬼神，而是用来比喻描述虚空、幽深之物的神秘、玄妙的作用。"⑥

笔者认为，在第四章中，老子在论述"道"的特性时说过："吾不知谁之子，象帝之先。"意即我不知道是谁产生了"道"，但"道"好像是天帝之祖先。连天帝都是由"道"产生的，则"道"便非某种神灵所能形容，因此，若把"谷神"理解为"道"之别名，则"谷神"之"神"便不应被理解为神灵，而应理解为神妙莫测。

综上所述，关于"谷神"，较为恰当的理解应该是："谷神"即

---

① 熊铁基、陈红星主编：《老子集成》第2卷，宗教文化出版社2011年版，第541页。
② 焦竑：《老子翼》，华东师范大学出版社2011年版，第15页。
③ 熊铁基、陈红星主编：《老子集成》第5卷，宗教文化出版社2011年版，第610页。
④ 牟钟鉴：《老子新说》，金城出版社2009年版，第23页。
⑤ 朱谦之：《老子校释》，中华书局2017年版，第27—28页。
⑥ 刘笑敢：《老子古今》，中国社会科学出版社2006年版，第164—165页。

"道",这里的"谷",指山谷,取其虚空;"神",是神妙莫测。因此,所谓"谷神",便是指虚空而神妙之"道"。

2. 什么是"玄牝"?

老子说:"谷神不死,是谓玄牝",与"谷神"相比,"玄牝"之所指相对要容易理解一些,因为学者们大多认为,这里的"玄",指幽深微妙,而"牝",则指鸟兽的雌性,即母体,如司马光说:"玄者,言其微妙;牝者,万物之母。"① 高亨说:"玄,古语称形而上为玄,又谓微妙难知为玄。牝,母体。"②

而且,学者们还进一步认为,此"玄牝"其实就是"道"之别名,如张默生说:"道之为物,……所有万物,都是由他而生,所以叫做'玄牝'。"③ 高亨说:"玄牝,亦道之别名也。"④

据上可知,在"谷神不死,是谓玄牝"一句中,"谷神"和"玄牝"都是指"道",都是"道"之别名。那么,老子为什么要在这短短的八个字中,连用两个"道"之别名,这两个别名之间又是什么关系呢?对此,研究者们从不同角度作了说明:

> 谷神应物,冲用无方,深妙不穷,能母万物,故寄谷神玄牝之号,将明大道生畜之功。⑤

> 谷神则虚而无形也。……谓之谷神,言其德也。谓之玄牝,言其功也。⑥

> 谷神以况至道之常,玄牝以明造物之妙。⑦

---

① 熊铁基、陈红星主编:《老子集成》第2卷,宗教文化出版社2011年版,第541页。
② 高亨:《老子注译》,清华大学出版社2010年版,第24页。
③ 张默生:《老子章句新释》,成都古籍书店1988年版,第9页。
④ 熊铁基、陈红星主编:《老子集成》第14卷,宗教文化出版社2011年版,第36页。
⑤ 熊铁基、陈红星主编:《老子集成》第1卷,宗教文化出版社2011年版,第419页。
⑥ 熊铁基、陈红星主编:《老子集成》第3卷,宗教文化出版社2011年版,第3页。
⑦ 熊铁基、陈红星主编:《老子集成》第3卷,宗教文化出版社2011年版,第265页。

也就是说，老子之所以称"道"为"谷神"，是就"道"的特性而言的，说明"道"具有虚无而又神妙的性质、特点，所以苏辙说"谓之谷神，言其德也"，这里的"德"，当指性质特点；而唐玄宗所说的"冲用无方"，宋徽宗所说的"至道之常"，亦均是就"道"的性质特点而言的。而老子称"道"为"玄牝"，则是就"道"的功用而言的，说明"道"具有生化万物的功用，所以苏辙说"谓之玄牝，言其功也"；而唐玄宗所谓"将明大道生畜之功"，宋徽宗所谓"玄牝以明造物之妙"，指的也是同样的意思。

接下来的"玄牝之门，是谓天地根"，意即深奥微妙的母体之门，叫作天地的根源。这里值得注意的是"玄牝之门"的确切含义。前面已经讲过，"牝"指鸟兽的雌性、母体，则"牝之门"便是指母体的门户，具体而言，便是母体产出后代的门户，即阴门。所以《老子想尔注》中说："阴孔为门，死生之官也"。① 当代学者亦多从这个意义上来理解"牝之门"，如高亨释"牝之门"为"母体的门户"②，林语堂将其释之为"生殖之门"③，刘笑敢则称之为"雌性的生殖器"④。

既然"牝之门"意为雌性的生殖器，则"玄牝之门"便指深奥微妙的雌性生殖器，而"道"产生万物，亦恰如深奥微妙的雌性生殖器之生殖活动，因此，所谓"玄牝之门"，便是"道"产生万物之门户。"玄牝之门，是谓天地根"，说明天地是经由"玄牝之门"即"道"之门户而产生的，这里的"根"，是根源的意思，这就再次强调了"道"是天地、万物的创生者和终极根据。

3."道"为何"若存"及"不勤"的含义

"绵绵若存"，指"道"微妙而又连续不断，好像存在着。"道"

---

① 刘昭瑞：《〈老子想尔注〉导读与译注》，江西人民出版社2012年版，第75页。
② 高亨：《老子注译》，清华大学出版社2010年版，第24页。
③ 林语堂：《老子的智慧》，湖南文艺出版社2016年版，第26页。
④ 刘笑敢：《老子古今》，中国社会科学出版社2006年版，第164页。

无疑是客观存在的,那么老子为什么要说它"若存"即好像存在呢?对此,学者们从不同角度进行了解释。

有的学者认为,之所以说"道""若存",是因为"道"虽然存在,但是却视之不见,听之不闻,就像不存在似的,如李荣说:"欲言有也,不见其形;欲言亡也,万物以生。"① 吕惠卿说:"以为亡耶?则绵绵而未尝绝;以为存耶?则恶睹其存哉,若存而已。"②

有的学者认为,之所以说"道""若存",就是因为它若存若亡、若有若无,如司马光说:"微而不绝,若亡若存"③,林希逸说:"若存者,若有若无也。"④

有的学者则认为,因为"道"是虚无的,虚无而又客观存在,所以说它"若存",如张默生说:"虽然他是空虚无物,看不见摸不着的,但是就从万物的生生不息看来,似乎他是永远长存。"⑤董平说:"'道'原是'虚体',它'存在'而又不显著,幽深莫辨而又持续常在,故谓之'若'。"⑥

笔者认为,以上学者对"若存"的解释,各有其道理,只是角度不同,若把它们结合在一起,便可较为完整地揭示老子关于"道""若存"的义旨。在《老子》第四章中,老子对于"道"的描述,亦用了不少不确定之词,如"似或存""吾不知""象帝之先"等,因此,老子在此用"若存",无疑与第四章中的论述是一脉相承的。

关于"用之不勤"中"不勤"两字的含义,古今学者的理解则存在明显的不同,古代学者多以"劳倦""辛苦"释"勤"字,如李

---

① 熊铁基、陈红星主编:《老子集成》第1卷,宗教文化出版社2011年版,第353页。
② 吕惠卿:《老子吕惠卿注》,华东师范大学出版社2015年版,第8页。
③ 熊铁基、陈红星主编:《老子集成》第2卷,宗教文化出版社2011年版,第541页。
④ 熊铁基、陈红星主编:《老子集成》第4卷,宗教文化出版社2011年版,第499页。
⑤ 张默生:《老子章句新释》,成都古籍书店1988年版,第9页。
⑥ 董平:《老子研读》,中华书局2015年版,第70页。

荣说："勤者，苦也。得玄牝之道，运用无穷，无为逸乐，故曰不勤也。"① 王安石说："天道之体虽绵绵若存，故圣人用其道，未尝勤于力也，而皆出于自然。"②

当代学者则多以"穷尽"释"勤"，如林语堂说："而它的作用，愈动愈出，无穷无尽。"③ 陈鼓应说："它连绵不绝地永存着，作用无穷无尽。"④

因为"勤"字既有劳倦、辛苦之义，又有穷尽、枯竭之义，加上上述两种解释又都能自圆其说，故我们不能贸然说孰对孰错。不过，深入分析这两种不同的理解，可以发现一个特点，即古今学者对"用之"二字的理解各不相同：古代学者多释"用"为使用、运用，释"之"为"道"，而把"用之"的主语理解为人、圣人或天地；当代学者则多释"用"为作用、功能，释"之"为助词，无实义，而"用"的主语则为"道"。论述至此，我们会很自然地联想到第四章中的"道冲，而用之或不盈"一句，"冲，而用之或不盈"，与"绵绵若存，用之不勤"，我们似乎完全可以把这两句话视作对同一思想的不同角度的表述，因此，笔者倾向于把"不勤"理解为"不会穷尽"。

（三）"大道泛兮"，"可名于小"，"可名为大"——第三十四章论"道"之本体微妙无形，作用广大无比

《老子》第三十四章的文字着重论述了"道"的特性：大道广泛流行，创生万物，庇护养育万物，使万物各得其所；然而，大道对万物却无欲无求，既不居功自傲，对万物亦不主宰、不占有。对于大道的上述特性，老子进一步用"小"和"大"两个字来形容：大道创生养育万物，却隐微无形，无私无欲，这可以称为"小"；万物都依附

---

① 熊铁基、陈红星主编：《老子集成》第1卷，宗教文化出版社2011年版，第353页。
② 容肇祖：《王安石老子注辑本》，中华书局1979年版，第12页。
③ 林语堂：《老子的智慧》，湖南文艺出版社2016年版，第26页。
④ 陈鼓应：《老子今注今译》，商务印书馆2003年版，第99页。

于大道，大道包容一切，却不以主宰者自居，这可以称为"大"。因此，这里的"小"和"大"，并非就形体的大小而言，而是就"道"之特性的角度而言的：道体微妙无形，其作用过程隐秘不显，却有丰富多彩的大千世界呈现在我们的面前，因此，"道"既可谓"小"，亦可谓"大"，其实质则是"道"的本体微妙无形，"道"的作用广大无比。

1."泛"及"大道泛兮，其可左右"的含义

因"大道泛兮"中的"泛"是个多义字，既有漫溢之义，又有漂浮之义，还有广泛、普遍之义等，故历代学者对"大道泛兮"的含义亦是众说纷纭。概括起来，主要有以下三种。

一是认为"泛"指广泛流行，"大道泛兮"指大道广泛流行，无所不到。如王弼说："言道泛滥，无所不适。"① 牟钟鉴说："大道广泛流行，无所不至。"②

二是认为"泛"是"无系"即没有拴缚的意思，"大道泛兮"指大道无所拴系，不滞于某处，故往来不穷。如李荣说："夫虚舟泛而不系，大道泛而玄通。不系者，无滞于西东。"③ 唐玄宗说："'泛兮'者，无系之貌也。言道之为物，非阴非阳，非柔非刚，泛然无系，能应众象。"④

三是认为"泛"有普遍之意，"大道泛兮"指大道普遍存在。如高亨说："《广雅·释言》：'氾，普也。'……大道（宇宙本体）是普遍存在的。"⑤ 卢育三说："这是用河水泛滥，左右漫流，形容道无处不在，

---

① 楼宇烈校释：《老子道德经注校释》，中华书局2008年版，第85页。
② 牟钟鉴：《老子新说》，金城出版社2009年版，第109页。
③ 熊铁基、陈红星主编：《老子集成》第1卷，宗教文化出版社2011年版，第367页。
④ 熊铁基、陈红星主编：《老子集成》第1卷，宗教文化出版社2011年版，第478页。
⑤ 高亨：《老子注译》，清华大学出版社2010年版，第59页。

说明道的普遍性。"①

笔者认为，上述三种理解中，第一、第三两种理解的意思较为接近，第二种理解强调"道"不滞于某处，因不滞故能遍在，因此，其思想实质与第一、第三两种理解类似，只是切入的角度不同。故上述三种理解均是可以的。不过，相比之下，笔者更倾向于第一种理解，因为这样的理解在意思上更顺畅，更易为人们所接受。

关于"其可左右"的含义，历代学者大多认为，它指的是大道的流行可左可右，不滞于一处，故能无所不至，如王弼说："言道……可左右上下周旋，而用则无所不至也。"②苏辙说："泛兮无可无不可，故左右上下周旋无不至也。"③吕惠卿则进一步解释说，具体之物不是左就是右，只有大道才能可左可右："可以左而不可以右，可以右而不可以左，在物一曲者，非大道也。大道则无乎不在，故泛兮其可左右也。"④

当代学者大多认同上述理解，如蒋锡昌说："言大道泛滥，左右周行，而无所不至也。"⑤林语堂也说："大道……可左可右，无远弗届，无所不到。"⑥

以上解释有一个特点，即都把"其可左右"中的"其"理解为"道"或大道。然而，高亨认为，这里的"其"，应该是"岂""难道"的意思，表示诘问："其，犹岂也。……岂可以说它在左边，或在右边？它是无处不存在的。"⑦董平则进一步认为，不仅这里"其"是"岂""难道"的意思，这里的"左右"也不是方位上的左和右，而是

---

① 卢育三：《老子释义》，天津古籍出版社1987年版，第151页。
② 楼宇烈校释：《老子道德经注校释》，中华书局2008年版，第85页。
③ 熊铁基、陈红星主编：《老子集成》第3卷，宗教文化出版社2011年版，第15页。
④ 吕惠卿：《老子吕惠卿注》，华东师范大学出版社2015年版，第39页。
⑤ 蒋锡昌：《老子校诂》，成都古籍书店1988年版，第224页。
⑥ 林语堂：《老子的智慧》，湖南文艺出版社2016年版，第134页。
⑦ 高亨：《老子注译》，清华大学出版社2010年版，第59页。

支配、控制的意思。①

笔者认为,"其"本有"岂""难道"的义项,高亨把"其"解释为"岂",而把"其可左右"释为"岂可以说它在左边,或在右边?"其意思与上述把"其可左右"释为大道的流行可左可右,并无实质的区别。董平把"其"释为"岂""难道",又把"左右"释为支配、控制,则该句的含义便有了实质的不同。然而,在笔者看来,此处的"左右"不宜释为支配、控制,因为从本章的宗旨来看,通篇文字都是在称赞"道"的广泛流行、生而不有、功成而不居的特性,而与大道能否被把持、控制之义无关。

2."可名于小"的实质

"万物恃之而生而不辞,功成不名有。衣养万物而不为主,常无欲",意即万物都依靠"道"而生长,"道"却顺其自然,功业成就了也不称自己有功。庇护养育万物而不自以为是主宰,永远没有私欲。其中的"不辞",学者们或释为不道谢,或释为不说话,笔者把它为不推辞拒绝、顺其自然;"衣养万物"中的"衣养",学者们或释为覆育,或释为包容养育,或释为庇护养育,意思均差不多。

"可名于小"中的"于",即"为(wéi)",指"是",因此,"可名于小"即"可名为小","于"与下句"可名为大"中的"为"意思一样。如朱谦之说:"'于''为'古音相近"②。高亨说:"'于小',当作'为小'。"③据此,则"可名于小"即可以称为"小"或可以说是"小"。那么,老子在此说"道""可名为小",其确切含义又是什么呢?对此,学者们有不同的理解,其中有代表性的,主要有以下三种。

一是认为这里的"可名于小",指的是"道"的存在或作用微妙

---

① 董平:《老子研读》,中华书局2015年版,第157页。
② 朱谦之:《老子校释》,中华书局2017年版,第145页。
③ 高亨:《老子注译》,清华大学出版社2010年版,第59页。

无形，如王弼说："万物各得其所，若道无施于物，故名于小矣。"① 林语堂说："从道体的隐微虚无看，它可说很渺小。"②

二是认为这里的"可名于小"，指的是"道"自处卑小，反映的是"道"的谦虚之德，如林希逸说："万物皆蒙赖其利，而道何尝有主宰之心，湛然而无所欲，可谓之自小矣，故曰'可名于小'。"③ 杜道坚说："常无欲，可名于小，谦德至矣。"④

三是认为这里的"可名于小"，指的是"道"好像微小的意思，但"道"并非真的微小，如河上公说："道匿德藏名，恒然无为，似若微小也。"⑤ 唐玄宗说："夫道生万物，爱养熟成而不为主宰，于彼万物，常无欲心，岂是道之狭小邪？故云'可名于小'者，言不可名小尔。"⑥

综上所述，我们至少可以得出这样两点结论：一是"可名于小"中的"小"，不是就"道"的形体或作用的大小而言的，而是从"道"的形体或作用隐微无形的角度而言的；二是"可名于小"并非指"道"真的很"小"，而是指"道"无私无欲，自处卑小。

3."可名为大"的双重含义

"万物归焉而不为主，可名为大"中的"归"字，学者们多释为归附、依附，如王弼说："万物皆归之以生"⑦。奚侗说："万物自然归附"。⑧ 因此，所谓"万物归焉而不为主"，指的是万物都归附"道"，但是"道"不以主宰者自居的意思。

---

① 楼宇烈校释：《老子道德经注校释》，中华书局 2008 年版，第 85 页。
② 林语堂：《老子的智慧》，湖南文艺出版社 2016 年版，第 134 页。
③ 熊铁基、陈红星主编：《老子集成》第 4 卷，宗教文化出版社 2011 年版，第 509 页。
④ 熊铁基、陈红星主编：《老子集成》第 5 卷，宗教文化出版社 2011 年版，第 497 页。
⑤ 王卡点校：《老子道德经河上公章句》，中华书局 1993 年版，第 137 页。
⑥ 熊铁基、陈红星主编：《老子集成》第 1 卷，宗教文化出版社 2011 年版，第 478 页。
⑦ 楼宇烈校释：《老子道德经注校释》，中华书局 2008 年版，第 86 页。
⑧ 熊铁基、陈红星主编：《老子集成》第 13 卷，宗教文化出版社 2011 年版，第 15 页。

"可名为大"与上句的"可名于小"相对,对于"可名为大"的含义,学者们主要有两种解释。

一是认为"可名为大"指的是万物皆归附于"道","道"却不以主宰者自居,这种特性,可以称为"大",因此,这里的"大",既有其大无比、无所不容之意,又有无私无欲、崇高伟大之意,如陆希声说:"万物归之不为其尊主,若川谷之与江海,则可以名其道为大。"① 牟钟鉴说:"万物万事皆不能离道而存,皆要回归大道,不断从大道中吸取生命活力,从这方面说道又是伟大的。道的伟大正在于它没有主宰性而又能成就万物。"②

二是认为这里的"可名为大",指的其实是不可用"大"来称说"道",如李荣说:"万象轮回,不出无形之表;品汇终始,会依虚寂之中,故曰归之。可名于大,言不大也。"③ 吴澄说:"万物反本复命,会归于一,……而物亦不知其孰主之。此万殊之合为一本,乃道之总而至大者,其可名之于大矣乎?盖不可也。若其可名,则非不居功、不知主之道矣。"④

笔者认为,这里的"可名于大",应该同时包含上述两方面的含义。一方面,"道"生成万物、万物皆依附于"道","道"却不以主宰者自居,这无疑是极其之"大"、极其伟大的;另一方面,老子在第二十五章明确说过,对于作为宇宙万物本原的"道","吾不知其名""强为之名曰大",意即"道"没有名,"大"只是对"道"勉强命名而已,因此,"道"事实上不可以"大"称之。

4. 为什么"道"有"可名于小"和"可名为大"之分?

以上分别介绍了"可名于小"和"可名为大"的实质含义,但是

---

① 熊铁基、陈红星主编:《老子集成》第1卷,宗教文化出版社2011年版,第600页。
② 牟钟鉴:《老子新说》,金城出版社2009年版,第109页。
③ 熊铁基、陈红星主编:《老子集成》第1卷,宗教文化出版社2011年版,第367页。
④ 熊铁基、陈红星主编:《老子集成》第5卷,宗教文化出版社2011年版,第626页。

仍然有一个问题需要我们进一步厘清，这就是，从"衣养万物而不为主，常无欲，可名于小；万物归焉而不为主，可名为大"的文字来看，"衣养万物而不为主"与"万物归焉而不为主"，两者在内容上似乎并无实质性的差异，那么为什么前者对应于"可名于小"，后者则对应于"可名为大"呢？对此，一些学者认为，这是因为前一句的后面有"常无欲"三字，因此，该段文字的实质，是有"常无欲"三字，就可"名于小"，无此三字，则可"名为大"。如高亨说："无欲，无私欲，指'功成不名有'而言。按：无欲原于无心，无心原于无形，故言小。"①高明说："从经文内容分析，'可名于小'与'可名于大'的区分，主要在于句前有无'则恒无欲也'②一语，有之则'名于小'，无之则'名于大'。如此看来，'常无欲'三字……乃为本文之关键内容。"③

笔者认为，从"常无欲"入手，去分析该段文字中"可名于小"和"可名为大"的区别，这当然有一定的道理，但仅仅停留于此，仍然是不够全面的。事实上，"衣养万物而不为主"与"万物归焉而不为主"，虽然都有一个"不为主"，但它们的意思是存在明显不同的。"衣养万物而不为主"，这是从"道"庇护养育万物的过程隐微无形的角度来说的，故可说"名于小"；而"万物归焉而不为主"则是从"道"包容万物的角度来说的，万物归附于"道"，"道"必须有无限巨大的容量才能接纳万物，故说"可名于大"。因此，以下学者的解释是值得我们注意的：

> 夫唯不居，不为主，故常无欲。常无欲则妙之至者也，故可名于小。万物归焉而不知主，则容之至者也，故可名于大。④

---

① 高亨：《老子注译》，清华大学出版社 2010 年版，第 59 页。
② "常无欲"一句，帛书甲乙本作"则恒无欲也"。
③ 高明：《帛书老子校注》，中华书局 1996 年版，第 409—410 页。
④ 吕惠卿：《老子吕惠卿注》，华东师范大学出版社 2015 年版，第 39 页。

惟其体之微，故有衣养万物之功，而不名有，返之于无形无名，敛之不盈毫末矣。惟其用之广，故万物恃之以生者咸归往而浩浩不知其专主，极之并育不害，其量可弥六合矣。①

笔者认为，魏源说"惟其体之微，……敛之不盈毫末矣。惟其用之广，……其量可弥六合矣"，明确认为"可名于小"是就"道"之本体而言，"可名为大"是就"道"之作用而言，这是极具启发意义的。因为在《老子》一书中，凡称"道"为"小"的，都是指"道"之本体微妙无形；而称"道"为"大"的，都是指"道"的作用广大无比。因此，本章中所说的"可名于小"，亦应指"道"之本体微妙无形："道"之本体是万物的创生者，它永远没有私欲，对万物不加宰制，故老子说"可名于小"，即可以说是微妙无形的。

（四）第三十五章论"道""淡乎其无味"的本体与"不可既"的作用

1. 对"道"的言说为什么"淡乎其无味"？

第三十五章"道之出口，淡乎其无味"中的"道之出口"，意即"道"说出口，亦即"道"用语言表述出来，如林希逸说："道之出言，道形于言也，犹曰道之为言也。"②陈鼓应说："'道'的表述。"③"淡乎其无味"，学者们多释为淡然无味、淡而无味、平淡无味。

至于"道"说出来淡而无味的原因，一些学者认为，或是"道"有无味之味，普通俗人难以体味；或是大道清静无为，不像世俗言教那样与人的利害直接相关；或是"信言不美"，真理不会有美丽的装饰。如成玄英说："世人迷妄之甚，但知淫听有声之声，讵能咀嚼无味

---

① 魏源：《老子本义》，华东师范大学出版社2010年版，第72页。
② 熊铁基、陈红星主编：《老子集成》第4卷，宗教文化出版社2011年版，第510页。
③ 陈鼓应：《老子今注今译》，商务印书馆2003年版，第206页。

之味耶？深叹愚徒，故有斯譬。"①唐玄宗说："道之出口者，言人君约道德清净之法，以为不言无为之教者，初出于口，淡然无味，岂如俗中有亲誉畏侮等，以为滋味乎？"②董平说："正所谓'信言不美，美言不信'，真理被言说出来，总是质实平淡的，不像'巧言令色'那般地悦人耳目。"③

笔者认为，以上观点有一定的道理，但似乎还不够透彻。因为在本书后面对第一章"道可道，非常道"的解释中，笔者将指出，所谓"道可道"，指的是"道"的作用可以言说；"非常道"，指的是"道"的本体不可言说。因此，对这里的"道之出口"，亦应从对"道"之作用的言说与对"道"之本体的言说两个方面来进行理解。从对"道"的作用的言说而言，因"道"的作用包括自然无为、谦下不争、守柔守雌等一系列的原则，这些原则均与世俗之人喜欢争强好胜、热衷功名利禄、爱好声色享受等相反，所以在世俗之人看来，关于"道"的言论当然是寡淡无味的。从对"道"的本体的言说而言，虽然老子认为"道"的本体不可言说，但从《老子》一书来看，亦涉及不少对"道"之本体的描述，如"恍兮惚兮""窈兮冥兮""视之不见""听之不闻"之类，但这样的描述，因模棱不定，并未说出一个明确的所以然来，当然亦是"淡乎其无味"的。

2."用之不可既"中的"用"的含义：使用，还是作用？

"视之不足见，听之不足闻"，意即看它看不见，听它听不到。其中的"足"字，学者们或认为指"得"，或认为指"足以"，或认为指"可以"。笔者认为，上述三种理解，虽具体表述不同，但基本意思都差不多，都是用来指"道"看不见、听不到，故把"不足"释为不得

---

① 熊铁基、陈红星主编：《老子集成》第1卷，宗教文化出版社2011年版，第313页。
② 熊铁基、陈红星主编：《老子集成》第1卷，宗教文化出版社2011年版，第479页。
③ 董平：《老子研读》，中华书局2015年版，第160页。

或不可以都行。而"道"之所以看不见、听不到，是因为"道"无形无声，这便是《老子》第十四章中所说的："视之不见，名曰夷；听之不闻，名曰希"。

本段文字的最后一句"用之不可既"中的"既"字，学者们一致认为是"尽""完"的意思，因此，这里值得我们注意的是"用"及"用之"的含义。古今学者对于这里的"用"主要有两种理解，一种认为是使用、运用的意思，因此，这里的"用之"，是指用"道"，如河上公说："用道治国，则国富民昌，治身则寿命延长，无有既尽〔之〕时也。"① 高亨说："可是这个道，……要用它是不可以用尽的。"② 另一种认为，这里的"用"，是指作用，"之"是助词，无实义，因此，这里的"用之"，指的是"道"的作用，如成玄英说："至道之言，澹然虚远，……是知无用之用，其用难尽。"③ 董平说："但若得道之真，则道之用为'绵绵不勤'，不可穷竭。"④

那么哪一种理解更为合理呢？笔者认为，这里的"用之不可既"，与第四章"道冲，而用之或不盈"中"用之或不盈"的意思几乎一样，在对"用之或不盈"的分析中，笔者曾指出，笔者倾向于把"用"理解为名词，指作用，理由是这样的理解不仅在意思上比较顺畅，而且又能体现老子关于"道"之体用的思想。因为老子在前面说"道之出口"，则这里的"道"，指的便是作为宇宙万物本原的"道"，"淡乎其无味，视之不足见，听之不足闻"，指"道"无法用语言表达，既看不见，又听不到，则这几句所指当为"道"之本体；接下来说"用之不可既"，则把它理解为"道"的作用不可穷尽，这样便能完整地体现"道"之体用的思想。

---

① 王卡点校：《老子道德经河上公章句》，中华书局1993年版，第140页。
② 高亨：《老子注译》，清华大学出版社2010年版，第60—61页。
③ 熊铁基、陈红星主编：《老子集成》第1卷，宗教文化出版社2011年版，第313页。
④ 董平：《老子研读》，中华书局2015年版，第160页。

第三节　老子之"道"的丰富意蕴

前面介绍了老子之"道"的确切含义及"道"之本体的特点,指出了老子之"道"包含本体和作用两个方面,其本体无形无象,不可捉摸,无法命名;其作用表现为创生宇宙万物,并作为宇宙万物变化发展的内在根据和动力。除了上述,关于"道",《老子》一书中还有大量的论述,如"道可道,非常道"(第一章),主要论述了"道"之本体与"道"之作用的区别及"道"能否言说的问题;如"反者道之动,弱者道之用"(第四十章),指出了"道"运动的特点及发挥作用的方式;如"虽有拱璧以先驷马,不如坐进此道"(第六十二章),则揭示了"道"的重要价值;等等。

一、"道可道,非常道"——"道"之作用可以言说,"道"之本体不可言说

> 道可道,非常道;名可名,非常名。(第一章)

上引文字主要论述了"道"与"常道"、"名"与"常名"的关系,以及"道"能否言说与命名的问题。作为通行本《老子》首章的首段文字,首次提出了"道"这一《老子》思想的核心概念,然而这一核心概念的提出却采用了"道可道,非常道"这样颇似绕口令的方式,这无疑为我们确切把握"道"的思想实质增添了不少难度。

(一)古今学者关于"道可道,非常道"的不同解释

从古今学者对"道可道,非常道"的解释来看,他们或把"道可道"中的第一个"道"字释为道理,或把它释为宇宙万物的本原;或把"可道"中的"道"释为言说,或把它释为因循;或把"常道"释为恒久存在之道,或把它释为平常之道,或把它释为"上道"即上乘的道等,分歧极多。其中有代表性的,主要有以下四种观点。

道可道：老子的道论

1. 认为"道可道"中的第一个"道"，指的是道理，如仁义礼智之类；"可道"中的"道"，指言说；"常道"，指恒久存在的"道"。因此，所谓"道可道，非常道"，指的是可以言说的道理，不是恒久存在的"道"，恒久存在的"道"不可言说。如苏辙说："今夫仁义礼智，此道之可道者也。然而仁不可以为义，而礼不可以为智，可道之不可常如此。……而道常不变，不可道之能常如此。"①陈鼓应说："第一个'道'字是人们习称之道，即今人所谓'道理'。第二个'道'字，是指言说的意思。第三个'道'字，是老子哲学上的专有名词，在本章它意指构成宇宙的实体与动力。……可以用言词表达的道，就不是常道。"②

2. 认为"道可道"中的第一个"道"，指的是宇宙万物的本原；"可道"中的"道"，指言说；"常道"，指恒久存在的"道"。因此，"道可道，非常道"，指可以言说的"道"，就不是恒久存在的"道"。如张默生说："'道'，指宇宙的本体而言。……可以说出来的道，便不是经常不变的道。"③董平说："第一个'道'字，是老子所揭示的作为宇宙本根之'道'；'可道'之'道'，则是'言说'的意思。……凡一切可以言说之'道'，都不是'常道'或永恒之'道'。"④

3. 认为"道可道"中的第一个"道"，指的是宇宙万物的本原；"可道"中的"道"，指言说；"常道"，则指的是平常人所讲之道、常俗之道。因此，"道可道，非常道"，指"道"是可以言说的，但它不是平常人所谓的道或常俗之道。如司马光说："世俗之谈道者，皆曰道体微妙，不可名言。老子以为不然，曰道亦可言道耳，然非常人之

---

① 熊铁基、陈红星主编：《老子集成》第3卷，宗教文化出版社2011年版，第1页。
② 陈鼓应：《老子今注今译》，商务印书馆2003年版，第73—77页。
③ 张默生：《老子章句新释》，成都古籍书店1988年版，第1页。
④ 董平：《老子研读》，中华书局2015年版，第43页。

所谓道也。"①裘锡圭说:"第一个'道'字,理所应当,也是讲他要讲的'道':道是可以言说的。……那么这个'恒'字应该怎么讲?我认为很简单,'恒'字在古代作定语用,经常是'平常''恒常'的意思。……'道'是可以言说的,但是我要讲的这个'道',不是'恒道',它不是一般人所讲的'道'。"②

4.虽然对"道可道"中的第一个"道"、对"常道"的解释并不完全相同,但都把"可道"中的"道"释为践行、遵行。如吴澄说:"道犹路也。可道,可践行也。……若谓如道路之可践行而道,则非此常而不变之道也。"③赵汀阳说:"我们把第二个'道'理解为'言说',这不对,因为先秦的时候,'道'在绝大多数的文本里面,都应该是与践行相关的意思。"④

除了上述内容,对于"道可道,非常道"的含义,学者们还有各种别的解释。如河上公认为,"道可道"中的第一个"道",指经术政教之道,"常道",指自然长生之道:"谓经术政教之道也。非自然长生之道也。常道当以无为养神,无事安民,含光藏晖,灭迹匿端,不可称道。"⑤王弼认为,"道可道",即"可道之道",它指的是有形象的具体事物:"可道之道,可名之名,指事造形,非其常也。"⑥

(二)从"道"之体用看"道可道,非常道"的内涵

由上文可知,学者们对"道可道,非常道"的解释存在的分歧还是很大的。那么,在上述各类解释中,哪一种解释更有道理呢?对此,笔者认为,这有赖于我们对《老子》道论的整体把握,此正如蒋锡昌

---

① 熊铁基、陈红星主编:《老子集成》第2卷,宗教文化出版社2011年版,第539页。
② 裘锡圭:《老子今研》,中西书局2021年版,第99—100页。
③ 熊铁基、陈红星主编:《老子集成》第5卷,宗教文化出版社2011年版,第608页。
④ 赵汀阳:《继续生长,经典才能不死》,载《中华读书报》2015年1月21日。
⑤ 王卡点校:《老子道德经河上公章句》,中华书局1993年版,第1页。
⑥ 楼宇烈校释:《老子道德经注校释》,中华书局2008年版,第1页。

所说:"欲明此'道'所含之意义,必先明《老子》全书所言之要旨。《老子》全书之要旨明,则此'道'之意义,自可不解而明矣。"① 笔者认为,在如何理解"道可道,非常道"含义的问题上,以下学者的观点是值得我们注意的:

圣人观其玄虚,用其周行,强字之曰"道",然而可论。故曰:"道之可道,非常道也。"(《韩非子·解老》)

圣人欲坦兹玄路,……以理可名,称之可道,故曰"吾不知其名,字之曰道"。②

道本无名,字之曰道而已。③

以上学者对"道可道,非常道"的解释有一个共同的特点,就是均以"字之曰道"来解释"道"的含义。笔者认为,这样的解释是极具启发意义的,因为据前面所述,"字之曰道"一句见于《老子》第二十五章,而在《老子》全书中,对"道"的含义作出明确解释且最具经典意义的表述正是见于第二十五章。老子认为,在天地万物产生之前,存在一个作为天地万物本原的"混成之物",即浑然一体、自然而成的东西,它寂静无声,空虚无形,独立存在而不改变,不停运动而不倦怠。对于这样一个东西,老子不知道它叫什么名,便给它取"字"为"道",勉强取名为"大"。据此可知,所谓"道",指的是作为天地万物本原的"混成之物"的"字";而所谓"字",指的是"表字",即在本名外所取的与本名含义相关的另一称呼,而取表字的目的,在于进一步揭示"名"的内涵。老子认为,"混成之物"无声无形,对于无声无形的东西,我们无法给它取名;但"混成之物"创生

---

① 蒋锡昌:《老子校诂》,成都古籍书店1988年版,第3页。
② 熊铁基、陈红星主编:《老子集成》第1卷,宗教文化出版社2011年版,第349页。
③ 熊铁基、陈红星主编:《老子集成》第5卷,宗教文化出版社2011年版,第608页。

天下万物，其作用是可见可知的，老子于是根据可见可知的"混成之物"的作用而把"混成之物"取"字"为"道"。

对于这种宇宙万物的本原无声无形、无法言说，而宇宙万物本原的作用可见可知、可以言说的特点，一些学者也从"道"之体用即"道"的本体和作用的角度作了深入的揭示。如陆希声说："夫道者，体也。名者，用也。……常道常名，不可道不可名，唯知体用之说，乃可玄通其极耳。"[①]范应元亦说："道者自然之理，万物之所由也。……道一而已，有体用焉，未有不得其体而知其用者也。必先体立，然后用有以行。老氏说经，先明其体。常者，言其体也。可道者，言其用也。体用一源，非有二道也。"[②]

由此我们可以得出这样的认识：宇宙万物的本原包含本体和作用两个方面，其本体"寂兮寥兮"，无声无形，故无法命名；其作用可见可知，故"字之曰道"。因此，从根本上来说，"道"指的是宇宙万物本原的作用而非其本体。

以这样的认识为基础，来理解"道可道，非常道"的含义，则"道可道"中的第一个"道"，指的便是宇宙万物本原的"字"，即宇宙万物本原的作用；"可道"，即可以言说。因为宇宙万物本原的作用显现于外，是可以言说的，故说"道可道"。"常道"，则指的是宇宙万物本原之本体，它无声无形，不可言说，永恒存在，与可以言说之"道"的作用不同，故老子说"道可道，非常道"：可以言说的"道"的作用，不是那"道"的本体。

（三）从"道"之体用的角度理解"道可道，非常道"对于认识老子思想之意义

笔者认为，对"道可道，非常道"的内涵作上述理解，则两千多

---

① 熊铁基、陈红星主编：《老子集成》第1卷，宗教文化出版社2011年版，第586页。
② 范应元：《老子道德经古本集注》，华东师范大学出版社2010年版，第1页。

年来围绕这两句话的一些含混不清的认识如"道"能否言说的问题、"常道"的确切含义等均可得到较好的澄清。

1. 从"道"之体用的角度去理解"道可道，非常道"的内涵，可以有效地解决"道"究竟能否言说的问题。在对于"道可道，非常道"的理解中，长期困扰学界的一个难题，便是老子之"道"究竟能否言说。通常的理解，是老子之"道"无声无形，不可言说，如林希逸说："道本不容言，才涉有言皆是第二义。"① 高亨说："'道'（宇宙本体），是不可以讲说的"。②

然而，对于这样的说法，一些学者明确表示反对：老子之"道"不可言说，那《老子》五千言所说又是什么？因此老子之"道"是可以言说的，而且亦必须是可以言说的。如朱谦之说："自昔解《老》者流，以道为不可言。……实则《老子》一书，无之以为用，有之以为利，非不可言说也。曰'美言'，曰'言有君'，曰'正言若反'，曰'吾言甚易知，甚易行'，皆言也，皆可道可名也。"③ 裘锡圭说："道是可以言说的。……你们试想，《老子》整部书主要就是讲'道'的，……那他怎么会说能够言说的'道'，就不是他讲的'道'呢？这是讲不通的，根本是同《老子》全书矛盾的。"④

有的学者则努力去调和"道"不可说与老子说"五千言"之间的矛盾，认为"道"虽然不可说，但是通过《老子》五千言，则可以有效地启发人们去认识"道"，如魏源说："道固未可以言语显而名迹求者也。及迫关尹之请，不得已著书，故郑重于发言之首曰：道至难言也，使可拟议而指名，则有一定之义，而非无往不在之真常矣。……盖可道可名者，五千言之所具也；其不可言传者，则在体道者之心得

---

① 熊铁基、陈红星主编：《老子集成》第4卷，宗教文化出版社2011年版，第497页。
② 高亨：《老子注译》，清华大学出版社2010年版，第17页。
③ 朱谦之：《老子校释》，中华书局2017年版，第4页。
④ 裘锡圭：《老子今研》，中西书局2021年版，第99—101页。

第一章 老子之"道"的确切含义及丰富意蕴

焉耳。"①牟钟鉴亦说:"有人说,老子既然说'道可道,非恒道',就是认为恒久的大道不可言说,那么他为什么还要写下五千言呢?这岂不是自相矛盾吗?当然不矛盾。大道不可言说是指大道的内涵不能用普通的叙述性语言正面加以宣示,但不等于不能用启示性的语言加以指点。"②

上述魏源、牟钟鉴等认为《老子》五千言所说虽非"道"本身,但是它可以作为认识"道"的工具或津梁,这样的说法也存在一个无法克服的矛盾:既然"道"是不可言说的,则《老子》五千言所言便不是"道";然而,正如有的学者所说,《老子》整部书都在讲"道",怎么能说《老子》讲的不是"道"呢?

笔者认为,以上质疑或矛盾,若从"道"之体用的角度来进行理解,便可得到合理的回应或解决。因为"道可道"中的第一个"道",指的是"道"亦即宇宙万物本原的作用;而所谓"道"的作用,其具体内容包括宇宙万物的本原创生天地、万物,并作为天地、万物运动变化的内在根据、准则,等等。概括而言,凡是符合老子所主张的自然无为、柔弱不争、无思无欲等原则的,均为"道"之作用的体现。据此,则《老子》五千言,其主要内容,正是对"道"之作用的具体论述。因此,"道"之作用可以言说,《老子》五千言所述主要为"道"之作用,故老子说"道可道",即"道"之作用可以言说,这在逻辑上是十分顺畅的。

但是,与"道"之作用不同,"道"之本体则是不可言说的,"道"之本体之所以不可言说,是因为它无声无形,超出了人的感知能力。对此,《老子》一书中亦有不少的论述,如第十四章中说:"视之不见,名曰夷;听之不闻,名曰希;搏之不得,名曰微。此三者不可致诘,

---

① 魏源:《老子本义》,华东师范大学出版社2010年版,第15—16页。
② 牟钟鉴:《老子新说》,金城出版社2009年版,第4页。

故混而为一。其上不皦,其下不昧,绳绳兮不可名,复归于无物。是谓无状之状,无物之象,是谓惚恍。迎之不见其首,随之不见其后。"第二十一章中说:"道之为物,惟恍惟惚。惚兮恍兮,其中有象;恍兮惚兮,其中有物。窈兮冥兮,其中有精;其精甚真,其中有信。"由此可知,"道"之本体"惟恍惟惚""寂兮寥兮""视之不见""听之不闻""搏之不得",这样一种无形无象、无声无臭的东西,当然是无法言说的,故老子只是用不确定的、模棱两可的语言勉强加以描述,但这种描述的实质,并不是为了告诉我们"道"之本体是什么,而是为了说明"道"之本体无法用语言进行明确的描述。

由此可见,一些学者之所以以《老子》五千言为依据,来说明"道"可以言说,反对"道"不可言说,一个根本的原因,就在于他们只是对"道"作单一的理解,即"道"要么可以言说,要么不可言说,截然对立,而没有从"道"之体用的角度来认识"道",没有认识到"道"之本体是不可言说的,而"道"之作用是可以言说的。不过,这里需要注意的是,"道"虽分体用,但其体用是对立统一的关系,用只是体之用,体则是用之基础,从现实性上来说,它们是合而为一的,此正如范应元所说:"体用一源,非有二道也。"①

2. 从"道"之体用的角度去理解"道可道,非常道"的内涵,可以更好地把握"常道"的确切含义。关于"常道"的含义,有不少学者认为,"常道"即恒久存在之"道",这里的"常",是恒久存在的意思,如韩非子说:"夫物之一存一亡,乍死乍生,初盛而后衰者,不可谓常。唯夫与天地之剖判也俱生,至天地之消散也不死不衰者谓'常'。"(《韩非子·解老》)王安石说:"常者,庄子谓无古无今,无终无始也。"②

---

① 范应元:《老子道德经古本集注》,华东师范大学出版社2010年版,第1页。
② 容肇祖:《王安石老子注辑本》,中华书局1979年版,第1页。

然而，对于"常道"的含义，学者们还有诸多其他的解释，如有的学者认为，这里的"常道"指平常之道或常人所行之道："非常道者，非是人间常俗之道也。"①"道亦可言道耳，然非常人之所谓道也。"②

有的学者则认为，这里的"常道"即"尚道"，而"尚道"即"上道"，指最好的"道"。如俞樾说："'常'与'尚'古通，……'尚'者，上也。言道可道，不足为上道。"③易顺鼎说："两'常'字古人或读为'常'，或读为'尚'。……近人读'常'为'尚'，不知古人实已先之。"④

值得注意的是，"非常道"一句，帛书甲本作"非恒道也"，对此，一些学者指出，这说明《老子》原本作"恒道"，作"常道"是为了避汉文帝刘恒之讳，则这里的"常"当指永恒、恒久的意思，不应释为"尚"或"平常"之类的意思。如张松如说："惟'恒'作'常'，盖为避汉孝文帝刘恒讳。"⑤牟钟鉴亦说："通行本《老子》皆为'道可道，非常道'，则'非常道'会有歧义发生，一则曰'不是恒常之道'，一则曰'不是平常之道'。据帛书《老子》改为'非恒道'，则歧义自然消除。……恒久的大道不可言说。"⑥

然而，裘锡圭认为，帛书本"恒道"中的"恒"，亦应释为平常、一般的意思："那么这个'恒'字应该怎么讲？我认为很简单，'恒'字在古代作定语用，经常是'平常''恒常'的意思。……这句话的意思就是说，'道'是可以言说的，但是我要讲的这个'道'，不是'恒

---

① 熊铁基、陈红星主编：《老子集成》第1卷，宗教文化出版社2011年版，第349页。
② 熊铁基、陈红星主编：《老子集成》第2卷，宗教文化出版社2011年版，第539页。
③ 熊铁基、陈红星主编：《老子集成》第11卷，宗教文化出版社2011年版，第665页。
④ 熊铁基、陈红星主编：《老子集成》第11卷，宗教文化出版社2011年版，第439—440页。
⑤ 张松如：《老子说解》，齐鲁书社1998年版，第4页。
⑥ 牟钟鉴：《老子新说》，金城出版社2009年版，第3页。

道',它不是一般人所讲的'道'。"①

笔者认为,"非常道"一句,帛书甲本作"非恒道也",则《老子》原文作"恒"的可能性较大,"常"字当系避汉文帝刘恒讳而改,据此,则俞樾、易顺鼎把"常"释为"尚"的观点便不能成立。至于把"常道"(或"恒道")释为平常之道或一般人所讲之道,则无疑不如把它释为恒久存在的"道"更契合老子思想的宗旨,因为据前面的引文可知,司马光、裘锡圭等之所以把"常道"(或"恒道")释为平常人所说之道,有一个共同的前提,即都是把"道可道"释为"道"是可以言说的,而笔者在前面已经说过,笼统地讲"道"可以言说或不可言说,都是不确切的。

二、"道常无为而无不为"——《老子》第三十七章,论"道"与"为"的关系

> 道常无为而无不为。(第三十七章)

上引文字论述了"道"的一个十分重要的特点:既"无为",又"无不为"。通俗地说,就是"道"什么都不做,却一切都是其所做。

(一)"无为"和"无不为"的内涵

"道常无为"中的"常",学者们通常释为恒久、永远,故所谓"道常无为",即"道"永远"无为"的意思。如吴澄说:"道之无为,久而不变,非特暂焉而已,故曰常无为。"② 林语堂说:"道永远顺任自然,不造不设,好像常是无所作为的。"③

对于这里的"无为"的意思,学者们多认为指顺应自然而为、不

---

① 裘锡圭:《老子今研》,中西书局2021年版,第99—100页。
② 熊铁基、陈红星主编:《老子集成》第5卷,宗教文化出版社2011年版,第627页。
③ 林语堂:《老子的智慧》,湖南文艺出版社2016年版,第142页。

妄为。如王弼释"道常无为"说:"顺自然也。"①陈鼓应说:"'无为'是顺其自然,不妄为"。②笔者认为,这样的理解是较为准确的。

"无不为",意为没有什么不做的,没有什么不是其所做,如林语堂释"无不为"说:"实际上却又是无所不为。"③任继愈说:"没有一件事物不是它所为。"④一些学者指出,这里的"无不为",实际上即指"道"创生、养育万物,如唐玄宗说:"万物恃赖而生成,有感而必应,故无不为也。"⑤范应元说:"天地人物得之以运行生育者,无不为也。"⑥

因此,综上所述,所谓"道常无为而无不为",指的是"道"虚无清静,从不有意去做什么,然而却生养万物,没有什么不是其所做,而这一切都是自然而然发生的。

一些学者还进一步解释了为什么只有"无为"才能"无不为",因为若"有为",便肯定是有所为、有所不为,故只有"无为",才能做到"无不为"。如唐玄宗说:"夫有为者,则有所不为也。故无为者,则无所不为也。"⑦牟钟鉴说:"按照老子的逻辑,有所为必有所不为,因此有为者不能遍为,只有无为者才能无所不为。"⑧

在关于"道常无为而无不为"的解释中,有一种值得我们重视的观点,是从"道"之体用的角度去理解"无为而无不为",认为"无为"体现的是"道"之本体虚无清静,"无不为"体现的是"道"之作用广大无边,如陆希声说:"道之所以为常者,以其体无名,故无为,

---

① 楼宇烈校释:《老子道德经注校释》,中华书局2008年版,第90页。
② 陈鼓应:《老子今注今译》,商务印书馆2003年版,第212页。
③ 林语堂:《老子的智慧》,湖南文艺出版社2016年版,第142页。
④ 任继愈:《老子绎读》,国家图书馆出版社2015年版,第82页。
⑤ 熊铁基、陈红星主编:《老子集成》第1卷,宗教文化出版社2011年版,第480页。
⑥ 范应元:《老子道德经古本集注》,华东师范大学出版社2010年版,第65页。
⑦ 熊铁基、陈红星主编:《老子集成》第1卷,宗教文化出版社2011年版,第480页。
⑧ 牟钟鉴:《老子新说》,金城出版社2009年版,第117页。

用有名，故无不为。"① 牟钟鉴说："无为者为道体，无不为者为道用，正是道体之无为，才使道用无不为。"②

笔者认为，这样的理解是很有道理、亦很有启发意义的。"道"的本体无形无象，清静无欲，无意志无目的，它从来不会刻意去做什么，此即"无为"；然而，丰富多彩的大千世界由"道"而产生，此即"无不为"。"道"对天下万物不主宰、不干涉，任其自然生长、发展，此即"无为"；然而万物都能各适其性而存在，天地之间秩序井然，此即"无不为"。因此，正是道体本身的清静无为，才使"道"的作用广大无边，没有穷尽。当然，道体和道用同属于"道"，它们只是"道"的两个不同的方面，并非两种不同的东西，道体是道用的根源，道用则是道体的呈现、外化。与此同理，"无为"和"无不为"亦只是"道"的两个方面，"无为"是"无不为"的根源，"无不为"则是"无为"的显现。也就是说，"无为"者必能"无不为"，"无不为"必以"无为"为前提和依据。

（二）"道常无为而无不为"是否应作"道恒无名"

"道常无为而无不为"一句，马王堆帛书甲乙本均作"道恒无名"，对此，高明认为，这里应作"道恒无名"，作"道常无为而无不为"系后人窜改所致。为此，他提出了四点理由：一是本章文字与第三十二章基本相似，第三十二章开头作"道恒无名"，则这里也应作"道恒无名"。二是王弼对该句的注当为"顺自然也。万物无不由之以始以成也"，则王弼之注似为"道常无名"所作，因此，王弼本所据《老子》原文亦应为"道常无名"。三是河上公对该句的注文为"道以无为为常也"，只对"道常无为"作注，而没有对"而无不为"作注，说明河上公本原文当为"道常无为"。四是老子并无"无为而无不为"

---

① 熊铁基、陈红星主编：《老子集成》第1卷，宗教文化出版社2011年版，第601页。
② 牟钟鉴：《老子新说》，金城出版社2009年版，第117页。

的思想,"无为而无不为"只是战国末年出现的一种新的观念,可以说是对老子"无为"思想的改造。①

笔者认为,高明的观点无疑是值得我们关注的,它说明该句文字的原文究竟为何,确实是存在疑问的。但是其观点存在的缺陷或漏洞也是较为明显的,主要有以下几点。

一是高明由第三十二章内容与本章基本类似,从而认为第三十二章开头作"道恒无名",则本章开头亦应作"道恒无名",这样的推论,在逻辑上是不够严谨的,而且这两章的文字和意思,也是存在明显差别的。

二是王弼对该句的注文为:"顺自然也。万物无不由为以治以成之也。"其文字显得较为混乱,高明认为后半句应作"万物无不由之以始以成也",但即使如此,前面的"顺自然也"一句,也不可能是对"道常无名"所作的注,而很明显是就"无为"或"无为而无不为"而言的。

三是河上公对该句的注文为"道以无为为常也",很明显是对"道常无为"所作的注,但河上公此注有两种可能性,一为河上公没有对"而无不为"作注,一为河上公本所据《老子》原文为"道常无为",但不能据此必然地推出河上公本的原文为"道常无为"。

四是高明认为"无为而无不为"非老子之观点,然而通行本《老子》中有两处明确作"无为而无不为",一为本章,一为第四十八章:"损之又损,以至于无为。无为而无不为。"对于本章中的"无为而无不为",因为帛书本作"道恒无名",我们可以存疑;对于第四十八章中的"无为而无不为",帛书甲乙本均残损,我们似乎亦只好存疑,然而,郭店竹简本明确作"亡为而亡不为",因此,高明认为"无为而无不为"非老子之观点的说法不能成立。

---

① 高明:《帛书老子校注》,中华书局 1996 年版,第 425 页。

综上所述，笔者认为，该句文字郭店竹简本作"道恒亡为也"，帛书本作"道恒无名"，则通行本作"道常无为而无不为"，当有两种可能：一为系后人所修改，一为其或有我们现在尚未发现的更早的源头。考虑到历史上有代表性的《老子》本子如河上公本、王弼本、傅奕本、景龙碑本等多作"道常无为而无不为"，故这里还是以作"道常无为而无不为"为妥。

三、"反者道之动，弱者道之用"——《老子》第四十章，论"道"运动的特点及发挥作用的方式

反者道之动，弱者道之用。（第四十章）

对于"反者道之动，弱者道之用"两句，一些学者指出，这是老子从道体和道用的角度对"道"的特性的揭示，"反者道之动"指道体运动不已，"弱者道之用"指"道"以柔弱展示其作用，如杜道坚说："'反者道之动，弱者道之用'，上句言体，下句言用。道之体用也如此。"[①]董平说："'反者道之动'是道体之动的自然的必然性，而'弱者道之用'则是基于道体之'反动'的领悟而对其'用'的把握，'明体'即在于'达用'。"[②]笔者认为，这样的观点很有启发意义，但亦存在明显的偏颇："反者道之动"中的"道"，除了指"道"之本体，亦指"道"之作用。具体理由将在下面的讨论中作出说明。

（一）"反"的含义：返回，还是相反？

"反者道之动"中的"道之动"，学者们通常释为"道"的运动，如唐玄宗说："行权者是道之运动"[③]，张松如说："向着相反的方向变

[①] 熊铁基、陈红星主编：《老子集成》第5卷，宗教文化出版社2011年版，第500页。
[②] 董平：《老子研读》，中华书局2015年版，第178页。
[③] 熊铁基、陈红星主编：《老子集成》第1卷，宗教文化出版社2011年版，第433—434页。

化，是'道'的运动"。① 那么，这里的"反"又是什么意思呢？对此，古代学者主要有以下两种理解。

1. 认为"反"是返回的意思，具体而言，是指返回事物的本性；事物返回其本性则静，然静极则动，因此，"反者道之动"，指"反"即返回本性而静是运动产生的原因，如苏辙说："复性则静矣，然其寂然不动，感而遂通天下之故，则动之所自起也。"② 林希逸说："反者，复也，静也，静者动之所由生。"③

2. 认为"反"是相反的意思，具体而言，事物都有对立相反的双方，如有无、高下、贵贱等，看到事物显现的一方时，就能知道其隐含的相反的一方，如此去行动，便能与"道"相合，因此，有的学者认为，这里的"反"，又有权变的意思，如王弼说："高以下为基，贵以贱为本，有以无为用，此其反也。动皆知其所无，则物通矣。"④ 唐玄宗说："'反'以反俗为义，'动'是变动之名，谓权道也。言众生矜执其生，而失于道，故圣人变动设权，令反俗顺道尔。"⑤

对于"反者道之动"的含义，当代学者的理解亦各有不同，其中有代表性的，主要有以下三种。

1. 认为"反"是返回的意思，"反者道之动"指的是"道"的运动就是向其自身回归，如蒋锡昌说："'反'字实含有'反其真''返其所始''还反无为'之义。二十五章：'……吾不知其名，字之曰道，强为之名曰大；大曰逝，逝曰远，远曰反'；即为此文'反者道之动'之释谊也。"⑥ 董平说："'反者道之动'，所谓'反'，首先不是对立、

---

① 张松如：《老子说解》，齐鲁书社1998版，第232页。
② 熊铁基、陈红星主编：《老子集成》第3卷，宗教文化出版社2011年版，第18页。
③ 熊铁基、陈红星主编：《老子集成》第4卷，宗教文化出版社2011年版，第512页。
④ 楼宇烈校释：《老子道德经注校释》，中华书局2008年版，第110页。
⑤ 熊铁基、陈红星主编：《老子集成》第1卷，宗教文化出版社2011年版，第483页。
⑥ 蒋锡昌：《老子校诂》，成都古籍书店1988年版，第266页。

相反之意，而是返归、回归之意，字即通'返'。这句话的意思是说：道的自身运动是向其自身回归的。"①

2. 认为"反"字包含相反和返回双重含义，如陈鼓应说："'反者道之动'。在这里'反'字是歧义的（Ambiguous）：它可以作相反讲，又可以作返回讲（'反'与'返'通）。但在老子哲学中，这两种意义都被蕴含了，它蕴含了两个观念：相反对立与循环往复。这两个观念在老子哲学中都很受重视。"② 牟钟鉴说："'反'的含义有两层：一，向相反的方向转化；二，返本归初。向相反的方向转化也有种种形态，如：相反相成、正言若反、物极必反等。……返本归初即是十六章所说'万物并作，吾以观复'，'复'便是大道的循环运动，如人来于自然而复归于自然，人性生于纯朴而复归于纯朴，都是返本归初。"③

3. 认为这里的"反"是相反的意思，但不同的学者对它的具体理解又稍有不同。如有的学者认为这里的"反"与"正"相对，"道"的本体是静的，无所谓正反，因此，当"正"和"反"产生时，说明"道"已由静向动了。如张默生说："'反'，与'正'对言。……道体本是虚静的，无所谓'正'与'反'，等到有'正'与'反'相对时，已是道之由静而动了。"④ 林语堂说："道的运行本是反复循环的，无所谓正反的区别，等到有正反相对时，道已由静而动。"⑤

刘笑敢则认为，"反"既可释为反面之反，亦可释为返回之返，但是，反面之反可以包含返回之返，返回之返则不能包含反面之反，因此，这里的"反"应释为反面之反："'反'究竟是反面之反还是返回

---

① 董平：《老子研读》，中华书局2015年版，第176页。
② 陈鼓应：《老子今注今译》，商务印书馆2003年版，第228页。
③ 牟钟鉴：《老子新说》，金城出版社2009年版，第125页。
④ 张默生：《老子章句新释》，成都古籍书店1988年版，第53页。
⑤ 林语堂：《老子的智慧》，湖南文艺出版社2016年版，第154页。

之返？两者在《老子》中都能找到根据，似乎两种理解都对。然而，反面之反可以容纳返回之返，而返回之返却不可以容纳相反之反。……所以，从《老子》思想的一般性来说，'反'更能全面反映《老子》的辩证思想。"①

笔者认为，要弄清楚"反者道之动"中的"反"的含义，我们首先必须弄清楚"道之动"的含义。据前面所述，关于"道之动"，有不少学者将其释为"道"的运动，那么"道"的运动又是什么意思呢？我们已经说过，作为宇宙万物本原的"道"，包含本体和作用两个方面，其本体无声无形，不可命名；其作用可见可知，可以言说。则所谓"道"的运动，亦应从"道"的本体和"道"的作用两个方面去进行认识。那么"道"的本体是怎样运动的呢？这在《老子》第二十五章中有明确的论述："有物混成，先天地生，……周行而不殆，……大曰逝，逝曰远，远曰反。"也就是说，"道"的本体是普遍运行、循环不已的，它广大无比而运行不息，运行不息而到达极遥远之处，到达极遥远之处而又返回原处。据此可知，"道"之本体的运动特点是向原处返回，因此，所谓"反者道之动"中的"反"，就"道"之本体而言，应是返回的意思。那么，就"道"之作用而言，"反"又是什么意思呢？笔者认为，就"道"之作用而言，则所谓"道"之动，指的就是"道"显现作用的方式、特点，而从《老子》一书中的论述来看，作为"道"显现作用的方式、特点，与"反"相关的，就既有返回的意思，如"夫物芸芸，各复归其根"（第十六章），又有物极必反、向相反的方向转化的意思，如"有无相生，难易相成，长短相形，高下相倾"（第二章），等等。因此，综上所述，"反者道之动"中的"反"，应当同时包含返回和向相反的方向转化双重的含义。

---

① 刘笑敢：《老子古今》，中国社会科学出版社2006年版，第449页。

(二)"道之用"中的"用"的含义:运用,还是作用?

"弱者道之用"中的"弱",是柔弱的意思。如河上公说:"柔弱者道之所常用"①。张默生说:"'弱',是柔弱,与刚强对言。"②

对于"道之用"中的"用"字,学者们则有两种明显不同的解释,一种释作动词,意为运用或使用,如林语堂说:"可是道的运用,全以柔弱谦下为主。"③高亨说:"柔弱是道的运用。"④另一种释作名词,意为作用,如陈鼓应说:"道的作用是柔弱的。"⑤沙少海等说:"柔弱是'道'的作用。"⑥然而,对于后一种理解,董平明确表示反对:"这句话如果简单地理解为'柔弱是道的作用'或'道的作用是柔弱的',恐怕便有毫厘千里之失,并不确切。我们已经晓得,道的'作用'不仅是'柔弱'而已,也是包括了'刚强'的,……此所谓'弱',实是'处弱'或'守弱'之意。处弱或守弱,是体现了'道之用'的,或者说,是体现了对于'道之用'的恰当把握的,是为'弱者道之用'。"⑦

笔者认为,名词意义的"作用",意为对事物产生的影响、效果,因此,说"道的作用是柔弱的",亦即"道的影响或效果是柔弱的",这样的表述确实是存在问题的。因为从"道"的作用来看,它创生天地万物,"周行而不殆","其用或不盈",这很难说就是"柔弱的",因此,这里的"道之用",当指"道"的运用或"道"发挥作用的方式。也就是说,"道"虽然广大无比,但是"道"在发生作用时通常采用柔弱的方式,而这便是河上公所说的"柔弱者道之所常用"。

---

① 王卡点校:《老子道德经河上公章句》,中华书局1993年版,第162页。
② 张默生:《老子章句新释》,成都古籍书店1988年版,第53页。
③ 林语堂:《老子的智慧》,湖南文艺出版社2016年版,第154页。
④ 高亨:《老子注译》,清华大学出版社2010年版,第71—72页。
⑤ 陈鼓应:《老子今注今译》,商务印书馆2003年版,第228页。
⑥ 沙少海、徐子宏:《老子全译》,贵州人民出版社1989年版,第80页。
⑦ 董平:《老子研读》,中华书局2015年版,第178页。

四、《老子》第四十一章，论"道"与世俗观念之关系

> 上士闻道，勤而行之；中士闻道，若存若亡；下士闻道，大笑之，不笑，不足以为道。故建言有之：明道若昧，进道若退，夷道若颣，上德若谷，大白若辱，广德若不足，建德若偷，质真若渝，大方无隅，大器晚成，大音希声，大象无形，道隐无名。夫唯道，善贷且成。（第四十一章）

上引文字是第四十一章的全部内容，主要指出了"上士""中士""下士"三类不同的人对"道"的态度及其中的原因。首先，老子指出，"上士"因为具有上等的智慧和德行，所以听说"道"以后，便会努力去实行；"中士"只具备中等的智慧和德行，故听说"道"以后，他们会将信将疑，有时候记在心里，有时候便会忘记；"下士"是智慧和德行均差的人，因此，他们听说"道"以后，便会加以讥讽嘲笑，根本不会相信有"道"的存在，当然也就说不上按"道"的要求去行动了。

（一）"下士""大笑"的原因及其实质

"下士闻道，大笑之"，意即下士听说"道"以后，哈哈大笑。当然，这里的"笑"，不是因高兴而笑，而是讥笑、嘲笑的意思，如唐玄宗说："下士识不及理，……则嗤笑之"[1]。高亨说："下等士人听到道，就大加讥笑。"[2] 那么"下士闻道"以后，为什么要大加讥笑呢？对此，一些学者指出，那是因为"下士"只知世俗之事，"道"与世俗相反，"下士"无法理解，便认为"道"的说法虚无荒诞，从而大加讥笑。如成玄英说："下机之人，……闻真道玄远，至言宏博，心既不悟，谓为

---

[1] 熊铁基、陈红星主编：《老子集成》第1卷，宗教文化出版社2011年版，第484页。
[2] 高亨：《老子注译》，清华大学出版社2010年版，第73页。

虚诞，遂生诽谤，拊掌笑之。"① 吴澄说："道与物反，……下士无识，以其不合世缘而大笑之矣。"②

对于一个普通人而言，若他发明的思想或理论受到别人的讥嘲，心里便会感到十分难受。然而，老子的态度则刚好相反，他认为，"道"的理论被"下士"讥笑，这是十分正常的事情，相反，如果"道"的理论不被"下士"讥笑，那才是不正常的事情："不笑，不足以为道"，意即不被"下士"嘲笑，就不足以称为"道"了。对于这其中的道理，学者们有这样的解释：

> 道深甚奥，下士之所难知。微妙玄通，下愚故非易识。今笑之，不能令真使混浊，适足彰道之清远也。③

> 下士闻道而笑者，以为虚无而笑也。又闻弱之胜刚，柔之胜强，贵以贱为本，高以下为基，皆不信而笑之也。殊不知实运于虚，有生于无，虚无自然正是道之体，柔弱贱下正是道之用也，故曰"不笑，不足以为道"。④

这样的解释无疑是很有道理的，因为我们从老子对"道"的论述来看，老子说"道""视之不见""听之不闻""搏之不得"，这样一个看不见摸不着的东西却是"天下母"，而世俗之人则只相信看得见摸得着的东西；老子要求人们按照"道"的原则行事，无为不争，守雌守柔，而世俗之人都是争强好胜的；老子说"五色令人目盲，五音令人耳聋"，要求人们少私寡欲，而世俗之人通常都是沉溺于欲望之中的；……因此，老子之"道"与世俗之人的追求恰好相反，自然会

---

① 熊铁基、陈红星主编：《老子集成》第1卷，宗教文化出版社2011年版，第318页。
② 熊铁基、陈红星主编：《老子集成》第5卷，宗教文化出版社2011年版，第630页。
③ 熊铁基、陈红星主编：《老子集成》第1卷，宗教文化出版社2011年版，第370—371页。
④ 范应元：《老子道德经古本集注》，华东师范大学出版社2010年版，第74页。

遭到世俗之人的排斥和嘲笑。相反，若世俗之人赞成、支持老子之"道"，则说明老子之"道"与世俗之人的追求相一致，那又怎么能称得上是"道"呢？所以老子说"不笑，不足以为道"。

（二）"明道若昧"的双重含义

为了具体说明"道"与世俗观念相反，老子接着说："故建言有之：明道若昧，进道若退，夷道若纇，……"对于"故建言有之"中的"有之"，学者们较为一致地认为，它指的就是下文从"明道若昧"到"道隐无名"的十三句话。如成玄英说："'有之'，即'明道若昧'等是也"①。唐玄宗说："'有之'者，指下'明道'等尔"。②"故建言有之"中的"建"字，学者们多认为指"立"的意思。如王弼说："建，犹立也。"③成玄英说："建，立也"。④因此，所谓"建言"，指的是"立言"。而所谓"立言"，指的是提出某种见解或主张。因此，所谓"故建言有之"，指的是以前的人有这样的言论或主张，也就是说，老子在此明确告诉我们，下文的"明道若昧……道隐无名"并非他自己提出来的，而是前人早就说过这样的话，他在此只是转述而已。故苏辙说："古之立言者有是说，而老子取之，下之所陈者是也。"⑤

"明道若昧"中的"昧"字，学者们多释为暗昧、昏昧。如河上公说："若暗昧无所见"⑥。林语堂说："明道反像暗昧"。⑦因此，这里值得我们注意的是"明道"的含义。

关于"明道"的含义，学者们主要有这样两种解释。一种认为，这里的"明道"，指明白"道"的人，因此，所谓"明道若昧"，指明

---

① 熊铁基、陈红星主编：《老子集成》第1卷，宗教文化出版社2011年版，第318页。
② 熊铁基、陈红星主编：《老子集成》第1卷，宗教文化出版社2011年版，第485页。
③ 楼宇烈校释：《老子道德经注校释》，中华书局2008年版，第111页。
④ 熊铁基、陈红星主编：《老子集成》第1卷，宗教文化出版社2011年版，第318页。
⑤ 熊铁基、陈红星主编：《老子集成》第3卷，宗教文化出版社2011年版，第18页。
⑥ 王卡点校：《老子道德经河上公章句》，中华书局1993年版，第163页。
⑦ 林语堂：《老子的智慧》，湖南文艺出版社2016年版，第161页。

白"道"的人,看上去却像很暗昧的样子,它反映的是体"道"之人不露锋芒,和光同尘。如河上公说:"明道之人,若暗昧无所见。"① 成玄英说:"昧,暗也。照达真道之人,晦迹同俗,不显其明,若愚暗也。"② 另一种则是把"明道"笼统地释为"光明的道"。如高亨说:"光明的道好像黑暗。"③ 陈鼓应说:"光明的道好似暗昧。"④

所谓"光明的道"中的"道",当指途径、思想等意思。如刘笑敢说:"真正的光明之途看起来有些暗昧不明"⑤。牟钟鉴说:"光明之大道看起来是隐晦不清的,例如和平的主张本来是世界发展的福音,多年来却淹没在斗争哲学的喧嚣之中。"⑥ 因此,笔者认为,对于"明道若昧"的含义,我们不妨同时从以下两个方面去理解:一是指明白"道"的人,看上去却像很暗昧的样子;一是指光明的道路好像昏昧不明。

(三)"进道若退":前进的道好像后退

对于"进道若退"的含义,学者们亦有各种不同的理解,概括起来,主要有以下四种。

1. 认为"进道"指求道之人在修道上不断进步,因求道之人的进步是不断消除外在功名利禄的影响后获得的,故在旁人看来,他的外在所得越来越少,好像是衰退或退步了,这便是"进道若退"。如成玄英说:"大学之人,不见其迹,内虽进修,外若衰退。"⑦ 唐玄宗说:"进道之人,内心不起,外事都忘,功名日损,大成若缺,下士观之,

---

① 王卡点校:《老子道德经河上公章句》,中华书局1993年版,第163页。
② 熊铁基、陈红星主编:《老子集成》第1卷,宗教文化出版社2011年版,第318页。
③ 高亨:《老子注译》,清华大学出版社2010年版,第73页。
④ 陈鼓应:《老子今注今译》,商务印书馆2003年版,第231页。
⑤ 刘笑敢:《老子古今》,中国社会科学出版社2006年版,第461—462页。
⑥ 牟钟鉴:《老子新说》,金城出版社2009年版,第130页。
⑦ 熊铁基、陈红星主编:《老子集成》第1卷,宗教文化出版社2011年版,第318页。

如似退败之尔。"①

2. 认为"进道若退"即以退为进，亦即把退让看作前进或进升的手段。如王弼说："后其身而身先，外其身而身存。"② 林希逸说："'进道若退'者，能退则为进也。杨子所谓以退为进也。"③

3. 认为"进道"指向"道"趋进，因"反者道之动"，"道"的运动是返回其本原，故向"道"趋进表现为向后退的特点、如陆希声说："夫体道者……与四时合其运行，而其动必反于玄妙，斯'进道若退'也。"④ 董平说："'进道'是'进于道'，'若退'是'进道'的表现形式。向着'道'趋进，其表现方式反而似乎是后退的。何以故？'反者道之动'。"⑤

4. 把"进道"释为前进的道或前进的道路，因此，"进道若退"指前进的道好像后退或前进的道路总是曲折的。如高亨说："前进的道好像后退。"⑥ 刘笑敢说："前进的道路难免有曲折倒退之时。"⑦

笔者认为，上述四种理解，虽具体表述各不相同，但都是指前进的道好像后退，或表面上看是后退，实质上是前进的意思，因此，它们可以视作对"进道若退"之内涵的不同角度的揭示。

（四）"夷道若颣"：平坦的道好像崎岖不平

"夷道若颣"中的"颣"，本义指丝上的结，丝上有结则不平滑，故引申为不平的意思。如吴澄说："若丝之有颣而不匀"⑧。高亨说：

---

① 熊铁基、陈红星主编：《老子集成》第1卷，宗教文化出版社2011年版，第485页。
② 楼宇烈校释：《老子道德经注校释》，中华书局2008年版，第112页。
③ 熊铁基、陈红星主编：《老子集成》第4卷，宗教文化出版社2011年版，第512页。
④ 熊铁基、陈红星主编：《老子集成》第1卷，宗教文化出版社2011年版，第604页。
⑤ 董平：《老子研读》，中华书局2015年版，第182页。
⑥ 高亨：《老子注译》，清华大学出版社2010年版，第73页。
⑦ 刘笑敢：《老子古今》，中国社会科学出版社2006年版，第462页。
⑧ 熊铁基、陈红星主编：《老子集成》第5卷，宗教文化出版社2011年版，第630页。

"《说文》：颣，丝节㺄也。引申则有不平之谊。"①

"夷道"的"夷"，学者们多将其释为"平"，因此，"夷道"即"平道"。那么"平道"又是什么意思呢？对此，学者们主要有两种理解。一种认为，"平道"指作为万物本原之"道"原本平夷，因"道"对万物不加宰制，随顺物性之不齐，因而显得不平似的，故说"夷道若颣"。如王弼说："大夷之道，因物之性，不执平以割物。其平不见，乃更反若颣㧑也。"②范应元说："道之夷者高下随宜，故如不平等也。"③另一种认为，"平道"即平坦的大道，因此，"夷道若颣"指平坦的大道好像崎岖不平，如陈鼓应说："平坦的道好似崎岖。"④牟钟鉴说："平坦的大道却好似不平坦。"⑤

那么，"夷道若颣"的确切内涵应该是什么呢？对此，笔者认为，我们不妨从上述两种意义去理解，即它一方面指平夷的"道"好像不平，另一方面亦指平坦的大道看似崎岖不平。前者是从形而上的角度去理解，后者则是从形而下的角度去理解。就形而下的角度而言，好比追求真理之道往往是艰辛而曲折的，于是一些"聪明人"便想着走捷径，企图通过抄袭、造假、揠苗助长等手段去获得真理，然而，这样的做法看似便捷，却永远都不会有获得真理的一天。相反，那些通过艰辛的努力、不懈的奋斗而最终获得真理的人，虽然看上去走的是崎岖不平的小路，实际上却始终走在获得真理的平坦大道上。

接下来的"上德若谷，大白若辱，广德若不足，建德若偷，质真若渝，大方无隅，大器晚成，大音希声，大象无形"，意为最高的德像低下的川谷，最洁白的东西好像有污垢，广大的德好像空虚不足，

---

① 熊铁基、陈红星主编：《老子集成》第14卷，宗教文化出版社2011年版，第62页。
② 楼宇烈校释：《老子道德经注校释》，中华书局2008年版，第112页。
③ 范应元：《老子道德经古本集注》，华东师范大学出版社2010年版，第75页。
④ 陈鼓应：《老子今注今译》，商务印书馆2003年版，第231页。
⑤ 牟钟鉴：《老子新说》，金城出版社2009年版，第130页。

刚健的德好像苟且怠惰，质朴纯真好像变化无常，方正之极就没有棱角，最贵重的器物需要很长时间才能完成，最大的声音没有声响，最大的形象没有形象。表述的都是事物的实质与其表现出来的样子相反、"道"与世俗观念不同的意思，在此就不作具体论述了。

五、"虽有拱璧以先驷马，不如坐进此道"——《老子》第六十二章，论"道"的重要价值

> 道者，万物之奥。善人之宝，不善人之所保。美言可以市，尊行可以加人。人之不善，何弃之有？故立天子，置三公，虽有拱璧以先驷马，不如坐进此道。古之所以贵此道者何？不曰求以得，有罪以免邪？故为天下贵。（第六十二章）

上引文字是第六十二章的全部内容，集中论述了"道"的宝贵及重要性，主要包含四个方面的内容。一是"道"是万物的创造者和宗主："道者，万物之奥。"二是"道"是善人的珍宝，人们只要去追求"道"，便可获得"道"："求以得"。三是强调了"道"对不善之人亦一视同仁，因为"美言可以市，尊行可以加人"，即美好的言辞可以通过教育获得，高尚的行为可以通过培养而成。所以"道"既可为不善之人提供保护，又能在不善之人真正醒悟时，免除其罪殃："不善人之所保"，"有罪以免"。四是"道"是最宝贵的东西，即使是立为天子，封为三公，享受大璧在前、驷马随后的隆重礼仪，都比不上"道"可贵。

（一）"不善人之所保"的内涵

"善人之宝，不善人之所保"，意即"道"是善人的珍宝，是不善之人的依靠。说"道"是善人的珍宝，这很好理解，说"道"是不善之人的依靠，这便令人费解了，因为不善之人即违背"道"的人，"道"怎么可能成为不善之人的依靠呢？对此，学者们主要有以下两种解释。

一种认为，"道"平等地对待万物，不会因为有的人不善便将其抛弃，且不善之人亦是依赖"道"而生，故不善之人也可得到"道"的保护。如陆希声说："不善人赖道以全，故为所保护。"① 奚侗说："不善人未尝知道，然恃道而生，亦为道之所保也。"②

另一种认为，不善之人平时不信"道"，但一旦遭遇祸患，便会恳求"道"的保护，如唐玄宗说："不善之徒，……平居则忽道，婴难则求之，以身保任于道，倚以求安也。"③ 而只要不善之人悔悟自己的过失，真心求"道"，"道"便会为其提供保护。如王安石说："不善而求之，则足以免于罪。"④ 吴澄亦说："不善人向道而改悔，亦可以自保其身。"⑤

上述解释都是有道理的，因为根据老子的思想逻辑，"道"生万物，不善之人亦来自"道"，亦禀有道性，只是不善之人没有意识到这一点，不去追求"道"罢了。然而，不善之人之所以能生存，便是"道"为其提供了生存的环境和生活之所需，而这不正是"不善人之所保"吗？另外，正如老子在本章下文中所说的，经过学习和培养，不善之人也可以发生改变："美言可以市，尊行可以加人"，所以对于不善之人也要提供保护，而不能抛弃他们："人之不善，何弃之有？"当然，如果不善之人能一旦醒悟，意识到"道"的存在并去追求这个"道"，则不善之人成了善人，自然就能更好地得到"道"的庇护了。

（二）"拱璧""坐进"等的含义

"立天子，置三公"，指确立天子，设置三公。这里的"三公"，是古代中央三种最高官衔的合称，老子所处的时代则指太师、太傅、

---

① 熊铁基、陈红星主编：《老子集成》第1卷，宗教文化出版社2011年版，第612页。
② 熊铁基、陈红星主编：《老子集成》第13卷，宗教文化出版社2011年版，第24页。
③ 熊铁基、陈红星主编：《老子集成》第1卷，宗教文化出版社2011年版，第501页。
④ 容肇祖：《王安石老子注辑本》，中华书局1979年版，第52页。
⑤ 熊铁基、陈红星主编：《老子集成》第5卷，宗教文化出版社2011年版，第641页。

太保。"拱璧以先驷马"中的"拱璧",不少学者认为指两臂合抱的大璧,泛指大璧。如王弼释"拱璧"为"拱抱宝璧"[①],成玄英将其释为"拱把之璧"[②]。以上引文中的"拱",都是指两手或两臂合围的径围,因此,"拱抱",指两臂合抱;"拱把",指径围大如两手合围。故它们在此都是用来形容璧之巨大的。"驷马",指同拉一辆车的四匹马,如范应元说:"驷马,良马四匹为乘,共驾一车。"[③]

那么,"拱璧以先驷马"又是什么意思呢?从文字本身来看,当是指拱璧在驷马之前的意思。那么,拱璧在驷马之前,其具体的内涵又是什么呢?对此,学者们主要有两种解释。一种认为,"拱璧以先驷马",指的是古代在征聘贤人时,先送上拱璧,再派遣驷马,以示对贤人的重视,如李荣说:"古之征士,先进以璧,次进以马,故言'以先驷马'也。"[④]陆希声说:"虽奉其合拱之璧,先以驷马之乘,徒遑遑而求贤才。"[⑤]另一种认为,"拱璧以先驷马",是指古代进献礼物时,先献拱璧而后献驷马,如吴澄说:"朝聘之享,驷马陈于外,执拱璧以将命曰先。朝聘以拱璧驷马为至贵。"[⑥]蒋锡昌说:"古之献物,轻物在先,重物在后。'拱璧以先驷马',谓以拱璧为驷马之先也。"[⑦]

由上文可知,"拱璧以先驷马",不管是用来聘贤,还是用来献礼,都是指用十分厚重的礼物来表示对所聘或所献对象的崇尚或重视。

对于"坐进"的含义,学者们在理解上的分歧亦较多,概括起来,主要有以下三种理解。

1. 认为"坐"是坐着、跪坐的意思,"进"是进献的意思,因此,

---

① 楼宇烈校释:《老子道德经注校释》,中华书局2008年版,第162页。
② 熊铁基、陈红星主编:《老子集成》第1卷,宗教文化出版社2011年版,第334页。
③ 范应元:《老子道德经古本集注》,华东师范大学出版社2010年版,第109页。
④ 熊铁基、陈红星主编:《老子集成》第1卷,宗教文化出版社2011年版,第380页。
⑤ 熊铁基、陈红星主编:《老子集成》第1卷,宗教文化出版社2011年版,第612页。
⑥ 熊铁基、陈红星主编:《老子集成》第5卷,宗教文化出版社2011年版,第641页。
⑦ 蒋锡昌:《老子校诂》,成都古籍书店1988年版,第381页。

"坐进"即坐着进献。如吴澄说:"坐,跪也。……以拱璧驷马为至贵而未足贵也,不如跪而进此道之尤贵。"①蒋锡昌说:"三公虽有拱璧以先驷马献于天子,然总不如跪坐而进以道之尤为可贵也。"②

2. 认为"进"即进献,而不释"坐"字之义,因此,"不如坐进此道"即不如进献此道的意思。如唐玄宗说:"言三公辅相,虽以璧马献之至尊,未足珍贵,不如进无为之道,令化恶归善尔。"③陈鼓应说:"不如坐进此道:不如用道来进献。"④

3. 认为"进"是进修、增进的意思;"坐进此道"是静坐增进"道"的修养的意思。如成玄英说:"纵有全璧富贵荣华,亦不如无为坐忘,进修此道。"⑤高亨说:"不如坐在家里,在这个道的实质上前进一步。"⑥

那么"坐进"二字究竟应该是什么含义呢?对此,笔者认为,这有赖于对"故立天子,置三公,虽有拱璧以先驷马,不如坐进此道"整段文字的内在逻辑的把握。

(三)"立天子,置三公"与"拱璧以先驷马,不如坐进此道"之间的关系

在对"故立天子,置三公,虽有拱璧以先驷马,不如坐进此道"一段文字的理解中,最为令人头疼的地方,便是"立天子,置三公"与"虽有拱璧以先驷马,不如坐进此道"之间的关系。从当代学者对它的解释来看,值得我们关注的,主要有以下三种观点。

1. 认为"立天子""置三公""有拱璧以先驷马"是并列的关系,

---

① 熊铁基、陈红星主编:《老子集成》第5卷,宗教文化出版社2011年版,第641页。
② 蒋锡昌:《老子校诂》,成都古籍书店1988年版,第382页。
③ 熊铁基、陈红星主编:《老子集成》第1卷,宗教文化出版社2011年版,第501页。
④ 陈鼓应:《老子今注今译》,商务印书馆2003年版,第296页。
⑤ 熊铁基、陈红星主编:《老子集成》第1卷,宗教文化出版社2011年版,第334页。
⑥ 高亨:《老子注译》,清华大学出版社2010年版,第100页。

指的是人所得到的名利地位，但这些名利地位都不如"道"更为宝贵。如张默生说："可见得道的人，是最高贵不过的。所以世间的名位，就是立为天子，封为三公，或是厚币在前，驷马随后，得到礼聘的荣耀，还不如坐进此道来得高贵些。"[1]林语堂说："可见得道人是最高贵不过的，即使得到世间的一切名位：或立为天子，封为三公，或厚币在前，驷马随后，还不如获得此道来得可贵。"[2]

2. 认为"拱璧以先驷马"是"立天子，置三公"时举行的仪式，但这样隆重的仪式不如进献"道"更为可贵。如任继愈说："天子即位，大臣就职，虽有拱璧在先、驷马随后〔这样隆重〕的仪式，还不如〔不用仪式〕单把'道'作为赠礼。"[3]沙少海等说："所以天子登位之时，大臣就职之时，虽有拱璧在先、驷马随后（这样隆重）的仪式，还不如（不用仪式）单把'道'来进献。"[4]

3. 对"立天子，置三公"与"拱璧以先驷马"的关系不作说明，只是依据原文亦步亦趋的翻译，但很明显是把两者视作一个整体。如高亨说："所以建立天子，设置三公，虽然派遣使者，拿着大玉璧的礼物，坐着四匹马的车，去聘问诸侯，然而不如坐在家里，在这个道的实质上前进一步。"[5]陈鼓应说："所以立位天子，设置三公，虽有进奉拱璧在先、驷马在后的礼仪，还不如用道来作为献礼。"[6]

而从古代学者对该段文字的理解来看，值得我们注意的主要有两种观点，一种是与上述第三种理解类似，把"立天子，置三公"与"拱璧以先驷马"视作一个整体。如王安石说："立天子，置三公，虽

---

[1] 张默生：《老子章句新释》，成都古籍书店1988年版，第82页。
[2] 林语堂：《老子的智慧》，湖南文艺出版社2016年版，第227页。
[3] 任继愈：《老子绎读》，国家图书馆出版社2015年版，第137页。
[4] 沙少海、徐子宏：《老子全译》，贵州人民出版社1989年版，第127页。
[5] 高亨：《老子注译》，清华大学出版社2010年版，第100页。
[6] 陈鼓应：《老子今注今译》，商务印书馆2003年版，第297页。

有合拱之璧，先乘驷马，足以迎贤者之来，而不如坐进此道而已。"①吕惠卿说："故立天子，置三公，虽有拱璧以先驷马，所以享于上者，礼之恭、币之重者也。然不如坐进此道，以道之为天下贵，虽坐而进之，过于恭礼重币也。天子三公所以坐而论者，不过此而已矣。"②

另一种则是把"立天子，置三公"视作对上文"人之不善，何弃之有"的说明，亦即"立天子，置三公"的目的是教化不善之人；而把"虽有拱璧以先驷马，不如坐进此道"视作相对独立的内容，并认为其实质是要强调"道"的重要性。如河上公说："欲使教化不善之人。……虽有美璧先驷马而至，故不如坐进此道。"③苏辙说："立天子，置三公，将以道救人耳。虽有拱璧之贵，驷马之良而进之，不如进此道之多也。"④

综上所述，则古今学者关于"立天子，置三公"与"拱璧以先驷马，不如坐进此道"关系的理解，主要可以概括为四种。那么哪种理解更为合理呢？对此，笔者认为，因老子这里的文字表述本身就不是很明确，故对于上述理解，我们很难作出孰是孰非的判断。不过，在笔者看来，对该段文字的理解之所以会产生上述分歧，关键在于对"立天子，置三公"的含义的理解。因为"立"既有设立、确立的意思，亦有登位、即位的意思；"置"既有设置的意思，也有任命的意思。因此，若把"立"释为登位、即位，"置"释为任命，则"立天子，置三公"便是指被立为天子，被封为三公。若把"立"释为设立、确立，把"置"释为设置，则"立天子，置三公"便是确立天子，设置三公。若按后一种理解，则"立天子，置三公"既可以与上句联系，释为是对"人之不善，何弃之有"的说明，又可以与下句联系，释为

---

① 容肇祖：《王安石老子注辑本》，中华书局1979年版，第53页。
② 吕惠卿：《老子吕惠卿注》，华东师范大学出版社2015年版，第72页。
③ 王卡点校：《老子道德经河上公章句》，中华书局1993年版，第242页。
④ 熊铁基、陈红星主编：《老子集成》第3卷，宗教文化出版社2011年版，第25页。

确立天子，设置三公后举行"拱璧以先驷马"的聘贤活动，或在"立天子，置三公"时举行"拱璧以先驷马"的仪式等，歧义极多。而若按前一种理解，则"立天子，置三公"便与"拱璧以先驷马"一样，都是指人得到的令人"羡慕"的名利地位。而老子认为，这些所谓的名利地位，"不如坐进此道"，即不如坐着进修此道更为可贵（或不如坐着进献此道更为可贵）。这样的理解，既前后贯通，不易产生歧义，又与下文"古之所以贵此道者何"存在密切的内在联系，故笔者倾向于作此种理解，即把"立天子，置三公"释为被立为天子，被封为三公。

（四）为什么"道""为天下贵"？

"古之所以贵此道者何？不曰求以得，有罪以免邪？故为天下贵"，意思是：古代重视此"道"的原因是什么呢？难道不是求它就可以得到，有罪殃可以免除吗？所以被天下人重视。说明天下之人之所以重视"道"，是"道"既可以求之而得，又可以使有罪的人得以免罪："有罪以免"。

不过，对于"有罪以免"的含义，学者们有不同的理解，其中较具代表性的一种理解，是认为"有罪以免"指有罪的人一旦依从"道"，其罪便可自然免除，如司马光说："有过而从道者，无不免。"[1] 范应元说："此道求则得之，舍则失之，凡人未得道则有妄作之罪，既得道则昔虽有罪，亦可以免而自新，岂复有罪也。"[2]

有的学者则进一步指出，这里的"有罪以免"，即是对前面"不善人之所保"的进一步说明。如吕惠卿说："'有罪以免'，则所谓'不善人之所保'也。"[3] 蒋锡昌说："'求以得，有罪以免'，正承上文'善

---

[1] 熊铁基、陈红星主编：《老子集成》第2卷，宗教文化出版社2011年版，第553页。
[2] 范应元：《老子道德经古本集注》，华东师范大学出版社2010年版，第109—110页。
[3] 吕惠卿：《老子吕惠卿注》，华东师范大学出版社2015年版，第72页。

人之宝，不善人之所保'而言，……有罪者化于道，则免恶入善。"①

笔者认为，这样的观点是有道理的，善人以"道"为珍宝，不可能有罪；不善人弃"道"求利，不择手段，才会有罪。而不善人在因有罪而面临惩罚时，只要真心悔过，一心求"道"，便可得到"道"的保护，免罪消祸，并转祸为福，故说"有罪以免"。

六、"道大，似不肖"——《老子》第六十七章，论"道"之作用的特点

> 天下皆谓我道大，似不肖。夫唯大，故似不肖。若肖，久矣其细也夫。（第六十七章）

上引文字讲的是"道"的全体大用："道大"，"似不肖"，即"道"的作用广大无比，不像任何具体的事物。而且，老子还对"道"不像具体事物的特点专门作了强调："夫唯大，故似不肖。若肖，久矣其细也夫。"亦即如果"道"像具体的事物，它也就称不上"大"，而是"细"了。言下之意，"道"也就与具体的事物一样，称不上是宇宙万物的本原了。

（一）"天下皆谓我道大"的含义及其是否应作"天下皆谓我大"

"天下皆谓我道大"，意即天下人都说我的"道"广大，意思十分清晰。如唐玄宗说："老君云，天下人皆谓我道虚无广大"②。任继愈说："天下人都说我的'道'广大"。③

这里值得我们注意的是其中的"道"的含义，笔者在解释第一章"道可道，非常道"的含义时曾经说过，作为宇宙万物本原的"道"，包含本体和作用两个方面，其本体无声无形，不可捉摸，无法命名；

---

① 蒋锡昌：《老子校诂》，成都古籍书店1988年版，第383页。
② 熊铁基、陈红星主编：《老子集成》第1卷，宗教文化出版社2011年版，第505页。
③ 任继愈：《老子绎读》，国家图书馆出版社2015年版，第149页。

其作用则表现为创生宇宙万物,并作为宇宙万物变化发展的内在根据、准则。那么,老子在这里说"天下皆谓我道大",其中的"道",指的是"道"的本体,还是"道"的作用,抑或包含本体和作用两者的宇宙万物的本原呢?对此,有不少学者认为其指的是"道"的本体。如苏辙说:"夫道旷然无形,颓然无名,充遍万物,而与物无一相似,此其所以为大也。"① 杜道坚说:"老圣所言之道,……其大无象,不可以名言求,众人之所罕识。"② 奚侗说:"无状之状,无物之象,故云不肖。"③

称这里的"道""旷然无形,颓然无名","不可以名言求","无状之状,无物之象",说明在这些学者看来,这里的"道",指的便是"道"的本体。然而,笔者认为,这样的理解是值得商榷的,因为从《老子》全书来看,凡称"道"为"大"的,通常指的都是"道"的作用,而非"道"的本体,如第十八章:"大道废,有仁义";第三十四章:"大道泛兮,其可左右。……万物归焉而不为主,可名为大";等等。而在第二十五章中,老子更是明确地说:"有物混成,先天地生。……吾不知其名,字之曰道,强为之名曰大。"说"混成之物"即宇宙万物的本原无法命名,勉强给它取一个名,叫作"大",这明显包含两层意思:一是宇宙万物的本原是无法命名的,而无法命名的原因是其无形无象,不可捉摸;二是这里所谓的"大",是宇宙万物本原的"强名",而之所以把宇宙万物的本原"强名"为"大",是因为其能创生宇宙万物,作用广大无比。由此可见,这里的"大",指的亦是宇宙万物本原即"道"的作用,而非"道"的本体。而与之相反,当说到"道"之本体时,老子则通常用"小"即微妙无形来描述。如第三十二章中说:"道常无名、朴,虽小",其中"道常无名"中的

---

① 熊铁基、陈红星主编:《老子集成》第3卷,宗教文化出版社2011年版,第27页。
② 熊铁基、陈红星主编:《老子集成》第5卷,宗教文化出版社2011年版,第513页。
③ 熊铁基、陈红星主编:《老子集成》第13卷,宗教文化出版社2011年版,第26页。

"道",指的是"道"的本体;"小",则是微妙无形的意思。其他如第十四章说"道"的本体"视之不见,名曰夷;听之不闻,名曰希;搏之不得,名曰微",说的也是类似的意思。既然如此,则老子在这里说"天下皆谓我道大"中的"道大",指的亦应是"道"的作用广大无比的意思。

然而,值得注意的是,关于该句文字,不少《老子》本子却有不同的表述,其中最明显的一点,就是无句中的"道"字,如河上公本、景龙碑本等作"天下皆谓我大",傅奕本、范应元《老子道德经古本集注》等作"天下皆谓吾大"。对此,一些学者认为,这里不应有"道"字,如林希逸说:"一本于'谓我'下添'道'字,……误也。"① 劳健说:"今本'吾大'多作'我道大','道'字盖出后增,河上、景龙、开元、景福、敦煌、六朝写本、唐写本皆作'我大',全无'道'字也。"②

值得注意的是,该句文字帛书乙本作"天下□谓我大"(甲本残毁),因此,一些当代学者明确指出,王弼本中的"道"字应删。如卢育三说:"王本'我'下有'道'字,河上本、傅本、景龙本、范本、帛书《老子》乙本(甲本缺)均无'道'字,下文'我有三宝',正承此'我'而言,不当有'道'字,据删。"③ 刘笑敢说:"河上本、傅奕本、帛书乙本第一句皆无'道'字(甲本残),意思与下文更能应和。……今本应删'道'字。"④

由上文可知,认为该句文字中不应有"道"字,确实有较为充足的依据,因为河上公本、傅奕本、景龙碑本等历史上较具代表性的《老子》本子均无"道"字,且帛书乙本亦无"道"字。不过,笔者仍主张这里应有"道"字,理由如下。

---

① 熊铁基、陈红星主编:《老子集成》第4卷,宗教文化出版社2011年版,第522页。
② 熊铁基、陈红星主编:《老子集成》第15卷,宗教文化出版社2011年版,第343页。
③ 卢育三:《老子释义》,天津古籍出版社1987年版,第249页。
④ 刘笑敢:《老子古今》,中国社会科学出版社2006年版,第678页。

一是虽然历史上不少有代表性的《老子》本子均无"道"字,但是历史上有"道"字的本子亦不在少数,除了王弼本的《唐玄宗御注道德真经》《老子吕惠卿注》、苏辙的《老子解》等均有"道"字。

二是作"天下皆谓我道大",则该句的意思十分清晰,此据前述可知。若作"天下皆谓我大",就文字本身来看,应当释为天下人都说我(老子)很大或很伟大,但这样的解释存在两个明显的问题:其一,在老子生前,天下之人都说老子很伟大,这是客观事实吗?因为迄今为止,人们连老子的身世都还未搞清楚,这说明老子生前应该不会是天下皆知的伟人。其二,即使真的天下之人都说老子很伟大,一个"以自隐无名为务"(《史记·老子韩非列传》)的老子,会在自己的书中加以宣扬吗?这显然也是不可能的。

三是"天下皆谓我道大"的说法更符合老子的思想宗旨。此正如笔者在前面一开始所言,在《老子》一书中,屡屡以"大"来形容"道",因此,"天下皆谓我道大"的说法,无论从文字含义,还是从思想逻辑而言,都是很顺畅的。

(二)"似不肖。……久矣其细也夫"的含义及围绕该段文字表述的争议

对于"天下皆谓我道大"后面的"似不肖。夫唯大,故似不肖。若肖,久矣其细也夫"一段文字的含义,学者中较有代表性的解释,是释"似不肖"中的"肖"为似、像,"似不肖"即好像不像任何具体的东西;释"夫唯大,故似不肖"为正因为"道"广大,所以好像不像任何具体的东西;释"若肖,久矣其细也夫"为如果"道"像具体的东西,它早就变得很细小了。如奚侗说:"无状之状,无物之象,故云不肖。……唯其大也,故不可得而形状之。……细者,大之反,若道可得而形状之,久矣不能成其大矣。"[①] 任继愈说:"天下人都说我的

---

① 熊铁基、陈红星主编:《老子集成》第13卷,宗教文化出版社2011年版,第26页。

'道'广大，不像任何具体的东西。正因为它广大，所以不像任何具体的东西。若它像任何具体的东西，它早就渺小得很了。"①

这里需要指出的是，"似不肖。夫唯大，故似不肖"三句，景龙碑本作"不肖。夫唯大，故不肖"，无其中的两个"似"字。对此，朱谦之认为，这里不应当有"似"字："谂谊，'不肖'上不应再有'似'字。"②

值得注意的是，这三句帛书甲本残损，作"□□□□。夫唯□，故不肖"，乙本作"大而不肖。夫唯不肖，故能大"，皆无"似"字，故高明指出，这说明这里不应有"似"字："帛书甲、乙本均无'似'字，今本中'似不肖'之'似'字，显然是'肖'字的古注文，后人误将古注文羼入经内。'不肖'犹不似，即今语不像。"③

董平支持朱谦之、高明的观点，说："朱、高二位先生之说，诚是。"④张松如、高明等学者甚至进一步认为，"似不肖。夫唯大，故似不肖"三句，当依帛书乙本作"大而不肖。夫唯不肖，故能大"，如张松如说："甲乙本两谊均可通，惟衡以上下文意，当如乙本义长。……这里着重点应是'大'，不是'不肖'。此自河、王、傅、范以至今之马、高、劳、蒋，俱应改读。"⑤高明说："帛书乙本确实反映了《老子》本义，而甲本与今本皆有讹误，均当据帛书乙本订正。"⑥

笔者认为，该段文字当以作"似不肖。夫唯大，故似不肖"为妥，理由如下。

一是历史上有代表性的《老子》本子如河上公本、王弼本、傅奕

---

① 任继愈：《老子绎读》，国家图书馆出版社2015年版，第149页。
② 朱谦之：《老子校释》，中华书局2017年版，第282页。
③ 高明：《帛书老子校注》，中华书局1996年版，第160页。
④ 董平：《老子研读》，中华书局2015年版，第249页。
⑤ 张松如：《老子说解》，齐鲁书社1998年版，第360页。
⑥ 高明：《帛书老子校注》，中华书局1996年版，第160页。

本、范应元的《老子道德经古本集注》等均作"似不肖。夫唯大，故似不肖"，景龙碑本作"不肖。夫唯大，故不肖"，虽无其中的两个"似"字，但句序与王弼本等完全一样。我们不能仅据帛书乙本即对《老子》原文作出大的改变。

二是帛书乙本究竟是否比通行本更为合理，亦是一个值得商榷的问题。从文字本身来看，通行本的"夫唯大"系针对"天下皆谓我道大，似不肖"中的"道大"而言，帛书乙本的"夫唯不肖"系承"大而不肖"而言，因此，从形式上看，帛书乙本的文字似乎显得更加紧凑。且帛书乙本"夫唯不肖，故能大。若肖，久矣其细也夫"的说法亦能前后对应，显得十分顺畅。但是，我们能否因此就说通行本的表述就不够合理、不够顺畅呢？对此，笔者持否定的意见，因为通行本"天下皆谓我道大，似不肖"，其中的核心是"大"，"似不肖"是对"大"的补充说明，故接下来说"夫唯大，故似不肖。若肖，久矣其细也夫"，把重点放在"大"上，这是顺理成章的事情。而且说正因为"道"广大，所以不像任何具体的东西。如果"道"像具体的东西，它早就变得很细小了。这无论从文字形式，还是从思想内容上看，均是文畅义顺，不存在什么问题，与帛书乙本所表达的意思亦基本相同，所不同者只是通行本说"夫唯大，故似不肖"，指的是正因为"道"广大，所以不像具体的东西；帛书乙本说"夫唯不肖，故能大"，指的是正因为"道"不像具体的东西，所以能广大。两者的因果正好相反，但实质内涵无别。因此，当通行本的文字表述并无明显问题的情况下，笔者不主张对其文字轻易作出改变。

七、《老子》中"道"字的不同含义

在《老子》一书中，一共出现了七十五个"道"字（当然，不同的本子之间亦存在差异，如一些学者认为，第六十七章"天下皆谓我道大"中的"道"字应去掉），而这七十五个"道"字的意思并不是完全相同的，而且，有的"道"字在不同的语境中出现，其确切含义往往很难判定。故任继愈说："老子的'道'有两个意思：一、有时是指精神的实体；二、更多的场合是指万物变化发展的规律。这两者在老子的观念中是不十分清楚的。"[①] 对于《老子》中的"道"字究竟有多少种意思，这需要我们作深入的探究，但是，迄今为止，还未见有《老子》注释者对《老子》中每一个"道"字的意思作出明确的界定和说明，则是客观的事实。不少注释者在遇到"道"字时，往往不作注释，而径称"道"如何如何。造成这种状况的主要原因，一方面固然是老子的论述过于简洁，不够明晰，我们很难对其确切含义作出判断，如任继愈说："老子的'道'，没有讲得明确、清晰，不够圆满"[②]；另一方面则与我们长期以来对老子之"道"的确切含义缺乏深入的把握有关。笔者认为，老子之"道"的确切含义，是指宇宙万物本原的作用，但老子有时也用"道"来代指宇宙万物的本原或宇宙万物本原之本体。除此之外，在《老子》一书中，"道"还有自然无为的原则、规律、方法、准则甚至言说等意思。下面对《老子》中所有"道"字的含义作具体的分析和介绍。

（一）指宇宙万物本原之本体

道可道，非常道。（第一章）

上善若水。水善利万物而不争，处众人之所恶，故几于道。（第八章）

知常容，容乃公，公乃王，王乃天，天乃道，道乃久，没身不殆。（第十六章）

---

① 沙少海、徐子宏：《老子全译》，贵州人民出版社1989年版，第1页。
② 任继愈：《任继愈谈老子哲学》，石油工业出版社2018年版，第94页。

道之为物，惟恍惟惚。(第二十一章)

道常无名、朴，虽小，天下莫能臣。(第三十二章)

弱者道之用。(第四十章)

道隐无名。(第四十一章)

道生一。(第四十二章)

道生之，德畜之。(第五十一章)

1. 在上引文字中，第一章中的"道可道，非常道"意为可以言说的宇宙万物本原的作用，不是那宇宙万物本原之本体。其中"道可道"中的第一个"道"，指宇宙万物本原的作用，"常道"，则指的是宇宙万物本原之本体。具体论述见本书本章本节第一部分。

2. 在第八章中，老子说："水善利万物而不争，处众人之所恶，故几于道"，说明了水与"道"的关系：水接近于"道"。水具有"善利万物""不争""处众人之所恶"等特性，这已经属于很高之德了，那么，为什么老子仍然说水是"几于道"，即接近于"道"，而不是与"道"同一呢？对此，较具代表性的解释是：水虽有上善之德，但"道"无形而水有形，所以水只是接近于"道"，如王弼说："道无水有，故曰'几'也。"①苏辙说："道无所不在，无所不利，而水亦然。然而既已丽于形，则于道有间矣，故曰几于道矣。"②应该说，这样的解释是很有道理的。

老子说"上善若水"，又说水"几于道"，因此，根据形式逻辑中的三段论，我们很容易就能推出"上善"亦"几于道"。在关于"上

---

① 楼宇烈校释：《老子道德经注校释》，中华书局 2008 年版，第 20 页。
② 熊铁基、陈红星主编：《老子集成》第 3 卷，宗教文化出版社 2011 年版，第 4 页。

"善"与"道"之间关系的论证方面,宋代的吕惠卿、宋徽宗等的观点很有启发性:"'一阴一阳之谓道,继之者善也'。谓之继,则已离道,而非道之体矣。"①《易》曰:'一阴一阳之谓道,继之者善也',……善名既立,则道之体亏。"②

所谓"非道之体""则道之体亏",都是指善是对"道"的承继,但已非"道"本身。这就说明,"故几于道"中的"道",指的应是"道"之本体。

3. 第十六章"知常容,容乃公,公乃王,王乃天"一段文字,意思为:懂得恒常不变之道就能包容一切,包容一切就能公正无私,公正无私就能天下归往而为王,天下归往而为王就能合乎自然之天。接下来的"天乃道",意为合乎自然之天就能合乎"道",如河上公说:"德与天通,则与道合同也。"③张默生说:"能合于天道的自然,也就是与道同体,故曰'天乃道'。"④"道乃久",意为合乎"道"就能长久,这个意思比较好懂,因为"道"是恒久存在的,故与"道"相合,自然便能永久。所以李荣说:"道则自古以固存,圣则永享无期寿也。"⑤吴澄也说:"道在我则与道同其久。"⑥因此,所谓"天乃道",是指与"道"同体、与"道"合一,则这里的"道",指的应是宇宙万物本原之本体。

4. 第二十一章"道之为物,惟恍惟惚"中的"惟恍惟惚",意为若有若无、模糊不清。对于"道之为物"的含义,学者们则有这样的解释:"道本不可以物言,此言为物者,盖万物皆出于道也。"⑦"'物'

---

① 吕惠卿:《老子吕惠卿注》,华东师范大学出版社 2015 年版,第 9 页。
② 熊铁基、陈红星主编:《老子集成》第 3 卷,宗教文化出版社 2011 年版,第 266 页。
③ 王卡点校:《老子道德经河上公章句》,中华书局 1993 年版,第 64 页。
④ 张默生:《老子章句新释》,成都古籍书店 1988 年版,第 20 页。
⑤ 熊铁基、陈红星主编:《老子集成》第 1 卷,宗教文化出版社 2011 年版,第 358 页。
⑥ 熊铁基、陈红星主编:《老子集成》第 5 卷,宗教文化出版社 2011 年版,第 615 页。
⑦ 范应元:《老子道德经古本集注》,华东师范大学出版社 2010 年版,第 38 页。

即第二十五章'有物混成'之'物',乃天地万物之始。"①笔者认为,老子在本章中所说的"道之为物"中的"物",与第二十五章"有物混成,先天地生"中的"物"意思相同,指的是天地万物产生之前即已存在的作为宇宙万物本原的"混成"之物,即浑然一体、自然而成的东西,它指的是宇宙万物本原之本体,而非其作用,故蒋锡昌说"'物'即第二十五章'有物混成'之'物'",是很有道理的。

5. 第三十二章"道常无名"中的"无名",就文字本身的意思来说,指没有名称;就其具体内涵来说,则指"道"无法命名,故无名称。而"道"之所以无法命名,是因为"道"之本体无声无形,人们对无声无形的东西无法进行命名。因此,这一思想,与第一章"无名,天地之始"、第二十五章 "吾不知其名"等思想是一脉相承的,这里的"道",指的是宇宙万物本原之本体。

6. 第四十章"弱者道之用"中的"弱",是柔弱的意思,对于"道之用"的含义,据前面所述,当指"道"的运用或"道"发挥作用的方式,也就是说,"道"虽然广大无比,但是"道"在发生作用时通常采用柔弱的方式。既然"弱者道之用"意为柔弱是"道"发挥作用的方式,则这里的"道"便不应指作用,而应指本体无疑。

7. 第四十一章"道隐无名"中的"隐",学者们多释为幽隐、隐微;"无名",也就是没有名称。因此,所谓"道隐无名",指的是"道"幽隐而没有名称,如河上公说:"道潜隐,使人无能指名也。"②陈鼓应说:"道幽隐而没有名称。"③也就是说,因为"道"无形象,人们看不到它的样子,所以无法对它命名。则这里的"道",指的无疑是宇宙万物本原之本体。

---

① 蒋锡昌:《老子校诂》,成都古籍书店1988年版,第146页。
② 王卡点校:《老子道德经河上公章句》,中华书局1993年版,第165页。
③ 陈鼓应:《老子今注今译》,商务印书馆2003年版,第231页。

8. 关于第四十二章中"道生一"的含义，笔者在本书第二章第二节中将作详细的解释，在笔者看来，"道生一"中的"道"指的是宇宙万物本原之本体，"道生一"中的"一"即第三十九章"昔之得一者"中的"一"，它指的是包含本体与作用的宇宙万物本原。因此，所谓"道生一"，指的是宇宙万物本原之本体显现其作用。

9. 对于第五十一章"道生之，德畜之"中"道生之"的含义，古今学者一致认为，其中的"之"，指的就是万物，因此，"道生之"即"道"生万物的意思，如蒋锡昌说："'道生之'，言道生万物也。"①"德畜之"中的"之"，与"道生之"中的"之"一样，指的亦是万物。对于其中的"畜"字，学者们多释为"畜养""养"的意思，因此，所谓"德畜之"，即德畜养万物。

那么这里的"德"又是什么意思呢？笔者认为，这里的"德"，应当侧重于指"道"的作用的显现，它包括两个方面的内容：其一为赋予万物以"道"的特性；其二为畜养万物。而既然这里的"德"指的是"道"的作用的显现，则这里的"道"，指的便应当是"道"之本体。关于"道生之，德畜之"的具体含义，可参见本书第二章第三节中的相关论述。

（二）指宇宙万物本原的作用

道可道，非常道。（第一章）

吾不知其名，字之曰道，强为之名曰大。大曰逝，逝曰远，远曰反。故道大，天大，地大，王亦大。域中有四大，而王居其一焉。人法地，地法天，天法道，道法自然。（第二十五章）

大道泛兮，其可左右。万物恃之而生而不辞，功成不名有。（第

---

① 蒋锡昌：《老子校诂》，成都古籍书店1988年版，第316页。

三十四章)

天下皆谓我道大,似不肖。(第六十七章)

1. 在上引文字中,第一章"道可道,非常道"中的第一个"道",指宇宙万物本原的作用。具体论述见本书本章本节第一部分。

2. 对于第二十五章"吾不知其名,字之曰道"的含义,在本书本章第一节已有详细的介绍,"字之曰道",意即把宇宙万物本原的作用称之为"道"。接下来的"道大,天大,地大,王亦大"中的"道",指的亦是宇宙万物本原的作用。因为老子把"道""天""地""人"称为"域中"之"四大",而这里的"域中",指的即宇宙万物的本原。当然,关于"域中"的含义,学者们有不同的理解,如古代学者或释为"八极之内"①,或释为"六合"之内②,或释为"宇内":"道本不可以域言,此就宇内而言之也。"③

所谓"八极",指八方极远之地;"六合",指天地四方,即整个宇宙的巨大空间;"宇内",指上下四方,天地之间。因此,它们指的都是极其巨大的空间。正是沿着这样的理解,当代学者多把"域中"释为宇宙之中,如陈柱说:"此'域'字当亦作宇宙解。"④陈鼓应说:"域中:空间之中,犹今人所称宇宙之中。"⑤

然而,对于把"域中"释为宇宙,蒋锡昌明确表示反对,他认为这样的理解取义太窄:"今人陈柱以为'域'当作亦宇宙解,其谊太狭,恐非老子本谊也。"⑥蒋锡昌认为,对于"域中"的解释,当依王

---

① 王卡点校:《老子道德经河上公章句》,中华书局1993年版,第102页。
② 熊铁基、陈红星主编:《老子集成》第1卷,宗教文化出版社2011年版,第595页。
③ 范应元:《老子道德经古本集注》,华东师范大学出版社2010年版,第47页。
④ 熊铁基、陈红星主编:《老子集成》第14卷,宗教文化出版社2011年版,第177页。
⑤ 陈鼓应:《老子今注今译》,商务印书馆2003年版,第172页。
⑥ 蒋锡昌:《老子校诂》,成都古籍书店1988年版,第173页。

弼注:"老子谓道与天、地、王同在域中,然则此域中之范围,尤非后人所可致诘。故王弼注:'无称不可得而名,曰域也。道、天、地、王皆在乎无称之内,故曰"域中有四大"者也。'"①然而,与蒋锡昌相反,张松如则认为,王弼的注文让人不知所云,陈柱释"域中"为宇宙是正确的:"王弼注:……泛谓'域中'曰'无称之内',不知其意何云。……近人陈柱以为域中当作宇宙解,得之矣。"②

因此,现在的关键,便是如何理解王弼注文之含义。为了方便对问题的讨论,我们先来看王弼关于"域中有四大"的完整注文:

> 四大,道、天、地、王也。凡物有称有名,则非其极也。言道则有所由,有所由,然后谓之为道,然则(是道)〔道是〕称中之大也,不若无称之大也。无称不可得而名,〔故〕曰域也。道、天、地、王皆在乎无称之内,故曰"域中有四大"者也。③

王弼说"道是称中之大也,不若无称之大也",意为"道"在可以称呼之物中是最大的,但是"道"不如"无称"大,则这里的"无称",指的便是"混成之物",因"混成之物"无名,故王弼称之为"无称";"无称不可得而名,故曰域也",指"混成之物"无法命名,所以这里称它为"域",也就是说,老子所说的"域中",指的就是"混成之物";"道、天、地、王皆在乎无称之内,故曰'域中有四大'者也",指"道"、天、地、王四者都是在"混成之物"的范围之内,所以才说"域中有四大"。

笔者认为,王弼对"域中"之含义的理解是十分准确的,因为"域中"指"混成之物","道"指"混成之物"之"字",也就是"混

---

① 蒋锡昌:《老子校诂》,成都古籍书店1988年版,第173页。
② 张松如:《老子说解》,齐鲁书社1998年版,第146页。
③ 楼宇烈校释:《老子道德经注校释》,中华书局2008年版,第64页。

成之物"的作用,则所谓"域中有四大",便是指"混成之物"中包含了"道"、天、地、王四大,因为这四者都由"混成之物"而来,都在"混成之物"的范围之内,故称。

接下来的"人法地,地法天,天法道,道法自然"一段文字,意为人效法地,地效法天,天效法"道","道"效法自然。因其中的"自然",指的是宇宙万物本原之本体,"道法自然"意为"道"作为宇宙万物本原的作用,充分体现、展示以自然而然为特性的宇宙万物本原之本体,则这里的"道",指的便是宇宙万物本原的作用。至于"道法自然"中的"自然"为什么指的是宇宙万物本原之本体,则将在本书第五章第二节中作详细的论述。

3. 第三十四章中的"大道泛兮,其可左右",意为大道广泛流行,可左可右,无所不到。而既然说大道广泛流行,指的便是"道"显示其巨大的作用,故这里的"道",当指宇宙万物本原的作用。接下来的"万物恃之而生而不辞,功成不名有",意为万物依靠它生长而顺其自然,功业成就了也不称自己有功,则进一步证明了这里的"道"指的是宇宙万物本原的作用。

4. 第六十七章中的"天下皆谓我道大,似不肖",意即天下人都说我的"道"广大,不像任何具体的事物。其中的"道",指宇宙万物本原的作用,对此,在本节前面的文字中已有具体的介绍,兹不赘述。

(三)指宇宙万物的本原,即同时包含本体与作用

道冲,而用之或不盈。(第四章)

执今之道,以御今之有,能知古始,是谓道纪。(第十四章)

孔德之容,惟道是从。(第二十一章)

故从事于道者，同于道；德者，同于德；失者，同于失。同于道者，道亦得之；同于德者，德亦得之；同于失者，失亦得之。（第二十三章）

譬道之在天下，犹川谷之与江海。（第三十二章）

道之出口，淡乎其无味，视之不足见，听之不足闻，用之不可既。（第三十五章）

道常无为而无不为。（第三十七章）

反者道之动。（第四十章）

上士闻道，勤而行之；中士闻道，若存若亡；下士闻道，大笑之，不笑，不足以为道。……夫唯道，善贷且成。（第四十一章）

为学日益，为道日损。（第四十八章）

道者，万物之奥。……故立天子，置三公，虽有拱璧以先驷马，不如坐进此道。古之所以贵此道者何？不曰求以得，有罪以免邪？故为天下贵。（第六十二章）

1. 在上引文字中，第四章"道冲，而用之或不盈"一句中的"冲"，指空虚无形；"用"指作用；"之"是无实义的助词；"或"是又的意思；"盈"指满或充满，引申为穷尽、穷竭。因此，该句话的意思为："道"是空虚无形的，然而它的作用却又不会穷尽。"道冲，而用之或不盈"，其实反映了老子关于"道"之体用的思想，它告诉我们，"道"的本体是虚无的，"道"的作用是无穷的；而"道"的作用之所以是无穷的，正因为"道"的本体是虚无的，因为如果"道"的本体是实而不虚的，它便无法从无生有，并促成万物的生长变化。这就说明，这里的"道"，指的是宇宙万物的本原，它同时包含了本体和作用。

2.第十四章"执今之道,以御今之有,能知古始"一段文字,其意思为:持守现今的"道",来驾驭现今的具体事物,就能知道"道"的本体。而在老子看来,这是必然如此的,故这里的"道纪",指的是"道的规律"。因此,"道纪"中的"道",与"执今之道"中的"道"一样,所指均为宇宙万物的本原。关于该段文字的具体含义,将在本书第三章第二节中作详细的介绍。

3.第二十一章"孔德之容,惟道是从"中的"德"字,学者们对此较为一致地认为,它就是"得",即得到的意思,具体而言,便是人或万物从幽隐无形的"道"而得到的特殊性质。如林希逸说:"德之为言得也,得之于己曰德。"[①]杜道坚说:"德,得也。得于吾心之谓德。"[②]对于"孔德"的"孔"字,较多的学者认为指"大""盛",因此,所谓"孔德",便是指大德或盛德,在这里则指大德之人或盛德之人。如高亨说:"孔德,指大德之人。"[③]董平说:"'孔德'即是'大德',这里是指有'孔德'者,也即是有大德的人。"[④]笔者认为,所谓大德或盛德之人,即对"道"已有充分的体悟并能完全遵循"道"的人。

关于"孔德之容"中的"容"的含义,学者们亦有不同的理解,或认为指包容、容纳;或认为指容貌、状貌;或认为指动作。笔者认为,"容"是个多义字,它既有相貌的意思,也有包容的意思,还有容量、用等意思。因此,对"容"字的含义的理解,光凭"孔德之容"一句,我们无法遽下结论,还需结合下句——"惟道是从"的含义,才能作出较为准确的判定。

关于"惟道是从"的含义,古今学者主要有两种理解:一种认

[①] 熊铁基、陈红星主编:《老子集成》第4卷,宗教文化出版社2011年版,第505页。
[②] 熊铁基、陈红星主编:《老子集成》第5卷,宗教文化出版社2011年版,第491页。
[③] 高亨:《老子注译》,清华大学出版社2010年版,第42页。
[④] 董平:《老子研读》,中华书局2015年版,第116页。

为,"惟道是从"即只顺从"道"的意思,这里的"惟"(有的本子亦作"唯"),是独、只的意思;"从",是顺从、跟随的意思,如河上公说:"唯,独也。大德之人不随世俗所行,独从于道也。"① 董平说:"'惟道是从'的,也即是无不遵循着道的。"② 另一种认为,这里的"从",是自、出的意思,"惟道是从"指德或德之容从"道"中而出。如吴澄说:"从,由也。……然德之所以有此容者,由道中出。"③ 魏源说:"从,自也。言盛德之容,皆自道中出也。"④

笔者认为,之所以对"惟道是从"有上述两种不同的理解,关键又在于对"容"字的理解:若把"容"理解为容貌、状貌,则"惟道是从"不能理解为只顺从于道,因为说大德之人的容貌只顺从于道,在表述上显得很别扭,而说大德之人的容貌由"道"而来,则较为顺畅;若把"容"理解为动作、行动,则把"惟道是从"理解为只顺从道,意为大德之人的行为只顺从"道",这样的表述是很顺畅的,而说大德之人的行为由"道"而来,便稍显别扭。

综上所述,笔者认为,无论是容貌、度量,还是行为、动作,都是一个人显现于外的东西,也就是说,它们都是一个人的外在表现。为了使这里的"容"字具有更大的包容性,而不拘于一偏,笔者主张把"容"理解为外在表现,因此,所谓"孔德之容",即指大德之人的外在表现,而所谓"孔德之容,惟道是从",便是指大德之人的外在表现,只顺从于"道"。那么这里的"道"的确切含义又是什么呢?笔者认为,这里的"道",指的当是宇宙万物的本原。

4. 第二十三章"故从事于道者,同于道;德者,同于德;失者,同于失。同于道者,道亦得之;同于德者,德亦得之;同于失者,失

---

① 王卡点校:《老子道德经河上公章句》,中华书局1993年版,第86页。
② 董平:《老子研读》,中华书局2015年版,第116页。
③ 熊铁基、陈红星主编:《老子集成》第5卷,宗教文化出版社2011年版,第618页。
④ 魏源:《老子本义》,华东师范大学出版社2010年版,第49页。

亦得之"，这一段文字的意思为：所以，致力于"道"的人，就与"道"相合；致力于德的人，就与德相合；致力于失"道"、失德的人，就与失"道"、失德相合。与"道"相合的人，"道"也得到他；与德相合的人，德也得到他；与失"道"、失德相合的人，失"道"、失德也得到他。

这里的"从事于道"，是致力于"道"的意思；这里的"失"，是失道、失德的意思，不少学者都作此种理解。关于其中的"德"字，学者们则主要有两种理解。一种认为，这里的"德"应读为"得"，如林希逸说："德，得也。……可得则得，我亦无违焉。"[①] 易顺鼎说："两'德'字皆当作'得'，与下'失者同于失'相对。"[②] 另一种认为，这里的"德"，就是"道德"之"德"，如陆希声说："从事于德，用德者也。虽失常道，未失常德，故德亦得之，则同于德矣。"[③] 牟钟鉴说："修道学道者自然认同并不断接近大道。同样，修德进德者认同和接近上德。"[④]

这就告诉我们，把这里的"德者""同于德"等中的"德"释为"得"，或释为"道德"之"德"，都是可以的。由此再来反观这里的"道"的含义，笔者认为，其所指当为宇宙万物的本原。因为所谓致力于"道"，修道学道，便是遵循"道"的原则，以达到与"道"之本体的合一。关于该段文字的具体含义，亦可参见本书第五章第一节中的论述。

5. 第三十二章"譬道之在天下，犹川谷之与江海"两句，从文字本身来说，意为：譬如"道"存在于天下，就好像川谷与江海的关系

[①] 熊铁基、陈红星主编：《老子集成》第4卷，宗教文化出版社2011年版，第505—506页。

[②] 熊铁基、陈红星主编：《老子集成》第11卷，宗教文化出版社2011年版，第445页。

[③] 熊铁基、陈红星主编：《老子集成》第1卷，宗教文化出版社2011年版，第595页。

[④] 牟钟鉴：《老子新说》，金城出版社2009年版，第77页。

一样。那么老子此话的确切含义又是什么呢？对此，学者们有不同的理解，其中有代表性的，主要有以下三种：一是有较多的学者认为，老子此话是以江海比喻"道"，以川谷比喻天下万物，故以川谷必最终汇归江海，来说明天下万物亦必最终复归于"道"。如成玄英说："江海善下，为百川之所共凑；圣道虚容，为众生之所归往。"① 二是认为老子此话的含义是：川谷归于江海，是自然而然之事，以此比喻圣人行道于天下或实施好的社会治理方式，使天下得到治理，亦是自然而然之事。如刘笑敢说："好的社会管理方式有如百川入海，百姓民心可以自然归附，社会秩序可以自然形成。"② 三是认为老子此话指川谷与江海在天下泽被万物，比喻"道"在天下亦是如此泽被万物。如高亨说："川谷江海之在天下，贯达九域，周环四方，物被其泽，人受其利，道在天下亦复如此，故以为譬。"③

笔者认为，在上述三种理解中，第三种理解似存在明显的偏颇，因为"川谷之与江海"，当是指川谷与江海之间的关系，具体而言，便是指川谷必归于江海，而不应理解为"川谷与江海"。至于前面两种理解，则均是有其道理的，不过，相比之下，笔者更倾向于第一种理解，因为这样的理解意思比较明晰，亦更容易把握。既然如此，则这里的"道"，指的应是与万物相对的宇宙万物的本原。

6. 第三十五章"道之出口，淡乎其无味，视之不足见，听之不足闻，用之不可既"，这一段文字的意思为：对"道"的语言表述淡而无味，"道"既看不见，又听不到，但是其作用却不可穷尽。笔者认为，对这里的"道之出口"，应该从对"道"之作用的言说与对"道"之本体的言说两个方面来进行理解。从对"道"的作用的言说而言，

---

① 熊铁基、陈红星主编：《老子集成》第1卷，宗教文化出版社2011年版，第311页。
② 刘笑敢：《老子古今》，中国社会科学出版社2006年版，第374页。
③ 熊铁基、陈红星主编：《老子集成》第14卷，宗教文化出版社2011年版，第55页。

因"道"的作用包括自然无为、谦下不争、守柔守雌等一系列的原则，这些原则均与世俗之人争强好胜、热衷功名利禄等相反，所以在世俗之人看来，关于"道"的言论当然是寡淡无味的。从对"道"的本体的言说而言，虽然老子认为"道"的本体无声无形，不可言说，但从《老子》一书来看，亦涉及不少对"道"之本体的描述，如"恍兮惚兮""窈兮冥兮""视之不见""搏之不得"之类，但这样的描述，因恍惚不定，并未说出一个明确的所以然来，当然亦是"淡乎其无味"的。因此，这里的"道"，所指当为包含本体与作用的宇宙万物的本原。关于本段文字的具体含义，亦可参见本书本章第二节中的相关论述。

7. 第三十七章"道常无为而无不为"，指的是"道"虚无清静，从不有意去做什么，然而却生养万物，没有什么不是其所做，而这一切都是自然而然发生的。在古今学者关于"道常无为而无不为"的解释中，值得我们重视的一种观点，是从"道"之体用的角度去理解"无为而无不为"，认为"无为"体现的是"道"之本体虚无清静，"无不为"体现的是"道"之作用广大无边。笔者认为，这样的理解是很有道理、亦很有启发意义的。"道"的本体无形无象，清静无欲，无意志无目的，它从来不会刻意去做什么，此即"无为"；然而，丰富多彩的大千世界由"道"而产生，此即"无不为"。"道"对天下万物不主宰、不干涉，任其自然生长、发展，此即"无为"；然而万物都能各适其性而存在，天地之间秩序井然，此即"无不为"。因此，正是道体本身的清静无为，才使"道"的作用广大无边，没有穷尽。当然，道体和道用同属于"道"，它们只是"道"的两个不同方面，并非两种不同的东西，道体是道用的根源，道用则是对道体的呈现、外化。关于"道常无为而无不为"的具体含义，可参见本书本章前面的相关论述。

8. 第四十章"反者道之动"中的"道之动"，学者们通常将其释为"道"的运动；那么这里的"反"又是什么意思呢？对此，学者们有不同的理解，或认为指相反，或认为指返回，等等。笔者认为，要弄清楚"反者道之动"的含义，我们应该从"道"的本体和"道"的作用两个方面去认识。关于"道"的本体的运动，在《老子》第二十五章中有明确的论述："有物混成，先天地生，……周行而不殆，……大曰逝，逝曰远，远曰反。"据此可知，"道"之本体的运动特点是向原处返回，因此，所谓"反者道之动"中的"反"，就"道"之本体而言，应是返回的意思。而就"道"之作用而言，则所谓"道"之动，指的就是"道"显现作用的方式、特点，而从《老子》一书中的论述来看，作为"道"显现作用的方式、特点，与"反"相关的，就既有返回的意思，如"夫物芸芸，各复归其根"（第十六章），又有物极必反，向相反的方向转化的意思，如"有无相生，难易相成，长短相形，高下相倾"（第二章），等等。因此，综上所述，"反者道之动"中的"反"，应当同时包含返回和向相反的方向转化双重的含义。而既然"反者道之动"的含义应从"道"之本体和作用两个方面去理解，则这里的"道"，指的便应是宇宙万物的本原。关于"反者道之动"的具体含义，可参见本书本章前面的论述。

9. 第四十一章"上士闻道，勤而行之；中士闻道，若存若亡；下士闻道，大笑之，不笑，不足以为道"，这一段文字的意思是：具有上等智慧和德行的人听说了"道"，就努力去实行；中等智慧和德行的人听说了"道"，半信半疑，有时记在心里，有时则忘掉；智慧、德行差的人听说了"道"，便哈哈大笑，不被智慧、德行差的人嘲笑，就不足以称为"道"。

第四十一章的结尾之句——"夫唯道，善贷且成"中的"夫唯道"是"只有道"的意思；"善贷且成"中的"贷"，学者们多将其释为施与、给予；"成"字，学者们多释为成就、完成。因此，所谓"夫唯道，善贷且成"，即只有"道"，善于施与万物并成就万物的意思。

由上面的论述可知，"闻道""不足以为道""夫唯道"等中的

"道",意思都是一样的,指的都是宇宙万物的本原。

10. 第四十八章"为学日益,为道日损"两句,指出了"为学"与"为道"的重要区别:"为学"是知识的不断积累,"为道"则是知识、欲望等的不断减损。"为道日损"中的"为道",指修道,因修道需要排除外物的干扰,消除知识和成见,进入无思无欲的状态,所以说"为道日损",如成玄英说:"为道,犹修道也。言修道之士虚夷恬淡,所以智德渐明,累惑日损也。"① 牟钟鉴说:"体认大道要走与'为学'相反的路,是个'减'的过程,就是要减少知识、经验、成见,'致虚极,守静笃'(第十六章),使内心虚一而静,由此观照大道。"② 而所谓"修道""体认大道",便是按照"道"的原则行事,以达到与"道"之本体合一的境界,因此,这里的"道",指的应是宇宙万物的本原。

11. 第六十二章中的"道者,万物之奥",意为"道"是万物的创造者和宗主(关于"道者,万物之奥"的具体含义,可参见本书第二章第一节中的相关论述),则这里的"道",指的便是宇宙万物的本原。第六十二章后面的文字——"故立天子,置三公,虽有拱璧以先驷马,不如坐进此道。古之所以贵此道者何?",其中的两个"道"字,意思亦与"道者,万物之奥"中的"道"一样,指"道"之本体和作用而言。另外,关于"故立天子,置三公,虽有拱璧以先驷马,不如坐进此道"的具体含义,在本章的前面已有详细介绍,这里就不再赘述了。

(四)指自然无为的原则

大道废,有仁义。(第十八章)

---

① 熊铁基、陈红星主编:《老子集成》第1卷,宗教文化出版社2011年版,第323页。
② 牟钟鉴:《老子新说》,金城出版社2009年版,第153页。

其在道也，曰余食赘行，物或恶之，故有道者不处。（第二十四章）

以道佐人主者，不以兵强天下。……物壮则老，是谓不道，不道早已。（第三十章）

夫佳兵者，不祥之器，物或恶之，故有道者不处。（第三十一章）

故失道而后德，失德而后仁，失仁而后义，失义而后礼。夫礼者，忠信之薄，而乱之首。前识者，道之华，而愚之始。（第三十八章）

天下有道，却走马以粪；天下无道，戎马生于郊。（第四十六章）

使我介然有知，行于大道，唯施是畏。大道甚夷，而民好径。朝甚除，田甚芜，仓甚虚；服文采，带利剑，厌饮食，财货有余，是谓盗夸。非道也哉！（第五十三章）

物壮则老，谓之不道，不道早已。（第五十五章）

以道莅天下，其鬼不神。（第六十章）

孰能有余以奉天下？唯有道者。（第七十七章）

1. 第十八章"大道废，有仁义"中的"大道废"，直译的意思是大道被废弃了。如河上公说："大道废不用"①。林语堂说："大道废弃以后"。② 那么这里的"大道"指的又是什么呢？学者们认为，它指的就是老子提倡的自然无为之事或原则。如王弼释"大道废"说："失无为之事"③。唐玄宗说："大道废者，代俗浇漓，人人浮竞，玄晏之风斯泯，

---

① 王卡点校：《老子道德经河上公章句》，中华书局1993年版，第73页。
② 林语堂：《老子的智慧》，湖南文艺出版社2016年版，第73页。
③ 楼宇烈校释：《老子道德经注校释》，中华书局2008年版，第43页。

穆清之化不存，失至道无为之事，故云废也。"①

老子说"大道废，有仁义"，意即大道被废弃以后，便有了仁义。关于"有仁义"的含义，有不少学者亦释为提倡仁义，笔者认为，把"有仁义"释为有了仁义或提倡仁义，当然也是可以的，因为在老子看来，当最好的君主用无为之道治理天下时，是用不着仁义道德的；等到无为之道被废弃，人们才开始用仁义道德来治理天下，因此，泛泛而论，这里的"有仁义"即包含有了仁义或提倡仁义的意思。但是，若细究起来，这里的"有仁义"则应当释为仁义才彰显或显现，因为把"有仁义"释为有了仁义或提倡仁义，有一个较为明显的缺陷，便是不能恰当地反映"大道"与"仁义"之间的关系，尤其是"有了仁义"的说法，仿佛大道未废时并无仁义，只是大道被废弃后才有了仁义。而事实上，"仁义"意为仁爱与正义，它在大道盛行时即已存在，只是在那个时候人们顺乎其自然本性而生活，感觉不到仁义的存在罢了。

因此，"大道废，有仁义"的确切含义为：自然无为的原则被废弃后，仁义才彰显。故这里的"道"，指的应是自然无为的原则。

2. 第二十四章的全文为："企者不立，跨者不行。自见者不明，自是者不彰，自伐者无功，自矜者不长。其在道也，曰余食赘行，物或恶之，故有道者不处。"意思是：抬起脚跟站立，不能站得长久；跨着大步走路，不能远行。爱自我表现的人，不够明智；自以为是的人，不能得到彰显；爱自我夸耀的人，不会有功劳；自高自大的人，不能长久。它们从道的观点来看，就像是残剩的食物，是多余的、丑陋的行为，让人厌恶，所以有道的人不会这么做。

其中的"其在道也"中的"其"字，学者们或认为指"自见""自是"等四者，或认为除了上述四者，还包括"企者"和"跨

---

① 熊铁基、陈红星主编：《老子集成》第1卷，宗教文化出版社2011年版，第463页。

者"。笔者认为,这两种理解都是可以的,理解为"四者",在逻辑上的联系显得更为紧密;理解为"六者",则显得更为全面。"在道也"的意思是在"道"看来,亦即从"道"的观点来看。"曰余食赘行"中的"余食",就是残余的食物、吃剩的食物,亦可叫作残羹剩饭。"赘行"则指多余的、丑陋的行为。因为残剩的食物肮脏而不可再食,赘瘤长在身上,既多余又丑陋,故老子用"余食赘行"来比喻"自伐""自矜"等不明智的、必然导致失败的行为。

"物或恶之"中的"物",学者们多认为指人,因此,所谓"物或恶之",是上述"自是""自伐"等行为受到人们厌恶的意思。故"其在道也,曰余食赘行,物或恶之,故有道者不处"的意思便是:"企""跨""自伐""自矜"等,从"道"的观点去看,就像是残剩的食物,是多余的、丑陋的行为,人们都会厌恶它,所以有道之人是不会这么做的。

那么这里的"其在道也"与"有道者不处"中的"道"又是什么意思呢?笔者认为,这里的"道",是相对于"企者""跨者""自伐""自矜"等违背自然的丑陋行为而言的,则其所指,当为自然无为的原则。关于本段文字的具体含义,可参见本书第四章第二节中的论述。

3. 第三十章"以道佐人主者"中的"以",是用的意思;"佐",是辅佐、辅助的意思;"人主",则指君主。因此,所谓"以道佐人主者",即用"道"辅佐君主的人。那么这里的"道"的含义又是什么呢?对此,学者们有不同的理解。如范应元认为指"常道":"当以常道辅佐人主"[1]。高亨认为指"道家学术":"用道家学术辅佐人君的人"[2],等等。大多数学者则对这里的"道"字不作解释。笔者认为,

---

[1] 范应元:《老子道德经古本集注》,华东师范大学出版社2010年版,第55页。
[2] 高亨:《老子注译》,清华大学出版社2010年版,第54页。

在老子思想中,"道"是宇宙万物的本原,而此宇宙万物本原的最重要的特性是自然无为,因此,这里的"道",当指"道"的自然无为的原则。

"不以兵强天下"中的"兵",指军队、兵力,因此,"不以兵强天下",指不依靠兵力逞强于天下,对此,古今学者的理解都比较一致。那么,臣子用"道"辅佐君主,不依靠兵力,应当怎么做呢?一些学者认为,应该以德服人。如陆希声说:"夫以道辅人主者,当以德服人心。"①

"物壮则老,是谓不道"这两句,从字面来看,指事物发展到壮盛就走向衰老,这叫作不合于"道",一些学者也正是这样理解的,如唐玄宗说:"物壮则衰,……是谓不合于道。"②陈鼓应说:"凡是气势壮盛的就会趋于衰败,这是不合于道的。"③因此,这里的"不道",当指不符合自然无为的原则。接下来的"不道早已",意为不合于"道"的就会很快死亡或消逝,其中的"已",指死亡或消逝。当然,也可以把"不道早已"理解为不合于"道"的事情,应该早早停止不做,其中的"已",是停止的意思。而"不道早已"中的"道",与"是谓不道"中的"道"的意思是一样的。关于该段文字的具体含义,可参见本书第四章第二节中的相关论述。

4. 第三十一章中的"夫佳兵者,不祥之器,物或恶之,故有道者不处",这一段文字的意思为:精良的兵器是不吉利的东西,让人厌恶,所以有道的人不会使用它。"故有道者不处"这一句,值得注意的是其中的"不处"的含义。笔者认为,这里的"不处",指不据有、不居,引申为不使用的意思。因兵器是不吉利的东西,所以老子说有

---

① 熊铁基、陈红星主编:《老子集成》第1卷,宗教文化出版社2011年版,第598页。
② 熊铁基、陈红星主编:《老子集成》第1卷,宗教文化出版社2011年版,第429页。
③ 陈鼓应:《老子今注今译》,商务印书馆2003年版,第194页。

道的人不会使用它。

需要指出的是,"物或恶之,故有道者不处"这两句亦见于第二十四章,意思大致相似,但因为所处的语境不同,故具体含义稍有差别。但是,其中的"道"字的意思是一样的,指的都是自然无为的原则。

5. 对于第三十八章中"故失道而后德,失德而后仁,失仁而后义,失义而后礼"这一段文字的含义,历代学者大多只是泛泛地说失去了道才有了德,失去了德才有了仁,等等。这样的解释当然说不上有什么不对,但是它无疑存在一个很明显的问题,就是这里的"道"指的是什么,"德"指的是什么,以及"道"与"德"之间的关系,学者们对此缺乏明确的交代。在本章中,关于"德",老子提到了"上德"和"下德",故这里的"德",若不是指"上德",便是指"下德"。而据本章开头的"上德不德,是以有德",意即上德的人自然无为,不刻意追求德,所以才有德可知,"上德"合"道","上德"与"道"是同一的,而"失道而后德"中的"德"是失去"道"以后才有的,故这里的"德"不可能指"上德",而只能是指"下德"。因此,这里的"失道而后德",其实质内涵是:失去了"道"才有刻意追求无为的德。至于"失德而后仁",则指的是失去了刻意追求无为的德才有了仁。因老子这里的"德"虽为"下德",但仍以"无为"为追求的目标,而在老子看来,它比儒家的仁德要高一个层次,故才有此说。

以上述理解为基础,来把握"失道而后德"中的"道"的含义,则其所指应为自然无为的原则。当然,我们亦可以泛泛地说它指的是老子作为宇宙万物本原的"道",但是因为它与仁、义、礼等伦理原则相对应,故应以指自然无为的原则为妥。关于"故失道而后德,失德而后仁,失仁而后义,失义而后礼"的具体含义,亦可参见本书第五章第一节中的相关论述。

接下来再来看"前识者,道之华,而愚之始"中的"道"的含义。而要把握"道之华"中的"道"的含义,又必须先弄清楚"前识""华"等的意思。

对于"前识"的含义,学者们有种种不同的理解,其中较有代表性的,主要有以下三种。一是认为"前识"指先知、先见之明,即认识事物在众人之前,也就是"智",如陆希声说:"前识者,智也。智为先见之明,而照于未形之理者也。"① 二是认为"前识"指意度,即主观猜测,如韩非子说:"前识者,无缘而妄意度也。"(《韩非子·解老》)三是认为"前识"指制礼之人预先设定种种礼仪规范等,如范应元说:"前识犹言先见也。……谓制礼之人自谓有先见,故因天理而为节文,以为人事之仪则也。"②

那么"前识"究竟应该指什么呢? 在回答这个问题前,我们先来看"道之华,而愚之始"的含义。"道之华"中的"华"字,学者们通常认为它与"实"相对。如河上公说:"此人失道之实,得道之华。"③ 杜道坚说:"道之华,不实已彰。"④ 因此,有不少学者释这里的"华"为"虚华"。如奚侗说:"华云虚华,与真实相对。"⑤ 蒋锡昌说:"'华''实'对言,是'华'即虚华。"⑥ "虚华"即浮华不实,因此,所谓"道之华",便是指"道"的虚华,亦即不是"道"的质朴的本质,而是不合乎"道"的浮华不实的东西。

"愚之始"的含义很好理解,即愚昧的开始。综上所述,则"前识者,道之华,而愚之始"的意思为:"前识",是"道"的虚华,愚昧的开始。

---

① 熊铁基、陈红星主编:《老子集成》第1卷,宗教文化出版社2011年版,第602页。
② 范应元:《老子道德经古本集注》,华东师范大学出版社2010年版,第70页。
③ 王卡点校:《老子道德经河上公章句》,中华书局1993年版,第150页。
④ 熊铁基、陈红星主编:《老子集成》第5卷,宗教文化出版社2011年版,第499页。
⑤ 熊铁基、陈红星主编:《老子集成》第13卷,宗教文化出版社2011年版,第16页。
⑥ 蒋锡昌:《老子校诂》,成都古籍书店1988年版,第251页。

由此来反观"前识"的含义,笔者认为,这里的"前",当指以前的、过去的,"识",指认识。因此,所谓"前识",当指前已有之的认识,亦即人们对事物已有的认识,在这里则主要指仁、义、礼等,因为"前识者"一句,当是就从"上仁为之而无以为"至"乱之首"的整段文字而言的,即在老子看来,凡仁、义、礼等世俗推行的种种品德、规范等,均属于"前识",均是前已有之的对事物的认识,它们都是"道之华",即都是不合乎"道"的浮华不实的东西;对它们的大力推行,终将造成民众远离大道,陷于愚昧,故称之为"愚之始"。

据此再来反观"道之华"中的"道"的确切含义,笔者认为,"道之华"指仁、义、礼等"前识",则这里的"道",与"失道而后德"中的"道"的意思一样,亦应指自然无为的原则。

6. 对于第四十六章"天下有道,却走马以粪"中"天下有道"的内涵,一些学者认为,它指的是君主无为而治,天下太平,民众安居乐业。如成玄英说:"言有道之君莅于天下,干戈静息,偃武修文,宇内清夷,无为而治。"①唐玄宗说:"天下有道,谓以道为理,无为化行,守在四夷,疆场无事,不必多贪土地,以困黎元。"②

关于"有道"的含义,《汉语大词典》释为"政治清明"。高亨认为,这里的"有道",指的是"人类恢复自然状态,回到原始社会的情景"③。综合以上学者的论述,笔者认为,就老子的思想逻辑来说,"天下有道"中的"有道",当指实行无为而治,人们无欲不争。

"却走马以粪",意即把善于奔跑的马退回去用于给田施肥。在中国古代,马的用途主要有二:一是用于作战,二是用于运输。天下有

---

① 熊铁基、陈红星主编:《老子集成》第1卷,宗教文化出版社2011年版,第321页。
② 熊铁基、陈红星主编:《老子集成》第1卷,宗教文化出版社2011年版,第488页。
③ 高亨:《老子注译》,清华大学出版社2010年版,第79页。

道的时候,既无战争,人们的欲望又很低,故既不需要战马,用于运输物品的马匹亦可大大减少,从而使马可以更多地用于农事。

"天下无道,戎马生于郊"中的"天下无道"与"天下有道"正好相反,其特征是人们(尤其是君主)贪欲无度,战争频仍,如范应元说:"天下无道之时,人皆躁动多欲,遂有交争。"① 奚侗说:"无道之世,战争叠起。"②

正因为"战争叠起",兵连祸结,所以才有了"戎马生于郊"的状况。这里的"戎马",意为战马;"郊",指郊外、郊野。"戎马生于郊"中的"生"字,学者们多释为生育,因此,"戎马生于郊",指的是战马在郊外产下马驹。战马为什么会在郊外产驹呢?那是因为战争持续不断,造成怀孕的战马无法归厩生育,故只好把马驹生在郊外的战场上。

综上所述,则所谓"天下有道",指的是遵循自然无为的原则治国,天下太平;"天下无道",则指的是违背自然无为的原则来治国,造成天下大乱,战争频仍。

7.第五十三章的全文为:"使我介然有知,行于大道,唯施是畏。大道甚夷,而民好径。朝甚除,田甚芜,仓甚虚;服文采,带利剑,厌饮食,财货有余,是谓盗夸。非道也哉!"大意是:假如我有些微的知见,去实行大道,就只怕有所作为。大道十分平坦,然而人们却喜欢走小路。朝政十分混乱,田地十分荒芜,仓库十分空虚;却穿着华丽的衣服,佩戴着锋利的剑,吃饱了饮食,家里有剩余的财物,这叫作通过盗窃获得财物而过奢侈的生活。真是无道啊!这里需要我们厘清的是其中的"大道""非道"中的"道"的含义。

对于"行于大道"的含义,当代学者多释为在大道上行走或行走

---

① 范应元:《老子道德经古本集注》,华东师范大学出版社2010年版,第82页。
② 熊铁基、陈红星主编:《老子集成》第13卷,宗教文化出版社2011年版,第19页。

于大道之中。如张松如说:"行进在大道上"①。任继愈说:"我就顺着大道走去"。②从这些解释来看,上述学者无疑是把这里的"大道"理解为大路、宽阔的道路。

不过,与当代学者的理解不同,一些古代学者则把这里的"大道"理解为老子之"道",有的甚至直接把"行于大道"释为实行老子的无为之道。如河上公说:"老子疾时王不行大道,故设此言:使我介然有知于政事,我则行于大道,躬〔行〕无为之化。"③王弼说:"言若使我可介然有知,行大道于天下。"④

然而,也有学者认为,这里的"大道",应当包含大路和抽象的道双重含义。如刘笑敢说:"大道的本义是平坦之途,比喻理想的社会原则和行事原则。"⑤董平也认为,这里的"大道"系一语双关,既可指大路,也可指抽象的大道:"然'大道'一词,语带双关,既指实际上的大路,也指抽象之大道,所以在理解上要稍加注意。"⑥笔者认为,把这里的"大道"释为包含大路和抽象之道双重含义,当然也是可以的,但是把它理解为抽象之道,尤其是老子的无为之道,要更为恰当些。

"大道甚夷"中的"夷"字,学者们多释为平、平易或平坦,而对于其中的"大道",学者们亦有不同的理解。一种认为这里的"大道"指老子之"道",或正道、常理。如成玄英说:"言至理平等,甚无分别"⑦。吕惠卿说:"大道之为体,不知而知,则夷之甚者也"。⑧另

---

① 张松如:《老子说解》,齐鲁书社1998年版,第297页。
② 任继愈:《老子绎读》,国家图书馆出版社2015年版,第115页。
③ 王卡点校:《老子道德经河上公章句》,中华书局1993年版,第203页。
④ 楼宇烈校释:《老子道德经注校释》,中华书局2008年版,第141页。
⑤ 刘笑敢:《老子古今》,中国社会科学出版社2006年版,第550页。
⑥ 董平:《老子研读》,中华书局2015年版,第214页。
⑦ 熊铁基、陈红星主编:《老子集成》第1卷,宗教文化出版社2011年版,第327页。
⑧ 吕惠卿:《老子吕惠卿注》,华东师范大学出版社2015年版,第59页。

一种认为指的就是大路。如张默生说:"大道坦坦荡荡,是最平稳的,走起来决无危险"。① 张松如说:"大道是很平坦的"。②

笔者认为,"大道甚夷"中的"大道",与前面"行于大道"中的"大道",含义是一样的,可以理解为同时包含了大路和抽象之道双重意思,但主要还是指老子的无为之道。

接下来的"朝甚除,田甚芜,仓甚虚;服文采,带利剑,厌饮食,财货有余,是谓盗夸。非道也哉"一段文字,可谓对不循大道而爱走邪道的统治者的形象描绘:一方面是朝政混乱、田地荒芜、国库空虚;另一方面,统治者却依靠从民众手中掠夺来的财物,过着锦衣玉食的生活。

关于其中的"盗夸"的含义,学者们的争议较多,或认为"盗夸"的"盗"指盗贼,"夸"指夸耀,因此,"盗夸"指统治者掠夺民众的财富,就像盗贼一样,而且不以为耻,反而因此向别人夸耀;或认为"盗夸"的"盗"指盗窃,"夸"指奢侈,因此,"盗夸"指盗窃民财以满足自己的奢侈生活;或认为"盗夸"应据《韩非子·解老》所引作"盗竽",意为强盗头子;等等。笔者倾向于释"盗夸"为通过盗窃获得财物而过奢侈的生活。

本章的最后一句:"非道也哉",其中的"非道",意为不合乎道、违背道,与第三十章"不道早已"中"不道"的意思相同。如成玄英说:"乖理悖德,谓之非道。"③ 陆希声说:"非有道之治也。"④ "非道也哉"一句,是对上文"朝甚除……是谓盗夸"的总结,意为此种行为太不合乎道了。老子在此补此一句,表示自己对此种行为深恶痛绝,故这里的"道",指的亦应是自然无为的原则。关于本段文字的具体

---

① 张默生:《老子章句新释》,成都古籍书店1988年版,第69页。
② 张松如:《老子说解》,齐鲁书社1998年版,第297页。
③ 熊铁基、陈红星主编:《老子集成》第1卷,宗教文化出版社2011年版,第327页。
④ 熊铁基、陈红星主编:《老子集成》第1卷,宗教文化出版社2011年版,第608页。

含义，亦可参见本书第四章第二节中的相关论述。

8.第五十五章中的"物壮则老，谓之不道，不道早已"一段文字，已见于第三十章，只是其中的"谓之"二字，第三十章作"是谓"。因此，其中的"道"，亦当指自然无为的原则。关于该段文字的含义，笔者在前面已有详细解释，故在此不再赘述。

9.第六十章"以道莅天下，其鬼不神"中的"莅"，是临视、治理的意思。如高亨说："莅，临也。治也。"① 因此，"以道莅天下"，即用"道"来治理天下。

"其鬼不神"中的"鬼"，既可指古人认为的人死后的魂灵，也可指鬼怪。"其鬼不神"中的"神"，指灵验、显示神奇的作用。如河上公说："鬼不敢见其精神以犯人也。"② 高亨说："神，灵也，……鬼也就不灵了"。③ 因此，"其鬼不神"，指的是鬼怪无法显灵即不能显示其神奇的作用。

那么，为什么用"道"来治理天下，鬼就无法显灵呢？对此，一些学者认为，所谓以"道"治天下，即以清静无为来治理天下；统治者以清静无为来治理天下，则民众少私寡欲；民众少私寡欲，则灾祸少；灾祸少，则不需要通过向鬼神祈祷来求福避祸；民众不事祈祷，则鬼神无法发挥其作用，所以说"以道莅天下，其鬼不神"。如苏辙说："圣人无为，使人各安其自然。外无所求，内无所畏，则物莫能侵，虽鬼无所用神矣。"④ 蒋锡昌说："天下无道，民情忧惧，祈祷事起，而鬼乃以人而神。天下有道，民情安乐，祈祷事绝，而鬼亦以人而不神。故曰'以道莅天下，其鬼不神'。"⑤

---

① 高亨：《老子注译》，清华大学出版社2010年版，第96页。
② 王卡点校：《老子道德经河上公章句》，中华书局1993年版，第235页。
③ 高亨：《老子注译》，清华大学出版社2010年版，第96—97页。
④ 熊铁基、陈红星主编：《老子集成》第3卷，宗教文化出版社2011年版，第25页。
⑤ 蒋锡昌：《老子校诂》，成都古籍书店1988年版，第370页。

笔者认为，这样的解释，虽不乏迷信的成分，但逻辑严密，无疑是很有说服力的。故"以道莅天下"中的"道"，当指自然无为的原则。

10. 在第七十七章中，老子说："天之道，损有余而补不足。人之道则不然，损不足以奉有余"，意即自然的规律，是减少有余的，弥补不足的。世俗之人的规则却不是这样，它是减少不足的，去供给有余的。接下来，老子又说："孰能有余以奉天下？唯有道者"，意即谁能有多余的东西而把它拿出来供给天下之人呢？只有有道的人。而所谓有道的人，一些学者认为，即体道、悟道，能遵行老子所说之"道"的人。如林语堂说："只有得道的人，才做得到啊！"① 牟钟鉴说："只有得道者才能做到这一点，因为得道者懂得道法自然的道理，他没有私利，一心为公，只是为了成全天下人的美好生活，自己别无他求。"②

那么这里的"道"是什么意思呢？笔者认为，这里的"有道者"，当与第二十四章、第三十一章中"故有道者不处"中的"道"意思一样，指的是自然无为的原则。当然，把它泛泛地理解为宇宙万物的本原，"有道者"指通过修道悟道，已经与"道"合一之人，也是可以的。

（五）指规律

功遂身退，天之道。（第九章）

不窥牖，见天道。（第四十七章）

天之道，不争而善胜，不言而善应，不召而自来，繟然而善谋。（第七十三章）

---

① 林语堂：《老子的智慧》，湖南文艺出版社2016年版，第257页。
② 牟钟鉴：《老子新说》，金城出版社2009年版，第243页。

天之道，其犹张弓与？高者抑之，下者举之；有余者损之，不足者补之。天之道，损有余而补不足。（第七十七章）

天道无亲，常与善人。（第七十九章）

天之道，利而不害。（第八十一章）

1. 第九章的结尾之句："功遂身退，天之道"，意为功业成就后自身隐退，符合自然的规律。这里的"天之道"，指自然的规律，其中的"天"，是自然的意思；"道"，则指的是规律。《老子》一书中屡次提到"天之道"，如"天之道，不争而善胜"（第七十三章），"天之道，其犹张弓与？"（第七十七章）"天之道，损有余而补不足"（第七十七章），"天之道，利而不害"（第八十一章），等等。其中的"天之道"，都是指自然的规律，只是在不同的地方出现，其具体内涵或有不同。那么本章中"天之道"的具体内涵又是什么呢？对此，学者们较为一致地认为，它指的是"日中则移，月满则亏"，"四时之运，成功者退"，物极必反，等等。也就是说，日到中天后必西斜，月亮圆满后必亏缺，春夏秋冬四季必更替；物极必反，事物在充分发挥它的本来价值或最大价值后必让位或衰落，这便是"天之道"，即自然的规律。而这个规律本身便蕴含了"功遂身退"的道理。因此，根据人道应当效法天道的原则，人们也必须在功成名就后自身隐退。

2. 第四十七章"不窥牖，见天道"中的"窥"，指从小孔、缝隙或隐蔽处察看，也泛指观看；"牖"指窗户。因此，"不窥牖"，即不通过窗户观看。

"见天道"中的"见"，既可释为看见，亦可释为知道。然而，对于"天道"的含义，学者们则有诸多不同的理解。如有的认为这里的"天道"指自然之理，"不窥牖，见天道"是因为人一旦达到了自然无为的境界，便能体悟到自然之理，故不需要通过"窥牖"来了解；有的认为这里的"天道"即"道",因为对"道"的体悟是通过清静无为来实现的,所以要"见天道",用不着通过"窥牖"的方法;有的认为这里的"天道"指天象、天气及其运行变化的规律。关于"不窥牖,见天道"的具体含义,在本书第五章第六节中有详细的介绍,兹不赘述。

笔者认为,所谓"不窥牖,见天道",指的是圣人想要"见天道",可以不通过窗户往外望,其言下之意是:人们"见天道"的通常做法或普通之人想要"见天道",就需通过窗户往外望。通过窗户往外望能发现什么?无非就是两个方面:一是天上的日月星辰等天体以及气候状况等;二是据此总结出来的天体运行和气候变化的规律。据此,则这里的"天道",既可以指日月星辰等天体及气候状况,亦可以指天体运行和气候变化的规律,当然也可以是两者兼而有之。

至于为什么圣人能"不窥牖"而"见天道",根本的原因,就在于圣人与"道"合一,而"道"是宇宙万物的本原,宇宙万物均是由"道"创生的,因此,有了对"道"的体悟和把握,自然就知道了"天道"。

3.第七十三章中的"天之道,不争而善胜,不言而善应,不召而自来,单然而善谋"这一段文字,主要介绍了"天之道"的若干特点,如"不争""不言""不召"却善于取胜、善于回应、能自动到来、善于谋划,等等。

对于"天之道"中的"天",一些学者释为"自然"。如成玄英说:"自然之道"[①]。蒋锡昌说:"'天'即自然,'天之道',谓自然之道也。"[②] 有的学者则把"天之道"中的"道"释为"规律",因此,所谓"天之道",亦即自然的规律。关于本段文字的具体含义,亦可参见本书第五章第一节中的相关论述。

---

① 熊铁基、陈红星主编:《老子集成》第1卷,宗教文化出版社2011年版,第341页。
② 蒋锡昌:《老子校诂》,成都古籍书店1988年版,第431页。

4. 第七十七章"天之道,其犹张弓与"中的"天之道",学者们通常将其释为自然之道或自然的规律。如成玄英说:"自然之道喻若张弓"①。高亨说:"天之道,指自然界的规律。"②

下文"天之道,损有余而补不足"中的"天之道",与"天之道,其犹张弓与?"中的"天之道"的含义完全一样,指的都是自然的规律。"损有余而补不足",意为减少有余的,弥补不足的。为了说明"天之道""损有余而补不足"的特点,老子专门以"张弓"即拉弓射箭为例:"高者抑之,下者举之;有余者损之,不足者补之",即弓箭举得太高了就往下压,举得太低了就往上抬;用力过大了就减小些,用力不够就加大些。其实,与"张弓"类似,人们常见的一些自然现象,如日中则昃、寒来暑往等亦很好地体现了抑高举下、损有余而补不足的"天之道"。

5. 第七十九章"天道无亲,常与善人"中的"天道",学者们通常将其释为自然的规律;"无亲",指没有偏爱、没有亲疏。因此,"天道无亲",指的是天道没有偏爱或自然的规律没有偏爱。如河上公说:"天道无有亲疏"③。陈鼓应说:"自然的规律是没有偏爱的"。④"常与善人"中的"与"字,学者们通常将其释为帮助、援助,因此,所谓"常与善人",指常常帮助善人。当然,"天道无亲,常与善人",这只是一种比喻性的说法,其实质内涵是:因为善人之所为符合"天道"即自然的规律,所以常常能实现自己的目标。

6. 对于第八十一章"天之道,利而不害"中的"天之道",一些学者亦释为自然的规律或类似。如陈鼓应说:"自然的规律"。⑤"利而

---

① 熊铁基、陈红星主编:《老子集成》第1卷,宗教文化出版社2011年版,第343页。
② 高亨:《老子注译》,清华大学出版社2010年版,第118页。
③ 王卡点校:《老子道德经河上公章句》,中华书局1993年版,第301页。
④ 陈鼓应:《老子今注今译》,商务印书馆2003年版,第343页。
⑤ 陈鼓应:《老子今注今译》,商务印书馆2003年版,第350页。

不害",意即有利于物而不害物。一些学者指出,所谓"天之道""利而不害",具体表现在其生长养育万物而不加宰制。如杨增新说:"天道只顺万物之自然,故利而不害。"① 有的学者则进一步指出,"天之道,利而不害",实际上是指"天之道"虽客观上有利于万物,但不言利,因为一言利,则害亦在其中,唯"天之道"无所利、不言利,故"利而不害"即只有利而没有害。笔者认为,这样的强调是很有道理的,客观上做着对对方有利的事情,却并不认为自己正在做对对方有利之事的心,才是真正的"利而不害"。

(六)指规则、准则

人之道则不然,损不足以奉有余。(第七十七章)

圣人之道,为而不争。(第八十一章)

1. 在第七十七章中,老子说:"天之道,损有余而补不足。人之道则不然,损不足以奉有余。"其中的"天之道,损有余而补不足",意即自然的规律,是减少有余的,弥补不足的。"人之道则不然,损不足以奉有余",意即"人之道"则与"天之道"即自然的规律不同,它是减少不足的,去供给有余的。这里值得我们注意的是"人之道"的含义。关于"人之道"的含义,一些学者将其释为人类行为的原则、社会的一般法则、人类社会的制度,等等。笔者认为,这种观点是不正确的,老子在此所说的"人之道",指的是世俗之人通行的做法或规则,而不是指人类的原则、社会的法则之类,因为作为人类的原则或社会的法则,都是提倡公平公正、博爱济众的,没有人敢公然提倡要劫贫济富,只是有的统治者常常说一套做一套罢了。关于"人之道"的内涵,亦可参见本书第四章第二节中的相关论述。

---

① 熊铁基、陈红星主编:《老子集成》第12卷,宗教文化出版社2011年版,第182页。

2. 对于第八十一章"圣人之道,为而不争"中的"圣人之道",学者们通常不作解释,或只是把它释为"圣人的'道'"。笔者认为,既然我们把"天之道"释为自然的规律,则不妨把"圣人之道"释为圣人的行事准则或处世原则。

"为而不争",即有作为而不争夺或不争功。对于这里的"为",学者们多释为施为、作为。如河上公说:"圣人法天所施为,化成事就,不与下争功名,故能全其圣功也。"① 张松如说:"施为于众庶而无所争夺"。②

需要注意的是,老子在此所说的"为而不争"中的"为",指的是遵循"无为"的原则而为,亦即"为无为"之"为",因此,它实即"无为",对此,一些学者亦早有明确的揭示。如吕惠卿说:"凡物之有为者莫不有我,有我故有争。唯圣人之道,虽为而无为,无为故无我,无我故不争,是天之道而已矣。"③ 范应元说:"圣人之道为而不恃,未尝争竞。老氏屡言无为,而此言'圣人之道,为而不争'者,盖圣人纯于道者也,其为也,出于无为,与天同也。"④

我们在分析"天之道,利而不害"的含义时已经说过,所谓"天之道,利而不害",指的是"天之道"虽有利于万物,却并不是刻意去利万物,而只是顺其自然而已;且"天之道"虽有利于万物,却对万物不加宰制。而"为而不争",意即虽有作为而不争功、不居功,因此,这两者是一脉相承的,"圣人之道"即对"天之道"的效法。

值得注意的是,"圣人之道,为而不争"两句,帛书乙本作"人之

---

① 王卡点校:《老子道德经河上公章句》,中华书局1993年版,第308页。
② 张松如:《老子说解》,齐鲁书社1998年版,第418页。
③ 吕惠卿:《老子吕惠卿注》,华东师范大学出版社2015年版,第92页。
④ 范应元:《老子道德经古本集注》,华东师范大学出版社2010年版,第136页。

道，为而弗争"（甲本残毁），无前面的"圣"字。对此，一些学者认为，这里的文字应以帛书乙本为据，作"人之道，为而不争"，如高明说："老子所谓'为而不争'，正是指'人之道'言，圣人之道乃是无为不争，……足证《老子》原作'人之道'，帛书不误，今本'圣'字乃为浅人所增。"① 刘笑敢说："帛书本文辞工整，意义鲜明，文字可从帛书本。"②

笔者认为，这里当以作"圣人之道，为而不争"为妥，理由如下。

一是历史上有代表性的《老子》本子如河上公本、王弼本、傅奕本、景龙碑本等均作"圣人之道，为而不争"，作"人之道，为而不争"的只是极个别的本子。

二是高明认为这里应作"人之道"而非"圣人之道"的一个重要理由，是"为而不争"应属"人之道"，而"圣人之道"应该是"无为不争"。对此，我们在前面已明确指出，"为而不争"中的"为"，是"为无为"，即遵行无为的原则之"为"，而非通常人们所理解的作为，因此高明所说不确。

三是在第七十七章中，老子说"天之道，损有余而补不足。人之道则不然，损不足以奉有余"，说明在老子看来，"人之道"与"天之道"正好相反，因此，"人之道"当指世俗之人的行为规则。按照概念逻辑一贯的原则，既然第七十七章中的"人之道"指世俗之人的行为规则，则本章若作"人之道，为而不争"，亦当指世俗之人的行为规则是有作为而不与人争。而据上所述，有作为而不与人争是圣人的行为准则，而非世俗之人的行为准则，故这里应当作"圣人之道，为而不争"。

---

① 高明：《帛书老子校注》，中华书局1996年版，第158页。
② 刘笑敢：《老子古今》，中国社会科学出版社2006年版，第786页。

（七）指方法

保此道者，不欲盈。（第十五章）

是谓深根固柢、长生久视之道。（第五十九章）

1.第十五章中的"保此道者，不欲盈"，意为保持这种道的人，不求盈满。这里的"盈"，是盈满的意思。这里的"此道"，一些学者认为，指方法或道理；不过，也有学者认为，这里的"道"，指的就是作为宇宙万物本原的"道"。笔者倾向于作第一种理解，因为这样的理解使本章的文字结构显得更紧凑，逻辑性更强，而第二种理解则使文字结构显得比较松散。关于"保此道者，不欲盈"的具体含义，可参见本书第三章第一节中的论述。

2.第五十九章的结尾之句："是谓深根固柢、长生久视之道"，意即这叫作根深而牢固、长久地活着之道。这里的"长生久视"中的"视"，是活、生存的意思。如任继愈说："'视'，活，生活。'久视'即长久活下去，与长生是一个意思。"[①]高明也说："'视'字在此当训'活'。"[②]因此，所谓"长生久视"，即长久地活着。

因为第五十九章集中讲的是"啬"，即爱惜精神的重要性："治人事天，莫若啬"，故所谓"深根固柢、长生久视之道"，指的其实就是"啬"是根深而牢固、长久地活着之道。如吕惠卿说："然则啬之为道，是谓深根固蒂、长生久视之道也。"[③]董平说："谓'啬'之道，是能使国家根柢深固而维持恒久之道。……是能使个体生命垂于长久而不衰之道。"[④]

---

① 任继愈：《老子绎读》，国家图书馆出版社2015年版，第130页。
② 高明：《帛书老子校注》，中华书局1996年版，第118页。
③ 吕惠卿：《老子吕惠卿注》，华东师范大学出版社2015年版，第67页。
④ 董平：《老子研读》，中华书局2015年版，第229—230页。

然而，对于这里的"长生久视之道"中的"道"的含义，学者们多不作具体的解释，笔者认为，这里的"道"，应是方法的意思。

（八）指言说

道可道，非常道。（第一章）

对于第一章"道可道，非常道"中的"可道"之"道"，学者们多释为言说。如蒋锡昌说："《广雅·释诂》二：'道，说也'，第二'道'字应从是解。"[①] 陈鼓应说："第二个'道'字，是指言说的意思。"[②] 然而，也有学者认为，"可道"之"道"，是践行、遵行的意思。如吴澄说："道犹路也。可道，可践行也。……道本无名，字之曰道而已。若谓如道路之可践行而道，则非此常而不变之道也。"[③]

笔者认为，"道可道，非常道"的确切含义，应是可以言说的宇宙万物本原的作用，不是那宇宙万物本原之本体。故"可道"之"道"，应是言说的意思。具体论述可见本章第一节。

（九）既可指宇宙万物的本原，亦可指道路

明道若昧，进道若退，夷道若纇。（第四十一章）

关于"明道若昧，进道若退，夷道若纇"的具体含义，笔者在本章第三节中已有详细的论述，故在此只说结论：对于"明道若昧"的含义，我们不妨同时从以下两个方面去理解：一是指明白"道"的人，看上去却像很暗昧的样子；一是指光明的道路好像昏昧不明。因此，这里的"道"，既可以指宇宙万物的本原，亦可以指道路。

---

① 蒋锡昌：《老子校诂》，成都古籍书店1988年版，第2页。
② 陈鼓应：《老子今注今译》，商务印书馆2003年版，第73页。
③ 熊铁基、陈红星主编：《老子集成》第5卷，宗教文化出版社2011年版，第608页。

"进道若退",意为前进的道好像后退,其中的"道"字,亦具有宇宙万物的本原和道路这双重含义。对于"夷道若颣"的确切内涵,我们亦不妨从两种意义去理解,即它一方面指平夷的"道"好像不平,另一方面亦指平坦的大道看似崎岖不平。前者是从形而上的角度去理解,后者则是从形而下的角度去理解。

(十)既可指宇宙万物的本原,亦可指自然无为的原则

古之善为道者,非以明民,将以愚之。(第六十五章)

对于第六十五章"古之善为道者"中"善为道者"的含义,学者们主要有三种理解。一是认为指善于修道的人。如成玄英说:"为道,犹修道也。言古昔善修道之夫实智内明,无幽不烛。"①汤漳平等说:"古时候修道的人"②。二是认为指用道修身治国的人。如河上公说:"说古之善以道治身及治国者。"③李荣说:"古人用道修身理国。"④三是有较多的学者认为,"善为道者"指善于用道治理天下或国家的统治者。如奚侗说:"古昔善为治国之道者。"⑤林语堂说:"古时善于以道治国的人。"⑥

笔者认为,因为本章中紧接"古之善为道者"的是"非以明民,将以愚之",而"非以明民,将以愚之"的意思不是使人民聪明巧诈,而是使他们质朴敦厚,因此,首先可以确定的是,这里的"善为道者"指的是统治者;其次,这里的"道",应该包括两重含义:一是指作为宇宙万物本原的"道";二是指以此"道"为依据的具体的治国之

---

① 熊铁基、陈红星主编:《老子集成》第1卷,宗教文化出版社2011年版,第336页。
② 汤漳平、王朝华译注:《老子》,中华书局2014年版,第256页。
③ 王卡点校:《老子道德经河上公章句》,中华书局1993年版,第254页。
④ 熊铁基、陈红星主编:《老子集成》第1卷,宗教文化出版社2011年版,第381页。
⑤ 熊铁基、陈红星主编:《老子集成》第13卷,宗教文化出版社2011年版,第25页。
⑥ 林语堂:《老子的智慧》,湖南文艺出版社2016年版,第233页。

道，而以"道"为依据的治国之道，主要指自然无为的原则。作为宇宙万物本原的"道"，需要通过"修"才能获得；把通过"修"获得的"道"应用到具体的治国实践中，即"行道"。因此，把这里的"善为道者"释为善于修道行道的人（统治者），应是比较恰当的。

以上对《老子》一书中七十五个"道"字的具体含义一一作了分析和说明，其中难免存在一些不够准确甚至错误的地方，故以上内容主要起的是一种抛砖引玉的作用。

第二章

"道"与天地及万物的关系

在老子思想中,关于"道"与天地及万物的关系,主要包含三个方面的内容:一是明确指出"道"是天地、万物的根源和创生者;二是"道"虽然创造了天地、万物,并为天地、万物的存在及生长发展提供了条件,但是"道"却从来不去占有、干涉或宰制天地、万物,而是一任其自然;三是具体说明了"道"创生天地、万物的具体过程:"天下万物生于有,有生于无"(第四十章)、"道生一,一生二,二生三,三生万物"(第四十二章)。这里需要说明的主要有两点:一是在老子的具体论述中,天地与万物并非并列的概念,天地比万物要更为根本;二是关于"有""一""二""三"等的含义,古今学者存在诸多的争议,需要我们一一加以厘清。

第一节 "道"是天地的根源和天下万物的母亲

学者们通常认为,"道"是天地万物的本原,是天地万物的创造者和主宰。然而,在老子的具体论述中,我们常常可以见到关于"道"与天地、与天下、与万物及与天下万物的关系的论述,如说"无名,天地之始"(第一章),"玄牝之门,是谓天地根"(第六章),"有物混成,先天地生"(第二十五章);如说"有物混成,……可以为天下母"(第二十五章),"天下有始,以为天下母"(第五十二章);如说"有名,万物之母"(第一章),"渊兮,似万物之宗"(第四章),"道者,万物之奥"(第六十二章);如说"天下万物生于有"(第四十章),把"天下"与"万物"连在一起使用等;却未见有关于"道"与"天地万物"关系的论述。这就说明,在老子看来,"天下""万物"及"天下万物"的意思基本上差不多,但"天地"与"天下""万物"却并非并列的概念,"天地"比"天下"及"万物"要更为根本,因为老子在提及"天地"时,常常与"道"之本体一起使用,如"无名,天地之始""有物混成,先天地生"之类;但在提到"天下"或"万物"时,则常常与"道"之作用一起使用,如"有名,万物之母""天下有始,以为天下母"之类。因此,泛泛而言,说"道"是天地万物的本原,这并无问题,但是,依据老子的论述,更为准确的表述,应是:"道"是天地的根源和天下万物的母亲。

一、《老子》第一章,论"道"是天地的本始和万物的母亲

无名,天地之始;有名,万物之母。(第一章)

上引文字论述了"道"与天地、万物的关系,因为这里的"无名",指的是宇宙万物本原,即"道"之本体;这里的"有名",指的是"道"之作用;这里的"玄牝之门",指的是"道"产生天地的门户。不过,对于"有名"的确切含义,学者们存在诸多不同的理解。另外,对于"无名,天地之始;有名,万物之母"的断句,学者们亦存在明显的分歧,如一些学者认为其应读作"无,名天地之始;有,名万物之母"。还有就是"天地之始"一句,有的学者认为应改作"万

物之始"。

（一）"有名，万物之母"中的"有名"的确切含义

对于"无名，天地之始"的含义，学者们大多认为这里的"无名"指"道"，"始"指本始、原始。因此，"无名，天地之始"，指的是无名（即"道"）是天地的本始。如河上公说："无名者谓道，道无形，故不可名也。始者道本也，吐气布化，出于虚无，为天地本始也。"[①] 吕惠卿说："道常无名，则无名者道也，而天地之所自而始也，故曰'无名，天地之始'。"[②]

笔者认为，这样的解释当然是有道理的，但还是显得不够准确。因为在第一章中，老子说"名可名，非常名"，"名可名"中的第一个"名"，指的是宇宙万物本原的作用之名；而所谓"常名"，指的则是宇宙万物本原的本体之名，因宇宙万物本原之本体无声无形，无法命名，故宇宙万物本原之本体是没有名的。因此，"名可名，非常名"的确切含义，是可以用来称谓的宇宙万物本原的作用之名，不是那宇宙万物本原的本体之名。正因如此，故老子接下来说"无名，天地之始"，则这里的"无名"，无疑应当指宇宙万物本原的本体之名。因此，所谓"无名，天地之始"，指的是无名的宇宙万物本原之本体，是天地之本始。

对于"有名，万物之母"的理解，学者们则存在不少的分歧，原因在于对"有名"的含义，学者们有诸多不同的理解。其中值得我们注意的，主要有以下三种。

1. 认为"有名"指"道"的作用，而"无名"则指"道"的本体。因此，"有名，万物之母"，指的是"道"的作用产生并养育万物，是万物的母亲。如陆希声说："所谓无名者，道之体，动静之先也；有名

[①] 王卡点校：《老子道德经河上公章句》，中华书局1993年版，第2页。
[②] 吕惠卿：《老子吕惠卿注》，华东师范大学出版社2015年版，第1—2页。

者,道之用,善恶之元也。体为名本,故能离动静,原之则天地之始也。名因用立,故能生善恶,极之则万物之母也。"① 苏辙说:"自其无名,形而为天地,天地位而名始立矣。自其有名,播而为万物,万物育而名不可胜载矣。故无名者道之体,而有名者道之用也。"②

2. 认为这里的"有名"指天地,因此,"有名,万物之母",指天地是万物的母亲。如河上公说:"有名谓天地。天地有形位,〔有〕阴阳,有柔刚,是其有名也。万物母者,天地含气生万物,长大成熟,如母之养子也。"③ 宋徽宗说:"有天地然后万物生焉,故有名为万物之母。"④

3. 认为这里的"有名"即"道"或"一",因此,"有名,万物之母",指"道"或"一"是万物的母亲。如吕惠卿说:"既谓之一,则虽未有形,且已有名矣。名为一,而名之者为二,二与一为三,万物纷纷自此生矣,故曰'有名,万物之母'。"⑤ 裘锡圭说:"'有名,万物之母',这个怎么理解呢?《老子》说'道'可以为天下母,'万物之母'不还是指'道'吗?但是他认为这里存在一种区别,所以他说'道生一,一生二,二生三,三生万物'。一般地讲,'万物'可以说是'道'生的,但是他要讲得更细,'万物'是'一'生出来的。"⑥

除了上述,对于"有名,万物之母"的含义,古今学者还有各种别的解释。如王弼认为,"有名"指事物有形有名的时候,"有名,万

---

① 熊铁基、陈红星主编:《老子集成》第1卷,宗教文化出版社2011年版,第586页。
② 熊铁基、陈红星主编:《老子集成》第3卷,宗教文化出版社2011年版,第1—2页。
③ 王卡点校:《老子道德经河上公章句》,中华书局1993年版,第2页。
④ 熊铁基、陈红星主编:《老子集成》第3卷,宗教文化出版社2011年版,第261—262页。
⑤ 吕惠卿:《老子吕惠卿注》,华东师范大学出版社2015年版,第2页。
⑥ 裘锡圭:《老子今研》,中西书局2021年版,第113页。

物之母"指有形有名的时候,"道"作为万物的母亲:"及其有形有名之时,则长之、育之、亭之、毒之,为其母也。"① 蒋锡昌认为,"有名"指的是人类产生以后,给事物以种种名号:"迨天地既辟,万物滋生,人类遂创种种名号以为分别,故曰'有名'。"② 等。

笔者认为,根据我们前面对"道可道""名可名"等的解释,"道"包括本体和作用两个方面,"道"的本体无声无形,无法命名;"道"的作用可见可知,可以命名。则这里的"有名",应当指"道"的作用之名。"道"的作用表现为创生天地万物,并作为天地万物发展变化的内在根据、准则,此种作用,恰如母亲生下后代并精心抚育其成长一样,故老子说"有名,万物之母"。也就是说,按照老子的思想逻辑,"道"既是宇宙万物本原的"字",又是宇宙万物本原的作用之"名",这是我们必须加以注意的,亦是阅读《老子》各章时必须予以区分的,否则便会不知所云。一些学者已经注意到了这里的"无名""有名"指的都是"道"。如奚侗说:"无名、有名,皆谓道。"③ 董平说:"'无名''有名',在这里都指'道'而言。"④ 然而,老子明确说"道常无名"(第三十二章)、"道隐无名"(第四十一章),"道"是无名的,怎么能说这里的"有名"指的也是"道"呢?对此,上述学者均未作出明确的说明。笔者认为,只有从"道"的作用之名的角度去理解这里的"有名",才能说得通。

需要指出的是,关于"万物之母"的"母"字,有不少学者释为"根本""根源"等,笔者认为,这样解释虽说不上有什么不对,但无疑是不够确切的。这里的"母",应当释为"母亲",取其产生并养育之义。如河上公说:"万物母者,天地含气生万物,长大成熟,如母之

---

① 楼宇烈校释:《老子道德经注校释》,中华书局2008年版,第1页。
② 蒋锡昌:《老子校诂》,成都古籍书店1988年版,第4页。
③ 熊铁基、陈红星主编:《老子集成》第13卷,宗教文化出版社2011年版,第3页。
④ 董平:《老子研读》,中华书局2015年版,第48页。

养子也。"① 唐玄宗说："万化既作，品物生成，妙本旁通，以资人用，由其茂养，故谓之母也。"②

（二）关于"无名天地之始，有名万物之母"的句读之争

关于"无名天地之始，有名万物之母"两句，较多的学者是按照"无名，天地之始；有名，万物之母"的句读来进行理解的。然而，关于这两句文字，有的学者认为应从"无""有"断句，读作"无，名天地之始；有，名万物之母"。这种读法的始作俑者，当为宋代的王安石和司马光："无，所以名天地之始；有，所以名其终，故曰万物之母。"③"天地，有形之大者也，其始必因于无，故名天地之始曰无。万物以形相生，其生必因于有，故名万物之母曰有。"④

对于这样一种读法，古今学者赞成者有之，反对者有之，持折衷之论者亦有之，千百年来，争讼不已。如刘惟永、蒋锡昌等明确反对王安石等的读法："以'无'与'有'断句似乎高矣，然下章有'道常无名……始制有名'之说，不知亦可以如此断句乎？是知古人以'无名''有名'断句者为是。"⑤"司马光、王安石、苏辙辈读此皆以'有'字、'无'字为逗，不知'有名''无名'为老子特有名词，不容分析。"⑥如高亨、陈鼓应等学者明确赞成王安石等的读法："先师梁任公先生曰：以无名彼天地之始，以有名彼万物之母。亨按：先师之说是也，'名'字乃用作动词。四十章曰：'天地万物生于有，有生于无'，即其明证。"⑦"'无''有'是中国哲学本体论或宇宙论中的一对重要的范畴，创始于老子。通行本《老子》四十章：'天下万物生于有，有

---

① 王卡点校：《老子道德经河上公章句》，中华书局1993年版，第2页。
② 熊铁基、陈红星主编：《老子集成》第1卷，宗教文化出版社2011年版，第451页。
③ 容肇祖：《王安石老子注辑本》，中华书局1979年版，第1页。
④ 熊铁基、陈红星主编：《老子集成》第2卷，宗教文化出版社2011年版，第539页。
⑤ 熊铁基、陈红星主编：《老子集成》第5卷，宗教文化出版社2011年版，第190页。
⑥ 蒋锡昌：《老子校诂》，成都古籍书店1988年版，第6页。
⑦ 熊铁基、陈红星主编：《老子集成》第14卷，宗教文化出版社2011年版，第32页。

生于无'……亦以'无''有'为读。……笔者居于哲学观点，兹取'无''有'之说。"①

笔者认为，该段文字应以从"无名""有名"断句为妥，理由如下。

一是从《老子》全书来看，且不论本章，凡是"无"和"名"或"有"和"名"一起出现的地方，如第三十二章"道常无名，……始制有名"、第三十七章"吾将镇之以无名之朴。无名之朴，夫亦将不欲"、第四十一章"道隐无名"等，"无"和"名"、"有"和"名"必须连在一起读，不能断开，那么为什么偏偏要把本章的"无"和"名"、"有"和"名"分开来读呢？

二是一些学者主张从"无""有"断句，其理由主要有三条：第一，《老子》第四十章中说："天下万物生于有，有生于无"，说明"无""有"是老子提出的重要概念，故这里应从"无""有"断句；第二，这样断句更有哲学味，如陈鼓应说："笔者居于哲学观点，兹取'无''有'之说。"②第三，"有名，万物之母"的说法不成立，因为"有名"的具体事物是不能成为万物之母的。如卢育三说："但'有名'为读就有问题了，因为只有有形的具体事物才有名。按照老子的逻辑，有形的具体事物如牛马、草木、金石等有限之物是不可能成为'万物之母'的。"③

对于第一条理由，笔者认为，"天下万物生于有，有生于无"中的"有"，指的是"道"的作用；"无"，指的是"道"的本体，而本章的"无名"即指"道"的本体，"有名"即"道"的作用之名。因此，从"无名""有名"断句，与"天下万物生于有，有生于无"的说

---

① 陈鼓应：《老子今注今译》，商务印书馆2003年版，第75页。
② 陈鼓应：《老子今注今译》，商务印书馆2003年版，第75页。
③ 卢育三：《老子释义》，天津古籍出版社1987年版，第42页。

法本就一致,没有必要多此一举,非要从"无""有"断句,人为地造成《老子》一书中概念表述的不一致(即有的章中作"无名""有名",有的章中作"无,名""有,名")。对于第二条理由,笔者认为,从"无名""有名"断句,亦同样充满哲学味,而且,其哲学味丝毫不比从"无""有"断句差,因为"无名"和"有名"是就"道"之体用而言的,指的是"道"之本体无名而作用有名,而体用关系本来就是重要的哲学问题。至于第三条理由,笔者认为,这样的理解是明显存在问题的,因为"名"既可以指牛马、金石等具体事物之名,亦可以指类名、抽象事物之名,如动物、物质等。而我们在前面已经明确说过,这里的"有名",指的是宇宙万物本原的作用之名(亦即"道"),因此,说"道"是"万物之母",是完全符合老子本意的。

三是从"无名""有名"断句,是古往今来绝大多数学者的读法;而从"无""有"断句,除了王安石、司马光及当代有一些学者采用,历史上认同此种读法的人极少。既然如此,我们又为什么非要采取此种读法呢?

(三)"无名,天地之始"是否应改为"无名,万物之始"

"无名,天地之始"一句,《史记·日者列传》引《老子》作"无名者,万物之始也"。王弼在对"无名,天地之始"的注中说:"凡有皆始于无,故未形无名之时,则为万物之始。"[①]由此可推测王弼所据《老子》原文似应作"无名,万物之始"。因此,马叙伦认为,古本《老子》中该句应作"无名,万物之始;有名,万物之母"。[②]蒋锡昌赞成马叙伦的观点,他甚至另外补充了四条证据,以证明"天地之始"

---

① 楼宇烈校释:《老子道德经注校释》,中华书局2008年版,第1页。
② 马叙伦:《老子校诂》,浙江古籍出版社2020年版,第37—38页。

应作"万物之始"。①

不过，朱谦之明确反对上述观点，他认为"始"与"母"的含义不同，这里应作"天地"，不应作"万物"。②

然而，马王堆帛书甲本和乙本该句皆作"无名，万物之始也；有名，万物之母也"，为马叙伦和蒋锡昌的推断提供了有力的证据。因此，一些学者明确指出，"天地"二字当据帛书本改为"万物"，如高明说："帛书甲、乙本'万物之始''万物之母'，两句均作'万物'。……今本前句作'天地'者，乃后人所改，当订正。"③裘锡圭说："在老子看来，当'道'跟'物'对立的时候，天地也是'物'，也是包括在'万物'里面的。所以，应该是像比较古的本子那样作'万物'，改成'天地'是后来的。"④

此外，一些当代学者的《老子》注译本如张松如《老子说解》、卢育三《老子释义》、汤漳平等译注的《老子》等均把原文改成了"万物之始"。

然而，笔者认为这里还是以作"无名，天地之始"为妥，理由如下。

一是历史上有代表性的《老子》本子如河上公本、傅奕本、景龙碑本、范应元的《老子道德经古本集注》等多作"天地之始"而不作"万物之始"，作"万物之始"的仅为较少的几个本子。因此，作"天地之始"的本子的影响要远大于作"万物之始"。

二是作"天地之始"与作"万物之始"，在意思上并无实质性的区别，因为从"道"的视角而言，"天地"与"万物"均属于具体事物。既然如此，就没有必要非把"天地"改成"万物"，去人为地制

---

① 蒋锡昌：《老子校诂》，成都古籍书店1988年版，第3—4页。
② 朱谦之：《老子校释》，中华书局2017年版，第5—6页。
③ 高明：《帛书老子校注》，中华书局1996年版，第223页。
④ 裘锡圭：《老子今研》，中西书局2021年版，第107页。

造麻烦。更何况从语言表述形式上看,"无名,天地之始;有名,万物之母"的表述无疑要优于"无名,万物之始;有名,万物之母"。

三是认为有天地然后有万物,天地比万物处于更根本的地位,是中国古代久已有之的观念,《老子》中亦有类似的观念。如第五章中说:"天地不仁,以万物为刍狗"。而"无名"指"道"的本体,"有名"指"道"的作用,作用来自本体,本体比作用更根本。因此,以"无名"与"天地"相配,"有名"与"万物"相配,无疑亦比以"万物"同时配"无名"和"有名"要更为恰当。

四是"无名,天地之始"的表述完全符合老子的思想宗旨,因为在《老子》第二十五章中说:"有物混成,先天地生。……吾不知其名",明确表达了"无名"先于天地、为天地之本始的思想。

另外,在《老子》第六章中还有"玄牝之门,是谓天地根"的说法,意即深奥微妙的母体之门,叫作天地的根源。这里的"牝之门"意为雌性的生殖器,则"玄牝之门"便指深奥微妙的雌性生殖器,而"道"产生万物,亦恰如深奥微妙的雌性生殖器之生殖活动。因此,所谓"玄牝之门",便是"道"产生万物之门户。对此,历代学者多有论述。如唐玄宗说:"深妙虚牝,能母万物,万物由出,是谓之门。"[①]苏辙说:"玄牝之门,言万物自是出也。"[②]

"玄牝之门,是谓天地根",说明天地是经由"玄牝之门"即"道"之门户而产生的,这里的"根",是根源的意思,这就再次强调了"道"是天地的创生者和终极根据。关于"天地根"的确切含义,历代学者的理解较为一致。如林希逸说:"天地亦自此而出,故曰根。"[③]范应元说:"根者,谓天地本于此也。"[④]

[①] 熊铁基、陈红星主编:《老子集成》第1卷,宗教文化出版社2011年版,第419页。
[②] 熊铁基、陈红星主编:《老子集成》第3卷,宗教文化出版社2011年版,第3页。
[③] 熊铁基、陈红星主编:《老子集成》第4卷,宗教文化出版社2011年版,第499页。
[④] 范应元:《老子道德经古本集注》,华东师范大学出版社2010年版,第12页。

二、"可以为天下母"——《老子》第二十五章，论"道"是天下万物的母亲

有物混成，先天地生。寂兮寥兮，独立而不改，周行而不殆，可以为天下母。（第二十五章）

上引两段文字指出，天下万物存在一个从无到有的过程，而主宰这一过程的就是"道"，"道"先于天地而存在，是天下万物的母亲。

（一）"有物混成"中的"物"及"混成"的含义

第二十五章"有物混成"中的"物"，有不少学者认为指"道"，如成玄英说："有物者，道也。"① 吴澄说："有物混成，物谓道也。"② 既然这里的"物"就是"道"，那么老子为什么不直接说"有道混成"呢？对此，一些学者认为，那是因为下文说"吾不知其名"，即老子不知道此"物"之名，所以只好称之为"有物"。如唐玄宗说："'有物'者，妙物也，即虚极妙本也。将欲申明强名所由，不可即此道，故云'有物'尔。"③ 李嘉谋说："谓之'有物'者，不可名也。"④

综上所述，笔者认为，这里的"物"，指的就是宇宙万物的本原，即唐玄宗所谓的"虚极妙本"。据下文可知，此"虚极妙本"无声无形，故不可命名；因其不可命名，故只能称之为"有物"。至于此"虚极妙本"为什么即是"道"，则答案在下文的"字之曰道"一句中。

"有物混成"中的"混成"，有较多的学者把它理解为浑然一体、自然生成的意思。如李荣说："混沌无形，自然而得，故曰'混成'。"⑤

---

① 熊铁基、陈红星主编：《老子集成》第1卷，宗教文化出版社2011年版，第305页。
② 熊铁基、陈红星主编：《老子集成》第5卷，宗教文化出版社2011年版，第620页。
③ 熊铁基、陈红星主编：《老子集成》第1卷，宗教文化出版社2011年版，第470页。
④ 熊铁基、陈红星主编：《老子集成》第3卷，宗教文化出版社2011年版，第634页。
⑤ 熊铁基、陈红星主编：《老子集成》第1卷，宗教文化出版社2011年版，第362页。

张默生说:"'混'同'浑',即浑朴之义,'混成'即浑然而成。"① 然而,也有学者把"混成"的"混"释为混沌不分,而把"成"释为生成万物。如河上公说:"谓道无形,混沌而成万物。"② 王弼说:"混然不可得而知,而万物由之以成,故曰'混成'也。"③

笔者认为,从"有物混成,先天地生"的文字来看,主要是用来描述宇宙万物本原本身的特点的,因此,把"混成"理解为浑然一体、自然生成,显得更为恰当。当然,生成万物也是宇宙万物本原的特性之一,但似乎不是老子在此想要表达的意思。

(二)"先天地生"中的"生"的含义:存在而非产生

"先天地生",意即在天地产生以前就存在,这个意思比较好理解。但是必须注意的是,这里的"生"不能理解为"产生",而要理解为"存在"。因为"混成之物"无始无终,永恒存在,若理解为"产生",则意味着在它之前必有一个产生它的存在者;而且,既有产生,则必有消亡,那样的话,"混成之物"就不是一个终极性的存在了。因此,古今学者多从"存在"的意义来理解这里的"生"。如苏辙说:"此未有知其生者,盖湛然常存,而天地生于其中耳。"④ 董平说:"这个'生'字,切不可被理解为'母生子'意义上的'生',否则'道'就必有其'母',而不得为宇宙全体的本初原始了。'生'即是'存',即是'在'。"⑤

有的学者则进一步指出,这里的"先天地生",与第一章"无名,天地之始"及第四章"吾不知谁之子,象帝之先"的意思相同。如王

---

① 张默生:《老子章句新释》,成都古籍书店1988年版,第31页。
② 王卡点校:《老子道德经河上公章句》,中华书局1993年版,第101页。
③ 楼宇烈校释:《老子道德经注校释》,中华书局2008年版,第62页。
④ 熊铁基、陈红星主编:《老子集成》第3卷,宗教文化出版社2011年版,第12页。
⑤ 董平:《老子研读》,中华书局2015年版,第129页。

弼说："不知其谁之子，故'先天地生'。"①魏源说："'先天地生'，所谓'无名，天地之始'也。"②这样的理解都是很有道理的，有助于我们更好地把握"先天地生"的确切含义。

（三）"可以为天下母"中的"母"的含义及"天下"是否应改为"天地"

"可以为天下母"，意即"混成之物"可以说是天下万物的母亲。之所以这么说，是因为"混成之物"产生天下万物，天下万物均因它而得以生生不息，仿佛母亲生产并养育子女一样。如河上公说："道育养万物精气，如母之养子。"③奚侗说："天下万物，恃道而生，故喻以母。"④

这里需要注意的是，老子之所以说"可以为天下母"，加了"可以"两字，说明这里用的是比喻的手法，因为"混成之物"并非真的像母亲生子一样生出了天下万物，只是因为万物由它而来，就像子女由母亲而生一样，所以老子用"母"来作比喻。一些学者把这里的"母"释为"根本"或"本根"，而把"可以为天下母"释为"可以做为天地的根本""可以说是天地之本根"，这样的理解是值得商榷的。因为"混成之物"本来就是天地、万物的本根或根本，而不是"可以"是天地、万物的本根或根本。"母"确实有根源、根本的意思，但这里的"母"，应从其本义"母亲"来理解，而不应从其引申义"根源""根本"来理解。

关于该句文字，还有一个需要说明的问题，就是有的本子，如司马光的《道德真经论》、范应元的《老子道德经古本集注》等作"可以为天地母"，不作"天下"而作"天地"。对此，一些学者认为，此处应作"天地"。如范应元说："'天地'字，古本如此，一作'天下

---

① 楼宇烈校释：《老子道德经注校释》，中华书局2008年版，第62页。
② 魏源：《老子本义》，华东师范大学出版社2010年版，第55页。
③ 王卡点校：《老子道德经河上公章句》，中华书局1993年版，第101页。
④ 熊铁基、陈红星主编：《老子集成》第13卷，宗教文化出版社2011年版，第12页。

母'，宜从古本。"①劳健说："'可以为天地母'，范与《道藏》司马本、宋汇刻四家注本所录王弼注皆如此，他本'天地'作'天下'，……此章上文言'天地'，自当作'天地母'。"②

值得注意的是，该句文字，马王堆帛书甲乙本均作"可以为天地母"，因此，高明说："今谂之帛书甲、乙本，进而证明《老子》原作'可以为天地母'，非为'天下母'，今本多误。"③然而，郭店竹简本中，该句则作"可以为天下母"，与王弼本一致，说明"可以为天下母"亦有其可靠的源头。因此，笔者认为，考虑到古今流传的《老子》本子，如河上公本、王弼本、傅奕本、景龙碑本等大多作"可以为天下母"，因此，这里还是以作"天下"为妥。

这里需要补充说明的是，在《老子》第五十二章中有"天下有始，以为天下母"的说法，关于其中的"天下"，学者们有的将其释为"天下万物"，如河上公说："道为天下万物之母"④，高亨说："天下万物有它的根源"⑤；有的将其释为"万物"，如司马光说："道者万物之所生"⑥，范应元说："谓万物由是始也"⑦；有的将其释为"天地万物"，如林语堂说："天地万物都有本源"⑧，陈鼓应说："天地万物都有本始"⑨；等等。笔者认为，若泛泛而言，把"天下"释为天下万物、万物、天地万物都是可以的，不过，考虑到老子在第一章中说"无名，天地之始；有名，万物之母"，第六章中说"玄牝之门，是谓天地根"等，

---

① 范应元：《老子道德经古本集注》，华东师范大学出版社2010年版，第45页。
② 熊铁基、陈红星主编：《老子集成》第15卷，宗教文化出版社2011年版，第310页。
③ 高明：《帛书老子校注》，中华书局1996年版，第350页。
④ 王卡点校：《老子道德经河上公章句》，中华书局1993年版，第199页。
⑤ 高亨：《老子注译》，清华大学出版社2010年版，第86页。
⑥ 熊铁基、陈红星主编：《老子集成》第2卷，宗教文化出版社2011年版，第551页。
⑦ 范应元：《老子道德经古本集注》，华东师范大学出版社2010年版，第91页。
⑧ 林语堂：《老子的智慧》，湖南文艺出版社2016年版，第192页。
⑨ 陈鼓应：《老子今注今译》，商务印书馆2003年版，第266页。

常常把"天地"和"万物"分开来使用，并赋予其不同的含义，但在第四十章中说"天下万物生于有"，明确把"天下"与"万物"连在一起使用；且古人在使用"天下"的概念时，通常指的是中国范围内的全部土地，而非天地，因此，在此还是把"天下"释为天下万物或万物较为恰当。

"天下有始"中的"始"，学者们多认为指"道"。如河上公说："始，道也。"① 司马光说："始谓道也。"② 董平说："这个'始'即是'道'"。③ 因此，所谓"天下有始，以为天下母"，意即天下万物有其本始（即"道"），它是天下万物的母亲。

据上所述，则"天下有始，以为天下母"这两句话的意思已十分明晰，然而事实却并非如此。因为有不少学者认为，这里的"天下有始"，即第一章中的"无名天地之始"；"以为天下母"，即第一章中的"有名万物之母"，从而使问题呈现出某种复杂性：

天下万物固有所始，始天下者，其唯无名乎。天下万物固有所生，生万物者，其唯有名乎。然则无名为天下之始，有名为万物之母。④

"无名天地之始，有名万物之母。"道方无名，则物之所资始也；及其有名，则物之所资生也。故谓之始，又谓之母。⑤

吕惠卿则认为，根据第一章中的"无名天地之始，有名万物之母"，则这里说"以为天下母"，说明其中的"母"指的是"无名"，而不是"有名"，因为"有名"只能作为万物之母，而不能作为天下之母："'无名天地之始，有名万物之母。'道常无名，而为天下母，何

---

① 王卡点校：《老子道德经河上公章句》，中华书局1993年版，第199页。
② 熊铁基、陈红星主编：《老子集成》第2卷，宗教文化出版社2011年版，第551页。
③ 董平：《老子研读》，中华书局2015年版，第211页。
④ 熊铁基、陈红星主编：《老子集成》第1卷，宗教文化出版社2011年版，第608页。
⑤ 熊铁基、陈红星主编：《老子集成》第3卷，宗教文化出版社2011年版，第22页。

也？盖有名徒为万物母，而未足为天下母。无名，天地之始，则自天而下，皆生于无名，故曰'天下有始，以为天下母也'。"①

与吕惠卿不同，林希逸则认为"天下有始，以为天下母"指的是"有名万物之母"，与"无名天地之始"无关："'天下有始，以为天下母'，即'有名万物之母也'。"②

笔者认为，把"天下有始，以为天下母"的含义与"无名天地之始，有名万物之母"联系起来进行理解，无疑是很有意义的，有利于我们对老子相关思想的深入把握和理解。但从以上学者在理解上的种种分歧来看，问题的关键还是在于对"天下"的含义的把握。陆希声、苏辙等认为"天下"既可以指天地，也可以指万物，故他们认为"天下有始"即"无名，天地之始"，"以为天下母"即"有名，万物之母"；吕惠卿认为"天下"不同于万物，故认为"天下有始，以为天下母"指的是"无名，天地之始"；林希逸认为"天下"即万物，故认为"天下有始，以为天下母"指的是"有名，万物之母"。而我们在前面已明确指出，这里的"天下"当指天下万物或万物，不宜指天地，故笔者认为，在上述三种理解中，林希逸的理解应较为符合老子的本义。

在此需要进一步指出的是，既然这里的"天下"指天下万物或万物，则这里的"天下有始"中的"始"，指的当是"道"的作用而非"道"的本体。因为我们在分析第一章"无名，天地之始；有名，万物之母"时已经指出，"无名，天地之始"，指"道"的本体是天地的本始；"有名，万物之母"，指的是"道"的作用是万物的母亲。而这里说"天下有始，以为天下母"，即天下万物有其本始，是天下万物的母亲，则这里的"始"，无疑即是"道"的作用。

---

① 吕惠卿：《老子吕惠卿注》，华东师范大学出版社2015年版，第57页。
② 熊铁基、陈红星主编：《老子集成》第4卷，宗教文化出版社2011年版，第516页。

三、"渊兮，似万物之宗"——《老子》第四章，论"道"是万物的宗主

道冲，而用之或不盈。渊兮，似万物之宗。……吾不知谁之子，象帝之先。（第四章）

上引两段文字指出，"道"空虚无形，深邃无比，是万物的宗主；我们不知道是什么产生了"道"，但"道"好像是天帝的祖先。

（一）"渊兮，似万物之宗"中的"似"字的特殊含义

第四章中的"渊兮，似万物之宗"，意为"道"深邃之极，好像是万物的宗主。这里的"渊"，是深邃的意思；"宗"，是宗主、宗祖、主宰的意思，意思比较清楚，不易产生误解。这里的问题是：根据老子的思想，万物皆由"道"而来，"道"是万物存在与发展的总根源，因此，"道"就是万物的宗主，那么为什么在这里要说"似"即好像是万物的宗主呢？

对此，历代学者有不少解释，概括起来，主要有以下三种。

一是认为"道"无声无形，看不见摸不着，我们不能"正言"，即确切地说"道"是万物的宗主，所以只好用上一个"似"字："云或似者，于道不敢正言。"[1]"渊兮深眇，吾知其为万物宗也，而不敢正言之，故曰似万物之宗。"[2]

二是认为道"若有若无"，只有真正认识"道"的人才知"道"是万物的宗主，所以才用了一个"似"字。如林希逸说："言此道若有若无，苟非知道者不知之，故曰似万物之宗。"[3]

---

[1] 熊铁基、陈红星主编：《老子集成》第1卷，宗教文化出版社2011年版，第418页。
[2] 熊铁基、陈红星主编：《老子集成》第3卷，宗教文化出版社2011年版，第3页。
[3] 熊铁基、陈红星主编：《老子集成》第4卷，宗教文化出版社2011年版，第498页。

三是认为这里的"似"应该作"以",而"以"即"为""是",如奚侗说:"道固万物之宗,与万物之母、众妙之门同语,不得云'似','似'当作'以'。……渊兮为万物之宗,谊至明白,此涉下'湛兮似或存'句而误。"①

上述三种观点从不同的角度揭示"似"的意义,有很好的参考价值。不过,笔者认为,这里的"似"字,应该是针对"宗"字而言的。"宗"在这里是宗主或祖先的意思,说"道"是万物的宗主或祖先,这是一种比喻性的说法,所以用"似"字加以说明。此正如吕惠卿所说:"'渊兮似万物之宗',而求其为宗者,固不可得也,似之而已。"② 当然,因为称"道"是万物的宗主,这只是老子的一种推论,故以"似"字来表示这一特点,这样也能说通。

(二)"象帝之先"中的"先"和"象"的含义

对于"象帝之先",学者们大多理解为好像在天帝以前就存在,因此,这里的"先",是指时间或次序在前,亦即"先后"的"先",如河上公说:"道似在天帝之前,此言道乃先天地生也。"③ 苏辙说:"帝先矣而又先于帝,则莫或先之者矣。"④

然而,有的学者专门强调:这里的"先"应指"祖先",而不应理解为"先后"之"先"。如高亨《老子正诂》中说:"'象帝之先',犹言似天帝之祖也。古者祖先亦单称曰先。……'帝之先'对'谁之子'而言,则'先'应释为祖先之先明矣。河上注以'前'释'先'失之。"⑤ 刘笑敢引述高亨的观点并表示赞同:"据此,这里的'先'不

---

① 熊铁基、陈红星主编:《老子集成》第13卷,宗教文化出版社2011年版,第4页。
② 吕惠卿:《老子吕惠卿注》,华东师范大学出版社2015年版,第5页。
③ 王卡点校:《老子道德经河上公章句》,中华书局1993年版,第15页。
④ 熊铁基、陈红星主编:《老子集成》第3卷,宗教文化出版社2011年版,第3页。
⑤ 熊铁基、陈红星主编:《老子集成》第14卷,宗教文化出版社2011年版,第35页。

是先后的'先',而是'祖先'之'先'。"①

从意思上来分析,说"道"在天帝之前就存在,说明"道"比天帝更为根本,但不能必然得出天帝是由"道"产生的结论;说"道"是天帝的祖先,则既说明"道"存在于天帝之前,又说明天帝是由"道"产生的。两相比较,后一种理解当更符合老子的本意,因为老子认为宇宙间的一切均是由"道"创生的。

"象帝之先"中的"象",学者们多认为指似、好像,但也有学者不作这种理解,如王安石把它释为形象:"象者,有形之始也;……故《系辞》曰:'见乃谓之象。'"②奚侗把它理解为"法":"《虞书》:象以典刑,孔传:象,法也。……先天生者为道,此言不知谁人能法道也。"③

此外还有一种理解,则是把"象"和"帝"合为一个词,即"象帝",并认为"象帝"指天或天帝。如唐玄宗说:"兆见曰象,言此生物之帝,能兆见物象,故谓之象帝尔。"④吴澄说:"象帝,天也。象言天有象,帝言天之主宰也。"⑤

笔者认为,以上理解,均不如把"象"理解为好像更直接、顺畅,但亦可资参考。

在《老子》一书中,与"渊兮,似万物之宗"类似的说法,还有第六十二章中的"道者,万物之奥"。关于其中的"奥"字的含义,学者们在理解上的分歧较多,概括起来,主要有以下四种理解。

1. 认为"奥"是"藏"的意思,而"藏"在这里指储藏东西的地方,因此,所谓"道者,万物之奥",指"道"是储藏万物的地方,

---

① 刘笑敢:《老子古今》,中国社会科学出版社2006年版,第151页。
② 容肇祖:《王安石老子注辑本》,中华书局1979年版,第9页。
③ 熊铁基、陈红星主编:《老子集成》第13卷,宗教文化出版社2011年版,第4页。
④ 熊铁基、陈红星主编:《老子集成》第1卷,宗教文化出版社2011年版,第454页。
⑤ 熊铁基、陈红星主编:《老子集成》第5卷,宗教文化出版社2011年版,第610页。

形容"道"广大无比,无所不包,如河上公说:"奥,藏也。道为万物之藏,无所不容也。"① 林语堂说:"道无所不包,是万物的隐藏之所。"②

2. 认为"奥"本指室内的西南隅,是祭祀时设神主或尊长的居坐之处,在这里指"道",因此,"道者,万物之奥"是指"道"内在于万物而不显于外,在万物中居于尊贵的地位。如吕惠卿说:"室之有奥,深邃燕间,而尊者之所处也。万物莫不有深邃燕间尊高之处,则道是也。故曰'道者,万物之奥'。"③ 吴澄说:"万物之奥,万物之最贵者。奥,室之西南隅……尊者所居,故奥为贵。道之尊贵犹寝庙堂室之奥。"④

3. 认为"奥"在此有庇荫的意思,因此,"道者,万物之奥",指"道"是万物的庇荫。如王弼说:"奥,犹暧也。可得庇荫之辞。"⑤ 蒋锡昌说:"'奥'有藏意,故含有覆盖庇荫等义。'道者,万物之奥',言道为万物之庇荫也。"⑥

4. 认为"奥"是"主",即主宰、宗主,因此,"道者,万物之奥",指"道"是万物的主宰或宗主。如高亨说:"道,是万物的主宰。"⑦ 牟钟鉴说:"'道者,万物之奥'的意思是说道为万物之宗主。"⑧

笔者认为,老子说"道者,万物之奥",旨在说明"道"与万物的关系。而据前面的相关论述可知,"道"与万物的关系蕴含十分丰富的内容:从根源上来说,"道"是万物的创造者,在万物没有产生

---

① 王卡点校:《老子道德经河上公章句》,中华书局1993年版,第241页。
② 林语堂:《老子的智慧》,湖南文艺出版社2016年版,第227页。
③ 吕惠卿:《老子吕惠卿注》,华东师范大学出版社2015年版,第71—72页。
④ 熊铁基、陈红星主编:《老子集成》第5卷,宗教文化出版社2011年版,第640—641页。
⑤ 楼宇烈校释:《老子道德经注校释》,中华书局2008年版,第161页。
⑥ 蒋锡昌:《老子校诂》,成都古籍书店1988年版,第378页。
⑦ 高亨:《老子注译》,清华大学出版社2010年版,第100页。
⑧ 牟钟鉴:《老子新说》,金城出版社2009年版,第201页。

之前，万物就已蕴藏在"道"之中，从这个角度而言，则"道"是万物的宗主，"道"包藏万物。"道"生万物之后，即天下万物产生以后，一方面，万物均在大道的范围之内，此即第二十五章中所说的"故道大，天大，地大，王亦大。域中有四大，而王居其一焉"，从这个角度而言，则可谓"道"是储藏万物的地方，它广大无比，无所不包；另一方面，万物均禀有"道性"，"道"又隐藏于万物之中，在万物中处于尊贵的地位，从这个角度而言，则"奥"应指室内之西南隅，引申指尊者所居之处。因此，上述四种关于"奥"的含义的解释均有其合理之处。但是，我们又不能执着于其中一种解释，而排斥其他的解释。笔者认为，老子之所以说"道者，万物之奥"，用一个复杂多义的"奥"字，而不用含义较为明确的"主""藏"等，便是想用"奥"字表达"道"与万物之关系的丰富性。故范应元说："'奥'字，《玉篇》：深也，内也，主也，藏也。……言大道甚深，而万物皆备。"①

第二节 "道"创生万物的具体过程

在《老子》一书中，除了指出"道"是天地的根源和万物的母亲、宗主，还对"道"如何创生天地、万物的过程有具体的描述，如第四十章："天下万物生于有，有生于无"；第四十二章："道生一，一生二，二生三，三生万物。"然而，对于其中的"无"和"有"的含义，对于"一""二""三"之确切所指，学者们存在诸多的争议，从而使老子关于"道"创生万物的具体过程的思想一直未能得到很好的理解和揭示。

---

① 范应元：《老子道德经古本集注》，华东师范大学出版社2010年版，第108页。

第二章 "道"与天地及万物的关系

一、《老子》第四十章,论从"无"到"有"、从"有"到万物的创生过程

天下万物生于有,有生于无。(第四十章)

上引文字指出,天下万物是从"有"中产生的,而"有"又是从"无"中产生的。这里的"无"是"道"的本体,"有"是"道"的作用,亦是本体之显现,它们同属于"道";正是"道"的作用创生了天下万物。

(一)对于"有"的含义的不同理解

关于"天下万物生于有,有生于无"中的"无"的含义,古今学者的理解较为一致,认为它指的就是"道",因为"道"无形,故称。如河上公说:"道无形,故言生于无也。"① 高亨说:"无,指道,道是无形体的。"②

然而,对于其中的"有"的含义,古今学者则有众多不同的理解,概括起来,主要有以下三种。

1. 认为这里的"有"即天地,如李荣说:"有者,天地有形,故称有。天覆地载,物得以生,故言'生于有'。"③ 高亨说:"有,指天地,天地由无形的道产生,而天地是有形体的,是万物之母。"④

2. 认为这里的"有"指具体的有形之物,如唐玄宗说:"言天下有形之物,莫不以形相禅,故云生于有。"⑤ 陆希声说:"天下之物皆生于

---

① 王卡点校:《老子道德经河上公章句》,中华书局1993年版,第162页。
② 高亨:《老子注译》,清华大学出版社2010年版,第71页。
③ 熊铁基、陈红星主编:《老子集成》第1卷,宗教文化出版社2011年版,第370页。
④ 高亨:《老子注译》,清华大学出版社2010年版,第71页。
⑤ 熊铁基、陈红星主编:《老子集成》第1卷,宗教文化出版社2011年版,第484页。

有形。"①

3.认为这里的"有"不同于具体的有形之物,而是处于"无"和万物之间,相当于第四十二章所说的"道生一"中的"一"。如冯友兰说:"我们若分析物的存在,就会看出,在能够是任何物之前,必须先是'有'。'道'是'无''名',是'无',是万物之所从生者。所以在是'有'之前必须是'无',由'无'生'有'。……《老子》第四十二章说:'道生一,一生二,二生三,三生万物。'这里所说的'一'是指'有'。"②牟钟鉴说:"'天下万物生于有,有生于无',把这句话和四十二章'道生一,一生二,二生三,三生万物'联系起来,那么这里的'有'便是那个'一','无'便是'道'。"③

有的学者则进一步指出,这里的"有",事实上指的即"道",强调的是"道"的实存性。如董平说:"'天下万物生于有',这个'有'即是指'道'而言的。一切万物都从'道'那里获得其存在的本质,'道'即是一切万物的本原性实在。作为本原性实在,'道'之为'有',乃是纯粹存在。正因为它是纯粹存在,是非质料性的,所以它同时即是'无'"。④

笔者认为,在上述三种对"有"的理解中,第一种理解认为"有"即天地,这符合人们的常识,因为有了天地才有万物产生,这是古已有之的观念,如《周易·序卦传》中即说:"有天地,然后万物生焉""有天地然后有万物"。但是我们很难说这就是老子的观点,因为在《老子》一书中,我们找不到老子认为"有"即天地的证据,而且老子也没有天地生万物的思想。根据老子的思想逻辑,万物只是从天地中产生,而能创生万物的只有"道",而不可能是别的什么东

---

① 熊铁基、陈红星主编:《老子集成》第1卷,宗教文化出版社2011年版,第603页。
② 冯友兰:《中国哲学简史》,北京大学出版社2013年版,第94—95页。
③ 牟钟鉴:《老子新说》,金城出版社2009年版,第126页。
④ 董平:《老子研读》,中华书局2015年版,第179页。

西。第二种理解把"有"释为具体的有形之物,认为天下万物都是由具体的有形之物所生,那么此具体的有形之物指的又是什么呢?关于这些,注释者都没有明确的交代,因此这种理解亦存在明显的不足。

在此值得我们重视的是第三种理解。这种理解指出"有"是"无"和万物之间的一个阶段,这当然是很有道理的,因为老子既然说"天下万物生于有,有生于无",便自然包含了这层意思。只是对于这个"有"的确切内涵,上述学者或认为它是"无"演化出的第一个阶段,混沌未分;或认为它有了某种规定性,因而是有限的;或认为它指"道"而言,强调的是"道"的实存性。在笔者看来,这些观点或存在某种偏颇,或所说不够透彻,未能揭示老子思想的真谛。

笔者认为,这里的"有",指的就是"道",但它指的是"道"的作用,而非"道"的本体;而这里的"无",指的才是"道"的本体。因此,所谓"天下万物生于有,有生于无",便是指天下万物生于"道"的作用,而"道"的作用生于"道"的本体。说得更确切些,便是:因为有了"道"的作用,从而有了天下万物;而"道"的作用则是"道"的本体的外化、显现。具体理由如下。

1. 老子在第二十五章中说:"有物混成,先天地生。寂兮寥兮,独立而不改,周行而不殆,可以为天下母。吾不知其名,字之曰道,强为之名曰大。"对此,笔者曾指出,这里所说的"混成之物",指的就是宇宙万物的本原,它"寂兮寥兮",无声无形,无法对它命名,故老子说"吾不知其名";这里的"道",指的是宇宙万物本原的"字",而不是"名",而老子之所以"字之曰道",是因为宇宙万物的本原虽不可捉摸,但天下万物均由它创生,其作用是可以为人们所认识的,故老子根据宇宙万物本原之作用而把宇宙万物的本原取"字"为"道";宇宙万物的本原虽然有本体和作用之分,但它们并非两个不同的东西,而是一物的两个方面;"道"的确切含义虽然是宇宙万物本原的"字",但因为宇宙万物的本原没有"名",故在《老子》一书中,也常常用"道"代指宇宙万物的本原。据此,则本章中所说的"有",当与第二十五章中所说的"道"完全一样,指的都是宇宙万物本原的作用。

2.由前面的介绍可知,冯友兰、牟钟鉴等认为,这里的"有生于无",与第四十二章中的"道生一"的意思一样,"无"即"道","有"即"一"。而笔者认为,第四十二章"道生一,一生二,二生三,三生万物"中的"道",指的是"道"的本体;而其中的"一",指的则是"道"的作用。具体可见本节下面关于"道生一,一生二,二生三,三生万物"的论述。

(二)围绕"天下万物生于有,有生于无"文字表述的争议

"天下万物生于有,有生于无"两句,一些《老子》本子有不同的表述,对此,学者们亦有不同的观点或态度,这主要表现在以下两个方面。

一是"天下万物生于有"中的"天下万物",傅奕本、范应元《老子道德经古本集注》等作"天下之物"。马叙伦认为,这里应作"天下之物",因为根据王弼的注文,其所据《老子》原文亦应作"天下之物":"伦案:弼注曰:'天下之物,皆有以为生',是王亦作'之物'。今作'万物'者,后人据河上本改也。"①蒋锡昌赞成马叙伦的观点,说:"马说是。'万'当作'之'。"②

值得注意的是,该句郭店竹简本和马王堆帛书乙本均作"天下之物"(甲本残损),因此,一些学者认为,作"天下之物",当是《老子》古本的原貌。如高明说:"谂之帛书,《老子》古本确作'天下之

---

① 马叙伦:《老子校诂》,浙江古籍出版社2020年版,第210页。
② 蒋锡昌:《老子校诂》,成都古籍书店1988年版,第269页。

物',今本作'天下万物'者,乃由后人妄改。"① 刘笑敢说:"'万物',帛书本、竹简本皆作'之物',傅奕本接近古本,亦作'之物'。当以'之物'为古本旧貌。"②

笔者认为,从现有证据来看,该句原作"天下之物"的可能性确实较大,但是,考虑到河上公本、王弼本(虽然王弼本所据原文亦有可能作"天下之物",但这毕竟只是一种推测)、景龙碑本等均作"天下万物",且"天下之物"与"天下万物"在这里的意思差不多,故这里还是以作"天下万物"为妥。

二是对于其中的"有生于无",郭店竹简本作"生于无",没有前面的"有"字。对此,学者们主要有三种认识。一种认为,这是竹简本在抄写时少抄了代表"有"字的重文号,如刘笑敢说:"多数人断定竹简本'有(原作又)'字后漏一重文号,竹简本应与传世本一样作'有生于无'。"③一种认为,即使竹简本无此"有"字,其意思亦与传世本差不多,如汤漳平等说:"说'天下之物生于有,生于无'与说'天下之物生于有,有生于无'本质上是相通的,……两者的差别仅仅在于传世本多一'有'字,突出了'有''无'在品位、次序上的差别。"④还有一种则认为,竹简本少一"有"字,在意思上与通行本差距甚大,它说明"无"并不比"有"更根本,"有"和"无"是并列的关系,两者是万物的共同始源。如赵建伟说:"如果是'天下之物生于有,有生于无',便是有意将'有'降格,被'无'所领属;而实际上老子明言'有无相生'(二章),二者是并列的。……陈鼓应先生也撰文说简本与帛本、今本'虽一字之差,但在哲学解释上具有重大的差别意义。因为前者是属于万物生成论问

---

① 高明:《帛书老子校注》,中华书局1996年版,第28页。
② 刘笑敢:《老子古今》,中国社会科学出版社2006年版,第446页。
③ 同上。
④ 汤漳平、王朝华译注:《老子》,中华书局2014年版,第155页。

题，而后者是属于本体论范畴。从《老子》整体思想来看，当以简本为是'。"①

对于上述观点，笔者有两点认识，首先，竹简本作"天下之物生于有，生于亡（无）"，其意思与通行本并无实质性的区别，因为我们在前面已经说过，"无"和"有"是宇宙万物本原的两个方面，"无"为其本体，"有"为其显现的作用，因此，通行本多一个"有"字，只不过是强调了一下"有"是"无"的显现，使意思更为明晰而已。其次，今所见郭店竹简本作"天下之物生于有，生于亡（无）"，则讨论应以此文字为基础，说竹简本少抄了一个"有"字，这只是依据通行本所作的推测，不足为凭。

二、《老子》第四十二章中的"道生一，一生二，二生三，三生万物"的确切内涵

道生一，一生二，二生三，三生万物。万物负阴而抱阳，冲气以为和。（第四十二章）

上引文字集中反映了老子的宇宙生成论。与别处笼统地讲"道"生万物、"道"为万物之宗主等不同，老子在此明确提出了"道"生万物时"道生一，一生二，二生三，三生万物"的具体步骤。然而，对于其中的"一""二""三"的确切所指，学者们的争议极多。

（一）"道生一，一生二"中的"一"的含义：冲虚之气，太极，还是"有"？关于"道生一"的含义，学者们主要有以下四种不同的解释。

1. 认为"道生一"中的"一"，指的是一种气，此气，学者们有的称之为元气，有的称之为冲虚之气，如成玄英说："一，元气也。……

---

① 陈鼓应主编：《道家文化研究》第17辑，三联书店1999年版，第278—279页。

言至道妙本，体绝形名，从本降迹，肇生元气。"①吴澄说："道自无中生出冲虚之一气。"②

2. 认为这里的"一"，指的就是"道"，所谓"道生一"，是就"道"与万物的关系而言的，万物为杂多，而"道"独立无偶，故称之为"一"。如吕惠卿说："道之在天下，莫与之偶者，莫与之偶则一而已矣，故曰'道生一'。"③陈鼓应说："'混而为一'的'道'，对于杂多的现象来说，它是独立无偶，绝缘于对立的，老子用'一'来形容道向下落实一层的未分状态。"④

3. 认为"道生一"，即无极生太极，因此，这里的"一"，指的是太极。如杜道坚说："'道生一'，无极而太极也。"⑤林语堂说："道是万物化生的总原理，无极生太极。"⑥

4. 认为"道生一"即由"无"生"有"，"道"即"无"，"一"即"有"。如司马光说："自无入有。"⑦董平说："不能认为'道'在'一'之前，而是'道'即是'一'。如果'道即是一'，那么'生'字的理解，就应是'形见''呈现'之意，即'道是通过一来呈现的'或'道呈现为一道体自身由'不形见'而'形见'，即是所谓'道生一'，即是'有生于无'。"⑧

笔者认为，在上述诸种理解中，第一种理解把"一"释为元气、冲虚之气等，只能说是这些注释者的主观理解，因为我们在《老子》一书中找不到其他的证据。第三种理解把"一"释为太极，其性质与

---

① 熊铁基、陈红星主编：《老子集成》第1卷，宗教文化出版社2011年版，第319页。
② 熊铁基、陈红星主编：《老子集成》第5卷，宗教文化出版社2011年版，第631页。
③ 吕惠卿：《老子吕惠卿注》，华东师范大学出版社2015年版，第48页。
④ 陈鼓应：《老子今注今译》，商务印书馆2003年版，第237—238页。
⑤ 熊铁基、陈红星主编：《老子集成》第5卷，宗教文化出版社2011年版，第501页。
⑥ 林语堂：《老子的智慧》，湖南文艺出版社2016年版，第163页。
⑦ 熊铁基、陈红星主编：《老子集成》第2卷，宗教文化出版社2011年版，第549页。
⑧ 董平：《老子研读》，中华书局2015年版，第187页。

第一种相似，因为在《老子》一书中亦并无"太极"的概念，因此我们很难说用"太极"来解释"一"就是正确的。第二种理解认为"一"即"道"，这有一定的道理，但是认为其称之为"一"，只是相对于杂多的万物而言，则又不够全面（具体理由见下文）。第四种理解认为"道生一"，即由"无"生"有"，这是很有启发意义的，但其论述还是不够透彻。在笔者看来，"道生一"中的"道"指的是宇宙万物本原之本体，"道生一"中的"一"指的则是包含本体和作用的宇宙万物本原。宇宙万物本原之本体无形无声，视之不见，搏之不得，可称之为"无"；但宇宙万物本原创生天地、万物，其作用是可见可知的，故称之为"有"，而此"有"独立无偶，故又可称之为"一"。因此，所谓"道生一"，指的是宇宙万物本原之本体显现其作用，因体用不二，故"一"即"道"；因用是体的呈现，故称之为"一"。

（二）"一生二，二生三"中的"二"的含义：阴阳，天地，还是另有所指？

对于"一生二"中的"二"的含义，学者们主要有以下三种理解。

1. 有较多的学者认为，这里的"二"指阴阳，如河上公说："一生阴与阳也。"① 范应元说："一之中便有动静，动曰阳，静曰阴，故曰'一生二'也。"②

2. 一些学者认为，这里的"二"指天地，如奚侗说："《易·系辞》：是故易有太极，是生两仪。……'二'即两仪，谓天地也。"③ 高亨说："这个一产生了二，即天地。"④

卢育三、陈鼓应等还专门强调，这里的"二"应该指天地，不应

---

① 王卡点校：《老子道德经河上公章句》，中华书局 1993 年版，第 168 页。
② 范应元：《老子道德经古本集注》，华东师范大学出版社 2010 年版，第 76 页。
③ 熊铁基、陈红星主编：《老子集成》第 13 卷，宗教文化出版社 2011 年版，第 18 页。
④ 高亨：《老子注译》，清华大学出版社 2010 年版，第 75 页。

指阴阳,如卢育三说:"在先秦凡讲宇宙生成论的,都是先出天地,然后才出阴阳,或者把阴阳附属于天地,而为天地之气。……到了汉代才有先出阴阳后有天地的说法。……因此,把老子的'二'解释为阴阳是没有根据的,在当时也是不可能的。"①陈鼓应说:"通观《老子》,除了本章出现的'负阴而抱阳'文句之外,'阴阳'之词从未他见('阴阳'概念到《庄子》才大量出现),而'天地'一词则屡见,而且将'天地'与道并举,……因此,从老子的原著中也可找到以'天地'释'二'的依据。"②

3. 在《庄子·齐物论》中有这样一段论述:"天地与我并生,而万物与我为一。既已为一矣,且得有言乎?既已谓之一矣,且得无言乎?一与言为二,二与一为三。自此以往,巧历不能得,而况其凡乎!"意思是:天地与我同时存在,万物与我浑然一体。既然已经合为一体了,还能说什么呢?既然已说它合为一体了,还能说没有什么吗?合为一体加上说合为一体的话,这就是二,二再加上一就是三。由此往下推,善于计算的人也不能算清楚,何况是凡夫俗子呢!据此,一些学者认为,"一生二"中的"二",指的就是"道生一"中的"一"加上关于"一"的言说;同理,后面的"三",即"二"与"一"相加之和,如王弼说:"已谓之一,岂得无言乎?有言有一,非二如何?有一有二,遂生乎三。"③吕惠卿说:"既谓之一,则谓之者与所谓为二,故曰一生二。有一有二,则有三矣,故曰二生三。"④

把"一生二"中的"二"视作"一"与对"一"的言说之和,这当然也不失为一种可以尝试的解释思路,因为从纯粹哲学的角度而言,它反映了概念与客观事物之间的关系,但用来解释这里的"一生二",

---

① 卢育三:《老子释义》,天津古籍出版社1987年版,第183页。
② 陈鼓应:《老子今注今译》,商务印书馆2003年版,第235页。
③ 楼宇烈校释:《老子道德经注校释》,中华书局2008年版,第117页。
④ 吕惠卿:《老子吕惠卿注》,华东师范大学出版社2015年版,第48页。

究竟有什么意义和价值，则是值得商榷的，故牟钟鉴在评论王弼的注释时明确说："王弼是位大哲学家，他从宇宙本体论的角度注解老子，其理论水平不可谓不高，其创造精神不可谓不强，但是并不符合老子原意，因为老子在这里谈论的是宇宙发生过程，并非王弼认为的逻辑推衍过程。"①

那么这里的"二"究竟应指阴阳还是天地呢？笔者认为，若泛泛而言，这两种理解均是可以的；若纯粹从理论的角度而言，则指阴阳要更恰当一些，因为阴阳所指的范围要更为宽泛，且阴阳包含天地，在古人的观念中，天阳地阴，天地亦属具体的阴阳之物。但是就《老子》思想而言，则应该指天地，因为在《老子》一书中常常把"道"与天地放在一起来进行论述，如"无名，天地之始"（第一章）、"玄牝之门，是谓天地根"（第六章）、"有物混成，先天地生。……故道大，天大，地大"（第二十五章）等，却未见有把"道"与阴阳放在一起论述的例子，而且《老子》一书中提到阴阳的，亦只有本章中的"万物负阴而抱阳"。更为重要的是，老子在第二十五章中强调域中有四大："道"、天、地、王，并未涉及阴阳，因此，把这里的"二"释为阴阳，并不符合老子的思想特点。

（三）"二生三，三生万物"中的"三"的含义：天、地、人，和气，抑或另有所指？

对于"二生三"中的"三"的含义，学者们亦有各种不同的理解，其中有代表性的，主要有以下三种。

1. 认为这里的"三"指天、地、人（古人亦称之为"三才"），它由"二"即阴阳而产生，因此，所谓"三生万物"，指的亦是天、地、人产生万物。如河上公说："阴阳生和、清、浊三气，分为天地人

---

① 牟钟鉴：《老子新说》，金城出版社2009年版，第133页。

也。天地〔人〕共生万物也。"① 成玄英说："二，阴阳也。三，天地人也。……阳气清浮，升而为天；阴气沉浊，降而为地；二气升降，和气为人。有三才，次生万物。"②

2. 认为这里的"三"指和气，由天地阴阳之气相交而产生，因此，所谓"三生万物"，指的是由和气产生万物。如奚侗说："天地气合而生和，'二生三'也。和气合而生物，三生万物也。"③ 牟钟鉴说："阴阳交感、天地合和，形成各种矛盾的统一体，此即是'三'；……'三'不是数学序列，它有特定的含义，即是'冲气以为和'的和气。"④

3. 认为这里的"三"是"道生一"之"一"与"一生二"之"二"相加之和，并非别的东西。如范应元说："一与二便是三，故曰'二生三'也。……自三以往，生生不穷，故曰'三生万物'也。"⑤ 吴澄说："道自无中生出冲虚之一气；冲虚一气生阳生阴，分而为二；阴阳二气合冲虚一气为三，故曰'生三'，非二与一之外别有三也。"⑥

值得注意的是，在对于"道生一，一生二，二生三，三生万物"的理解中，有一种观点认为，老子这里所说的"一""二""三"，只是表示"道"生万物的一个过程，一种模式，它们并无具体所指，把"一"释为元气、"二"释为阴阳或天地、"三"释为天地人之类都属画蛇添足之举，并不符合老子的本意。如蒋锡昌说："道始所生者一，一即道也。……然有一即有二，有二即有三，有三即有万，至是巧历不

---

① 王卡点校：《老子道德经河上公章句》，中华书局1993年版，第169页。
② 熊铁基、陈红星主编：《老子集成》第1卷，宗教文化出版社2011年版，第319页。
③ 熊铁基、陈红星主编：《老子集成》第13卷，宗教文化出版社2011年版，第18页。
④ 牟钟鉴：《老子新说》，金城出版社2009年版，第133页。
⑤ 范应元：《老子道德经古本集注》，华东师范大学出版社2010年版，第76—77页。
⑥ 熊铁基、陈红星主编：《老子集成》第5卷，宗教文化出版社2011年版，第631页。

能得其穷焉。老子一二三，只是以三数字表示道生万物，愈生愈多之义。如必以一二三为天地人，或以一为太极，二为天地，三为天地相合之和气，则凿矣。"① 刘笑敢说："很明显，'道生一，一生二，二生三'的说法并不是对宇宙万物产生的实际过程的现象的描述，而只是对宇宙生发过程的一个模式化表述。也就是说，这里的一、二、三都不必有确切的指代对象，一是气还是道，二是阴阳还是天地，都不影响这一模式所要演示的实质内容。对一、二、三的任何具体的解释都可能是画蛇添足。"②

那么上述观点中哪一种更为合理呢？笔者认为，这里首先值得我们关注的，便是认为对"一""二""三"不必作具体解释的观点，因为它关系到我们对"一""二""三"的种种具体解释是否费力不讨好，弄巧反拙。详细考察《老子》全书，可以发现，除了本章，其他各章在提到"道"与万物的关系时，均是直接说明"道"生万物、"道"是万物之母或之宗的意思，并无中间环节。那么，老子在此为什么不继续说"道生万物"，而要加上"生一，一生二，二生三，三生万物"的内容呢？若这里的"一""二""三"并无什么具体含义，仅仅是表示一种模式，那么老子为什么要这么做呢？因为这对于惜字如金的老子来说，无疑是十分奢侈或浪费的事情，因此，认为对这里的"一""二""三"的含义不需作具体解释的观点，并不能令人信服。

其次，由前面的介绍可知，有不少学者认为，"道生一"即从"无"生"有"，因此，这里的"一"即"有"，它指的是宇宙万物的本原显现出来的作用。如冯友兰说："《老子》第四十二章说：'道生一，一生二，二生三，三生万物'。这里所说的'一'是指'有'。说'道生

---

① 蒋锡昌：《老子校诂》，成都古籍书店1988年版，第279页。
② 刘笑敢：《老子古今》，中国社会科学出版社2006年版，第467页。

一'等于说'有'生于'无'。"①牟钟鉴也说:"'天下万物生于有,有生于无'。把这句话和四十二章'道生一,一生二,二生三,三生万物'联系起来,那么这里的'有'便是那个'一','无'便是'道'。"②这就说明,这里的"一"的含义,其实是可以把握的,因此,我们不能笼统地说"对一、二、三的任何具体的解释都可能是画蛇添足"③。

再次,对于"一生二"中的"二"的含义,虽然老子没有明确说"二"是什么,但根据前面的论述,把这里的"二"理解为天地,应该是符合老子的思想宗旨的。

最后,在"道生一,一生二,二生三,三生万物"一段文字中,最难解释的是"三"之所指。从前面的介绍可知,学者们有的释"三"为天、地、人,有的释"三"为阴阳之气相交而产生的和气,但是,这样的解释至少存在以下几个方面的问题:一是在《老子》一书中,老子始终强调"道"生万物,而从来没有说过别的什么东西生万物,因此,所谓天、地、人生万物或和气生万物的说法多属注解者的主观猜测,缺乏有说服力的证据。二是众所周知,人为万物之一,因此,说天、地、人生万物,这在逻辑上并不自洽。三是天地生万物的说法亦值得商榷。因为准确的说法,应是万物从天地间生长出来,至于万物为什么能从天地间生长出来,是天地本身就有此功能,还是因为别的原因,是需要进一步讨论的。四是和气生万物的说法亦经不起推敲,因为和气为什么能生万物,和气如何生万物,对此我们皆不得而知。有的学者认为和气即是"一",但这亦只是一种猜测而已,在《老子》一书中找不到相关的证据。

综上所述,笔者认为,要解决"三"是什么的问题,我们首先要

---

① 冯友兰:《中国哲学简史》,北京大学出版社2013年版,第95页。
② 牟钟鉴:《老子新说》,金城出版社2009年版,第126页。
③ 刘笑敢:《老子古今》,中国社会科学出版社2006年版,第467页。

弄清这里的"生"字的确切含义。因为"生"有生育、产生、显现等含义，对"生"字的不同理解，会直接影响对"一""二""三"的含义的理解。一些学者专门强调，这里的"生"，不是生育的"生"，而是演化出、显现出的意思。如庞朴说："老子所说的'生'，是化生，不是派生；是蛋生鸡式的生，不是鸡生蛋式的生。"①刘笑敢说："'生'显然不是'母生子'之'生'，而是类似于'有无相生'或'戎马生于郊'之'生'，是演化出的意思。"②董平说："如果'道即是一'，那么'生'字的理解，就应是'形见''呈现'之意，即'道是通过一来呈现的'或'道呈现为一'。"③

上述观点认为这里的"生"不是"母生子"式的"生"，这是很有道理的，至于是否指化生、演化出等含义，则是值得商榷的。笔者认为，对于这里的"生"，我们不妨理解得更宽泛一些，就是把"生"字之前者理解为前提条件，"生"字之后者理解为自然出现的结果，则所谓"道生一"，便是由"道"而有了一；"一生二"，便是由一而有了二；"二生三"，便是由二而有了三；"三生万物"，便是由三而有了万物。而根据笔者在前面的论述，"一"指的是包含本体与作用的宇宙万物本原，"二"指的是天地，则"道生一"便是指由"道"而有其作用之显现，"一生二"便是由"道"的作用而有了天地，"二生三"便是由天地而有了"三"。那么这个"三"指的是什么呢？笔者认为，较为合理的解释，此"三"应该指天、地和"一"。具体而言，便是由"一"而有了天和地（"二"）；有了天和地（"二"），"一"流行于天地之间，合而称之为"三"；正是有了此"三"，才有了万物。那么为什么说这里的"三"指天、地和"一"呢？具体理由如下。

---

① 庞朴：《"一分为二"说》，载《开放时代》2000年第9期。
② 刘笑敢：《老子古今》，中国社会科学出版社2006年版，第469—470页。
③ 董平：《老子研读》，中华书局2015年版，第187页。

一是根据老子"天下万物生于有"以及学者们关于"一即是有"的观点，真正能产生万物的只能是"一"。而把"三生万物"中的"三"理解为天、地和"一"，便可使"'一'生万物"的观点一以贯之。因为在天、地、"一"三者中，真正起作用的是"一"，天和地只是提供了万物产生的场所，因此，所谓"三生万物"，实即"一生万物"。

二是把"三"理解为"二"与"一"之和，是历代学者中久已有之的一种解释方法，如王弼说："有言有一，非二如何？有一有二，遂生乎三。"[①]吕惠卿说："有一有二，则有三矣，故曰'二生三'。"[②]因此，把这里的"三"释为天、地与"一"相加之和，并非笔者别出心裁，故为曲说。

三是这样的理解使"道""一"、天地、万物之间的关系得到了明确的呈现，十分契合老子的思想宗旨，比把"道生一，一生二，二生三，三生万物"笼统地理解为宇宙生发的模式，从而对"一""二""三"之所指不作具体解释，在思想内容上要显得更为丰富。

第三节 "道"创生养育万物而不以主宰者自居

按照世俗的观念，若一物完全由另一物自主创造，则创造者便自然拥有该创造物，并可以对该创造物发号施令、任意支配。然而，老子指出，"道"虽然创造了天地、万物，但是，"道"除了无私地为天地、万物的存在、生长发展提供条件，却从来不去占有、干涉或宰制万物，即所谓"衣养万物而不为主"（第三十四章）、"生而不有，为而不恃，长而不宰"（第五十一章），等等。对于"道"的这一品性，老子亦称之为"玄德"即深奥玄妙之德。

---

① 楼宇烈校释：《老子道德经注校释》，中华书局2008年版，第117页。
② 吕惠卿：《老子吕惠卿注》，华东师范大学出版社2015年版，第48页。

一、"衣养万物而不为主"——《老子》第三十四章，论"道"对万物的庇护养育

大道泛兮，其可左右。万物恃之而生而不辞，功成不名有。衣养万物而不为主，常无欲，可名于小；万物归焉而不为主，可名为大。（第三十四章）

上引文字着重论述了"道"的特性及"道"与万物的关系：大道广泛流行，创生万物，庇护养育万物，使万物各得其所；然而，大道对万物却无欲无求，既不居功自傲，对万物亦不主宰、不占有。

（一）"万物恃之而生而不辞"中的"辞"的含义

"万物恃之而生而不辞"一句，其中的"万物恃之而生"，学者们多释为万物依赖"道"而生的意思。如成玄英说："一切万物恃赖至道而得生成"①，范应元说："万物依赖于道以生"。②然而，对于"不辞"的含义，学者们则有诸多不同的理解，概括起来，主要有以下三种。

1. 认为"不辞"是不推辞、不拒绝的意思。如唐玄宗说："言万物恃赖冲用而生化，而道不辞以为劳。"③陈鼓应说："万物依赖它生长而不推辞。"④

2. 认为"不辞"是不辞谢即不道谢的意思。如李荣说："物之得生，皆赖大道。……所生者不以为德……不相辞谢也。"⑤杜道坚说："物得以生，曾无辞谢。"⑥

---

① 熊铁基、陈红星主编：《老子集成》第1卷，宗教文化出版社2011年版，第312页。
② 范应元：《老子道德经古本集注》，华东师范大学出版社2010年版，第61页。
③ 熊铁基、陈红星主编：《老子集成》第1卷，宗教文化出版社2011年版，第431页。
④ 陈鼓应：《老子今注今译》，商务印书馆2003年版，第204页。
⑤ 熊铁基、陈红星主编：《老子集成》第1卷，宗教文化出版社2011年版，第367页。
⑥ 熊铁基、陈红星主编：《老子集成》第5卷，宗教文化出版社2011年版，第497页。

3. 认为"不辞"是不说话、不称说的意思。如吴澄说:"万物赖道以生,而道则无言。"① 张默生说:"万物都是由道生的,而道并不自己称说。"②

也有一些学者指出,这里的"不辞"即第二章"万物作焉而不辞"中的"不辞"。如吴澄说:"前章云'万物作而不辞'是也。"③ 董平说:"'不辞',已见第二章"。④ 笔者认为,这种观点是很有道理的。第二章的"万物作焉而不辞"中的"不辞",意为不拒绝、顺应。据此来理解这里的"万物恃之而生而不辞",则其意为万物依靠它生长而不拒绝。换言之,亦即万物依靠它生长而对万物不加干预、任其自然生长的意思。

(二)"不名有"的确切含义

"功成不名有"中的"功成",即成功,具体而言,指"道"创生万物之大功既成。如范应元说:"生物之功既成"⑤。高亨说:"它生长万物的功已成"。⑥ 这里值得我们注意的是"不名有"的意思。

从古今学者对"不名有"的解释来看,值得我们注意的主要有两种观点。一种认为,"不名有"中的"名"是"称"的意思,"有"指有功,因此,"不名有"即不称自己有功。如河上公说:"有道不名其有功也。"⑦ 奚侗说:"功成不以有功自名。"⑧ 一种认为,这里的"名"是"称"的意思,"有"则指占有,因此,所谓"不名有",即"道"生成万物,却并不把万物称为自己的所有物,如唐玄宗说:"言大道生物

---

① 熊铁基、陈红星主编:《老子集成》第5卷,宗教文化出版社2011年版,第626页。
② 张默生:《老子章句新释》,成都古籍书店1988年版,第44页。
③ 熊铁基、陈红星主编:《老子集成》第5卷,宗教文化出版社2011年版,第626页。
④ 董平:《老子研读》,中华书局2015年版,第157页。
⑤ 范应元:《老子道德经古本集注》,华东师范大学出版社2010年版,第61页。
⑥ 高亨:《老子注译》,清华大学出版社2010年版,第60页。
⑦ 王卡点校:《老子道德经河上公章句》,中华书局1993年版,第137页。
⑧ 熊铁基、陈红星主编:《老子集成》第13卷,宗教文化出版社2011年版,第15页。

之功备成，而不以其物为己之有。"① 董平说："道虽然成就了一切万物，但是它也并没有因此而把一切万物称为自己的所有物，也即并不占有万物。"②

在《老子》第二章中，有"生而不有，为而不恃，功成而弗居"一段文字，其中的"生而弗有"指生成万物而不去占有，"功成而弗居"指功业成就而不以功自居。上述两种解释，第一种可谓从"功成而弗居"的角度所作的理解，第二种则可谓从"生而不有"的角度而作的理解。因此，这两种解释均是有道理的。不过，相比之下，第一种解释在意思上要更为顺畅一些，且从古今学者的解释来看，有较多的学者亦取第一种解释。

（三）"衣养"：庇护养育

"衣养万物而不为主"中的"不为主"，指不做主宰，亦即"道"不做万物的主宰，任其自由生长发展。这里需要细加分析的是"衣养"的含义。

关于"衣养"的含义，有的学者认为指"覆育"。如奚侗说："'衣养'，犹云'覆育'。有覆育万物之功，而不为之主"③。董平说："'衣养'，即'覆育'之意，犹言覆盖、涵养。道不仅赋予一切万物以生命，同时还对天下一切万物无不覆育、无不涵养，皆能成就其生命的完全。"④ 有的学者认为指"覆养"，如张默生说："万物都受道的覆养，而道也不自以为主。"⑤ 陈鼓应说："'衣养'犹五十一章的'养之覆之'。'衣'与'覆'，皆是护持之义。'衣养万物'即'护养万物'。"⑥ 高亨

---

① 熊铁基、陈红星主编：《老子集成》第1卷，宗教文化出版社2011年版，第478页。
② 董平：《老子研读》，中华书局2015年版，第157页。
③ 熊铁基、陈红星主编：《老子集成》第13卷，宗教文化出版社2011年版，第15页。
④ 董平：《老子研读》，中华书局2015年版，第158页。
⑤ 张默生：《老子章句新释》，成都古籍书店1988年版，第44页。
⑥ 陈鼓应：《老子今注今译》，商务印书馆2003年版，第203页。

则认为,这里的"衣",是"包",即包容,"衣养"指包容养育:"衣,犹包也。衣包裹人身,引申有包意。'衣养'即包育。……它包容养育万物,而不做主宰。"①

笔者认为,这里的"衣",当读作 yì,指覆盖,故所谓"衣养",亦即"覆养",指庇护养育。因此,所谓"衣养万物而不为主",亦即庇护养育万物而不自以为是主宰。

(四)"常无欲"的内涵及"可名于小""可名为大"的实质

"常无欲,可名于小"中的"常无欲",就文字本身来理解,即永远没有什么欲望。如范应元说:"以其常无纤毫之欲而言之"②。高亨说:"它永远没有私欲"。③至于其确切所指,一些学者指出,它指的是"道"虽然生长养育万物,但是对万物不占有、不主宰,没有什么欲望。如唐玄宗说:"夫道生万物,爱养熟成而不为主宰,于彼万物,常无欲心。"④林希逸说:"万物皆蒙赖其利,而道何尝有主宰之心,湛然而无所欲。"⑤

笔者认为,"常无欲"一句,承接上文"万物恃之而生而不辞,功成不名有。衣养万物而不为主",其中的"不辞""不名有""不为主"只有"无欲"者方能做到,故上述理解都是很有道理的。

"可名于小"中的"于",即"为(wéi)",指"是",因此,"可名于小"即"可名为小",指可以称为"小"或可以说是"小"。这里有两点需要注意:一是"可名于小"中的"小",不是就"道"的形体或作用的大小而言的,而是从"道"的形体或作用隐微无形的角度而言的;二是"可名于小"并非指"道"真的很"小",而是指"道"

---

① 高亨:《老子注译》,清华大学出版社 2010 年版,第 59—60 页。
② 范应元:《老子道德经古本集注》,华东师范大学出版社 2010 年版,第 61 页。
③ 高亨:《老子注译》,清华大学出版社 2010 年版,第 60 页。
④ 熊铁基、陈红星主编:《老子集成》第 1 卷,宗教文化出版社 2011 年版,第 478 页。
⑤ 熊铁基、陈红星主编:《老子集成》第 4 卷,宗教文化出版社 2011 年版,第 509 页。

无私无欲，自处卑小。

"万物归焉而不为主，可名为大"中的"归"字，学者们多释为归附、依附，如王弼说："万物皆归之以生"①，奚侗说："万物自然归附"。②因此，所谓"万物归焉而不为主"，指的是万物都归附"道"，但是"道"不以主宰者自居。

"可名为大"与上句的"可名于小"相对，因此，这里的"可名为大"，亦有两个方面的含义：一方面，"道"生成万物、万物皆依附于"道"，"道"却不以主宰自居，这无疑是极其之"大"、极其伟大的；另一方面，老子在第二十五章明确说过，对于作为宇宙万物本原的"道"，"吾不知其名""强为之名曰大"，意即"道"没有名，"大"只是对"道"勉强命名而已，因此，"道"事实上不可以"大"称之。

（五）围绕"衣养万物而不为主，常无欲，可名于小；万物归焉而不为主，可名为大"文字表述的争议

"衣养万物而不为主，常无欲，可名于小；万物归焉而不为主，可名为大"一段文字，从形式上看，人们很自然地会产生这样的疑问："衣养万物而不为主"与"可名于小"之间有"常无欲"一句，"万物归焉而不为主"与"可名为大"之间则无相应的文字，这种上下两句之间的不对称，会不会存在文字增衍或缺失的情况？

而且，值得注意的是，一些《老子》本子对于该段文字亦有不同的表述，如顾欢的《道德真经注疏》、成玄英的《老子道德经开题序诀义疏》等前面一句均作"衣被万物不为主，可名于小"，无"常无欲"三字；景龙碑本整段文字作"爱养万物不为主，可名为大"，无中间的"常无欲，可名于小；万物归焉而不为主"。针对这样的情况，学者们提出了各种不同的观点，其中影响较大的一种观点，是认为

---

① 楼宇烈校释：《老子道德经注校释》，中华书局2008年版，第86页。
② 熊铁基、陈红星主编：《老子集成》第13卷，宗教文化出版社2011年版，第15页。

"常无欲"三个字系衍文，应删除。如奚侗说："此二句与下二句相偶，各本'可名于小'句上误赘'常无欲'三字，谊不可通。兹从顾欢本删。"①陈鼓应说："〔常无欲〕：这三个字是衍文，删去以后，它的上下文是……两句恰成对文，如果插入'常无欲'一句，显然是赘文，因据顾欢本删除。"②

朱谦之则以景龙碑本为依据，认为不仅"常无欲"三字系衍文，"可名于小；万物归焉而不为主"亦系衍文："此三句必非《老子》本文。'常无欲，可名于小'，当为首章'常无，欲观其妙'之古注。……敦、遂本无'常无欲'三字，亦其证也。'可名于小'一句，与'可名于大'相偶，但审校文义，爱养万物，可名为大，为小义不可通。'万物归焉而不为主'，与上文'爱养万物不为主'，实为重句，可删。以此疑有古注语杂入。证以景龙碑无此三句，其可信，胜他本多矣。"③

然而，马王堆帛书本该段文字作"万物归焉而弗为主，则恒无欲也，可名于小；万物归焉而弗为主，可名于大"，除了个别文字之外，基本上与通行本相同，因此，一些学者明确指出，上述观点不能成立，如高明说："今谳帛书甲、乙本，均有'则恒无欲也，可名于小'等句，朱说'有古注语杂入'，非是。景龙碑无此数句，实为脱误。"④董平说："事实上，这里'常无欲'三字是不能删去的，正因为道'常无欲'，所以才'可名于小'。"⑤

笔者认同高明、董平的观点，河上公本、王弼本、傅奕本等历史上有代表性的《老子》本子均有"常无欲"（或"恒无欲"）的文字，

---

① 熊铁基、陈红星主编：《老子集成》第13卷，宗教文化出版社2011年版，第15页。
② 陈鼓应：《老子注译及评介》，中华书局1984年版，第201页。
③ 朱谦之：《老子校释》，中华书局2017年版，第145页。
④ 高明：《帛书老子校注》，中华书局1996年版，第409页。
⑤ 董平：《老子研读》，中华书局2015年版，第158页。

故此三字应该保留。

二、"生而不有,为而不恃,长而不宰"——《老子》第五十一章,论"道"之"玄德"

> 道生之,德畜之,物形之,势成之。是以万物莫不尊道而贵德。道之尊,德之贵,夫莫之命而常自然。故道生之,德畜之,长之育之,亭之毒之,养之覆之。生而不有,为而不恃,长而不宰,是谓玄德。(第五十一章)

上引文字是第五十一章的全部内容,主要包含两个方面:一是说明"道"和"德"创生、养育了万物,即所谓"道生之,德畜之",故"道"和"德"自然受到万物的尊崇和重视;二是说明"道"和"德"虽然创生、养育了万物,但"道"和"德"却并不因此而占有万物或居功自傲,而是"生而不有,为而不恃,长而不宰",此种只讲奉献而不求回报的德性,老子亦称之为"玄德",即深奥玄妙的德。

这里值得我们重视的是"道"和"德"的关系,因为在本章中,老子屡屡把"道"与"德"并提,如重复说"道生之,德畜之",如说"尊道而贵德",如说"道之尊,德之贵"等。对于这里的"德",学者们或认为指万物得自"道"的本性,或认为指"道"的作用或显现。笔者认为,上述两种理解均有其道理,但在本章中当侧重指"道"的作用或显现,此正如张默生所说:"老子所说的道德,只是一件事。道是德的'体',德是道的'用'。单说本体,就称'道';单说功用,就称'德';体用同说,就称'道德'。本章多言道的功用,故结之以'玄德'。"①

---

① 张默生:《老子章句新释》,成都古籍书店1988年版,第67页。

（一）"道生之"的实质及"德畜之"的内涵

"道生之"中的"之"，古今学者一致认为，它指的就是万物，因此，"道生之"即"道"生万物。如河上公说："道生万物。"①蒋锡昌说："'道生之'，言道生万物也。"②

有的学者则进一步强调说，所谓"道"生万物，是从根源或本原上说的。如牟钟鉴说："万物的形成，从根源上说皆生于大道，故曰'道生之'"③。董平说："'道生之'，是就本原而言，一切物都以道为'生'的根据。"④笔者认为，这样的强调是有道理的，所谓"道"生万物，是指万物皆来源于"道"，而不是说就像母生子一样，"道"把万物一一生了出来。

"德畜之"中的"之"，与"道生之"中的"之"一样，指的亦是万物。对于其中的"畜"字，学者们多释为"畜养""养"。如成玄英说："上德慈救，畜养群生。"⑤范应元说："畜，养也。生物者道也，养物者德也。"⑥因此，这里需要展开分析的是"德"的含义。

关于"德"的含义，学者们主要有以下三种理解。

1.认为"德"即"一"。如河上公说："德，一也。一主布气而畜养〔之〕。"⑦杜道坚说："德，物之族也，一之未形者在焉。"⑧

2.认为"德"是"道"与万物之间的一个阶段，"道"是"无"，"德"则是"道"的显现，是"有"。如林希逸说："道，自然也，无

---

① 王卡点校：《老子道德经河上公章句》，中华书局1993年版，第196页。
② 蒋锡昌：《老子校诂》，成都古籍书店1988年版，第316页。
③ 牟钟鉴：《老子新说》，金城出版社2009年版，第163页。
④ 董平：《老子研读》，中华书局2015年版，第207页。
⑤ 熊铁基、陈红星主编：《老子集成》第1卷，宗教文化出版社2011年版，第325页。
⑥ 范应元：《老子道德经古本集注》，华东师范大学出版社2010年版，第90页。
⑦ 王卡点校：《老子道德经河上公章句》，中华书局1993年版，第196页。
⑧ 熊铁基、陈红星主编：《老子集成》第5卷，宗教文化出版社2011年版，第505页。

也,……德则有迹矣,故曰畜之。畜者,有也。"① 汤漳平等说:"德:即道之德,道的功能和作用。"②

3.认为"德"是万物得自"道"的特性,如唐玄宗说:"德,得也;畜,养也。谓万物得道用,而能畜养斯形。"③ 张岱年说:"德是一物所得于道者。德是分,道是全。一物所得于道以成其体者为德。德实即是一物之本性。"④

在上述三种理解中,前两种理解的实质是一样的,即都认为"德"是"道"的作用的显现,只不过第一种理解明确把这种显现称为"一",因此,上述三种理解亦可归纳为两类理解。但是,这两类理解却存在实质性的区别:第一类理解把"德"视为高于万物的存在,认为是它畜养了万物;第二类理解则把"德"视为万物本身具有的特性,因此,所谓"德畜之",指的是万物自己畜养自己。那么,哪一类理解更有道理呢?

笔者认为,这里的"德",应当侧重于指"道"的作用的显现,它包括两个方面的内容:其一为赋予万物以"道"的特性;其二为畜养万物。因为既然把"畜之"理解为畜养万物,则仅把"德"理解为万物得自"道"的特性,而认为"德畜之"指万物自己畜养自己,这样的理解无疑是很别扭的。

(二)"物形之":赋予万物以不同的形状

对于"物形之"一句的含义,学者们的理解则存在很大的分歧,其中较具代表性的主要有以下三种理解。

1.认为"物形之"指万物各有其形象或形态,如李荣说:"生畜于

---

① 熊铁基、陈红星主编:《老子集成》第4卷,宗教文化出版社2011年版,第516页。
② 汤漳平、王朝华译注:《老子》,中华书局2014年版,第206页。
③ 熊铁基、陈红星主编:《老子集成》第1卷,宗教文化出版社2011年版,第492页。
④ 张岱年:《中国哲学大纲》,中华书局2017年版,第69页。

物,物各有形。"① 林希逸说:"物则有形矣,故曰'物形之'。"② 陈鼓应说:"万物呈现各种形态。"③

2. 认为"物形之"中的"物"指的是物种,因此,所谓"物形之"指不同类型的物种形成万物,如奚侗说:"万物皆种也,以不同形相禅,而各肖其形。"④ 蒋锡昌说:"'物'指各类生物不同形之物种而言,如马相禅为马,狗相禅为狗,人相禅为人是也。……'物形之',言各类不同形之物种形成万物也。"⑤

3. 认为"物形之"指《周易》中所说的"品物流形",即万物运动变化其形体,如唐玄宗说:"道生德畜,品物流形,故云'物形之'。"⑥ 吴澄说:"形之者,因春生之物长之于夏,以盛大其形,品物流形之亨也。"⑦

此外还有别的理解,如河上公认为"物形之"的主语是"一",因此"物形之"指"一为万物设形象也"。⑧ 成玄英认为"物形之"是对"道生之"的进一步解释,指物因为禀有"道"而具有形质:"'物形'言禀道而有形质。此释'道生之'也。"⑨ 苏辙认为"物形之"中的"之"指"道"和"德","物形之"指"道"和"德"凭借物而得以显现:"然而道德则不能自形,因物而后形见。"⑩ 等。

由上文可知,要弄清"物形之"的含义确实是存在很大难度的。但是,上述第一种理解把"物形之"释为万物各有其形象或形态,无

---

① 熊铁基、陈红星主编:《老子集成》第1卷,宗教文化出版社2011年版,第375页。
② 熊铁基、陈红星主编:《老子集成》第4卷,宗教文化出版社2011年版,第516页。
③ 陈鼓应:《老子今注今译》,商务印书馆2003年版,第263页。
④ 熊铁基、陈红星主编:《老子集成》第13卷,宗教文化出版社2011年版,第20页。
⑤ 蒋锡昌:《老子校诂》,成都古籍书店1988年版,第316页。
⑥ 熊铁基、陈红星主编:《老子集成》第1卷,宗教文化出版社2011年版,第492页。
⑦ 熊铁基、陈红星主编:《老子集成》第5卷,宗教文化出版社2011年版,第634页。
⑧ 王卡点校:《老子道德经河上公章句》,中华书局1993年版,第196页。
⑨ 熊铁基、陈红星主编:《老子集成》第1卷,宗教文化出版社2011年版,第325页。
⑩ 熊铁基、陈红星主编:《老子集成》第3卷,宗教文化出版社2011年版,第21页。

疑有简单化之嫌，因为说万物各有其形象或形态，是极其普通的常识，惜墨如金的老子似没有必要在此重复这样的常识。第二种理解把"物"释为物种，认为"物形之"指不同的物种形成了万物，这在逻辑上虽颇能自圆其说，但说这里的"物"指物种，毕竟属于一种纯粹主观的猜测，因为我们在《老子》一书中找不到其他的旁证。第三种理解认为"物形之"指"万物流形"，即万物运动变化其形体，亦比较牵强。因此，相比之下，河上公和成玄英的理解反而更值得我们注意。河上公与成玄英的具体解释虽然并不相同，但都认为"物形之"指赋予万物以形象，不同的只是河上公认为此形象是"一"赋予的，而成玄英认为是"道"赋予的，当然，"道"与"一"在本质上亦是相通的。因此，笔者认为，以河上公和成玄英的理解为基础，把"物形之"释为赋予万物以不同的物的形状，是一种相对合理的解释。

（三）"势成之"的内涵及其是否应作"器成之"

对于"势成之"的含义，学者们亦是众解纷纭。其中值得我们注意的，主要有以下三种观点。

1. 认为"势"指阴阳、寒暑等各种客观的外部环境条件，"势成之"指这些环境条件使万物得以成长或成就。如河上公说："一为万物作寒暑之势以成之。"[1] 唐玄宗说："'势成'者，言道为万物作天时地利，阴阳之势，而物资之以成，故云'势成之'。"[2] 蒋锡昌说："'势'指各物所处之环境而言，如地域之变迁，气候之差异，水陆之不同是也。……'势成之'，言各物所处之环境造成万物。"[3]

2. 认为"势"指事物内蕴的某种必然的趋向，"势成之"指此种必然的趋向使事物得以完成或成就。如吕惠卿说："已有形矣，则裸

---

[1] 王卡点校：《老子道德经河上公章句》，中华书局1993年版，第196页。
[2] 熊铁基、陈红星主编：《老子集成》第1卷，宗教文化出版社2011年版，第492页。
[3] 蒋锡昌：《老子校诂》，成都古籍书店1988年版，第316页。

者不得不裸,鳞介羽毛者不得不鳞介羽毛,以至于幼壮老死不得不幼壮老死,皆其势之必然也。"①张默生说:"物既成形,则形形相生,以成其为万物,而永无穷尽。此必有一种力主乎其中,这种力,即叫做势。"②

3."势成之"中的"势",帛书甲乙本作"器",据此,高明认为,这里应作"器成之",意为"所成者器也":"旧注皆以'势'为本字,解释为形势、趋势、气候或环境等多种意义。……恐皆未达《老子》本义。按物先有形而后成器,……夫物生而后则畜,畜而后形,形成而为器。其所由生者道也,所畜者德也,所形者物也,所成者器也。"③

一些学者亦持与高明相同的观点,认为这里应作"器成之"。如高亨说:"器,各本作'势',汉帛书甲乙两本均作'器',今据改。'器成之',器成其器。"④刘笑敢说:"传世本'势成之',帛书本均作'器成之'。比较起来,帛书本'道、德、物、器'的排列更符合从高到低、从抽象到具体的逻辑顺序。"⑤

笔者认为,万物的成就或完成,既需要客观的外部环境,又受其内在的必然趋势的影响,因此,把以上第一、第二两种理解结合起来,把"势"释为客观的环境和趋势,当更为完整。故所谓"势成之",当指的是客观的环境和趋势成就万物。当然,此客观的环境和趋势亦是由"道"创造的,此正如河上公所说:"一为万物作寒暑之势"⑥。唐玄宗亦说:"道为万物作天时地利,阴阳之势"。⑦

---

① 吕惠卿:《老子吕惠卿注》,华东师范大学出版社 2015 年版,第 56 页。
② 张默生:《老子章句新释》,成都古籍书店 1988 年版,第 67 页。
③ 高明:《帛书老子校注》,中华书局 1996 年版,第 70 页。
④ 高亨:《老子注译》,清华大学出版社 2010 年版,第 85 页。
⑤ 刘笑敢:《老子古今》,中国社会科学出版社 2006 年版,第 530 页。
⑥ 王卡点校:《老子道德经河上公章句》,中华书局 1993 年版,第 196 页。
⑦ 熊铁基、陈红星主编:《老子集成》第 1 卷,宗教文化出版社 2011 年版,第 492 页。

至于第三种理解，认为"势成之"应改为"器成之"，虽然也有一定的道理，但笔者不赞成直接把这里的原文改为"器成之"，因为历史上流传的有代表性的《老子》本子多作"势成之"，帛书本作"器成之"仅为孤证，不宜据此孤证便直接改变原文。

接下来的"是以万物莫不尊道而贵德"一句，意为所以万物没有不尊奉道而崇尚德的。这个意思比较好理解，因为"道生之，德畜之"，"道"生成万物，"德"养育万物，万物自然就要尊崇道和德了，如蒋锡昌说："无道与德则不能生畜；不能生畜，则物固不能形势，亦无所成，是以万物莫不尊道而贵德也。"①

（四）"道生之，德畜之"是否应作"道生之畜之"

"故道生之，德畜之"两句，成玄英的《老子道德经开题序诀义疏》、陆希声的《道德真经传》、吴澄的《道德真经注》等作"故道生之畜之"，没有其中的"德"字。对此，上述学者认为，之所以本章开头作"道生之，德畜之"，而这里省略"德"字，是因为"德"是"道"之作用和显现，说"道"就已经包含了"德"。如成玄英说："重叠前文，以生后句。而直举道，不言德者，明德不异道，而文略也。"②陆希声说："然道者真精之体，德者妙物之用，体可以兼用，用不可以兼体。道可以兼德，德不可以兼道。故禀其精谓之生，含其炁谓之畜。"③

上述观点得到一些当代学者的认同。如劳健认为，传世本中的"德"字系衍文，应删："傅与河上本、诸王本作'道生之，德畜之'，误同首二句，衍'德'字。"④而且，值得注意的是，帛书甲乙本亦均作"道生之畜之"，无"德"字。因此，一些学者认为，传世本中的

---

① 蒋锡昌：《老子校诂》，成都古籍书店1988年版，第316—317页。
② 熊铁基、陈红星主编：《老子集成》第1卷，宗教文化出版社2011年版，第325页。
③ 熊铁基、陈红星主编：《老子集成》第1卷，宗教文化出版社2011年版，第607页。
④ 熊铁基、陈红星主编：《老子集成》第15卷，宗教文化出版社2011年版，第330页。

"德"字系后人所加，而且加了"德"字后，使该段文字的意思发生了"不合老子的基本思想"的改变。如刘笑敢说："'德畜之'一句，帛书甲乙本均作'畜之'，没有'德'字，与下文'长之，遂之，亭之，毒之……'一以贯之。从文义和句式看，帛书本更通顺。传世本显然是根据本章第一段的内容将'畜之'改为'德畜之'，以求一致，却造成了本段文义的改变。按照传世本，'德畜之'以下'长之，遂之，亭之，毒之……'的主语都是'德'，而帛书本的主语自始至终都是'道'。按照传世本，'道'的作用和'德'的作用分成两截，不合老子的基本思想。"① 汤漳平等说："依帛书本，则此句连下文为'道生之畜之，长之育之，亭之毒之，养之覆之'，文气顺畅，一意贯通，是形容道之生养万物。传世本为求行文整齐一致，据本章开头'道生之，德畜之'之句，而添一'德'字，致使文意有所不通。……违背了老子的思想。"②

以上观点虽有一定的道理，不过，笔者认为，这里还是以作"道生之，德畜之"为妥，理由如下。

一是河上公本、王弼本、傅奕本、景龙碑本等历史上影响较大的《老子》本子多作"道生之，德畜之"，当代出版的不少《老子》注译著作亦作"道生之，德畜之"，说明大多数学者认同这种文字表述。

二是"道生之，德畜之"与"道生之畜之"的意思是完全相同的，因为老子在本章开头说"道生之，德畜之"，"畜之"的主语是"德"，则"道生之畜之"中虽无"德"字，"畜之"的主语也应是"德"，故成玄英、吴澄等才会说，"道生之畜之"中之所以省略了"德"字，是因为"道"包含"德"，所以"德"字可省略。

三是从文字表述前后一致的原则来看，前面既说"道生之，德畜

---

① 刘笑敢：《老子古今》，中国社会科学出版社2006年版，第531页。
② 汤漳平、王朝华译注：《老子》，中华书局2014年版，第207页。

之",则后面便不宜说"道生之畜之",虽然只是一字之略,但显得很不严谨。

（五）"长之育之,亭之毒之,养之覆之"——"道"养育并保护万物

对于"长之育之,亭之毒之,养之覆之"中"长之育之"的含义,学者们主要有以下三种理解。

1. 认为"长"是增加、增进的意思,"育"是抚养、抚恤的意思。如李荣说："进益曰长,抚恤曰育。"① 唐玄宗说："增进曰长,抚字曰育。"②

2. 认为"长之育之"指"长育",即养育、使之长大。如高亨说："所以道产生天地,德畜养万物,长育万物。"③ 张默生说："道与德虽是长育万物"。④

3. 认为"长"指使万物成长或生长,"育"指使万物发育或发展。如任继愈说："使万物成长、发展。"⑤ 汤漳平等说："使它们成长,使它们发育。"⑥

因为"长"和"育"都是多义字,故对它们的含义当然可以作出各种不同的理解。不过,笔者认为,对这里的"长"和"育"的含义应当结合前面的"道生之,德畜之"来进行理解。我们在前面已经说过,"道生之"中的"生"指生成、产生的意思,"德畜之"中的"畜"指畜养、养育的意思,则在对"长之育之"的理解上至少应遵循两点：一是要把"长"和"育"作两个不同的意思来理解,不能笼

---

① 熊铁基、陈红星主编：《老子集成》第1卷,宗教文化出版社2011年版,第375页。
② 熊铁基、陈红星主编：《老子集成》第1卷,宗教文化出版社2011年版,第492页。
③ 高亨：《老子注译》,清华大学出版社2010年版,第85页。
④ 张默生：《老子章句新释》,成都古籍书店1988年版,第67页。
⑤ 任继愈：《老子绎读》,国家图书馆出版社2015年版,第112页。
⑥ 汤漳平、王朝华译注：《老子》,中华书局2014年版,第208页。

统地称之为"长育";二是"畜"是畜养、养育的意思,则"长之育之"的"育"便不宜释为抚养。因此,笔者认为,这里的"长之"可释为使万物成长的意思,"育之"可释为使万物繁殖(取"育"的生育之义)。

对于"亭之毒之"的含义,学者们在理解上的分歧亦较多,概括起来,主要有以下三种理解。

1. 认为"亭"是"定"的意思,"毒"是"安"的意思,因此,"亭之毒之"即使万物安定的意思。如奚侗说:"亭之毒之,谓定之安之也。"① 蒋锡昌说:"'亭之毒之',犹云定之安之也。"②

2. 认为"亭"即"成","毒"即"熟",因此,"亭之毒之"即"成之熟之"。如高亨说:"'亭'读为'成','毒'读成'熟'。……成熟万物。"③ 劳健说:"'亭''毒'与'成''熟'声韵皆相近,或古有互训之义。'亭''毒'犹'成''熟'也。"④

3. 认为"亭"是结果实的意思,"毒"是成熟的意思。如张松如说:"促它结籽促它成熟。"⑤ 任继愈说:"使万物结果、成熟。"⑥

值得注意的是,"亭之毒之"一句,河上公本作"成之孰之",景龙碑本作"成之熟之",因"孰"为"熟"之古字,故"成之孰之"即"成之熟之"。对此,蒋锡昌认为,这里应作"亭之毒之":"诸本'亭之毒之'作'成之熟之',非是。"⑦ 另外,帛书乙本亦作"亭之毒之"(甲本残损),故高明认为,《老子》原本应作"亭之毒之"。⑧

---

① 熊铁基、陈红星主编:《老子集成》第13卷,宗教文化出版社2011年版,第20页。
② 蒋锡昌:《老子校诂》,成都古籍书店1988年版,第319页。
③ 高亨:《老子注译》,清华大学出版社2010年版,第85页。
④ 熊铁基、陈红星主编:《老子集成》第15卷,宗教文化出版社2011年版,第330页。
⑤ 张松如:《老子说解》,齐鲁书社1998年版,第288页。
⑥ 任继愈:《老子绎读》,国家图书馆出版社2015年版,第112页。
⑦ 蒋锡昌:《老子校诂》,成都古籍书店1988年版,第319页。
⑧ 高明:《帛书老子校注》,中华书局1996年版,第72—73页。

综上所述，笔者认为，考虑到王弼本、傅奕本及帛书乙本该句文字均作"亭之毒之"，故这里还是以作"亭之毒之"为妥。至于"亭之毒之"的含义，笔者认为，在上述三种理解中，第三种理解释"亭"为结果实，然而，"亭"字并无结果实的义项，故此种理解不确。第二种理解释"亭"为"成"，释"毒"为"熟"，当是受有的本子原文作"成之熟之"的影响，笔者认为亦不是很恰当。因此，笔者倾向于作第一种理解，释"亭"为"定"，"毒"为"安"，故"亭之毒之"即使万物稳定平安。

对于"养之覆之"中"覆"字的含义，学者们大多认为指庇护、保护。然而，对于其中的"养"字的含义，学者们则存在较多的争论。如李荣的《道德真经注》和《唐玄宗御制道德真经疏》均释为"资给曰养"，所谓"资给"，即资助供应的意思。如任继愈的《老子绎读》、陈鼓应的《老子今注今译》均释为"爱养"，所谓"爱养"，即爱护养育。另外也有释为"滋养""抚养"或"培养"的。这些理解，具体表述各异，但大致意思都差不多。笔者认为，这里的"养"，不妨释为"资养"，"资养"有供养、供给生活所需的意思，可较好地代表以上各种理解的含义。故所谓"养之覆之"，便是使万物得到资养、庇护。

（六）第五十一章"生而不有，为而不恃，长而不宰，是谓玄德"的含义及其与第十章中相同文字之关系

第五十一章的结尾之句"生而不有，为而不恃，长而不宰，是谓玄德"，意为生成万物而不去占有，有作为而不自恃其能，使万物成长而不做主宰，这叫作深奥玄妙的德。强调了"道"作为万物的创生者却不矜不夸、不把万物作为自己的私有之物的品性。

关于本段文字，值得我们注意的主要有两个方面：一是"玄德"的含义，二是其与第十章结尾的文字之间的关系。

老子把"生而不有，为而不恃，长而不宰"之德称为"玄德"，

从字面意思来看,"玄德"即深奥玄妙之德,那么老子为什么要把这样的德称为"玄德"呢?"玄德"的确切含义又是什么呢?综合古今学者的各种解释,可以发现,对于"玄德"主要有以下两种理解。

1. 认为"玄德"指上德、至德,即最高的德行。如奚侗说:"玄德,犹云至德"。[①]董平说:"在老子那里,'玄德'乃是最高德行。"[②]笔者认为,能生长万物、养育万物,使万物各遂其性,却不以功自居,更不因此去占有、宰制万物,这样的德行,是普通人望尘莫及的,当然可以称之为至高之德。

2. 认为此"玄德"是"道"之"德",而"道"是"玄之又玄"、幽深莫测的,所以,称这种德为"玄德",强调的是其幽冥难知、不可得见的特性。如河上公说:"言道德玄冥,不可得见,欲使人如道也。"[③]苏辙说:"其道既足以生畜万物,又能不有、不恃、不宰,虽有大德,而物莫之知也,故曰玄德。"[④]

笔者认为,这里的"玄德",应该同时包含上述两种含义,因此,所谓"玄德",指的便是幽深莫测的最高之德。

因该段文字与第十章结尾的文字一模一样(且其中的"生而不有,为而不恃"又见于第二章),故这里值得我们注意的是造成这种重复的原因和其实质。一些学者认为,因为第十章中的文字作"生之,畜之,生而不有,为而不恃,长而不宰,是谓玄德",比本章作"故道生之,德畜之,长之育之,亭之毒之,养之覆之。生而不有,为而不恃,长而不宰,是谓玄德"要简略,且其内容与上文存在脱节现象,故第十章中的这些文字系错简重出。笔者认为,本章中的"生而不有,为而不恃"等文字是就"道"创生、养育万物而不居功、不占

---

① 熊铁基、陈红星主编:《老子集成》第13卷,宗教文化出版社2011年版,第6页。
② 董平:《老子研读》,中华书局2015年版,第82页。
③ 王卡点校:《老子道德经河上公章句》,中华书局1993年版,第36页。
④ 熊铁基、陈红星主编:《老子集成》第3卷,宗教文化出版社2011年版,第5页。

有而言的，第十章中的相同文字则是就圣人参赞天地之化育、治理天下之人民而不据为己有、不居功自傲而言的，因此，两者的文字虽同，主语和具体内涵却并不相同；而两者之间文字的相同，恰好说明了圣人完全是效法大道而行。故第十章中的类似文字不应视为是错简重出。

第三章

修道得道的途径和具体方法

前面两章讲述了老子之"道"的确切含义、"道"与万物的关系以及"道"之本体的特点等,从中可以得知:"道"是宇宙万物的本原,宇宙万物都是由"道"创造的,并受到"道"的庇护、养育,然而,"道"却不以主宰者自居,而一任万物自由自在地生长、发展;"道"包含本体和作用两个方面,其本体无声无形,不可捉摸,无法命名,其作用表现为创生宇宙万物,并作为宇宙万物变化发展的内在根据、动力。

人作为宇宙万物的一分子,当然也是由"道"创造的。然而,值得我们注意的是,老子把人与"道"、天、地并列,视作域中"四大"之一,并提出了"人法地,地法天,天法道,道法自然"(第二十五章)的效法系列,这就使人在宇宙万物中处于一个非常特殊的位置:其他万物都是被动地受规律的支配,人的活动却具有主观能动性,他可以选择服从"道"的原则,如"人法地""侯王若能守之"(第二十二章、第三十七章)、"圣人抱一为天下式"(第二十二章)之类,也可以选择违背"道"的原则,如"不知常,妄作凶"(第十六章）、"物壮则老，是谓不道"（第三十章）、"下士闻道，大笑之"（第四十一章）之类。那么，人应该怎样正确地对待或处理与"道"的关系呢？对此，老子的态度是很明确的，人应该服从"道"的原则，并最终实现与大道合一："孔德之容，惟道是从"（第二十一章），"上士闻道，勤而行之"（第四十一章），"万物莫不尊道而贵德"（第五十一章），等等。

那么，所谓与大道合一，其实质内涵又是什么呢？从老子的相关论述来看，这便是能从内心体悟到大道的存在，并获得与大道一样的特性。那么，具体而言，人又怎样才能与大道合一呢？对此，《老子》一书中提出了各种具体的方法，如"致虚极，守静笃"（第十六章）、"知其雄，守其雌"（第二十八章），等等。深入分析这些方法，笔者认为，它们大致可以分为两类，一类是通过内在的心灵修炼以求得道，如"涤除玄览"（第十章）、"塞其兑，闭其门"（第五十二章、第五十六章）之类；一类是通过对"道"的原则的遵行以求得道，如"执今之道，以御今之有，能知古始"（第十四章）、"自今及古，其名不去，以阅众甫"（第二十一章）之类。

那么为什么通过上述两种途径便可实现与大道合一呢？这是因为，在老子看来，虚无自然，无思无欲，柔弱无为，这是"道"的基本特性，因此，人若能通过修炼，使自己的心灵保持像"道"那样虚无自然、无思无欲、柔弱无为的状态，便可达到与"道"合一的境界。对此，老子有明确的论述："故从事于道者，同于道；……同于道者，道亦得之"。（第二十三章）

第一节 "塞兑""闭门""涤除玄览"——通过内在的心灵修炼来悟道

老子之"道"包含本体和作用两个方面，其本体无声无形，不可捉摸，无法命名，然而，在《老子》一书中，却又有不少关于"道"之本体的描述，如说"道""其上不皦，其下不昧"（第十四章）、"道之为物，惟恍惟惚"（第二十一章），等等。那么，老子是依据什么对"道"之本体作出此类描述的呢？对此，一些学者认为，老子是通过静坐修炼而悟到此"道"的存在的。如吕惠卿说："此三者（指'视之不见''听之不闻''搏之不得'——引者）终不可致诘也。不可以致诘，则黜聪明，离形去智，而吾得之矣。"① 这就说明，"道"之本体虽然看不见、听不到、摸不着，但是通过"黜聪明，离形去智"，即泯灭聪明、弃去形体与智慧的修炼，却可以体悟到"道"的恍惚若存的状态。笔者认为，吕惠卿的观点是很有道理的，因为在《老子》一书中，有大量相关的论述，如说"涤除玄览，能无疵乎？"（第十章）、"是以圣人为腹不为目"（第十二章）、"致虚极，守静笃。万物并作，吾以观复"（第十六章）、"塞其兑，闭其门，挫其锐，解其纷，和其光，同其尘，是谓玄同"（第五十六章），等等，说明在老子看来，通过排除外物的干扰，清除内心的欲望，使精神达到虚无至极的状态等心灵的内在修炼，便可体悟到大道的存在。

一、"涤除玄览"——《老子》第十章，要求清除心灵中的尘垢

载营魄抱一，能无离乎？专气致柔，能婴儿乎？涤除玄览，能无疵乎？（第十章）

在上引文字中，老子向我们介绍了一种通过结聚精气、排除杂念来达到对"道"的体悟的方法。

（一）对"营魄"的各种不同解释及"抱一"的含义

关于"营魄"的含义，学者们有多种解释，如有的释为魂魄，有

---

① 吕惠卿：《老子吕惠卿注》，华东师范大学出版社2015年版，第15页。

的释为阴魄,有的释为护魄,有的释为明魄,等等。现择要予以介绍。

1.认为"营魄"指魂魄。据现有资料,释这里的"营魄"为魂魄,最早当由河上公提出:"营魄,魂魄也。人载魂魄之上得以生,当爱养之。喜怒亡魂,卒惊伤魄。魂在肝,魄在肺。"[①]释"营魄"为魂魄,实质上便是以"魂"释"营",历代有不少学者都认同这种理解,如林希逸说:"营,魂也,神也。魄,精也,气也。"[②]魏源说:"营魄,即魂魄也。"[③]高亨说:"营魄即灵魄,亦即魂魄矣。"[④]

那么魂魄又是什么意思呢?当代人通常把它理解为附在人体内可以脱离人体而存在的精神,并认为这是一种迷信的观念。然而,在一些古代学者看来,魂与魄是存在明显区别的,他们认为,魂为阳为实,魄为阴为虚,人初生时为虚魄,之后阳气充盈而为魂,只有保持阳气充盈,人才能免于死亡。如成玄英说:"营魂是阳神,……魄是阴神,……魂性雄健,好受喜怒;魄性雌柔,好受惊怖。惊怖喜怒,皆损精神,故修道之初,先须拘魂制魄,使不驰动也。"[⑤]唐玄宗说:"人受生始化,但有虚象魄然,既生则阳气充满虚魄。魄能运动,则谓之魂,……故春秋子产曰:人生始化曰魄。既生魄,阳为魂,言人初载虚魄,当营护阳气,常使充满,则得生全。若动用不恒,消散阳气,则复成虚魄而死灭也。"[⑥]

不过,也有学者认为,魂魄本为一物,把魂魄分为二物,是就精神的不同状态而言的,精神清虚则魂魄归一,精神浊乱则魂魄分而为二。如焦竑说:"古者魂魄或合而言之,《左氏》'心之精爽是谓魂魄'

---

① 王卡点校:《老子道德经河上公章句》,中华书局1993年版,第34页。
② 熊铁基、陈红星主编:《老子集成》第4卷,宗教文化出版社2011年版,第500页。
③ 魏源:《老子本义》,华东师范大学出版社2010年版,第30页。
④ 熊铁基、陈红星主编:《老子集成》第14卷,宗教文化出版社2011年版,第37页。
⑤ 熊铁基、陈红星主编:《老子集成》第1卷,宗教文化出版社2011年版,第294页。
⑥ 熊铁基、陈红星主编:《老子集成》第1卷,宗教文化出版社2011年版,第457页。

是也。……大氐清虚则魄即为魂，住著则魂即为魄。如水凝则为冰，泮则为水，其实一耳。"① 魏源说："心之精爽，是谓魂魄，本非二物。然魂动而魄静，苟心为物役，离之为二，则神不守舍，而血气用事。惟抱之为一，使形神相依，而动静不失，则魂即魄，魄即魂，何耗何昏，乃可以长存。"②

既然魂和魄是就精神的不同状态而言的，因此，有的学者干脆直接称魂魄为精神。如蒋锡昌说："'营魄'，魂魄也，即今语所谓精神。"③ 劳健说："魂魄犹精神，……旧说每以阳魂阴魄为解，多失之牵合缴绕。"④

2. 认为"营魄"指"止魄"，即静止之魄。如王安石说："营，止也。……魄，阴也，故常静。……魄常至于止。"⑤ 苏辙说："魄之所以异于魂者，魄为物，魂为神也。……魄为物，故杂而止；……谓之营魄，言其止也。"⑥ 以"止"即静止释"营"，是因为魄属阴、属形、"为物"，因此，也有学者认为，"营魄"即"阴魄"，实际上也就是指人的形体。如朱谦之说："魄，形体也，与魂不同，……此云'营魄'即阴魄。"⑦ 董平说："'营魄'即是'形魄''体魄'。形体质实为阴，精神轻清为阳，故'营魄'也即'阴魄'。……简单说，这里的'营魄'，实际上即是指'形体'。"⑧

3. 认为"营魄"指护魄，"营"是护，即卫护的意思。如李荣说："营，护也。魄，身神也。……身清则魂魄安，心浊则真神远，绝虑

---

① 焦竑：《老子翼》，华东师范大学出版社2011年版，第26页。
② 魏源：《老子本义》，华东师范大学出版社2010年版，第30页。
③ 蒋锡昌：《老子校诂》，成都古籍书店1988年版，第56页。
④ 熊铁基、陈红星主编：《老子集成》第15卷，宗教文化出版社2011年版，第296页。
⑤ 容肇祖：《王安石老子注辑本》，中华书局1979年版，第16—17页。
⑥ 熊铁基、陈红星主编：《老子集成》第3卷，宗教文化出版社2011年版，第4页。
⑦ 朱谦之：《老子校释》，中华书局2017年版，第40页。
⑧ 董平：《老子研读》，中华书局2015年版，第79页。

以守神，故言营。"①唐玄宗说："营，护也。……令营护虚魄，使复阳全生。"②

以上是关于"营魄"的三种较具代表性的解释，究竟哪种观点更有道理，将在后面一并分析。

关于"抱一"的含义，历代学者主要有以下四种理解。

1. 认为"抱一"指抱"道"，"抱"是抱守、持守的意思，"一"即"道"。如李荣说："一，道也。……灰心无有二，故言一。"③张默生说："'抱一'，即是抱道。"④

2. 认为"抱一"指抱守"道"所始生之"一"。如河上公说："言人能抱一，使不离于身，则〔身〕长存。一者，道始所生，太和之精气也，故曰一。"⑤陆希声说："一者，道之子。营其始，抱其子，则神与形不相离矣。"⑥

3. 认为"抱一"指抱守精神，这里的"一"，指气、魂或精神。如朱谦之说："抱如鸡抱卵，一者，气也，魂也，抱一则以血肉之躯，守气而不使散泄。"⑦董平说："'一'是元阳之气，指魂而言，也即所谓'精神'。……精神轻清，故云'抱'。"⑧

4. 认为"抱一"指合一，也就是使魂与魄、精神与身体合一。如林希逸说："抱者，合也，其意盖曰能合而一之使无离乎。"⑨陈鼓应说："抱一：合一。……本章的'抱一'，指魂和魄合而为一。"⑩

---

① 熊铁基、陈红星主编：《老子集成》第1卷，宗教文化出版社2011年版，第354页。
② 熊铁基、陈红星主编：《老子集成》第1卷，宗教文化出版社2011年版，第457页。
③ 熊铁基、陈红星主编：《老子集成》第1卷，宗教文化出版社2011年版，第354页。
④ 张默生：《老子章句新释》，成都古籍书店1988年版，第12页。
⑤ 王卡点校：《老子道德经河上公章句》，中华书局1993年版，第34页。
⑥ 熊铁基、陈红星主编：《老子集成》第1卷，宗教文化出版社2011年版，第588页。
⑦ 朱谦之：《老子校释》，中华书局2017年版，第40页。
⑧ 董平：《老子研读》，中华书局2015年版，第79页。
⑨ 熊铁基、陈红星主编：《老子集成》第4卷，宗教文化出版社2011年版，第500页。
⑩ 陈鼓应：《老子今注今译》，商务印书馆2003年版，第109页。

除了上述，关于"抱一"的含义，学者们还有各种解释。如唐玄宗认为，"一"是淳一不杂的意思，"抱一"即"抱守淳一"："一者，不杂也。复阳全生，不可染杂，故令抱守淳一。"① 蒋锡昌认为，"抱一"指道家的一种专心于一念的养生方术："'抱一'者，专心于一念之谓。……乃古时道家一种卫生之术也。"② 等。这种种不同的理解，无疑为我们把握"抱一"的确切含义增添了不少难度。

（二）"载"及"载营魄抱一"的含义

前面介绍了学者们对"营魄""抱一"的诸种理解，现在我们再回头来看"载"及"载营魄抱一"的含义。概括历代学者对于"载"字的解释，主要有以下四种观点。

1. 认为"载"是助词，用在句首，起加强语气的作用，相当于"夫"。如陆希声说："'载'犹'夫'也，发语之端也。"③ 张默生说："'载'字，和'夫'字的用法差不多。"④ 把"载"释为发语词，则"营魄抱一"的意思便不会受"载"字的影响，因此，上述学者多把"营魄"理解为魂魄，而把魂魄理解为人的精神与身体，把"抱一"理解为合一，故"载营魄抱一"便是精神与身体合一的意思。如张默生说："'营魄抱一'合起来讲，就是现在所谓'灵肉调和'的意思。"⑤

2. 认为"载"是抱，即抱持。如魏源说："'载'即是抱，魂载魄，动守静也。"⑥ 董平说："'载'与'抱'义近。体质重浊，故云'载'；精神轻清，故云'抱'。"⑦ 把"载"释为抱的学者，通常又把"营魄"释为阴魄，指身体，而把"抱一"释为抱守精神，则"载营魄抱一"

---

① 熊铁基、陈红星主编：《老子集成》第1卷，宗教文化出版社2011年版，第420页。
② 蒋锡昌：《老子校诂》，成都古籍书店1988年版，第56页。
③ 熊铁基、陈红星主编：《老子集成》第1卷，宗教文化出版社2011年版，第588页。
④ 张默生：《老子章句新释》，成都古籍书店1988年版，第12页。
⑤ 同上。
⑥ 魏源：《老子本义》，华东师范大学出版社2010年版，第30页。
⑦ 董平：《老子研读》，中华书局2015年版，第79页。

便是身体抱守精神、使之合一的意思，如朱谦之说："'载营魄抱一'，是以阴魄守阳魂也。抱如鸡抱卵，一者，气也，魂也，……如是则形与灵合，魄与魂合，抱神以静，故曰：'能无离？'"①董平说："'载营魄抱一'，总说身体与精神、阴与阳的合一。"②

3. 认为"载"是装载、载运的意思，这种理解在古代学者中较为常见，然而，遗憾的是，因为不少学者对"营魄""抱一"的理解各不相同，导致在具体解释上众说纷纭，并使意思变得十分复杂，为避免烦琐，这里就不展开介绍了。

4. 关于"载"字，还有一个十分值得关注的观点，便是认为此"载"字应改为"哉"，移于第九章"功遂身退，天之道"的"道"字之后。此观点由唐玄宗于天宝五年（公元746年）的诏书中率先提出："五载诏曰：道为理本，孝实天经，将阐教以化人，必深究于微旨。朕钦承圣训，覃思玄宗，顷改《道德经》'载'字为'哉'，仍隶属上句。及乎议定，众以为然，遂错综真诠，因成注解。"（《册府元龟》卷四十）笔者认为，若《老子》原本真的如唐玄宗所理解的那样，无疑是一大好事，因为这将大大减少人们对"载营魄抱一"一句理解上的争议，只可惜玄宗的理解只是一种猜测，缺乏更多有力的证据，所以只能是姑存一说。

由上文可见，关于"载营魄抱一"一句的含义，古今学者为我们提供了无数不同的理解思路，使人眼花缭乱，莫知所从，因此，该句文字无疑是《老子》一书中争议最多、亦最难理解的文字之一。为了能较好地把握"载营魄抱一"的意思，笔者认为，我们或可采用一种少数服从多数的做法，即姑且采取大多数学者都认同的理解。如关于"载"字，主要有发语词、抱持、载运、移至上章四种理解，这其中，

---

① 朱谦之：《老子校释》，中华书局2017年版，第40页。
② 董平：《老子研读》，中华书局2015年版，第79页。

把"载"字移至上章与把它理解为发语词在实质上差别不大,即都认为"载"字不应在该句中表示实义,所以我们可以选择把"载"字理解为发语词(因为认为"载"字应移至上章的证据尚不够充足)。关于"营魄",主要有魂魄、静止之魄、护魄三种理解,这其中,又以理解为魂魄的学者居多,因此,我们可选择把"营魄"释为魂魄。关于"抱一",主要有抱"道"、抱持"道"始生之"一"、抱守精神、合一四种理解,但是既然释前面的"载营魄"为魂魄,则把"抱一"理解为抱守精神无疑不妥,因为说魂魄抱守精神是明显说不通的。若释"抱一"为合一,则"载营魄抱一"便是使魂魄合一的意思;又因为魂属阳为虚,魄属阴为实,亦可引申指人的精神与肉体,因此,"载营魄抱一"亦即使精神与肉体合一。这样的理解虽然比较顺畅,但至少存在两个问题:一是魂魄通常指人的精神,把魂魄释为精神和肉体,只是一小部分学者的观点,是否符合老子的本意,是存在疑问的。二是"一"在《老子》一书中是一个特殊的概念,如"昔之得一者"(第三十九章)、"道生一"(第四十二章)中的"一",指的都是"道"之本体显现出来的作用,由此,"抱一"亦是一个有特殊含义的概念,如第二十二章中"圣人抱一为天下式"中的"抱一",学者们多释为持守"道"的意思,则这里的"抱一",亦当以释为持守"道"为妥。因此,笔者认为,"载营魄抱一"的含义应为:让精神持守"道"。而说让精神持守"道",便是以"道"为追求的目标,即修道。

最后说一下"能无离乎"的意思。"能无离乎"意为能不分离吗?意思是比较清楚的。根据我们上面对"载营魄抱一"的理解,则"载营魄抱一,能无离乎"便是指让精神持守"道",能不分离吗?

(三)"专气致柔"的含义和"婴儿"的内涵

关于"专气"的含义,当代学者多把它理解为结聚精气,即把"专"理解为结聚,把"气"理解为精气。如高亨说:"专,集中而不分散。气，精气。"① 陈鼓应说："结聚精气以致柔顺"。②

不过，与当代学者相比，古代学者对"专气"的解释则有其不同的特点，其中最明显的一点，就是注重人的精神、意志在结聚精气中的作用。如河上公说："专守精气使不乱。"③ 范应元说："专者，静定不挠之义。……谓不挠其气以致和柔。"④

笔者认为，把古今学者的理解结合在一起，既把"专气"理解为结聚精气，同时又重视精神专一在结聚精气时的作用，便能较为完整地把握老子"专气"的含义。

从古今学者关于"致柔"的解释来看，他们大多把"柔"理解为柔顺、柔和，但对于"致"字的理解，则存在明显的不同。如有一种观点认为，"致"是达到、获得的意思，"致柔"是达到柔和或柔顺的意思。如成玄英说："致，得也。柔，和也。只为专精道气，致得柔和之理。"⑤ 张默生说："'致柔'，即把体气涵养到柔和的境界。"⑥ 另有一种观点则认为，"致"是极的意思，"致柔"是极其柔顺的意思。如王弼说："致，极也。……致至柔之和。"⑦ 林希逸说："致者，极也。柔者，顺也。"⑧

笔者认为，把"致"理解为达到，则"专气致柔"意为结聚精气使达到柔顺；把"致"理解为极，则"专气致柔"意为结聚精气使极其柔顺，两种理解并无实质上的区别，只在程度上稍有差别，因此都是可以的。

---

① 高亨：《老子注译》，清华大学出版社 2010 年版，第 27 页。
② 陈鼓应：《老子今注今译》，商务印书馆 2003 年版，第 112 页。
③ 王卡点校：《老子道德经河上公章句》，中华书局 1993 年版，第 34 页。
④ 范应元：《老子道德经古本集注》，华东师范大学出版社 2010 年版，第 16 页。
⑤ 熊铁基、陈红星主编：《老子集成》第 1 卷，宗教文化出版社 2011 年版，第 294 页。
⑥ 张默生：《老子章句新释》，成都古籍书店 1988 年版，第 12 页。
⑦ 楼宇烈校释：《老子道德经注校释》，中华书局 2008 年版，第 23 页。
⑧ 熊铁基、陈红星主编：《老子集成》第 4 卷，宗教文化出版社 2011 年版，第 500 页。

老子说"专气致柔，能婴儿乎"，这句话至少包含以下两层意思。

第一层意思：婴儿是达到"专气致柔"状态的人。关于这一点，学者们多有揭示。如王安石说："能如婴儿乎？言如婴儿之柔弱也。"①范应元说："夫婴儿气专而和柔，……人能之乎？"②

第二层意思：能像婴儿一样"专气致柔"的实质，是要像婴儿一样无思无虑、无知无欲。如河上公说："能如婴儿内无思虑，外无政事，则精神不去也。"③蒋锡昌说："'专气'以'婴儿'为比者，取其无思无虑之意。"④

在《老子》第七章和第八章中，老子提出人应该效法天地，应该效法水，那是因为天地、水之特性与"道"接近；在本章中，老子又提出要以婴儿为榜样，同样是因为婴儿具备纯真之性，与"道"接近。在后面的论述中，老子又不断把婴儿作为榜样。如第二十章："我独泊兮，其未兆，如婴儿之未孩"；第二十八章："常德不离，复归于婴儿"；第五十五章："含德之厚，比于赤子"，其中的"赤子"，指的就是初生的婴儿。在老子看来，"道"有两个重要的特性，一是无为，二是顺乎自然。婴儿初生时，无知无识，无思无欲，故与"道"十分接近。之后婴儿渐渐长大，受社会环境的影响，受本能欲望的支配，开始看重名利，变得争强好胜，离"道"便越来越远，最终陷于死地。因此，人若能通过"专气致柔"，恢复到婴儿的状态，便能使自己的本真之性得以呈现，形神相合而不分离。

（四）"玄览"即心灵

"涤除玄览，能无疵乎"中的"涤除"，是洗去、清除的意思，具体则可指清除心中的私心杂念、种种人为的分别之心等；"无疵"指没

---

① 容肇祖：《王安石老子注辑本》，中华书局 1979 年版，第 17 页。
② 范应元：《老子道德经古本集注》，华东师范大学出版社 2010 年版，第 16 页。
③ 王卡点校：《老子道德经河上公章句》，中华书局 1993 年版，第 34 页。
④ 蒋锡昌：《老子校诂》，成都古籍书店 1988 年版，第 58 页。

有毛病、没有瑕疵。对此,学者们的理解基本一致。争议较大的是对"玄览"的理解。从古今学者的解释来看,关于"玄览",主要有以下三种理解。

1. 认为"玄览"指人的心灵,"涤除玄览"即除去心中的种种妄见、杂念,使清澈宁静。如河上公说:"当洗其心使洁净也。心居玄冥之处,览知万事,故谓之玄览也。"① 唐玄宗说:"人之耽染,为起欲心,当须洗涤除理,使心照清净,爱欲不起,……此教涤心也。"② 高亨说:"此句谓洗除其心,能否至于无病也。"③

2. 认为"玄览"指于心灵清明或虚玄中览察事物之妙理。如成玄英说:"涤荡六府,除遣五情,使神气虚玄,故能览察妙理,内外清夷,而无疵病也。"④ 王安石说:"涤除,洗心也;玄览,观妙也。"⑤

不少当代学者继承了这一思路,认为"玄览"是一种认识事物的特殊方法,相当于观"道"或对"道"的直觉体悟。如冯友兰说:"'玄览'即'览玄','览玄'即观道。"⑥ 董平说:"'涤除玄览',似乎是要把'玄览'或'玄鉴'涤除掉,……从老子思想的整体来看,'玄览'恰恰是老子所提倡的,而不是'涤除'的对象。……故所谓'玄览'者,即是对一切事物之存在状态的无分别观。"⑦

3. 认为"涤除玄览"指一种修炼方法,即闭目静坐时排除心中的杂念,使归于虚无清静。如蒋锡昌说:"常人于闭目静坐后,脑中即现种种日常声色之观象,老子名此观象为'玄览'。"⑧ 牟钟鉴说:"'涤除

---

① 王卡点校:《老子道德经河上公章句》,中华书局1993年版,第35页。
② 熊铁基、陈红星主编:《老子集成》第1卷,宗教文化出版社2011年版,第457页。
③ 熊铁基、陈红星主编:《老子集成》第14卷,宗教文化出版社2011年版,第38页。
④ 熊铁基、陈红星主编:《老子集成》第1卷,宗教文化出版社2011年版,第294页。
⑤ 容肇祖:《王安石老子注辑本》,中华书局1979年版,第17页。
⑥ 冯友兰:《中国哲学史新编》上卷,商务印书馆2020年版,第238页。
⑦ 董平:《老子研读》,中华书局2015年版,第80页。
⑧ 蒋锡昌:《老子校诂》,成都古籍书店1988年版,第61页。

玄鉴'即是排除私心杂念，返观内照，由此发展出'筑基炼己''内视''守一'等功法。"①

在上述三种理解中，第一、第三两种理解在实质上是一样的，即都把"涤除玄览"理解为除去心中的杂念，使归于清静，只是第三种理解进一步把它理解为一种修炼的方法。把"涤除玄览"理解为一种修炼方法当然也是可以的，但这样做会使其意义受到局限。第二种理解的实质是把"玄览"视作一种特殊的认识方法，但这样理解是否符合老子的本意，是值得怀疑的。因此，笔者认为，上述第一种理解当更接近老子的本意，理由主要有以下两点。

一是"玄览"的本义当指玄妙的镜子，这里的"览"，同"鉴"，指镜子。在历史上，唐代的李荣就曾以"鉴"释"览"字："内外圆静，同水镜之清凝。"②宋代的范应元亦有类似的理解："谓涤除私欲，使本心精明，如玉之无瑕疵，鉴之无尘垢"。③今人高亨则明确指出"览"当为"鉴"："'览'当为'鉴'，盖形之误，或二字古通用也。'玄鉴'者，内心之光明。内心之光明，为形而上之镜，能照察事物，故谓之'玄鉴'。"④

马王堆帛书《老子》出土后，发现其甲本和乙本该句均作"涤除玄鉴"，证实了高亨的推测。因人心能鉴别万物，与镜子相似，且又具有灵性，仿佛有灵性的镜子，故老子称之为"玄览"或"玄鉴"。因此，"玄览"即心灵，河上公等人的理解是十分准确的，不应再主观地发挥出"冥观事物"、神秘的直观、观道等意义。

二是把"玄览"理解为心灵，则"涤除玄览"便是除去心灵中之污垢使洁净的意思，与后面的"能无疵乎"即能没有瑕疵吗相配，显

---

① 牟钟鉴：《老子新说》，金城出版社2009年版，第33页。
② 熊铁基、陈红星主编：《老子集成》第1卷，宗教文化出版社2011年版，第354页。
③ 范应元：《老子道德经古本集注》，华东师范大学出版社2010年版，第16页。
④ 熊铁基、陈红星主编：《老子集成》第14卷，宗教文化出版社2011年版，第38页。

得十分自然、贴切。

二、"致虚极，守静笃"——《老子》第十六章，论使心灵达到空无之境的方法

致虚极，守静笃。万物并作，吾以观复。夫物芸芸，各复归其根。归根曰静，静曰复命，复命曰常，知常曰明。不知常，妄作凶。知常容，容乃公，公乃王，王乃天，天乃道，道乃久，没身不殆。（第十六章）

上引文字是《老子》第十六章的全部内容，主要包含这样三层意思：一是世界上的事物纷繁众多，它们都有一个共同的特点——"归根""复命"，即向产生它们的本源回归。二是强调了"知常"的重要性。"知常"即懂得恒常不变之道，老子说："知常曰明"，"不知常，妄作凶"。也就是说，懂得恒常不变之道的人才称得上明智，如果不懂得恒常不变之道，任意妄为，就必有凶险。而且，"知常容"，即懂得恒常不变之道就会包容一切，能包容一切就会公正无私，并最终与"道"合一，"没身不殆"。三是明确指出，人们要"知常"，要把握天下万物"归根""复命"的规律，必须做到"致虚极，守静笃"。关于"致虚极，守静笃"的确切含义，学者们有不同的理解，但是，它无疑与庄子所说的"坐忘"有某种相似性：调整好自己的身体姿势，放松自己的身体，让大脑进入无思无虑的状态，达到虚无之极的程度，这样便能"万物并作，吾以观复"，从而体悟到生命的本真和神秘莫测的宇宙本体。

（一）"致虚极"的具体内涵

"致虚极"，意为使心灵达到空无之极的状态。这里的"致"，是至、达到的意思。如河上公说："至于虚极。"[①]成玄英说："致，得

---

① 王卡点校：《老子道德经河上公章句》，中华书局1993年版，第62页。

也。"① 这里的"虚",指的是无思无欲的心灵状态,如吴澄说:"'虚'谓无物,外物不入乎内也。"② 高亨说:"'虚',此指空虚无欲。"③ 这里的"极",则用来表示达到最高程度,学者们多释为极点、极致等。

然而,也有一些学者不作这样的理解,他们把"虚极"作为一个概念,并把它理解为"道果""妙本"等。如成玄英说:"虚极,道果也。笃,中也。言人欲得虚玄极妙之果者,须静心守一中之道,则可得也。"④ 唐玄宗说:"虚极者,妙本也。言人受生皆禀虚极妙本,及形有受纳,则妙本离散。今欲令虚极妙本必致于身,当须绝弃尘境染滞,守此雌静笃厚,则虚极之道自致于身也。"⑤

成玄英把"虚极"释为"道果",所谓"道果",指修道的正果,也就是修行得道的境界;唐玄宗把"虚极"视作"妙本",所谓"妙本",即神妙的根本,唐玄宗也称之为"虚极妙本""虚极之道",可见其所指即"道"。因此,上述两种观点,虽然说法各异,其实质却都是相同的,即都把"虚极"视作先于天地而存在的东西,它是万物的根源,人持守清静达到极笃的程度,便可体悟到"虚极"的存在。

笔者认为,把"虚极"作为一个概念来使用,并把它理解为天地万物的根源,当然也能说通,因为宇宙万物的根源本就是极其虚无的,而且从根本上来说,人能达到极虚的境界,亦能体悟到宇宙万物本原之本体。但是,把"虚极"作为一个等同于"道"的概念,毕竟只是极少数学者的理解,不如把它释为使心灵达到空无之极的状态,显得更自然、顺畅,更易为人们所理解和接受。

---

① 熊铁基、陈红星主编:《老子集成》第 1 卷,宗教文化出版社 2011 年版,第 299 页。
② 熊铁基、陈红星主编:《老子集成》第 5 卷,宗教文化出版社 2011 年版,第 615 页。
③ 高亨:《老子注译》,清华大学出版社 2010 年版,第 35 页。
④ 熊铁基、陈红星主编:《老子集成》第 1 卷,宗教文化出版社 2011 年版,第 299 页。
⑤ 熊铁基、陈红星主编:《老子集成》第 1 卷,宗教文化出版社 2011 年版,第 422—423 页。

（二）"致虚极"与"守静笃"的关系

关于"守静笃"的含义，学者们多理解为守静达到极致的境地。这里的"笃"，表示达到极致的意思。不过，也有学者把"笃"理解为笃固专一。如陆希声说："守静专而笃实者，得道之体也。"① 林希逸说："则其守静也笃矣。笃，固也。"② 这样也能说通。

这里值得我们注意的是"致虚极"与"守静笃"之间的关系。老子说"致虚极，守静笃"，并没有说明两者之间的关系，因此，学者们在理解这两句话时，出现了明显的分歧，有的认为两者是并列关系，有的则认为两者是手段和目的的关系："致虚极"是目的，"守静笃"则是达到"致虚极"的手段。

我们先来看前一种理解，这种理解的特点是把"致虚极"和"守静笃"视作两种性质类似的状态，并在具体解释时常常把其中的"虚"和"静"连用。如苏辙说："致虚不极，则有未亡也；守静不笃，则动未亡也。……不极不笃，而责虚静之用，难矣。"③ 蒋锡昌说："'致虚极，守静笃'，谓圣人持此虚静之道，守之极笃而勿失耳。"④

后一种理解的特点是认为通过"守静笃"才能达到"致虚极"的境界。如陈鼓应说："致虚必守静。透过静的工夫，乃能深蓄厚养，储藏能量。"⑤ 董平说："如何推致心灵之'虚'而达到其极致状态？这就要求'静'，所以接着说'守静笃'。……因此要契入心灵自体之'虚'，唯'静'为可能。"⑥

笔者认为，把"守静笃"视作"致虚极"的手段，虽然从道理上

---

① 熊铁基、陈红星主编：《老子集成》第1卷，宗教文化出版社2011年版，第591页。
② 熊铁基、陈红星主编：《老子集成》第4卷，宗教文化出版社2011年版，第502页。
③ 熊铁基、陈红星主编：《老子集成》第3卷，宗教文化出版社2011年版，第7页。
④ 蒋锡昌：《老子校诂》，成都古籍书店1988年版，第100页。
⑤ 陈鼓应：《老子今注今译》，商务印书馆2003年版，第140页。
⑥ 董平：《老子研读》，中华书局2015年版，第100—101页。

也能说通，但不如把两者视作并列关系更为恰当。因为对于一个修炼者来说，"致虚"和"守静"，只是一个过程的两个方面，"致虚"固然需要"守静"，但是，"守静"亦离不开"致虚"，只有达到心灵之虚，才是真正保持清静。另外，"虚"相对于"实"而言，"静"相对于"动"而言，因此，所谓"致虚极，守静笃"，就是要使心灵既保持空无之极、无任何外物干扰的状态，又处于清静之极、无任何欲念活动的境地。

（三）"吾以观复"中的"复"的含义及"观复"的内涵

"万物并作，吾以观复"，意为万物都生长、运动，我由此观察事物返回本源。这里的"作"，是生长、运动的意思，如河上公说："作，生也。万物并生也。"[①] 王弼说："动作生长。"[②] 对于"观复"的"复"，学者们多把它理解为返回本源或归于虚静，如范应元说："万物并动，而吾能以是观其复归于虚静也。"[③] 蒋锡昌说："《说文》：'复，往来也。''往来'者，犹云往而复来……谓万物竞生，吾因观其归终之道也。"[④]

然而，有不少当代学者却把这里的"复"解释为"循环往复"或"往复循环"，如张默生说："'复'，是反复，就是往复循环的道理。"[⑤] 张松如说："万物都一齐生长发展，我从而谛视其往复循环。"[⑥]

笔者认为，把这里的"复"理解为"循环往复"或"往复循环"并不恰当。因为所谓"循环往复"或"往复循环"，指的是周而复始、反复进行。而老子在此要揭示的，是万物皆从虚无而来，虽不断生长、

---

① 王卡点校：《老子道德经河上公章句》，中华书局1993年版，第62页。
② 楼宇烈校释：《老子道德经注校释》，中华书局2008年版，第35页。
③ 范应元：《老子道德经古本集注》，华东师范大学出版社2010年版，第26页。
④ 蒋锡昌：《老子校诂》，成都古籍书店1988年版，第100页。
⑤ 张默生：《老子章句新释》，成都古籍书店1988年版，第19页。
⑥ 张松如：《老子说解》，齐鲁书社1998年版，第95页。

运动，但最终都回归于虚无，其落脚点在于向虚无回归。因此，这里的"复"，指的应该是返回；确切地说，是向其根源返回的意思。"循环往复"或"往复循环"虽也包含向本源返回的意思，但它强调的是事物周而复始地运动或变化，与老子此处所说"复"的意思并不契合。

"复"指返回本源，则所谓"观复"，即观察事物返回本源，从字面意思来看，似乎十分简单清楚。然而，如果我们把它落实到具体操作的层面，就会发现，"观复"绝非易事。因为在人们通常的理解中，事物总是要向前发展的：植物会不断地长大，动物会不停地繁衍生息，科学技术会越来越发达，人类社会会不断地由低级向高级发展，……因此，人们通常都会关注事物如何向前发展。然而，老子在此却提出："万物并作，吾以观复"——不是从万物的生长、运动中去考察它们如何向前发展，而是去观察它们如何向本源回归，这无疑与人们的习惯相反。那么，老子为什么要这么说呢？"观复"的思想实质又是什么呢？

综合古今学者关于"观复"的解释，笔者认为，对于老子的"观复"，我们应该从以下三个方面加以把握。

首先，所谓"观复"，不是通常意义下对事物的认识，而是在"致虚极，守静笃"的状态下对事物的观照。如王弼说："以虚静观其反复。"① 王安石说："万物并作，吾能观其复，非'致虚极，守静笃'者，不能与于此。"②

其次，"观复"的特点不是观察者主动去"观"，而是当观察者进入"致虚极，守静笃"的状态后，事物自然呈现出"复"即向本源返归的特点，因此，所谓"观复"，只是对事物返回本源的体悟或察知。也就是说，万物必"复"，是本来如此的，是天地间的必然规律，因

---

① 楼宇烈校释：《老子道德经注校释》，中华书局2008年版，第35页。
② 容肇祖：《王安石老子注辑本》，中华书局1979年版，第22页。

此，有的学者亦称"观复"为"见天地之心"。如陆希声说:"故万物并作，其体湛然，以观其复。雷在地中者，天地之复也；动在静中者，圣人之复也。复，其见天地之心乎？天地以圣人心为心也。"①杜道坚说:"万物并作，吾以观其复，则天地之心见矣。"②

"见天地之心"的说法出自《周易》中《复》卦的《彖传》:"复，其见天地之心乎。"意即向起点回复，这体现了天地运行的内在规律。

最后，为什么"致虚极，守静笃"便能"观复"？原因有二，一是万物之"复"，便是万物由实、动的状态回归其本源，而其本源的特点即为虚静，因此，人若能保持虚静，便是与万物之本源合一，故能"观复"。如王弼说:"凡有起于虚，动起于静，故万物虽并动作，卒复归于虚静，是物之极笃也。"③吴澄说:"复，反还也，物生由静而动，故反还其初之静为复。植物之生气下藏，动物之定心内寂也。"④二是人亦为万物之一部分，因此，人只有进入"虚极""静笃"的状态，才能超乎万物之上，不受"万物并作"的影响，从而体悟到万物之"复"。如苏辙说:"极虚笃静以观万物之变，然后不为变之所乱。知凡作之未有不复者也，苟吾方且与万物皆作，则不足以知之矣。"⑤宋徽宗说:"万物之变，在道之末，体道者，寓乎万物之上焉。……见天地之心，则交物而不与物俱化，此之谓观其复。"⑥

因此，从根本上说，所谓"观复"，亦即"观道"，因为万物之本源即"道"，"道"的特点即"虚静"。只是"观复"意义上的"道"，是从万物向"道"回归的角度而言的。至于万物为什么会向本源回

---

① 熊铁基、陈红星主编:《老子集成》第1卷，宗教文化出版社2011年版，第591页。
② 熊铁基、陈红星主编:《老子集成》第5卷，宗教文化出版社2011年版，第489页。
③ 楼宇烈校释:《老子道德经注校释》，中华书局2008年版，第35页。
④ 熊铁基、陈红星主编:《老子集成》第5卷，宗教文化出版社2011年版，第615页。
⑤ 熊铁基、陈红星主编:《老子集成》第3卷，宗教文化出版社2011年版，第7页。
⑥ 熊铁基、陈红星主编:《老子集成》第3卷，宗教文化出版社2011年版，第272页。

归，则不是一个理论问题，而是本然如此，正如老子说"道""视之不见""搏之不得"（第十四章）一样，它是由"道"自身的特性决定的，只要你进入"致虚极，守静笃"的状态，你就能体悟到"道"的这些特点。

（四）"归根曰静"中的"归根"与"曰"的含义

"夫物芸芸，各复归其根"，意即万物纷繁众多，各自返回到它们的本源。其中的"夫物"，指所有的事物、万物；"芸芸"，指众多的样子；"根"，指事物的本源、根源。"归根曰静"中的"归根"，即上文的"复归其根"，也就是回复到本源的意思。那么，这个本源又是什么呢？从学者们的解释来看，多认为它指的是人或物的本性，亦即"道"。如唐玄宗说："及其生性，皆复归于其根而更生，虚极妙本，人所禀而生也。"[1] 苏辙说："万物皆作于性，皆复于性，譬如华叶之生于根而归于根，涛澜之生于水而归于水耳。"[2]

唐玄宗所谓的"虚极妙本"，也就是"道"。苏辙以波涛生于水而复归于水来释物之归根，亦可谓精妙。

不过，也有学者认为，这里的"归根"，指的是物归于死亡的意思。如蒋锡昌说："然归根到底，无有一物不衰老以至于死也。"[3] 高亨说："《淮南子·精神训》曰：精神天之有也，而骨骸地之有也。精神入其门，骨骸反其根，我尚何存。高注曰：言人死各有所归。即此归根之意。盖谓万物众多，皆不免于一死耳。"[4] 笔者认为，死亡可谓"归根"的特征之一，但老子所谓"归根"，当不单指死亡，而是指于死亡中内蕴重生的生机，此正如河上公所说："静谓根也。根安静柔

---

[1] 熊铁基、陈红星主编：《老子集成》第1卷，宗教文化出版社2011年版，第462页。
[2] 熊铁基、陈红星主编：《老子集成》第3卷，宗教文化出版社2011年版，第7页。
[3] 蒋锡昌：《老子校诂》，成都古籍书店1988年版，第103页。
[4] 熊铁基、陈红星主编：《老子集成》第14卷，宗教文化出版社2011年版，第42页。

弱，谦卑处下，故不复死也。"①故不应把"归根"简单地释为死亡。

事物返回到它的本源，则一切都归于安静，所以"曰静"。这里的"静"，是清静、安静的意思。当然，这里所谓的清静、安静，并非通常意义上的，而是事物回复到它的根源以后才自然呈现出来的，所以苏辙说："苟未能自复于性，虽止动息念以求静，非静也。故惟归根，然后为静。"②焦竑也说："不求静而自静，乃真静也"。③

上面分析了"归根"和"静"的含义，接下来需要分析"曰"字的含义。关于这里的"曰"，当代学者多释为"叫做"，如林语堂说："回返根源叫做'静'。"④陈鼓应说："返回本根叫做静。"⑤然而，古代学者则大多把这里的"曰"释为"则"，如王弼说："归根则静，故曰'静'。"⑥奚侗说："归根则抱神以静。"⑦

马叙伦则明确说，这里的"曰"是"则"的意思："伦案：'曰'读为'则'，五十五章'心使气则强'，《淮南·道应训》引'则'字作'曰'，此文弼注亦以'则'字释'曰'字，皆其证。"⑧

大家知道，"叫作（做）"和"则"的意思是有明显区别的。"叫作（做）"意为"名称是""称为"，而"则"在这里是连词，表示时间上相承或因果关系，相当于"即""就"。因此，把"归根曰静"的"曰"释为"叫作（做）"或"则"，在意思上是明显不同的。笔者认为，在"归根"和"静"之间存在明显的时间上的承接或某种因果关系，即只有先"归根"，然后才能达到真正的"静"，"归根"是"静"之因，

---

① 王卡点校：《老子道德经河上公章句》，中华书局1993年版，第63页。
② 熊铁基、陈红星主编：《老子集成》第3卷，宗教文化出版社2011年版，第7页。
③ 焦竑：《老子翼》，华东师范大学出版社2011年版，第42页。
④ 林语堂：《老子的智慧》，湖南文艺出版社2016年版，第65页。
⑤ 陈鼓应：《老子今注今译》，商务印书馆2003年版，第139页。
⑥ 楼宇烈校释：《老子道德经注校释》，中华书局2008年版，第36页。
⑦ 熊铁基、陈红星主编：《老子集成》第13卷，宗教文化出版社2011年版，第8页。
⑧ 马叙伦：《老子校诂》，浙江古籍出版社2020年版，第101页。

"静"是"归根"之果,因此,这里的"曰",应当释为"则"。以下"静曰复命""复命曰常""知常曰明"中的"曰",亦当释为"则"。

(五)"静曰复命"中蕴含的性命之理

"静曰复命",意为静则能还复本性。这里的"复命",是还复本性的意思。然而,这只是泛泛而论,因为这里的"命"及"复命",实际上包含十分丰富而深刻的思想,需要细加剖析。

关于这里的"命"及"复命"的含义,古今学者主要有两种解释。一种认为,这里的"命"指性命,因此,所谓"复命",即复还性命,如河上公说:"言安静者是为复还性命,使不死也。"① 唐玄宗说:"人之禀生者妙本,今能守静致虚,可谓归复所禀之性命也。"②

一种认为,这里的"命"指天命,因此,所谓"复命",即返于天之所命,如吴澄说:"天以此气生而为物者曰命,复于其初生之处,故曰复命。"③ 蒋锡昌说:"谓万物之有虚静,乃自然之大法,天之所命,无论何物皆所难免;故返于虚静,即为返于天之所命也。"④

那么"性命"是什么,"天命"与"性命"又是什么关系呢?对此,学者们常常引用《周易·说卦传》中的"穷理尽性以至于命"来进行说明,如陆希声说:"《易》曰:'穷理尽性以至于命。'故能穷天之理,则能尽人之性;能尽人之性,则能知天之命。故曰'归根曰静,静曰复命'也。"⑤ 焦竑说:"不曰性而曰命者,性可言也,命不可言也。《易》曰:'穷理尽性以至于命。'夫理性非不妙矣,而犹有妙在焉。举此而穷之尽之,了不可得,斯为至命,则命又非性之方矣。"⑥

---

① 王卡点校:《老子道德经河上公章句》,中华书局1993年版,第63页。
② 熊铁基、陈红星主编:《老子集成》第1卷,宗教文化出版社2011年版,第462页。
③ 熊铁基、陈红星主编:《老子集成》第5卷,宗教文化出版社2011年版,第615页。
④ 蒋锡昌:《老子校诂》,成都古籍书店1988年版,第104页。
⑤ 熊铁基、陈红星主编:《老子集成》第1卷,宗教文化出版社2011年版,第591页。
⑥ 焦竑:《老子翼》,华东师范大学出版社2011年版,第42页。

所谓"穷理尽性以至于命",意为穷究事物的内在之理和固有特性,以至于把握事物之命,论述了"理""性""命"三者之间的关系。结合上面的引文可知,在学者们看来,相比于"性","命"是更高层次的东西。关于"性"与"命"的关系,《中庸》中说:"天命之谓性。"所谓"天命之谓性",用通俗的话来说,就是"性"是由天命令的,也就是"性"是由天所决定的,这就好比人有人的本性,狼有狼的本性,此本性是从哪里来的呢?只能是由天决定的。当然,这里所谓的天,并非指有意志的天神,而是指自然。在关于"性"与"命"的关系上,卢育三的论述可谓透彻:"命是万物得以生的东西,在中国哲学中,命与性内容上基本一致,所不同的是在天曰命,在物曰性。在这里,命指作为生生之源的道。……复命,又回到万物的生生本原。"①

那么,为什么说静就能还复本性呢?这是因为,人的本性来自"道",而"道"的特点正是虚静,因此,若人能归于虚静,便是还复了自己的本性,所以说"静曰复命"。

(六)"复命曰常":还复本性则恒常不变

要了解"复命曰常"一句的含义,关键是要弄清"常"的确切含义。从古今学者对"常"的解释来看,主要有以下四种观点。

1. 认为指没有生死,常存不灭,如成玄英说:"反于性命,凝然湛然,不复生死,因之曰常。"② 李荣说:"有死有生,故断;不死不生,故常。"③

2. 认为指久而不变,如王安石说:"常者,乃无始已来不变之称也。"④ 吴澄说:"常者久而不变之谓。"⑤

---

① 卢育三:《老子释义》,天津古籍出版社 1987 年版,第 88 页。
② 熊铁基、陈红星主编:《老子集成》第 1 卷,宗教文化出版社 2011 年版,第 299 页。
③ 熊铁基、陈红星主编:《老子集成》第 1 卷,宗教文化出版社 2011 年版,第 358 页。
④ 容肇祖:《王安石老子注辑本》,中华书局 1979 年版,第 23 页。
⑤ 熊铁基、陈红星主编:《老子集成》第 5 卷,宗教文化出版社 2011 年版,第 615 页。

3. 认为指"常道",如张默生说:"'常',是常道。"① 蒋锡昌说:"'复命曰常',谓复命就是常道也。"②

而所谓"常道",即恒久存在之"道",其特点是恒久不变,处于不停的运动之中,是天地万物的本原。

4. 认为指永恒规律、永恒法则等,如高亨说:"常,永恒法则。"③ 陈鼓应说:"常:指万物运动变化中的永恒规律。"④

由上文可知,学者们把这里的"常"或释为常存不灭,或释为久而不变,或释为常道,或释为永恒的规律,虽具体解释不同,但有一点是共同的,即都认为这里的"常"有恒常存在、不变不灭的特性。因此,笔者认为,我们不妨在综合上述各种解释的基础上,把这里的"常"释为恒常不变的意思。因此,所谓"复命曰常",即还复本性则恒常不变的意思。因为还复本性即还复"道",而"道"是恒常不变的,故"复命曰常"。

在论述了"复命曰常"后,老子又集中论述了"知常"的重要性:"知常曰明。不知常,妄作凶。知常容,容乃公,公乃王,王乃天",意即懂得恒常不变之道则明智。不懂得恒常不变之道,任意妄为,就会有凶险。懂得恒常不变之道就能包容一切,包容一切就能公正无私,公正无私就能天下归往而为王,天下归往而为王就能合乎自然之天。

(七)"天乃道"——合乎自然之天就能合乎"道"

在本章的最后,老子说"天乃道,道乃久,没身不殆",其中的"天乃道",意为合乎自然之天就能合乎"道",如河上公说:"德与

---

① 张默生:《老子章句新释》,成都古籍书店1988年版,第19页。
② 蒋锡昌:《老子校诂》,成都古籍书店1988年版,第104页。
③ 高亨:《老子注译》,清华大学出版社2010年版,第36页。
④ 陈鼓应:《老子今注今译》,商务印书馆2003年版,第138页。

天通，则与道合同也。"① 吴澄说："与天为一则道在我矣。"② 张默生说："能合于天道的自然，也就是与道同体，故曰'天乃道'。"③

"道乃久"，意为合乎"道"就能长久，这个意思比较好懂，因为"道"是恒久存在的，故与"道"相合，自然便能永久。所以李荣说："道则自古以固存，圣则永享无期寿也。"④ 吴澄也说："道在我则与道同其久。"⑤

"没身不殆"，意为终生不会有危险，这里的"殆"，是危险的意思。关于与"道"合同者为什么能"没身不殆"，学者们亦有具体的解释，如司马光说："虚则无所违拒，静则无所侵犯，何危之有？"⑥ 范应元说："虚通而大则常久自然，常久自然则终身不危殆矣。自'知常容'之后，皆人欲尽净而天理流行，何危殆之有也？"⑦

其实，一个人既已修炼到与"道"合一的境界，自然便能无灾无殃，不死不灭，所谓"没身不殆"，当然是顺理成章之事，故焦竑说："可以不殆，特其余事耳。"⑧ 所谓"余事"，意为多余的或不重要的事。仔细分析，老子以"没身不殆"作为本章的结尾，总给人一种不够协调的感觉，因为前面的"公乃王，王乃天，天乃道"，说明达到了与"道"合一的程度，可谓已极其"高大上"；而"没身不殆"，只是说一个人一辈子活得平平安安，没有危险，两者间的差距实在太大。所以奚侗的怀疑或有一定的道理："此句似结束上文，言能守此道者，终身

---

① 王卡点校：《老子道德经河上公章句》，中华书局1993年版，第64页。
② 熊铁基、陈红星主编：《老子集成》第5卷，宗教文化出版社2011年版，第615页。
③ 张默生：《老子章句新释》，成都古籍书店1988年版，第20页。
④ 熊铁基、陈红星主编：《老子集成》第1卷，宗教文化出版社2011年版，第358页。
⑤ 熊铁基、陈红星主编：《老子集成》第5卷，宗教文化出版社2011年版，第615页。
⑥ 熊铁基、陈红星主编：《老子集成》第2卷，宗教文化出版社2011年版，第543页。
⑦ 范应元：《老子道德经古本集注》，华东师范大学出版社2010年版，第29页。
⑧ 焦竑：《老子翼》，华东师范大学出版社2011年版，第42页。

无危殆也。然谊终不贯,疑有脱简。五十二章亦有此语,或系复出。"①

三、"浊以静之徐清","安以动之徐生"——《老子》第十五章中变浑浊为清澈、安定为生长的修道方法

> 孰能浊以静之徐清?孰能安以动之徐生?保此道者,不欲盈。夫唯不盈,故能敝复成。(第十五章)

上引文字论述了"浊""静""清""安""动""生"之间的关系:"动"则"浊","静"则"清";然而亦不能一味追求"静"而"清",还应在"安"中求"动"以得"生",唯有"生"才能达到更高的目标和境界。同时指出,要想使浑浊的东西安静下来慢慢变清,要想在安定中运动起来缓缓生长,就必须保持虚而不盈的状态。那么这段文字的实质是什么呢?笔者认为,它其实是向我们介绍了一种具体的修道方法:保持虚心的状态,从而让纷繁的思绪平息下来,就像浑浊的水静止下来就会变得清澈一样;然而又不能一味求静,而要在静定中萌发新的生机,从而使修炼的境界不断向上提升。

(一)"孰能浊以静之徐清"的双重含义

"孰能浊以静之徐清",意为谁能在浑浊中安静下来,慢慢变清。有的学者认为,这里的"浊",指的是浑浊的水,因此,"浊以静之徐清"指使浑浊的水静止下来,慢慢变得清澈,如河上公说:"谁能知水之浊止而静之,徐徐自清也。"② 李荣说:"莫挠于水而浊自清。"③

不过,有较多的学者认为,这里的"浊",指的是心境浑浊,若让其安静下来,则会慢慢变得清明,如苏辙说:"世俗之士以物汨性,

---

① 熊铁基、陈红星主编:《老子集成》第13卷,宗教文化出版社2011年版,第9页。
② 王卡点校:《老子道德经河上公章句》,中华书局1993年版,第59页。
③ 熊铁基、陈红星主编:《老子集成》第1卷,宗教文化出版社2011年版,第357页。

则浊而不复清。……今知浊之乱性也，则静之，静之而徐自清矣。"①陈鼓应说："'浊'是动荡的状态，体道之士在动荡的状态中，透过'静'的工夫，恬退自养，静定持心，转入清明的境界，这是说明动极而静的生命活动过程。"②

也有学者认为，这里的"浊以静之徐清"，是以浑浊之水静止则清为喻，来说明人心清静，则能复还其澄明之体，如唐玄宗说："孰能于世间爱欲混浊之中，而以清静道性而静止之，令爱欲不起，亦如水浊而澄静之，令徐徐自清乎？"③董平说："这两句都是就水体而设喻。……水体本清而非浊，浊则动使之然也，动既息则水复其本体之清，……善为道之士……本体清静澄明，故其动'若浊'，而静则复归于澄明之体。"④

综上所述，则这里的"浊以静之徐清"，当指"善为士者"和光同尘，虽混同于世俗人群之中，但因他本性清明，故能在纷繁的变化中让思绪止息，让心灵不昧，而保持其本然的天真。而这种状况，无疑与水是十分相似的，因为水体本清，水虽在受到搅动时会变得浑浊，但一旦停止搅动，便会慢慢变清。因此，对于"孰能浊以静之徐清"一句，我们当然也可以单纯地理解为心灵不受外物搅扰便会变得清明，但是，若从以水为喻的角度加以理解，则会使其意义更加丰富，且更易于理解。

（二）"孰能安以动之徐生"中的"生"的含义

"孰能安以动之徐生"，意为谁能在安定中运动起来，缓缓生长。这里的"安"，指安定、安静；"动"，指运动、活动。对此，古今学者的理解较为一致。这里值得我们注意的是"生"的含义。

---

① 熊铁基、陈红星主编：《老子集成》第3卷，宗教文化出版社2011年版，第7页。
② 陈鼓应：《老子今注今译》，商务印书馆2003年版，第132页。
③ 熊铁基、陈红星主编：《老子集成》第1卷，宗教文化出版社2011年版，第462页。
④ 董平：《老子研读》，中华书局2015年版，第98页。

关于这里的"生"的含义，古今学者的理解很不一致，河上公认为指"长生"："谁能安静以久，徐徐以长生也。"① 王弼认为指事物生长："安以动，物则得生。"② 成玄英认为指生化万物："虽复安静，即静而动。虽复应物而动，心恒闲放而生化群品也。"③ 陈鼓应认为指创造的活动："在长久沉静安定（'安'）之中，体道之士，又能生动起来，趋于创造的活动（'生'），这是说明静极而动的生命活动过程。"④

笔者认为，要弄清楚"生"的含义，必须先弄明白"安以动之"的确切含义。"安以动之"相对于"浊以静之"而言，"浊以静之"指要想使浑浊的东西变得清明，就必须安静下来；那么，安静而清明以后，又该如何呢？是否只要一直保持这种安静而清明的状态就可以了呢？对此，有些研究者认为，若只是保持这种安静而清明的状态，便会陷于枯槁而归于寂灭，因此，在安静而清明以后，又要使它动起来，使它"生"，如唐玄宗说："已得徐清，若便安于此清而久滞，滞则非悟，未名了出，当须更求胜法，运动增修。为道既损之而又损，按行亦次来而次灭，则清静之性，不滞于法，而徐动出也。生犹动出尔。"⑤ 苏辙说："枯槁之士以定灭性，则安而不复生。……知灭性之非道也，则动之，动之而徐自生矣。"⑥

举例来说，好比有一粒花生种子，它内蕴生命的活力，但是，如果你一直让它安静地处于干燥的空气之中，则它便会始终保持毫无生命气息的静止状态，其生命的活力亦无从绽放。而且，一旦时间长了，

---

① 王卡点校：《老子道德经河上公章句》，中华书局1993年版，第59页。
② 楼宇烈校释：《老子道德经注校释》，中华书局2008年版，第33页。
③ 熊铁基、陈红星主编：《老子集成》第1卷，宗教文化出版社2011年版，第299页。
④ 陈鼓应：《老子今注今译》，商务印书馆2003年版，第132页。
⑤ 熊铁基、陈红星主编：《老子集成》第1卷，宗教文化出版社2011年版，第462页。
⑥ 熊铁基、陈红星主编：《老子集成》第3卷，宗教文化出版社2011年版，第7页。

它还会变干甚至坏掉。因此,要想使花生真正获得生命,便要让它"动"起来,给它以水分、土壤、阳光等条件,这样它才能发芽、生叶、结果。人也一样,如果心灵一味保持静止不动的状态,则其生命力便会枯萎,便会在静定之中走向寂灭。因此,只有让心灵在安静中重新活动起来,按照"道"的要求,不断提高自己的修炼层次,才会使生命境界不断得到提升。因此,这里的"生",当指生长发展的意思。

(三)"保此道者,不欲盈"中的"道"之所指

"保此道者,不欲盈",意为保持这种道的人,不求盈满。这里的"盈",是盈满的意思。该句中值得我们注意的是"此道"之所指。

一些学者认为,"此道"的"道"指方法或道理,什么方法或道理呢?就是上文所说的"徐清""徐生"的方法或道理,如河上公说:"保此徐生之道〔者〕,不欲奢泰盈溢。"① 高亨说:"保持这种处世之道的人,不肯自满。"②

不过,也有学者认为,这里的"道",指的就是作为宇宙万物本原的"道",如吕惠卿说:"道之体冲,冲也者,阴阳之和而盈虚之守。而保此道者不欲盈,则虚而已。"③ 林语堂说:"唯独得道的人,才有这种能力。因为得道的人不自满。"④

笔者认为,对于"保此道者"中的"道"的含义,我们可以从两个角度去进行认识。一是把它视作对"孰能浊以静之徐清?孰能安以动之徐生?"的进一步解释。老子说:谁能在浑浊中安静下来,慢慢变清?谁能在安定中运动起来,缓缓生长?紧接着说"保此道者,不欲盈",意即保有这种使浑浊变清澈、使安定变运动生长方法的人不

---

① 王卡点校:《老子道德经河上公章句》,中华书局1993年版,第59页。
② 高亨:《老子注译》,清华大学出版社2010年版,第35页。
③ 吕惠卿:《老子吕惠卿注》,华东师范大学出版社2015年版,第17页。
④ 林语堂:《老子的智慧》,湖南文艺出版社2016年版,第63页。

求盈满,则这里的"道",当指方法。二是把"保此道者,不欲盈"看作针对本章前面的所有文字而言。因本章前面的文字说的是"善为士者",即善于修道行道之人的外在表现和精神境界,则"此道"之"道",亦可指作为宇宙万物本原的"道"。因此,客观说来,上述两种理解都是可以的。不过,笔者倾向于作第一种理解,因为这样的理解使本章的文字结构显得更紧凑,逻辑性更强,而第二种理解则使文字结构显得比较松散。

那么,为什么说拥有使浑浊的东西变清、使安定的东西生长的方法的人不求盈满呢?这是因为,一个人要想使浑浊的东西变清,使安静的东西生长,心中必须保持空虚的状态,若心中被欲望塞满,又怎么能安静下来,并使自己的修养层次不断得到提升呢?故苏辙说:"盈生于极,浊而不能清,安而不能生,所以盈也。"① 范应元亦说:"保守此道者,常虚其心,不欲使人欲充塞其中也。"②

本段文字的结尾之句:"夫唯不盈,故能敝复成",意即正因为不盈满,所以能够在陈旧中重新成就,此句正是承上文改变浑浊的原状,使变得清澈,改变安静的状态,使运动生长而言。不过,关于"能敝复成"一句,不同的《老子》本子有诸多不同的表述,为避免烦琐,这里就不展开讨论了。

四、"挫锐""解纷","塞兑""闭门":老子论怎样达到至于"玄同"之境

挫其锐,解其纷,和其光,同其尘。(第四章)

塞其兑,闭其门,终身不勤;开其兑,济其事,终身不救。(第五十二章)

---

① 熊铁基、陈红星主编:《老子集成》第3卷,宗教文化出版社2011年版,第7页。
② 范应元:《老子道德经古本集注》,华东师范大学出版社2010年版,第25页。

塞其兑，闭其门，挫其锐，解其纷，和其光，同其尘，是谓玄同。（第五十六章）

上引三段文字中，第四章的"挫其锐，解其纷，和其光，同其尘"四句，亦见于第五十六章，既可视作对"道"的特性的描述，亦可视作人仿效"道"的特性而采取的修身方法。

第二段文字由意思正好相对的两段话组成，说明了"塞兑""闭门"的重要性：做到了"塞兑""闭门"，便一辈子都不会辛劳；否则，就一辈子都得不到解救。一些学者指出，因该段文字的上文为"天下有始，以为天下母。既得其母，以知其子；既知其子，复守其母，没身不殆"，而其中的"母"即"道"，因此，它讲的是修道的具体方法，如成玄英说："上虽劝其守母，犹未示其修守之方，故次下文，具显守复方术，即塞闭等是也。"[①]吕惠卿亦说："'塞其兑，闭其门，终身不勤'，此则'守其母'之谓也。"[②]

第三段文字则指出了"玄同"即玄妙的齐同的境界，亦即与"道"合一的境界，而此种境界，是通过塞兑闭门、挫锐解纷、和光同尘的修炼后获得的。

（一）"挫其锐"：摧折锋芒

我们先来看第四章中的"挫其锐，解其纷，和其光，同其尘"的含义。

"挫其锐"中的"挫"，指摧折、抑制；"锐"，指锋芒、锐气。因此，"挫其锐"即摧折锋芒（或摧折器物锋利的尖刃），使其不能造成危害，如《唐玄宗御制道德真经疏》中说："挫，抑止也。锐，铦利也。""铦利"即锋利。林希逸说："挫其锐，言其磨砻而无圭角

---

① 熊铁基、陈红星主编：《老子集成》第1卷，宗教文化出版社2011年版，第326页。
② 吕惠卿：《老子吕惠卿注》，华东师范大学出版社2015年版，第57页。

也。"① "磨砻"即磨治,"圭角"指棱角、锋芒。奚侗说:"锐能伤物,必摧挫之。"② 由以上意思引申,则可表达不同的含义,如河上公说,"挫其锐"指抑制人的追求功名之心:"锐,进也。人欲锐精进取功名,当挫止之,法道不自〔见〕也。"③ 成玄英说,"挫其锐"指阻止人的贪竞之心:"挫,止也;锐,进也。……令进求之人息于贪竞也。"④ 陆希声说,"挫其锐"指"挫俗情之锋锐"⑤。综上可知,学者们虽然对"挫其锐"有种种不同的理解,但基本观点是相似的,即都把"锐"视作一种能给人造成伤害的、负面的东西,因此需要加以抑制或阻止。

(二)"解其纷":排除纷杂

"解其纷"中的"纷",指纷杂,即纷繁杂乱,因此,"解其纷"即排除纷繁杂乱。这种纷繁杂乱可以指外界的事物,故"解其纷"可理解为排解纠纷或纷乱,如陆希声说:"解世故之纠纷"⑥;也可理解为面对纷乱的事物而以简捷有序的方式加以处理,如林希逸说:"解其纷,言其处纷扰之中而秩然有条也。"⑦ 不过,从历史上看,较多的学者是把"纷"理解为纷杂的外界事物对心灵造成的扰乱,因此,"解其纷"是指排除这种扰乱,使心灵归于宁静,如李荣说:"可欲乱正,得失滑心,纷也。遗彼忘我,远欲制情,解也。"⑧ 吕惠卿说:"物至而交心为纷,解其纷而勿扰。"⑨

相比之下,笔者认为,李荣、吕惠卿等的理解要更为恰当些。

---

① 熊铁基、陈红星主编:《老子集成》第4卷,宗教文化出版社2011年版,第498页。
② 熊铁基、陈红星主编:《老子集成》第13卷,宗教文化出版社2011年版,第4页。
③ 王卡点校:《老子道德经河上公章句》,中华书局1993年版,第14页。
④ 熊铁基、陈红星主编:《老子集成》第1卷,宗教文化出版社2011年版,第290页。
⑤ 熊铁基、陈红星主编:《老子集成》第1卷,宗教文化出版社2011年版,第587页。
⑥ 同上。
⑦ 熊铁基、陈红星主编:《老子集成》第4卷,宗教文化出版社2011年版,第498页。
⑧ 熊铁基、陈红星主编:《老子集成》第1卷,宗教文化出版社2011年版,第352页。
⑨ 吕惠卿:《老子吕惠卿注》,华东师范大学出版社2015年版,第5页。

（三）"和其光"：掩藏光明

"和其光"中的"和"，是调和的意思，这里指调和而不使之显眼；"光"，是光明的意思，这里指一个人与他人相比时十分显眼的优点，如智慧之"光"、先见之"明"之类。因此，"和其光"就是掩藏自身之光芒使不显眼的意思，古代学者亦多从这个角度来对该句进行理解，如河上公说："言虽有独见之明，当如暗昧，不当以曜乱人也。"① 成玄英说："光，智照也。言圣人智慧光明，与日月齐照，而韬光晦迹，共凡智相和。"②

（四）"同其尘"：混同于尘俗

"同其尘"中的"同"，指混同；"尘"，指尘俗、世俗。因此，"同其尘"即混同于尘世间。进一步而言，便是一个人虽有不同于凡俗的识见与修养，却不去显露锋芒，而是混迹于众人之中，使人们无法分辨。如河上公解释"同其尘"说："当与众庶同垢尘，不当自别殊。"③ 宋徽宗也说："同其尘，庄子所谓与物委蛇而同其波也。"④ 所谓"与物委蛇而同其波"，即随顺万物而与之同流。

一些学者则专门强调，所谓"同其尘"，并不是同流合污的意思，而是处于污浊之中而能洁身自好，不失其本真之性。如王弼说："同尘而不渝其真"⑤，范应元亦说："混浊世而不污其真。"⑥ 笔者认为，这样的强调无疑是有道理的。

（五）"挫其锐"等四句的主语

"挫其锐"等四句的原文中都没有主语，那么究竟是谁"挫其

---

① 王卡点校：《老子道德经河上公章句》，中华书局1993年版，第14页。
② 熊铁基、陈红星主编：《老子集成》第1卷，宗教文化出版社2011年版，第291页。
③ 王卡点校：《老子道德经河上公章句》，中华书局1993年版，第15页。
④ 熊铁基、陈红星主编：《老子集成》第3卷，宗教文化出版社2011年版，第264页。
⑤ 楼宇烈校释：《老子道德经注校释》，中华书局2008年版，第11页。
⑥ 范应元：《老子道德经古本集注》，华东师范大学出版社2010年版，第9页。

锐""解其纷""和其光""同其尘"呢？对此，学者们有种种不同的理解，其中有代表性的，主要有以下两种。

1. 认为主语是"道"，如唐玄宗说："道以冲和，故能抑止铦利，释散纷扰。……道无不在，所在常无。在光在尘，皆与为一。"①董平说："在本章中，老子是因讲'道体'而续讲四句，所以四句的主语都是'道'。"②

2. 认为主语是人或圣人，如范应元说："人能用道以挫情欲之锐，解事物之纷，莹心鉴而不炫其明，混浊世而不污其真，则道常湛兮，似乎或在也。"③蒋锡昌说："'挫其锐，解其纷'，……皆圣人所以减少人民之欲望。……'和其光，同其尘'，即前章所谓'圣人之治，……常使民无知无欲'。"④

那么这四句的主语应该是什么呢？笔者认为，从上下文的关系来看，这四句的上文是"道冲，而用之或不盈。渊兮，似万物之宗"，讲的都是"道"的特性，据此，则这四句的主语也应该是"道"。但是，说这四句的主语是人或圣人的观点也有其道理，因为说人或圣人摧折锋芒，排除纷杂等，在逻辑上也很通顺。因此，笔者认为，对于这四句的意思，我们最好从天道和人道两个角度来进行理解。从天道的角度，则这四句的主语为"道"；从人道的角度，则这四句的主语为人或圣人，而人或圣人之所以要挫锐解纷、和光同尘，正是对"道"所具有的这些特性的仿效。如此理解，老子这四句话的含义才能完整。

值得注意的是，"挫其锐，解其纷，和其光，同其尘"又见于第五十六章，且这四句在第四章中的上下句分别为"渊兮，似万物之宗"，"湛兮，似或存"。如果把这四句文字去掉，则"渊兮，似万物之

---

① 熊铁基、陈红星主编：《老子集成》第1卷，宗教文化出版社2011年版，第418页。
② 董平：《老子研读》，中华书局2015年版，第64页。
③ 范应元：《老子道德经古本集注》，华东师范大学出版社2010年版，第9页。
④ 蒋锡昌：《老子校诂》，成都古籍书店1988年版，第31—32页。

宗"与"湛兮，似或存"正好连在一起，显得十分连贯、妥帖，因此，有学者指出，"挫其锐"等四句放在本章系错简所致，应予删除，如陈鼓应说："这四句疑是五十六章错简重出，因上句'渊兮似万物之宗'与下句'湛兮似或存'正相对文。……惟帛书甲、乙本均有此四句，其错简重出早在战国时已形成。"①

然而，有不少学者反对这样的观点，如蒋锡昌说："'挫其锐'四句正为上文'道冲而用之，或不盈'一语具体之说明。复文为《老子》特有文体，不能因其复出，遂谓之错简。"②高明说："按《老子》一书，同文复出者多矣，情况各不相同，应具体分析。有些则因经文所需，绝不能因其复出即视为错简。今从帛书甲、乙本勘校，本章与第五十六章皆有此四句，而且均与前后经文连通，足见今本《老子》此文不误"。③

上述反对的意见确实也有较为充足的理据，所以，是否把"挫其锐"等十二个字从本章删除，当有待进一步的商榷。但是，不可否认的是，本章若去掉"挫其锐"等十二个字，无疑会在意思上显得更为顺畅，文字上显得更加精练，因此，本章中的"挫其锐"等十二个字，确实给人以某种蛇足之嫌。而且，正如前面所述，它还给意思的理解带来了诸多的分歧和麻烦。只是原文如此，后人不可轻易删削。

接下来再来看看学者们对于第五十六章中的"挫其锐，解其纷，和其光，同其尘"四句的理解。首先值得我们注意的，是一些学者认为，老子在不同的章中重复相同的句子，说明这四句文字在老子思想中十分重要，如成玄英说："上来数句，前已具释，今略帖文，不复

---

① 陈鼓应：《老子今注今译》，商务印书馆2003年版，第90—91页。
② 蒋锡昌：《老子校诂》，成都古籍书店1988年版，第32页。
③ 高明：《帛书老子校注》，中华书局1996年版，第242页。

详辩。所以重言者，明此数句于学问切当，故再出之耳。"① 唐玄宗说："此四句已出上经'道冲'章，彼则就道以论功，此则据人以明行，上下两经，互举其文者，以其于济物修身之义有功，故望言之。"②

然而，也有学者认为这四句话在第五十六章中系衍文，如易顺鼎说："'挫其锐'四句与上篇第四章同，乃上篇无注而此皆有注，疑此注亦上篇第四章之注也。《文选·魏都赋》《运命论》两注皆引《老子》知者不言，言者不知，是谓玄同，并无此六句，可证其为衍文矣。"③

不过，易顺鼎的观点遭到一些学者的明确反对，如马叙伦说："剉锐解纷，和光同尘，正说'玄同'之义，不得无此四句。"④ 高明说："从帛书甲、乙本观察，乃同文复出，非衍文也。"⑤

笔者认为，易顺鼎的观点确实无法成立，第五十六章若无此四句（按易顺鼎的说法，连"塞其兑，闭其门"亦系衍文），则"是谓玄同"一句便显得十分突兀。另外，郭店竹简本、帛书甲乙本均有这四句（虽具体文字略有不同），亦证明该章当有这四句。

这里需要指出的是，如果说第四章中的"挫其锐，解其纷，和其光，同其尘"中的主语既可以指"道"，亦可以指人或圣人，则第五十六章中的这四句的主语无疑是指圣人，因为第五十六章中与之相关的文字为"知者不言，言者不知。塞其兑，闭其门，挫其锐，解其纷，和其光，同其尘，是谓玄同"，而"知者不言，言者不知"的确切含义为：知道"道"的人不去说，说的人不知道"道"，则"挫其锐"四句的主语便为知道"道"的人亦即圣人，"挫其锐"等句说的便

---

① 熊铁基、陈红星主编：《老子集成》第1卷，宗教文化出版社2011年版，第329页。
② 熊铁基、陈红星主编：《老子集成》第1卷，宗教文化出版社2011年版，第497页。
③ 熊铁基、陈红星主编：《老子集成》第11卷，宗教文化出版社2011年版，第451—452页。
④ 马叙伦：《老子校诂》，浙江古籍出版社2020年版，第266页。
⑤ 高明：《帛书老子校注》，中华书局1996年版，第99页。

是圣人修道的具体方式。

(六)"兑"及"塞其兑"的含义

在第五十二章和第五十六章中都有"塞其兑,闭其门"的说法。然而,对于"塞其兑"中的"兑"的含义,古今学者可谓歧见纷纭,其中值得我们注意的,主要有以下三种理解。

1. 认为"兑"是口的意思,引申指人与万物接触交流的孔窍如眼、耳、鼻等,因此,"塞其兑"便是指堵塞感官,不使产生欲望或知识的意思,如奚侗说:"《易·说卦》:兑为口。引申凡有孔窍者皆可云兑……塞兑闭门,使民无知无欲,可以不劳而理矣。"[①] 蒋锡昌说:"'兑'字奚说为长。……言圣人当塞兑闭门,令无知无欲,则终身可不劳而治也。"[②]

2. 认为"兑"指内心产生欲望之处,"塞其兑"指不使内心与外物相联系而产生欲望,如陆希声说:"兑者,嗜欲所之生也。……以性正情,则嗜欲之原塞矣。"[③] 张默生说:"心动于内,运用感官,这就叫做有兑。有兑,则心出而交物,便应接不暇了。"[④]

3. 认为"兑"是"说(yuè)",即"悦",表示内心喜好声色享受,因此,"塞其兑"指堵塞对外物的喜好和享受,如唐玄宗说:"兑,爱悦也。目悦色,耳悦声,六根各有所悦,纵则生患,是故塞之。"[⑤] 范应元说:"兑,说也。……目说于色,耳说于声,鼻说于香,口说于味,皆泊于一心。故塞其耳目鼻口之所说。"[⑥]

从以上对"兑"的各种解释来看,虽然具体解释各不相同,但是

---

① 熊铁基、陈红星主编:《老子集成》第13卷,宗教文化出版社2011年版,第21页。
② 蒋锡昌:《老子校诂》,成都古籍书店1988年版,第322页。
③ 熊铁基、陈红星主编:《老子集成》第1卷,宗教文化出版社2011年版,第608页。
④ 张默生:《老子章句新释》,成都古籍书店1988年版,第68页。
⑤ 熊铁基、陈红星主编:《老子集成》第1卷,宗教文化出版社2011年版,第437页。
⑥ 范应元:《老子道德经古本集注》,华东师范大学出版社2010年版,第91—92页。

有一点是共同的，即多认为它跟内心的欲望与外物的诱惑有关，而人的眼、耳、口、鼻等感官正好是内心的欲望与外物相沟通的桥梁，因此，笔者认为，把这里的"兑"释为人身上的窍穴，具体指眼、耳、鼻、口等感官，是比较恰当的。故"塞其兑"，就是堵塞欲望的窍穴的意思。

（七）"门"及"闭其门"的含义

对于"闭其门"中的"门"的含义，学者们亦有各种不同的理解，如有的学者认为指"口"："门，口也，使口不妄言。"①"掩目闭口，外患不生。"②有的学者认为指鼻："门者，气所出入之门谓鼻也。"③唐玄宗认为指祸患之门："若塞其爱悦之视听，则祸患之门闭矣。"④除了上述，对于"门"的含义，值得我们注意的，还有以下三种理解。

1. 认为"门"指事物出入之门，"闭其门"指不使事物出入的意思，如王安石说："以事对门者，闭其门，则事之不入可知矣。"⑤焦竑说："人之有口，家之有门，皆喻物所从出者。塞而闭之，藏有于无，守母者也。"⑥

2. 认为"门"指人的精神出入之门，"闭其门"指使精神不出，无知无欲的意思，如范应元说："门者以心神之出而言也。……以闭其一心之所欲，则神明不出。"⑦奚侗说："门谓精神之门。塞兑闭门，使民无知无欲。"⑧

3. 认为"门"指事物与人的欲望相通之门，"闭其门"指不让外物

---

① 王卡点校：《老子道德经河上公章句》，中华书局1993年版，第199页。
② 熊铁基、陈红星主编：《老子集成》第1卷，宗教文化出版社2011年版，第375页。
③ 熊铁基、陈红星主编：《老子集成》第5卷，宗教文化出版社2011年版，第635页。
④ 熊铁基、陈红星主编：《老子集成》第1卷，宗教文化出版社2011年版，第493页。
⑤ 容肇祖：《王安石老子注辑本》，中华书局1979年版，第46页。
⑥ 焦竑：《老子翼》，华东师范大学出版社2011年版，第129页。
⑦ 范应元：《老子道德经古本集注》，华东师范大学出版社2010年版，第91—92页。
⑧ 熊铁基、陈红星主编：《老子集成》第13卷，宗教文化出版社2011年版，第21页。

入而扰乱心神的意思,如王弼说:"门,事欲之所由从也。"① 张默生说:"心为外物所引,因而纳物,这就叫做有门;有门,则物入而扰心,便不能虚静了。"②

笔者认为,上述三种理解,虽具体解释不同,但意思其实是差不多的,因为无论把"门"释为事物出入之门,还是精神出入之门,或事物与人的欲望相通之门,指的都是人的内心与外物交流的通道,因此,这里的"门",与上句的"兑"一样,指的也是人身上的孔窍,如鼻、耳、口之类。而所谓"闭其门",指的是关闭欲望的门户的意思。所以,"闭其门"的意思与"塞其兑"其实是一样的,老子只是用不同的文字来表达同样的意思,以强调防止嗜欲、保持无知无欲的重要性。

老子说"塞其兑,闭其门,终身不勤",对于"终身不勤"中的"勤"字,古今学者多释为勤苦、劳倦,如河上公说:"人当塞目不妄视,闭口不妄言,则终身不勤苦。"③ 蒋锡昌说:"令无知无欲,则终其身可不劳而治也。"④

笔者认为,一个人能闭塞欲望的孔窍,不受外物的诱惑,则自然清静无为,身体安逸而不辛劳,因此,把这里的"勤"释为辛苦、劳倦,意思上是十分顺畅的。

而与"塞其兑,闭其门"相对,老子进一步指出:"开其兑,济其事,终身不救",意即开启欲望的窍穴,去完成满足贪欲的事情,终身都不能得到解救。这个道理比较好懂,兹不赘述。

(八)"玄同":玄妙的齐同

对于第五十六章"塞其兑,闭其门,挫其锐,解其纷,和其光,

---

① 楼宇烈校释:《老子道德经注校释》,中华书局2008年版,第139页。
② 张默生:《老子章句新释》,成都古籍书店1988年版,第68页。
③ 王卡点校:《老子道德经河上公章句》,中华书局1993年版,第199页。
④ 蒋锡昌:《老子校诂》,成都古籍书店1988年版,第322页。

同其尘,是谓玄同"中"玄同"的含义,学者们的解释则可谓五花八门,其中有代表性的,主要有以下四种。

1. 认为"玄"指幽远、深奥,"同"指与"道"相同或相合,因此,"玄同"即冥默中或暗中与"道"相合,如范应元说:"则是谓与道冥合矣。"①牟钟鉴说:"这就会暗中与大道自然同体。"②

2. 认为"玄"指玄妙,"同"指齐同、混同,因此,"玄同"指玄妙齐同的境界,如林语堂说:"这就是玄妙的齐同境界。"③董平说:"进入玄冥混同之境。"④

3. 认为"玄"指幽远、玄妙,"玄同"指与物或与世混同,如陆希声说:"故大丈夫去彼辩说,取此心悟,塞其嗜欲之端,闭其云为之路,挫俗情之锋锐,解世故之纷纠,上和光而不皦,下同尘而不昧,是谓微妙玄通,与物大同者也。"⑤奚侗说:"幽远不可见,混沌之象,玄同犹云混同。塞兑、闭门、挫锐、解纷、和光、同尘,是与物混同也。"⑥

4. 认为"玄"指天、玄理或"道","玄同"即与天或"道"相同,如河上公说:"玄,天也。人能行此上事,是谓与天同道也。"⑦蒋锡昌说:"'玄'即道,亦即无名。'玄同'即无名之同,犹云同于道也。"⑧

笔者认为,"玄同"一词,是老子的发明,因此,对于"玄同"的含义,我们不妨从分别对"玄"和"同"的含义的分析入手。在《老子》一书中,多次提到"玄"字,如第一章:"同谓之玄。玄之又玄,

---

① 范应元:《老子道德经古本集注》,华东师范大学出版社2010年版,第100页。
② 牟钟鉴:《老子新说》,金城出版社2009年版,第179页。
③ 林语堂:《老子的智慧》,湖南文艺出版社2016年版,第205页。
④ 董平:《老子研读》,中华书局2015年版,第221页。
⑤ 熊铁基、陈红星主编:《老子集成》第1卷,宗教文化出版社2011年版,第609页。
⑥ 熊铁基、陈红星主编:《老子集成》第13卷,宗教文化出版社2011年版,第22页。
⑦ 王卡点校:《老子道德经河上公章句》,中华书局1993年版,第217页。
⑧ 蒋锡昌:《老子校诂》,成都古籍书店1988年版,第346页。

众妙之门";第六章:"谷神不死,是谓玄牝";第十章:"涤除玄览,能无疵乎?……是谓玄德";等等。对于其中的"玄"字,学者们多释为玄妙、深奥微妙,如释"玄牝"为深奥微妙的母体,释"玄览"为玄妙的镜子,释"玄德"为深奥微妙的德,等等。因此,"玄同"的"玄",亦当指玄妙,而"玄同",即指玄妙的"同"。

那么这里的"同"又是什么意思呢?从本章的文字来看,老子说"塞其兑,闭其门,挫其锐,解其纷,和其光,同其尘,是谓玄同",则其中的"塞其兑"等六句明显系修道者(亦即上文所说的知"道"者)采取的修道方法,修道者通过此种方法的修炼,便能达到无分别心、无执着心,与物齐同的境界。因此,这里的"同",应是齐同的意思,指的是与世或与物齐同,故所谓"玄同",即玄妙的齐同。之所以称之为玄妙,是因为这种与物或与世齐同的境界是匪夷所思的,是超出人们通常的经验的。而这种玄妙的齐同,因为是在修道者排除一切外物的干扰,在无思无欲的状态下达到的,因此实际上即是与"道"合一的境界。

由此来反观上述四种对于"玄同"的不同理解,可以发现,前面三种理解在实质上是一样的,强调的都是与物或与"道"齐同的境界。唯有第四种理解以天、道或玄理释"玄",与学者们对《老子》一书中"玄"字的通常理解有出入,似存在偏颇。

五、"为腹不为目"——《老子》第十二章,提倡只求内在的满足,不求外在的享受

> 五色令人目盲,五音令人耳聋,五味令人口爽,驰骋畋猎令人心发狂,难得之货令人行妨。是以圣人为腹不为目,故去彼取此。(第十二章)

上引文字是第十二章的全部内容,它首先指出了外在的物质享受会给人带来的种种弊害:"五色"会使人的视觉受损,"五味"会使人的

味觉失灵,很难得到的财物会使人的品行受到损害,等等。因此,最好的办法,就是"去彼取此","为腹不为目",即摒弃外在的声色等享受,去追求内在的满足。而且,老子强调:"是以圣人为腹不为目",说明"为腹不为目"是圣人的行为准则,当然亦是圣人修道的具体方法。

(一)"五色令人目盲,五音令人耳聋,五味令人口爽"的真实意蕴

"五色令人目盲,五音令人耳聋,五味令人口爽",直译的意思为:各种颜色使人眼瞎,各种音乐使人耳聋,各种味道的食物使人的味觉丧失。对此,人们不禁会发出这样的疑问:目视五色,怎么就会失明了呢?耳听五音,怎么就会耳聋了呢?吃各种味道的食物,怎么就会丧失味觉了呢?老子这么说,是否也太绝对了?难道让人目不视色、耳不听声、口不尝味吗?那么该如何理解老子这段话的真实含义呢?对此,历代学者有各种不同的解释,其中有代表性的,主要有以下四种观点。

1. 认为老子此段话的实质是告诫人们不要过分沉溺于声色等享受,如杜道坚说:"知五色炫耀盲人之目,则不事华饰而守纯素;知五音嘈杂聋人之耳,则不事淫哇而守静默;知五味肥酞爽人之口,则不事珍羞而守淡泊。"[①] 林语堂说:"过分追求色彩的享受,终致视觉迟钝,视而不见;过分追求声音的享受,终致听觉不灵,听而不闻;过分追求味道的享受,终致味觉丧失,食不知味。"[②]

以上杜道坚所说的"五音嘈杂""五味肥酞",林语堂所说的"过分追求",都是对老子的原文作了某种程度的发挥,即令人目盲、耳聋、口爽的并非五色、五音、五味,而是过分沉溺于五色、五音、五味的享受。

---

① 熊铁基、陈红星主编:《老子集成》第5卷,宗教文化出版社2011年版,第488页。
② 林语堂:《老子的智慧》,湖南文艺出版社2016年版,第47页。

2. 认为这里所说的"目盲""耳聋""口爽"并非真的看不见东西、听不见声音、辨不出滋味,而是指人的感官受到五色、五音、五味的诱惑,从而无法体悟到"道"的存在与"道"的特性,如陆希声说:"目不睹无体之礼谓之盲,耳不闻无声之乐谓之聋,口不食大道之味谓之爽。此三病之所生,皆以五色、五音、五味之所惑。"① 范应元说:"人多以见色为明,而鲜能反照于无色之色,可谓盲矣。……人多以听声为聪,而鲜能反听于无声之声,可谓聋矣。……人多以嗜味为美,而鲜能反味于无味之味,可谓差失矣。"②

以上引文中的"无体之礼""无色之色"等都是就"道"或"道"的特性而言的。

3. 认为这里所说的"目盲""耳聋""口爽"既指过分沉溺于声色之乐,会导致眼瞎耳聋、失去味觉,又指沉迷于尘世之声色,便不能体道悟道,如河上公说:"贪淫好色,则伤精失明,〔不能视无色之色〕。好听五音,则和气去心,不能听无声之声。……人嗜于五味,则口亡,言失于道也。"③ 李荣说:"目虽能见,耽色不已,丧其明。耳虽能闻,淫声无倦,失其听。口虽能尝,察味而后,乖其养。爽,失也。然盲以不见为义,聋以不闻为义。有目而不见真人大圣,盲也。有耳不闻希声之广乐,微妙之灵音,聋也。口以知味为用,若贪俗味失于道味,故言爽也。"④

4. 认为目、耳、口的本性是能观色、听音、尝味,而五色、五音、五味则使目、耳、口丧失其本性,完全受五色、五音、五味的支配,所以无异于盲、聋、爽。如苏辙说:"视色听音尝味,其本皆出于性,方其有性而未有物也,至矣。及目缘五色,耳缘五音,口缘五味,

---

① 熊铁基、陈红星主编:《老子集成》第1卷,宗教文化出版社2011年版,第589页。
② 范应元:《老子道德经古本集注》,华东师范大学出版社2010年版,第19页。
③ 王卡点校:《老子道德经河上公章句》,中华书局1993年版,第45页。
④ 熊铁基、陈红星主编:《老子集成》第1卷,宗教文化出版社2011年版,第355页。

夺于所缘而忘其本，则虽见而实盲，虽闻而实聋，虽尝而实爽也。"①奚侗说："目有见性，五色足以淫其性而使之盲。耳之于音、口之于味皆然。"②

笔者认为，上述四种理解均有其道理，对于我们准确理解老子这段话的意思无疑有很好的启发意义。因此，对于老子的这段话，我们不妨从两个层面去理解。一个是从常识的层面，则老子在此应该是指过分沉溺于声色等享乐会导致目盲耳聋等，因为老子不可能不顾常识，简单地认为看五色就会眼瞎，听五音就会耳聋，吃五味就会失去味觉。一个则是从"道"的层面，根据老子的道论，只有大道才是恒久不变的，现象界的一切事物如五色、五音等均是变动不居的，人的目、耳、口等感官如果完全受这些变动不居的外界事物的支配，则永远也不可能体悟到大道的存在和大道的特性，因此，称这些受五色、五音、五味支配的状况为目盲、耳聋、口爽当然也是很恰当的。

（二）为什么"驰骋畋猎"会使人心发狂？

所谓"驰骋畋猎"，即骑马打猎。打猎是远古人类获取食物的主要手段之一，后来随着农业的出现，渐渐地变成了一项娱乐活动。骑马打猎是一项很正常的活动，那么老子为什么说它会使人"心发狂"呢？对此，一些学者认为，驰骋田猎，使人的精神向外放逸，不能收束，类似发狂，如河上公说："人精神好安静，驰骋呼吸，精神散亡，故发狂也。"③成玄英说："田猎之夫，贪逐禽兽，快心放荡，有类狂人。"④

客观说来，骑马打猎这项活动确实比较特殊，其特殊主要体现在两个方面：一是骑马奔驰，速度极快，使人容易产生失控的感觉；二

---

① 熊铁基、陈红星主编：《老子集成》第3卷，宗教文化出版社2011年版，第5页。
② 熊铁基、陈红星主编：《老子集成》第13卷，宗教文化出版社2011年版，第7页。
③ 王卡点校：《老子道德经河上公章句》，中华书局1993年版，第45页。
④ 熊铁基、陈红星主编：《老子集成》第1卷，宗教文化出版社2011年版，第296页。

是以猎杀动物的生命为目标，容易刺激人心中某种残忍的本能，让人产生一种狂野的快感。因此，亦有学者指出，老子之所以在此以"驰骋畋猎"为例，来说明人心之发狂，就是因为"驰骋畋猎"这项活动最能体现人对外物的欲念之盛。如陆希声说："於乎欲之盛者，莫大于禽荒，作之则心若病狂。"① 吕惠卿说："逐乎外则罔念而发狂矣，事莫不然，而驰骋田猎为尤甚。"②

不过，也有学者认为，这里的"驰骋畋猎"，不是泛泛地指骑马打猎，而是指过分沉溺于骑马打猎，会使人心发狂，如张默生说："若是骑马打猎太过了，能使人心狂荡起来。"③ 林语堂说："过分纵情于骑马打猎，追逐鸟兽，终致心神不宁，放荡不安。"④

笔者认为，上述两种观点从不同的角度揭示了"驰骋畋猎令人心发狂"的含义，把它们结合在一起，当能更好地反映老子这段话的意蕴。

（三）"行妨"的含义

"难得之货令人行妨"，其中的"难得之货"，指很难得到的财物。这里值得注意的是"行妨"一词，学者们对它有不同的理解。

对于"行妨"，较居主流的理解是伤害品行，认为这里的"行"，是品行、德行的意思；"妨"，是伤害、损害的意思。如林希逸说："行妨，谓妨害德行也。"⑤ 陈鼓应说："行妨：伤害操行。"⑥

不过，也有学者认为，这里的"行"，是行为的意思，所谓"行妨"，指行为失常、行为受到妨害。如张松如说："稀有难得的财物使

---

① 熊铁基、陈红星主编：《老子集成》第1卷，宗教文化出版社2011年版，第589页。
② 吕惠卿：《老子吕惠卿注》，华东师范大学出版社2015年版，第13页。
③ 张默生：《老子章句新释》，成都古籍书店1988年版，第15页。
④ 林语堂：《老子的智慧》，湖南文艺出版社2016年版，第47页。
⑤ 熊铁基、陈红星主编：《老子集成》第4卷，宗教文化出版社2011年版，第501页。
⑥ 陈鼓应：《老子今注今译》，商务印书馆2003年版，第119页。

人行为失常。"① 董平说："'妨'既是妨碍，也是妨害，指妨碍、妨害人们的正常行为。"②

笔者认为，一个人若热衷于去贪求难以得到的财物，则势必会伴随以下的结果：一是做出损人利己的行为，二是个人品行受到损害，三是与修道无缘，等等。因此，我们不妨以较宽泛的角度来理解"行妨"的含义，把这里的"行妨"释为行为或品行受到妨害。

（四）圣人为什么"为腹不为目"？

"圣人为腹不为目"中的"为腹"，根据字面的意思，便是谋求腹的满足，那么什么是腹的满足呢，老子为什么说圣人要谋求腹的满足呢？对此，历代学者有各种不同的解释，概括起来，主要有以下四种。

1. 腹有容物的功能，目追逐外界事物，因此，腹属内，目属外，"为腹"即追求内在的满足。如林希逸说："腹内也，目外也，圣人务内不务外。"③张默生说："'腹'字，指'内'言；'目'字，指'外'言：此处不可看死了。"④

2. 腹无知无欲，没有分别之心，因此，"为腹"即谋求无知无欲的生活。如吕惠卿说："腹无知者也，……是以圣人为腹不为目，……而取此无知无欲之虚静也。"⑤蒋锡昌说："腹者，无知无欲，虽外有可欲之境而亦不能见。……故老子以'腹'代表一种简单清静、无知无欲之生活；……明乎此，则'为腹'即为无欲之生活。"⑥

3. 腹饱足则罢，不像目那样欲望无穷，故"为腹"即像腹那样知足知止。如李约说："目无厌，圣人不为；腹知足，圣人为之。"⑦苏辙

---

① 张松如：《老子说解》，齐鲁书社1998年版，第73页。
② 董平：《老子研读》，中华书局2015年版，第86页。
③ 熊铁基、陈红星主编：《老子集成》第4卷，宗教文化出版社2011年版，第501页。
④ 张默生：《老子章句新释》，成都古籍书店1988年版，第14页。
⑤ 吕惠卿：《老子吕惠卿注》，华东师范大学出版社2015年版，第13页。
⑥ 蒋锡昌：《老子校诂》，成都古籍书店1988年版，第67页。
⑦ 熊铁基、陈红星主编：《老子集成》第1卷，宗教文化出版社2011年版，第542页。

说:"圣人为腹而众人为目,……腹受而未尝贪故也。"①

4."为腹"即摒除外界的诱惑,确保固有的质朴天真。如林语堂说:"宁取质朴宁静,而不取奢侈浮华。主张摒弃一切外物的引诱,以确保固有的天真。"②陈鼓应说:"为'腹',即求建立内在宁静恬淡的生活;……而持守内心的安足,确保固有的天真。"③

有的学者则进一步认为,这里的"为腹"就是内守"道"或道德。如成玄英说:"怀道抱德,充满于内,故为腹也。"④范应元说:"为腹者守道也,为目者逐物也。……圣人为内而不为外矣"。⑤

综上所述,则老子所谓的"为腹",值得我们注意的主要有这样两点:一是"为腹"即虚静无欲,只求内在的满足,保持固有的质朴天真;二是"为腹"的上述含义是由腹本身的属内、无知无欲、知止足等特点直接推导出来的。

"圣人为腹不为目"中的"不为目",意即不谋求"目"的满足。大家知道,"目"最重要的功能就是视物,因此,所谓不谋求"目"的满足,也就是不谋求满足"目"的视物需求,那么老子为什么说不要去满足"目"的视物需求呢?"不为目"在这里的确切含义又是什么呢?综合古今学者关于"不为目"的解释,值得我们注意的主要有以下两个方面。

1.腹属内,目属外。"目"在视物时,极易受外物的影响,无穷的外物令人目不暇接,欲罢不能,从而使人受外物之支配,丧失自己的自然本性,因此老子主张"不为目"。如王弼说:"为目者以物役己,

---

① 熊铁基、陈红星主编:《老子集成》第3卷,宗教文化出版社2011年版,第5—6页。
② 林语堂:《老子的智慧》,湖南文艺出版社2016年版,第47页。
③ 陈鼓应:《老子今注今译》,商务印书馆2003年版,第120页。
④ 熊铁基、陈红星主编:《老子集成》第1卷,宗教文化出版社2011年版,第296页。
⑤ 范应元:《老子道德经古本集注》,华东师范大学出版社2010年版,第20页。

故圣人不为目也。"① 蒋锡昌说:"'目'者,可见外物,易受外境之诱惑而伤自然。……'不为目',即不为多欲之生活。"②

2. 这里的"为目",其实是代指前面的"五色""五音""五味""驰骋畋猎""难得之货"等外部诱惑,因这些外部诱惑能使人迷失本性,所以老子主张"不为目"。如吴澄说:"上言目盲、耳聋、口爽、心狂、行妨五者,下但言不为目,盖举一以包其四。"③ 高亨说:"不谋求快活眼睛,叫外物役使自己。这是用目代表耳、口、心、行等。"④

至于为什么要用"目"来代表"耳""口""心""行"等,董思靖有这样的解释:"盖前章言虚中之妙用无穷,故此则戒其不可为外邪所实也。而其要则在于目,是以始终言之。如六根六尘,眼色亦居其首。夫子四勿,必先曰视,皆此意也。"⑤ 这里的"六根六尘"都是佛教语,其中"六根"指眼、耳、鼻、舌、身、意,"六尘"指色、声、香、味、触、法,它们都是把"眼"和"色"放在首位;这里的"夫子四勿",指《论语·颜渊》中的"非礼勿视,非礼勿听,非礼勿言,非礼勿动",亦是把其中的"非礼勿视"放在首位,强调了目视的重要性。在现实生活中,通常情况下,美色、美景往往比美声、美食等更易受人们关注,因此,董思靖的解释是有一定道理的。

本段文字的结尾之句——"故去彼取此",指抛弃"彼"而采取"此",因前面说"圣人为腹不为目",则这里的"彼",指"为目","此",则指"为腹",历代学者多作此种理解。如河上公说:"去彼目

---

① 楼宇烈校释:《老子道德经注校释》,中华书局 2008 年版,第 28 页。
② 蒋锡昌:《老子校诂》,成都古籍书店 1988 年版,第 67 页。
③ 熊铁基、陈红星主编:《老子集成》第 5 卷,宗教文化出版社 2011 年版,第 613 页。
④ 高亨:《老子注译》,清华大学出版社 2010 年版,第 30 页。
⑤ 熊铁基、陈红星主编:《老子集成》第 4 卷,宗教文化出版社 2011 年版,第 360 页。

之妄视,取此腹之养性。"① 奚侗说:"此云'去彼取此',意谓'为腹不为目'。"②

也有学者认为,这里的"此"是指"道"。如李荣说:"有累之业遣去也,无为之道来取也。"③ 林希逸说:"彼,上五者也。此,道也。"④ 这样的理解当然也是可以的,因为通过"为腹不为目"的修炼,便能达到与"道"合一的境界。

六、"为道日损"——修道,知识和欲望一天天减少

为学日益,为道日损。损之又损,以至于无为。无为而无不为。(第四十八章)

上引文字指出了"为学"和"为道"的重要区别:"为学"是知识的不断增加,"为道"则是知识、欲望等的不断减损。而"为道"之所以要"日损",是因为老子之"道"是超言绝象的东西,人们只有在排除一切外物干扰的情况下,进入无思无欲之境,才能体悟到"道"的存在,并与"道"冥合。故老子接下来说:"损之又损,以至于无为。无为而无不为。"其中的"无为而无不为",明确告诉我们,老子的"无为",并非什么都不做,而是以"无不为",即没有什么不是其所为为目标:只有"无不为"的"无为",才是真正的"无为";真正的"无为",必是"无不为"的。

(一)对"为学日益,为道日损"的各种不同理解

对于"为学日益"中的"为学",学者们通常认为指治学、做学问,因做学问需要知识的不断积累,所以说"为学日益"。如陆希声

---

① 王卡点校:《老子道德经河上公章句》,中华书局1993年版,第46页。
② 熊铁基、陈红星主编:《老子集成》第13卷,宗教文化出版社2011年版,第7页。
③ 熊铁基、陈红星主编:《老子集成》第1卷,宗教文化出版社2011年版,第355页。
④ 熊铁基、陈红星主编:《老子集成》第4卷,宗教文化出版社2011年版,第501页。

说:"夫为学者,博闻多识,以通于理,故日益。"① 高明说:"'为学'指钻研学问,因年积月累,知识日益渊博。"②

"为道日损"中的"为道",指修道,因修道需要排除外物的干扰,消除知识和成见,进入无思无欲的状态,所以说"为道日损"。如成玄英说:"为道,犹修道也。言修道之士虚夷恬淡,所以智德渐明,累惑日损也。"③ 牟钟鉴说:"体认大道要走与'为学'相反的路,是个'减'的过程,就是要减少知识、经验、成见,'致虚极,守静笃'(第十六章),使内心虚一而静,由此观照大道。"④

然而,以上只是学界对于"为学日益,为道日损"之含义的较为通行的理解,要切实把握这两句话的实质含义,我们还需要弄清以下几个方面的问题。

1. 对于"为学日益"与"为道日损"两句间的关系,学者们有不同的理解,一种是贬抑"为学"而推重"为道"。如杜道坚说:"为学日益,众人之道也;为道日损,圣人之道也。"⑤ 蒋锡昌说:"'为学者日益',言俗主为有为之学者,以情欲日益为目的;情欲日益,天下所以生事多扰也。'为道者日损',言圣人为无为之道者,以情欲日损为目的;情欲日损,务欲天下复返虚无也。"⑥

一种是把"为学"看作"为道"的基础,认为人们通过"为学"而知"道"、求"道"。如唐玄宗说:"为学者,日益见闻。为道者,日损功行。益见闻为修学之渐,损功行为悟道之门,是故因益以积功,忘功而体道矣。"⑦ 张默生说:"老子虽主张'绝学无忧',但那是后一段

---

① 熊铁基、陈红星主编:《老子集成》第1卷,宗教文化出版社2011年版,第606页。
② 高明:《帛书老子校注》,中华书局1996年版,第54页。
③ 熊铁基、陈红星主编:《老子集成》第1卷,宗教文化出版社2011年版,第323页。
④ 牟钟鉴:《老子新说》,金城出版社2009年版,第153页。
⑤ 熊铁基、陈红星主编:《老子集成》第5卷,宗教文化出版社2011年版,第504页。
⑥ 蒋锡昌:《老子校诂》,成都古籍书店1988年版,第302页。
⑦ 熊铁基、陈红星主编:《老子集成》第1卷,宗教文化出版社2011年版,第436页。

的工夫。至于'为学日益'的前一段工夫,即老子也是不能废的。'为学日益',也是'为道'的一段过程。及至'日益'的工夫做完,然后就须将世间的妄知妄见,层层剥削,好比剥芭蕉一样,以至于剥到尽头,才知道是一无所有,这样才能至于'绝学无忧'的境界,才可说是'为道'的究竟。"[1]

笔者认为,从老子的思想宗旨来看,它以"道"为核心,以修道为人生最重要的目标,而把对世俗知识的学习看作修道的障碍。如第二十章中明确说:"绝学无忧",即摒弃知识,就不会有忧烦。因此,在对待"为学"与"为道"的态度上,老子肯定是重"为道"而轻"为学"的。高亨说:"为学者多闻多见,日益增加积累。道家反积累,主张'绝学'。"[2]当然,从现实可行性上来说,一个人不可能天生就知道"为道",只有通过不断地学习、思考,才能最终以"为道"为目标,因此,从这个角度说,"为学"亦为"为道"之阶梯。

2."为学日益","益"的是什么?"为道日损","损"的是什么?对此,学者们有不同的解释,其中有代表性的,主要有以下三种。

第一种认为,这里的"日益",指的是情欲或情欲文饰;"日损",指的也是情欲或情欲文饰。如河上公说:"学谓政教礼乐之学也。日益者,情欲文饰日以益多。道谓自然之道也。日损者,情欲文饰日以消损。"[3]张松如说:"求学的情欲文饰一天天增加,修道的情欲文饰一天天减少。"[4]

第二种认为,这里的"日益",指知识一天天增加;"日损",指知识一天天减少。如任继愈说:"从事于学识,(知识)一天比一天增加;

---

[1] 张默生:《老子章句新释》,成都古籍书店1988年版,第62—63页。
[2] 高亨:《老子注译》,清华大学出版社2010年版,第81页。
[3] 王卡点校:《老子道德经河上公章句》,中华书局1993年版,第186页。
[4] 张松如:《老子说解》,齐鲁书社1998年版,第273页。

从事于'道',(知识)要一天比一天减少。"① 卢育三说:"为学,知识一天天增加;为道,知识一天天减少。"②

第三种认为,这里的"日益",指的是知识不断积累;"日损",指的是减少知识、欲望、成见之类的东西。如冯友兰说:"'为学'就是求对于外物的知识。知识要积累,越多越好,所以要'日益'。'为道'是求对于'道'的体会。'道'是不可说,不可名的,所以对于'道'的体会是要减少知识,……所以要'日损'。"③ 牟钟鉴说:"老子认为'为学日益',要不断积累知识,是个'加'的过程。但是'为道日损',体认大道要走与'为学'相反的路,是个'减'的过程,就是要减少知识、经验、成见。"④

综合以上各种观点,笔者认为,就"为学日益"来说,既说是"为学",即追求学问,则"日益"的当指知识;然而,随着知识的增加,对外界事物了解的增多,人们的欲望、对事物进行修饰的手段和水平也会相应增加,因此,我们可以把知识一天天增加看作"日益"的直接含义,而把情欲文饰一天天增加看作"日益"的间接含义。至于"为道日损"中的"日损"的含义,我们最好是从它跟"为道"的关系去理解,因为根据老子的思想,我们在前面已经说过,"为道"需要排除外物的干扰,消除知识和成见,进入无思无欲的状态,则这里的"日损",指的便是知识、欲望、成见等一天天减少的意思,因此,笔者认为,对于"日益"和"日损"的内容的理解,上述第三种观点应更恰当些。

(二)对"损之又损"的两种不同理解

"损之又损,以至于无为"两句,紧接上文"为道日损"而来。

---

① 任继愈:《老子绎读》,国家图书馆出版社2015年版,第105页。
② 卢育三:《老子释义》,天津古籍出版社1987年版,第195页。
③ 冯友兰:《中国哲学史新编》上卷,商务印书馆2020年版,第236页。
④ 牟钟鉴:《老子新说》,金城出版社2009年版,第153页。

所谓"无为",指的是顺其自然,不有意去做。而"损之又损",就文字本身来说,即减少而又减少。不过,对于"损之又损"的确切所指,古代学者的理解并不统一,其中有代表性的,主要有以下两种。

1. 认为"损之又损"指把人的私欲或有为之事不断减损,一直减损到"无为"的地步。如范应元说:"人心本虚,私欲窒之,则难复其初。渐去(上声)之又去之,以至于无为,则仍虚矣。"① 吴澄说:"为道者减损其有为之事,损之又损,及损之既尽,而无复有可损,则至于无为也。"②

2. 认为"损之又损"中的"损之",指的是减损有欲或有为之心,"又损"指的则是连这种减损有欲或有为之心的想法亦除去。如吕惠卿说:"而损之者未免乎有为也,并其损之者而损焉,而后至于无为。无为者,无有而已。"③ 苏辙说:"去妄以求复性,可谓损矣。而去妄之心犹存,及其兼忘此心,纯性而无余,然后无所不为,而不失于无为矣。"④

笔者认为,上述古代学者的第二种理解,其实是借用佛教的"双遣法"来解释"损之又损",虽然也能说通,但不如把它释为减少而又减少、不断减少显得更为平实、顺畅。

(三)"无为而无不为"的丰富内涵

"无为而无不为"的说法已见于第三十七章:"道常无为而无不为"。所谓"无为而无不为",意为顺乎自然,不有意去做什么,实际上却什么都是其所做。不过,"无为而无不为"一句出现于本章,其含义并不完全等同于第三十七章,因为第三十七章中的"无为而无不为"是用来描述"道"的,在本章中则是用来说明圣人的。对于"无为而

---

① 范应元:《老子道德经古本集注》,华东师范大学出版社2010年版,第84页。
② 熊铁基、陈红星主编:《老子集成》第5卷,宗教文化出版社2011年版,第633页。
③ 吕惠卿:《老子吕惠卿注》,华东师范大学出版社2015年版,第53页。
④ 熊铁基、陈红星主编:《老子集成》第3卷,宗教文化出版社2011年版,第20页。

无不为"在本章中的内涵,古今学者有丰富的论述,其中值得我们注意的,主要有以下四个方面。

1. "无为而无不为"本是"道"的特性,圣人屏弃一切知识、欲望等以后,达到了与"道"合一的境界,自然也就拥有了"道"的特性,故亦能"无为而无不为"。如河上公说:"情欲断绝,德于道合,则无所不施,无所不为也。"①林语堂说:"既到了无为的境地,便与道同体,自然也就能无为而无不为了。"②

2. "无为"并非什么都不做,而是必须以"无不为"为目标,只有能做到"无不为"的"无为",才是真正的"无为"。如李荣说:"夫欲去有累,所以归无为,而惑者闻无为,兀然常拱手,以死灰为大道,土块为至心,理恐其封执无为不能悬解,故云'无为而无不为'也。不为非无为也,有为而归无为,非有为也。"③牟钟鉴说:"'无为而无不为'这句话表现了老子哲学在'无为'背后的积极精神,原来老子无为论的真正目的在于更好的更普遍的有为。比如治理天下,最高领导者要清静无为,社会各阶层各部门都能各得其所,各尽其职,则天下必然大治。"④

3. 之所以说"无为而无不为",是因为"有为"则偏于所为之事而不能遍为,因此,只有"无为"才能"无不为"。如王弼说:"有为则有所失,故无为乃无所不为也。"⑤司马光说:"跂者不立,跨者不行。有为则滞阂于一隅,故无为则无不为矣。"⑥

4. "无为而无不为"的实质,是圣人无为,从而使百姓安居乐业,

---

① 王卡点校:《老子道德经河上公章句》,中华书局1993年版,第186页。
② 林语堂:《老子的智慧》,湖南文艺出版社2016年版,第178页。
③ 熊铁基、陈红星主编:《老子集成》第1卷,宗教文化出版社2011年版,第374页。
④ 牟钟鉴:《老子新说》,金城出版社2009年版,第154页。
⑤ 楼宇烈校释:《老子道德经注校释》,中华书局2008年版,第128页。
⑥ 熊铁基、陈红星主编:《老子集成》第2卷,宗教文化出版社2011年版,第550页。

万物自然发展成长。如奚侗说:"至于渊静无为,而万物以化,百姓以定,天下亦无不治之事矣。"① 刘笑敢说:"圣人辅助万物正常发展、自然发展,万物兴盛,百姓自在,那不就是虽无为而无所不为了吗?所以,道家之圣人能够无为而无不为的关键是创造万物自然发展的条件和环境,万物有了好的发展条件,能够健康发展,就自然达到了'无不为'的效果。"②

由上文可知,古今学者对于"无为而无不为"的内涵作了较为全面、深入的解析,对于我们把握"无为而无不为"的实质有很好的参考价值和启发意义。

第二节 通过遵行"道"的原则以得道

在《老子》一书中,关于达到与"道"合一的途径,除了纯粹进行心灵的内在修炼,还有另外一条途径,这便是通过对"道"的原则的遵行来得道。具体而言,清静无为,虚无自然,守柔不争,这都是"道"的重要原则,因此,如果人们能在日常生活中恪遵这些原则,久而久之,便能达到与"道"合一的境界。

一、"执今之道,以御今之有"——《老子》第十四章中介绍的悟道之途

执今之道,以御今之有,能知古始,是谓道纪。(第十四章)

关于上引文字,学者们通常认为其主旨是如何用"道"来指导人们处世待物。如高亨说:"道之为物,……人能掌握它的规律,就可以

---

① 熊铁基、陈红星主编:《老子集成》第13卷,宗教文化出版社2011年版,第19页。
② 刘笑敢:《老子古今》,中国社会科学出版社2006年版,第512页。

指挥万物,因而可以了解古史,是谓道的纲要。"①张默生说:"人若守着这个道,就算把握了整个的真理。再拿他来处理万事万物,便可得到'以简御繁'的妙用了。"②这样的理解其实是存在偏颇的。在笔者看来,这段文字的主旨并非讲用"道"来指导人们处世待物,而是通过用"道"指导人们处世待物来"知古始",即体悟大道,这里的"古始",指的是"道"的本体,而非通常所泛泛理解的"宇宙的原始"或"远古的原始状态"。

(一)"执今之道"的内涵及其是否应作"执古之道"

关于"执今之道"一句,首先值得我们关注的便是它是否应作"执古之道"。从历史上有代表性的《老子》本子来看,如河上公本、王弼本、傅奕本、景龙碑本等均作"执古之道"。关于"执古之道"的含义,学者们多释其中的"执"为执持、把握的意思,而释"古之道"为古已存在的道或早已存在的道。如成玄英说:"执,持也。"③林语堂说:"秉持着这亘古就已存在的道"。④

然而,"执古之道"一句,马王堆帛书甲本和乙本均作"执今之道",因此,高明认为,这里应作"执今之道",因为托古御今是儒家的思想,道家重视与时变通,不会主张"执古之道":"甲、乙本'执今之道',今本皆作'执古之道','今''古'二字之差,则意义迥然有别。按托古御今是儒家的思想,法家重视现实,反对托古。……从而足证经文当从帛书甲、乙本作'执今之道,以御今之有'为是。"⑤

裘锡圭也主张这里应作"执今之道",不过他所持的理由与高明明显不同。裘锡圭认为,老子这里的"今",指的是"道"创生万物

---

① 高亨:《老子注译》,清华大学出版社2010年版,第33页。
② 张默生:《老子章句新释》,成都古籍书店1988年版,第17页。
③ 熊铁基、陈红星主编:《老子集成》第1卷,宗教文化出版社2011年版,第298页。
④ 林语堂:《老子的智慧》,湖南文艺出版社2016年版,第59页。
⑤ 高明:《帛书老子校注》,中华书局1996年版,第289页。

以后的状况；"古"，则指的是万物未生以前只有"道"的状况；下文说的"以御今之有"，指用"道"的原则来对待"万有"，即万物，故这里应作"执今之道"，而不应作"执古之道"。①

然而，也有学者明确反对作"执今之道"，如卢育三说："诸本均如王本作'古'，帛书《老子》甲乙本作'今'。'执今之道，以御今之有'，于老子思想不合，不取。"②

刘笑敢则认为，如果这里作"执今之道"，则下文"能知古始"一句不好理解。另外，针对高明的观点，刘笑敢认为，道家常以古为据，并无厚今薄古的思想，因此，这里应以作"执古之道"为是。③

笔者认为，在上述观点中，裘锡圭的观点无疑是很有启发意义的。我们在分析第一章"道可道，非常道"的含义时曾经指出，作为宇宙万物本原的"道"包含本体和作用两个方面，其本体无声无形，不可捉摸，无法命名；其作用表现为创生天地万物，并作为天地万物变化发展的内在根据、准则，此作用可见可知，可以命名。而根据老子"无名，天地之始"（第一章）、"有物混成，先天地生"（第二十五章）等论述可知，天地、万物均是由"道"创生的，这便必然会存在这样两个阶段：一个是只有"道"而没有天地、万物的阶段；另一个是有了天地、万物而"道"又隐于天地、万物之中的阶段。按照"道"之体用的观点，第一个阶段即只有"道"的本体而没有"道"的作用的阶段；第二个阶段即"道"的本体和作用并存的阶段。根据老子的思想逻辑，只有"道"的本体的阶段便是"古之道"，既有"道"之本体又有"道"之作用的阶段便是"今之道"。据前所述，"执今之道"（或"执古之道"）中的"执"，是持守、执持，而所谓持守"道"，即

---

① 裘锡圭：《老子今研》，中西书局 2021 年版，第 110—111 页。
② 卢育三：《老子释义》，天津古籍出版社 1987 年版，第 82 页。
③ 刘笑敢：《老子古今》，中国社会科学出版社 2006 年版，第 215 页。

按照"道"的原则、特点等去行动,而"道"的原则、特点等主要指"道"之本体表现出来的作用,而非"道"之本体,因为"道"之本体无形无象,无法把握,我们只是可以推知其存在而已。因此,说"执今之道,以御今之有",无疑比说"执古之道,以御今之有"要更为恰当。故这里的文字当以帛书甲乙本为准,历史上流传的各种作"执古之道"的本子都不够准确。

(二)"以御今之有"中的"有"的含义

"以御今之有"中的"御",有的学者释为治理。如范应元说:"御,《释文》:理也。"① 奚侗说:"《诗·思齐》:以御于家邦,郑笺:御,治也。"② 有的学者释为驾驭,如张默生的《老子章句新释》、林语堂的《老子的智慧》、陈鼓应的《老子今注今译》等均释为"驾驭"。这两种解释意思都差不多。争议较多的是其中的"有"的含义。关于"有"的含义,较多的学者认为指事物,如唐玄宗说:"以御今有为之事"③,范应元说:"当持此以理今之事物也。"④

然而,有的学者认为,这里的"有"不是指事物,而是通"域",指的是邦域、国家。如刘师培说:"'有'即'域'字之假文也。……'御今之有',犹言御今之天下国家也。"⑤ 高亨说:"'以御今之有',犹云以治今之国矣。"⑥

然而,蒋锡昌明确反对把"有"释为"域",他说:"'执古之道,以御今之有',谓执古无名之道,以治今有名之事也。刘氏以'有'为'域',其说虽巧,非老子本意,不足为训。"⑦

---

① 范应元:《老子道德经古本集注》,华东师范大学出版社 2010 年版,第 24 页。
② 熊铁基、陈红星主编:《老子集成》第 13 卷,宗教文化出版社 2011 年版,第 8 页。
③ 熊铁基、陈红星主编:《老子集成》第 1 卷,宗教文化出版社 2011 年版,第 422 页。
④ 范应元:《老子道德经古本集注》,华东师范大学出版社 2010 年版,第 24 页。
⑤ 熊铁基、陈红星主编:《老子集成》第 11 卷,宗教文化出版社 2011 年版,第 715 页。
⑥ 熊铁基、陈红星主编:《老子集成》第 14 卷,宗教文化出版社 2011 年版,第 41 页。
⑦ 蒋锡昌:《老子校诂》,成都古籍书店 1988 年版,第 84 页。

笔者认为,考察老子的本意,所谓"执今之道,以御今之有",其实质是要用"道"来指导我们今天的具体行动;而从"有"的含义来看,既可指具体存在的事物,又可通"域",指邦域、国家,因此,这两种理解均可成立;但是,驾驭具体事物的含义要更为广泛,它可以包括治理国家的内容,因此,相比之下,还是把"有"释为具体事物更为恰当。

(三)什么是"古始"?

老子说"执今之道,以御今之有,能知古始",关于其中的"古始"的含义,学者们有不同的理解,有的学者认为指"古代原始情况"或"宇宙的原始"。如高亨说:"因而知道古代原始情况"[1],张默生说:"所以能知道宇宙的原始"[2],等等。有的学者则认为"古始",即"道",如成玄英说:"古始,即无名之道也。"[3]吴澄说:"古始者,道也。"[4]

笔者认为,把"古始"释为"古代原始情况""宇宙的原始"之类,释义过于宽泛,无助于我们把握老子思想的实质。把"古始"释为"道",则是很有道理的,但还不够准确。这里的"古始",当指"道"创生宇宙万物以前的状态,亦即"道"只有本体而未显现作用的时候,因此,确切地说,这里的"古始",便是"道"之本体,亦即第二十五章中老子所说的"有物混成,先天地生"中的那个"混成之物"。

那么,为什么说这里的"古始"指的是天地万物产生之前的"道"的本体呢?这便涉及对本章文字的内在逻辑的理解,对此,将在后面作出详细的分析说明。

---

[1] 高亨:《老子注译》,清华大学出版社2010年版,第33页。
[2] 张默生:《老子章句新释》,成都古籍书店1988年版,第17页。
[3] 熊铁基、陈红星主编:《老子集成》第1卷,宗教文化出版社2011年版,第298页。
[4] 熊铁基、陈红星主编:《老子集成》第5卷,宗教文化出版社2011年版,第614页。

（四）"道纪"："道"的规律

关于"是谓道纪"中的"道纪"，学者们多解释为道之纲纪。如河上公说："人能知上古本始有一，是谓知道纲纪也。"[①] 成玄英说："用斯古道，以御今世者，可谓至道之纲纪也。"[②] 而所谓"纲纪"，指的是大纲要领、法度纲常。有的学者也把它理解为"道"的规律，如林语堂说："能够了解这亘古就存在的道，就知道'道'的规律了。"[③] 陈鼓应说："'道'的纲纪，即'道'的规律。"[④]

然而，马叙伦、朱谦之等认为，这里的"道纪"即"道基"，"纪"借为"基"。如马叙伦说："伦案：'纪'借为'基'。"[⑤] 朱谦之说："'纪'即借为'基'，'道纪'即'道基'。"[⑥] 沙少海等说："'道纪'，犹言'道基'。"并释"道基"为"道的始基"。[⑦]

笔者认为，从"执今之道，以御今之有，能知古始"一段文字来看，其意为：持守现今的"道"，即"道"的原则，来驾驭现今的具体事物，就能知道"道"的本体。而在老子看来，这是必然如此的，故这里的"道纪"，当以释为"道"的规律为妥。

（五）"执今之道，以御今之有，能知古始，是谓道纪"的内在逻辑

《老子》第十四章的内容大致可分为前后两个部分，前面部分介绍"道"之本体无声无形、不可捉摸的特性："视之不见，名曰夷；听之不闻，名曰希；搏之不得，名曰微。此三者不可致诘，故混而为一。其上不皦，其下不昧，绳绳兮不可名，复归于无物。是谓无状之状，

[①] 王卡点校：《老子道德经河上公章句》，中华书局1993年版，第54页。
[②] 熊铁基、陈红星主编：《老子集成》第1卷，宗教文化出版社2011年版，第298页。
[③] 林语堂：《老子的智慧》，湖南文艺出版社2016年版，第59页。
[④] 陈鼓应：《老子今注今译》，商务印书馆2003年版，第127页。
[⑤] 马叙伦：《老子校诂》，浙江古籍出版社2020年版，第88页。
[⑥] 朱谦之：《老子校释》，中华书局2017年版，第58页。
[⑦] 沙少海、徐子宏：《老子全译》，贵州人民出版社1989年版，第25页。

无物之象，是谓惚恍。迎之不见其首，随之不见其后"；后面部分则说明要"执今之道"，即依据"道"的原则来驾驭具体的事物，从而来认识"古始"，即"道"之本体。那么，这前后两个部分之间是什么关系呢？尤其是在"执今之道，以御今之有，能知古始，是谓道纪"一段文字中，为什么"执今之道，以御今之有"，便"能知古始"呢？对此，我们可以从以下两个方面来进行把握。

1. 本章的前后两个部分之间以及每个部分内的文字之间都存在着严密的内在逻辑，本章内容是圆融贯通的一个整体。从本章文字来看，自"视之不见，名曰夷"至"随之不见其后"，描述的都是"道"之本体既客观存在又不可感知的特性，对此，老子用"视之不见""听之不闻""搏之不得""其上不皦，其下不昧""迎之不见其首，随之不见其后"等反复加以说明。"执今之道，以御今之有"，则是具体介绍认识或把握"道"之本体的方法：要以"道"的自然无为等为原则，来对待外界的各种事物；"能知古始"则是"执今之道，以御今之有"的结果，即通过"执今之道，以御今之有"，便可以把握到"道"之本体的存在，而所谓能把握"道"之本体的存在，指的便是能体悟到上文所说的"道""不皦""不昧"、恍惚若存的状况；"是谓道纪"，则是告诉我们，只要你确实做到了"执今之道，以御今之有"，你便可把握"道"之本体的存在，而这是必然无疑的，所以称之为"道纪"，即"道"的规律。

2. "执今之道，以御今之有"是把握"古始"即"道"之本体的独特而有效的途径。在本章中，当老子说"道"之本体"其上不皦，其下不昧""迎之不见其首，随之不见其后"等时，人们很容易发出这样的疑问：这种状况是老子自己真实感觉到的，还是纯粹凭借想象所作的描绘？对此，学界主要有两种观点，一种认为，老子的这种描绘，是出于想象，是根据客观世界的状况所作的推论。如韩非子说："人希见生象也，而得死象之骨，案其图以想其生也，故诸人之所以意想者皆谓之'象'也。今道虽不可得闻见,圣人执其见功以处见其形。故曰:'无状之状,无物之象。'"(《韩非子·解老》)蒋锡昌说:"道若有,若无;若可见,若不可见。其为物也,无色无体,无声无响,然可思索而得,意会而知。此思索而得之状,意会而知之象,无以名之,名之曰'无状之状,无物之象'也。"①

所谓"圣人执其见功以处见其形""然可思索而得,意会而知",都说明在这些学者看来,老子在此所描述的"道"的特性,是老子根据经验而作的逻辑推论。

另一种则认为,老子在此对"道"的各种描述,是老子在清静状态下体悟所得。如河上公说:"不可致诘者,夫无色、无声、无形,口不能言,书不能传,当受之以静,求之以神,不可诘问而得之也。"②李荣说:"道远乎哉?眼所不见,圣人体之,独见晓焉。……大象无形,难可搏触。圣人玄悟,了达虚无。"③吕惠卿说:"此三者终不可致诘者也。不可以致诘,则隳聪明,离形去智,而吾得之矣。"④

所谓"受之以静,求之以神""圣人体之""圣人玄悟""隳聪明,离形去智",都是指通过某种特殊的身心修炼,去获得对"道"的体悟。

以上两种观点都是颇有启发意义的,不过,笔者认为,如果结合此处的"执今之道,以御今之有",则老子在此关于对"道"的认识,指的应当是另外一条途径。因为所谓"执今之道,以御今之有",指的是用"道"的自然无为等原则来处事应物;而当一个人能真正做到以自然无为等原则来处事应物时,便能够体悟到大道的"无状之状,无物之象",即"能知古始"。此种情形,正如先秦儒家之由礼得

---

① 蒋锡昌:《老子校诂》,成都古籍书店1988年版,第81页。
② 王卡点校:《老子道德经河上公章句》,中华书局1993年版,第53页。
③ 熊铁基、陈红星主编:《老子集成》第1卷,宗教文化出版社2011年版,第356页。
④ 吕惠卿:《老子吕惠卿注》,华东师范大学出版社2015年版,第15页。

仁：仁是儒家追求的境界，它是内在的；礼是外在的，但礼是按照仁的内容特点制订出来的，因此，一个人若能发自内心地始终按照礼的规范来要求自己，便能最终达到仁的境界，此正如《论语·颜渊》中所言："颜渊问仁。子曰：'克己复礼为仁。一日克己复礼，天下归仁也。'"也就是说，"执今之道"中的"道"，指的是"道"之本体显现出来的作用，此作用具体表现为自然无为、守柔不争、无思无欲等原则；"能知古始"中的"古始"，则是人遵循上述种种外在的原则后获得的对"道"之本体的内在体悟。而人们在"御今之有"即处理与万物的关系时，只要能切实遵行"道"的自然无为、守柔不争、无思无欲等原则，便必然能获得对"道"之本体的体悟，故老子称之为"道纪"，即"道"的规律。

二、通过"无名""阅众甫"——《老子》第二十一章中关于把握"道"之本体的方法

自今及古，其名不去，以阅众甫。吾何以知众甫之然哉？以此。（第二十一章）

上引文字介绍了把握"道"之本体的方法："自今及古，其名不去，以阅众甫"，这里的"众甫"，意为万物的起始，亦即"道"的本体；而把握"道"的本体的方法，是"自今及古，其名不去"，即从现今到古代，"道"的本体始终被称为"无名"，言下之意，即"道"的本体无声无形，无法命名，但可以从"道"的作用来推知"道"的本体。

（一）"其名"即"无名"

"自今及古，其名不去"中的"自今及古"，历史上有不少《老子》本子作"自古及今"，对于究竟应作"自今及古"还是"自古及今"，将在后面讨论。对于"自古及今，其名不去"的含义，学者

们多解释为从古至今,"道"的名字不能消去或没有离去过。这里的"其",指"道",因此,"其名"指"道"的名字。如陆希声说:"上自往古,下及来今,道之为名,常在不去耳。"① 林语堂说:"从古迄今,道一直存在,它的名字永远不能消去。"②

然而,或许是感觉到把"其名不去"理解为"道"的名字不能消去或没有离去过会让人感觉很别扭,因为所谓从古至今,"道"的名字不能消去或没有离去过,这样的说法并不符合客观事实:在人类产生以前,就没有"道"的名字;人类产生以后,也不是始终都有"道"的名字。更何况"道"本无名,所谓"道"的名字的说法本身就并不准确。因此,一些学者在释"其名"时,不把它释为"道"的名字,而把它释为"道"的功用。如蒋锡昌说:"'名'非空名,乃指其所以名之为道之功用而言。道名不去,犹言道之功用不绝。"③ 汤漳平等说:"其名,指道的功用。……从古到今,它的功用不变。"④

笔者认为,这样的解释虽然能够说通,但毕竟有明显的主观臆解的成分,很难获得大家的认同。因此,问题的关键,在于不应把"其名"泛泛地释为"道"的名字,因为我们在前面已经说过,"道"包含本体与作用两个方面,"道"的本体无声无形,不可言说,无法命名;"道"之作用可见可知,可以命名。而老子在本章中所说的"道",指的是"道"的本体,而非"道"的作用。"道"的本体无法命名,故"无名"即"道"的本体之名,因此,这里的"其名",指的应该是"无名",而"其名不去",指的是"道"的本体始终只能以"无名"称之,"无名"这个名称从未离去过。

---

① 熊铁基、陈红星主编:《老子集成》第1卷,宗教文化出版社2011年版,第594页。
② 林语堂:《老子的智慧》,湖南文艺出版社2016年版,第83页。
③ 蒋锡昌:《老子校诂》,成都古籍书店1988年版,第148页。
④ 汤漳平、王朝华译注:《老子》,中华书局2014年版,第83—84页。

（二）"以阅众甫"中的"阅"及"众甫"的含义

对于"以阅众甫"中的"阅"字，古今学者有诸多不同的理解，其中有代表性的，主要有这样三种。

1. 认为是观察、观览的意思。如成玄英说："阅，览也。……故能览察古今，应乎终始也。"① 蒋锡昌说："'以阅众甫'，谓以道观察众人生活之状况也。"②

2. 认为是出或出生的意思。如高亨说："阅，出也，产生。……道产生了万物的父亲。"③ 张默生说："'阅'，有出生的意思。……万物各有从生之父，而此'众父'又生于道，故说'以阅众甫'。"④

3. 认为是总，即总括的意思，如朱谦之说："'阅'字古文训'总'，……众甫即总大，域中有四大，'以阅众甫'者，即以总四大也。"⑤ 董平说："'阅'字的解释宜依朱谦之说，作'总'解。总者，总括、总揽、纲纪之意。"⑥

关于"众甫"的含义，值得我们注意的主要有以下三种解释。

1. 认为"甫"即开始，"众甫"即众物或万物的起始。如王弼说："众甫，物之始也，以无名（说）〔阅〕万物始也。"⑦ 成玄英说："甫，始也。至道虽复无来无去，亦而去而来，故能览察古今，应乎终始也。"⑧

2. 认为"甫"是美的意思，"众甫"即众美或万有，如苏辙说："唯未尝去，故能以阅众有之变也。甫，美也，虽万物之美，不

---

① 熊铁基、陈红星主编：《老子集成》第1卷，宗教文化出版社2011年版，第303页。
② 蒋锡昌：《老子校诂》，成都古籍书店1988年版，第149页。
③ 高亨：《老子注译》，清华大学出版社2010年版，第42—43页。
④ 张默生：《老子章句新释》，成都古籍书店1988年版，第26页。
⑤ 朱谦之：《老子校释》，中华书局2017年版，第94页。
⑥ 董平：《老子研读》，中华书局2015年版，第118页。
⑦ 楼宇烈校释：《老子道德经注校释》，中华书局2008年版，第53页。
⑧ 熊铁基、陈红星主编：《老子集成》第1卷，宗教文化出版社2011年版，第303页。

免于变也。"① 林希逸说:"众甫,众美也。……万善往来,皆出此道也。"②

3.认为"甫"即"父","众甫"即"众父",而众父即众物之父,众物之父则可指天地或"天下母",等等。如俞樾说:"'甫'与'父'通,'众甫'者,众父也。……众父者,犹云万物母、天下母也。"③ 高亨说:"众父,即指天地,天地生万物,故言众父。"④

由上文可见,古今学者对于"阅"与"众甫"的含义充满歧解,这就必然导致对"以阅众甫"的理解亦是众说纷纭。那么,在上述各种理解中,哪一种理解更有道理呢?笔者认为,若仅就"以阅众甫"四个字来说,因为"阅"是多义字,有观看、出、汇总等不同的含义;"甫"也是多义字,有开始、广大、通"父"等不同的含义,故对于"以阅众甫"的含义,我们可以作出各种不同的解释,而很难确定孰对孰错。因此,要弄清"以阅众甫"的确切含义,首先需要明确"自今及古,其名不去"的确切内涵,因为根据老子"自今及古,其名不去,以阅众甫"的表述,老子是通过"自今及古,其名不去"来"阅众甫"的。而根据前面的分析,"自今及古,其名不去"的意思为:从现今到古代,"无名"作为"道"的本体之名,始终没有离去过。那么老子说这样的话,想要表达什么样的意思呢?对此,我们不妨先来看第十四章中的一段话:"执今之道,以御今之有,能知古始"。在前面笔者对这段话的分析中,曾明确指出,老子说"执今之道",说明了今道与古道不同,古道指只有"道"之本体而无"道"之作用的"道",今道则是"道"之本体和"道"之作用共存的"道"。据此来理解老子在本章中所说的"自今及古",则其中的"今",当指今道,亦即"道"

---

① 熊铁基、陈红星主编:《老子集成》第3卷,宗教文化出版社2011年版,第11页。
② 熊铁基、陈红星主编:《老子集成》第4卷,宗教文化出版社2011年版,第505页。
③ 熊铁基、陈红星主编:《老子集成》第11卷,宗教文化出版社2011年版,第668页。
④ 高亨:《老子注译》,清华大学出版社2010年版,第42—43页。

之本体与作用共存之"道";"古",当指"古道",即只有"道"之本体而无"道"之作用的"道"。而"自今及古",亦即自今道至古道。而从今道到古道,"其名不去","道"的本体之名始终是无名,则其应当蕴含两个方面的意思:一是"道"之本体无声无形,不可捉摸,无法命名,故只能称为无名;二是"道"之本体虽然无名,但是我们可以从今道中,从它显现的作用中去把握它的存在与特性。据此,笔者认为,"以阅众甫"中的"阅"当指观察,而"众甫"当指万物的起始,亦即"道"之本体。因此,"以阅众甫"即以此来观察"道"之本体的意思,理由如下。

一是从第二十一章的主体内容来看,都是在描述"道"之本体的特性,如"恍兮惚兮""窈兮冥兮""其中有象""其中有物""其中有精""其中有信",等等。而在本章的结尾,老子又反复强调"以阅众甫""吾何以知众甫之然",则这里的"众甫",用来指"道"之本体,方显前后相承,逻辑完整。

二是老子明确指出,要从"自今及古,其名不去"来"阅众甫",也就是既要从"道"之无名、从"道"之无声无形来认识"众甫",又要通过"道"显现出来的作用来认识"众甫",则此"众甫",应当指"道"之本体。

以这样的认识为基础,则本章的最后一句:"吾何以知众甫之然哉?以此",意思便为:我怎么知道"道"之本体是这样的呢?就是依靠这个。这里的"此",指的便是"自今及古,其名不去"。因此,"吾何以知众甫之然哉?以此",实即对"自今及古,其名不去,以阅众甫"的进一步强调和解释。

(三)"自今及古",还是"自古及今"?

"自今及古"一句,河上公本、王弼本、景龙碑本等均作"自古及今",只有傅奕本、范应元的《老子道德经古本集注》等少数本子作"自今及古"。关于"自今及古",范应元说:"'自今及古',严遵、王弼同古本，一作'自古及今'。"① 不过，范应元说王弼本作"自今及古"，与今所见王弼本作"自古及今"不同。然而马叙伦认为范应元所说正确，王弼本应作"自今及古"，作"自古及今"当系后人所改："各本作'自古及今'，非是。'古''去''甫'韵。范谓王弼同古本，则今弼注中两作'自古及今'，盖后人依别本改经文并及弼注矣。"②

值得注意的是，马王堆帛书甲本和乙本该句均作"自今及古"，因此一些学者认为，该句应作"自今及古"，王弼本原亦应作"自今及古"。如高亨说："傅奕本、汉帛书甲乙两本均作'自今及古'，今据改。这是说：道的名，是用今天的名，称古时的道，是自今及古，不是自古及今。"③ 高明说："宋《道德真经集注》引王弼注：'故曰"自今及古，其名不去"也。'则与范应元所见王本相合，足证今本作'自古及今'者，乃由后人所改。"④

那么，这里究竟应作"自今及古"还是"自古及今"呢？在通常的理解中，"自今及古"与"自古及今"的意思差不多，而且"自古及今"在意思上还要更顺畅一些。然而，笔者认为，这里当以作"自今及古"为妥，因为我们在前面已经说过，"自今及古"的意思是从今道至古道，而不是泛泛地指从现今到古代，而在老子思想中，今道与古道有明显的区别，今道是"道"之本体和作用并存，古道则只有"道"之本体。而称"道"之本体为"无名"，是"道"之本体显现其作用、有了天地万物与人类以后的事，故说"自今及古"，于理为顺。

---

① 范应元：《老子道德经古本集注》，华东师范大学出版社 2010 年版，第 39 页。
② 马叙伦：《老子校诂》，浙江古籍出版社 2020 年版，第 127 页。
③ 高亨：《老子注译》，清华大学出版社 2010 年版，第 42 页。
④ 高明：《帛书老子校注》，中华书局 1996 年版，第 333 页。

三、知雄守雌，知白守黑，知荣守辱——《老子》第二十八章提倡通过安守柔弱、暗昧、卑辱以与"道"合一

知其雄，守其雌，为天下豀。为天下豀，常德不离，复归于婴儿。知其白，守其黑，为天下式。为天下式，常德不忒，复归于无极。知其荣，守其辱，为天下谷。为天下谷，常德乃足，复归于朴。（第二十八章）

上引文字具体论述了修道得道的方法。其中的"婴儿""无极""朴"指的实际上都是"道"，而获得"道"的具体方法则是"知其雄，守其雌""知其白，守其黑""知其荣，守其辱"，即在明知"雄""白""荣"之好处的前提下，却不执着于"雄""白""荣"，反而去安守作为其对立面的"雌""黑""辱"。然而，正是这样的安守，却使个体生命实现了真正的超越——复归"婴儿""无极"或"朴"，即达到了与"道"合一的境界。

（一）"知其雄""守其雌"的含义及其相互关系

关于"知其雄，守其雌"的含义，我们可以从以下三个方面进行认识。

一是"雄"和"雌"在这里之所指。"雄"的本义指公鸟，引申指一切雄性的动物；"雌"的本义指母鸟，引申指一切雌性的动物。在自然界中，雄性的动物往往强健、好动，雌性的动物则往往柔弱、好静，由此又引申出"雄"的阳刚、躁动，以及"雌"的阴柔、安静之义，此正如成玄英所言："雄，阳，是刚躁之名；雌，阴，是柔静之义。"① 范应元亦说："雄，释云：武称，一曰鸟父，以譬刚动也；雌，释云：牝也，又鸟母，以譬柔静也。"②

---

① 熊铁基、陈红星主编：《老子集成》第1卷，宗教文化出版社2011年版，第308页。
② 范应元：《老子道德经古本集注》，华东师范大学出版社2010年版，第51页。

进一步引申至社会生活领域,则"雄"又有尊贵、处上、居先之义,"雌"又有卑微、处下、居后之义。如河上公说:"雄以喻尊,雌以喻卑。"① 陆希声说:"夫天地之间,万物之用,雄强而雌弱,牡动而牝静,至于尊卑先后,莫不如此。"②

因此,老子在此所说的"雄"与"雌"具有丰富的含义,凡阴阳、刚柔、动静、先后、尊卑、上下等莫不包含其中。

二是强调了守雌的重要性。"知其雄,守其雌"两句,核心在于"守其雌"。而所谓"守其雌",主要指安守柔弱。之所以要安守柔弱,是因为崇尚刚强、坚强往往会带来不好的后果,而且,在刚强与柔弱的较量中,最终居于优势或获胜的往往是柔弱的一方。这一道理,在《老子》一书中有不少论述,如第三十六章中说:"柔弱胜刚强";第四十三章中说:"天下之至柔,驰骋天下之至坚";第七十六章中说:"坚强者死之徒,柔弱者生之徒";等等。历代学者对于为什么要守雌的解释亦与老子的以上论述相一致。如成玄英说:"知雄躁刚猛,适归死灭;雌柔静退,必致长生。故弃雄而守雌。"③ 蒋锡昌说:"'知其雄,守其雌',言圣人知雄德之不足取,故守雌德也。"④

三是"守其雌"必须以"知其雄"为前提。虽然"知其雄,守其雌"的核心是"守其雌",但这并不意味着"知其雄"不重要,相反,它是"守其雌"的前提和基础。因为首先,雄和雌是一对矛盾,两者是互相依赖的,没有雄,也就无所谓雌,反之亦然。其次,虽然崇尚雄强会造成种种不好的后果,但我们不能因此就认为雄强是不好的,因为如前所述,雄强代表强大、尊贵、成功等,这本身就是人们所追

---

① 王卡点校:《老子道德经河上公章句》,中华书局1993年版,第113页。
② 熊铁基、陈红星主编:《老子集成》第1卷,宗教文化出版社2011年版,第597页。
③ 熊铁基、陈红星主编:《老子集成》第1卷,宗教文化出版社2011年版,第308页。
④ 蒋锡昌:《老子校诂》,成都古籍书店1988年版,第187页。

求的,老子之所以主张知雄而不守雄,是因为根据历史的经验和教训,一个人想要达到雄强,或者想要守住已有的雄强,只能以守雌为手段。同样,老子主张守雌,也不是要求一味守雌,彻底排斥雄强,而是要在柔弱中蕴含雄强,并以达到或守住雄强为目标。关于"雄"和"雌"之间的这种关系,学者们亦有深入的论述。如李荣说:"不谄不骄,在于中平,君子之行也。不静不躁,处于中和,入道之基也。故知怀雄猛之心者,未可全真。抱雌柔之性者,不能志道。今知性雄而守雌,则不躁不速,亦知性雌而守雄,则不静不迟,不滞两边,自合中道。"① 陈鼓应说:"在雄雌的对待中,对于'雄'的一面有透彻的了解,而后处于'雌'的一方。'守雌'的'守',自然不是退缩或回避,而是含有主宰性在里面,它不仅执持'雌'的一面,也可以运用'雄'的一方。因而,'知雄守雌'实为居于最恰切妥当的地方而对于全面境况的掌握。"②

有的学者甚至认为,"知其雄,守其雌"两句的核心虽然在"守其雌",但其命脉或要害则在"知其雄",如严复在《老子道德经评点》中说:"守雌者必知其雄,……今之用《老》者,只知有后一句,不知其命脉在前一句也。"刘笑敢亦说:"'知其雄,守其雌'的重点当然是'守其雌',但正确理解的要害则在于'知其雄'。'知其雄'点明老子的说话对象是'雄'者,而不是'雌'者。'知其雄'不仅仅是认识到'雄'之特点的优势,而且是实际具有'雄'之优势的状况,是对自己的实力之强大、自信之饱满的充分了解和掌握。然而,正是这样的'雄者',应该'守其雌'。老子并不是针对雌者或弱者提倡雌柔之道的。"③

---

① 熊铁基、陈红星主编:《老子集成》第1卷,宗教文化出版社2011年版,第364页。
② 陈鼓应:《老子今注今译》,商务印书馆2003年版,第186—187页。
③ 刘笑敢:《老子古今》,中国社会科学出版社2006年版,第345页。

笔者认为，上述观点是很有启发意义的，一个本来就十分弱小的人，或一个本来社会地位就很低的人，你让他安守柔弱，这更多地只是起一种安慰或麻醉的作用；只有对一个现实生活中的强者或成功者，你告诫他恃强逞强的危险后果，告诉他安守柔弱的积极作用，这样的劝告才有真正实质性的意义。

（二）什么是"常德"及"婴儿"的意蕴

"知其雄，守其雌，为天下豁。为天下豁，常德不离，复归于婴儿"，其中的"为天下豁"，意即做天下的小河沟，这里的"豁"，指小河沟。这当然是一种比喻的说法，是用来象征人的谦虚之德的。"常德不离"，意为"常德"不会离去，对于这里的"常德"，学者们多释为真常之德即恒久不变的品德。如范应元说："谦下则常久之德不离于身。"① 蒋锡昌说："'常'与一章'常道''常名'之'常'谊同，训为真常不易；'常德'者，真常不易之德也。"②

一些学者则进一步认为，这里的"常德"，指的即人所禀受的"道"。如林语堂说："他所禀受的道，自然也不会离散。"③ 董平说："其胸怀既能如天下之溪，便即保持了原本于道的'常德'，'常'即是'恒'，恒久之意。道之自体的存在是恒常的，有得于恒常之道，即是所谓'常德'。"④

"德"者，"得"也，在《老子》中，"德"多指得自"道"的性质。人能始终保持谦下守静，便能与"道"合一，使"道"不离身，亦即"常德不离"，故老子说："为天下豁，常德不离。"

"复归于婴儿"，即回复到婴儿那样的状态。在《老子》一书中，屡次提到"婴儿"，如第十章："抟气致柔，能婴儿乎？"第二十章：

---

① 范应元：《老子道德经古本集注》，华东师范大学出版社 2010 年版，第 51 页。
② 蒋锡昌：《老子校诂》，成都古籍书店 1988 年版，第 188 页。
③ 林语堂：《老子的智慧》，湖南文艺出版社 2016 年版，第 110 页。
④ 董平：《老子研读》，中华书局 2015 年版，第 142 页。

"我独泊兮，其未兆，如婴儿之未孩。"第五十五章："含德之含，比于赤子"，其中的"赤子"，指的即初生的婴儿。本章中的"婴儿"，含义与上述各章中的"婴儿"相同，取的主要是"婴儿"的以下两个方面的特点：一是婴儿无知无识，如河上公说："当复归志于婴儿，蠢然而无所知也。"① 吴澄说："婴儿谓无所识知。"② 二是婴儿纯真自然，如王弼说："婴儿不用智，而合自然之智。"③ 林语堂说："回返原有的赤子之心，以达纯真的境界。"④

婴儿无知无识，无分别之心，又纯真自然，这样的状态，其实已接近于"道"的境界，因此，有的学者认为，所谓"复归于婴儿"，实即向"道"回归。如司马光说："由德以归道。"⑤ 董平说："'婴儿'是老子的著名喻象之一，……在某种意义上成为道体之纯粹、无限、浑沦、圆具的象征。"⑥

因此，综上所述，可以发现，"知其雄，守其雌，为天下谿。为天下谿，常德不离，复归于婴儿"一段文字，实际上讲述的是老子关于如何修道的思想：一个修道之士，在深知雄强之特性的前提下，安守雄强的反面——柔弱，谦虚宁静，甘处卑下，这样久而久之，便可使恒久之德不离其身，从而达到像婴儿那样与"道"合一的境界。

（三）"知其白，守其黑"中的"黑""白"之义

"知其白，守其黑"的句式与上一句"知其雄，守其雌"完全一样，因此，其意即为知道"白"，而安守"黑"。这里的"白"，是光明、昭明的意思，如成玄英说："白，昭明也。"⑦ 吴澄说："白谓光

---

① 王卡点校：《老子道德经河上公章句》，中华书局1993年版，第113页。
② 熊铁基、陈红星主编：《老子集成》第5卷，宗教文化出版社2011年版，第622页。
③ 楼宇烈校释：《老子道德经注校释》，中华书局2008年版，第74页。
④ 林语堂：《老子的智慧》，湖南文艺出版社2016年版，第110页。
⑤ 熊铁基、陈红星主编：《老子集成》第2卷，宗教文化出版社2011年版，第546页。
⑥ 董平：《老子研读》，中华书局2015年版，第142页。
⑦ 熊铁基、陈红星主编：《老子集成》第1卷，宗教文化出版社2011年版，第308页。

明"。① "白"也可指明白,如河上公说:"人虽自知昭昭明白"。② 这里的"黑",指暗昧,即昏暗、愚昧,如唐玄宗说:"黑,暗昧也。"③ 奚侗说:"黑,谓昧。"④ 因此,所谓"知其白,守其黑",即知道光明,却安守暗昧;说得再具体些,便是虽然知道自己什么都明白,知道自己的品德昭明,智慧出众,但是仍能韬光养晦,表现出愚昧无知的样子。

(四)"式"的含义:法式,楷模,还是杙木?

"为天下式"中的"式"字,学者们有各种不同的理解,其中有代表性的,主要有以下三种。

1. 认为"式"是"法式"的意思,而所谓"法式",即法度、准则,如河上公说:"如是则可为天下法式,其德常在。"⑤ 李荣说:"大白若辱,大智若愚,晦以安身,斯为法式。"⑥

2. 认为"式"是楷模、榜样的意思,如王弼说:"式,模则也。"⑦ 成玄英说:"能知白黑利害者,可为修学之洪范也。"⑧ 所谓"模则""洪范",都指楷模。

3. 认为"式"通"杙",是古代的一种占卜用具,如任继愈说:"旧注'式'均作'模式''楷式',细按上下文义,'为天下谿''为天下谷'都是指的卑下的具体的东西。'式',即杙,即古代占卜用的器具。"⑨ 沙少海等说:"甘愿做天下的杙木。"⑩

---

① 熊铁基、陈红星主编:《老子集成》第5卷,宗教文化出版社2011年版,第622页。
② 王卡点校:《老子道德经河上公章句》,中华书局1993年版,第114页。
③ 熊铁基、陈红星主编:《老子集成》第1卷,宗教文化出版社2011年版,第473页。
④ 熊铁基、陈红星主编:《老子集成》第13卷,宗教文化出版社2011年版,第13页。
⑤ 王卡点校:《老子道德经河上公章句》,中华书局1993年版,第114页。
⑥ 熊铁基、陈红星主编:《老子集成》第1卷,宗教文化出版社2011年版,第364页。
⑦ 楼宇烈校释:《老子道德经注校释》,中华书局2008年版,第74页。
⑧ 熊铁基、陈红星主编:《老子集成》第1卷,宗教文化出版社2011年版,第308页。
⑨ 任继愈:《老子绎读》,国家图书馆出版社2015年版,第63页。
⑩ 沙少海、徐子宏:《老子全译》,贵州人民出版社1989年版,第55页。

笔者认为，把"式"释为法度、准则，与释为楷模、榜样，意思相近，因为能作为楷模的东西，必符合某种准则，反之亦然。因此，这两种理解都是可以的。至于把"式"理解为"栻"，从思路上来说，是很有启发意义的，因为无论是上一句"为天下谿"中的"谿"，还是下一句"为天下谷"中的"谷"，都有卑下之意，则"为天下式"中的"式"，应当亦有类似的意思。但说作为占卜用具的"栻"有卑下之意，则值得商榷，因为"栻"是古代占卜时日的器具，后来称为星盘。一种用于占卜时日的器具怎么就会有卑下之意呢？因此，这样的解释是很难成立的。

（五）"无极"之意蕴

老子说"为天下式，常德不忒，复归于无极"，意即做天下的榜样，恒久不变之品德就不会有差失，就能回复无极之境界。这里的"忒"，指差忒、差错的意思。一个人能和光同尘，韬光养晦，做天下人的榜样，则其常德自然不会有差失。

这里值得我们注意的是"无极"的含义。关于"无极"的含义，学者们主要有两种理解，一种认为，"无极"就是无穷极，即没有穷尽，如河上公说："德不差忒，则长生久寿，归身于无穷极也。"① 吴澄说："'无极'谓无所穷尽。"②

一种认为，这里的"无极"即"道"，如成玄英说："无极，道也。常能弃明守暗，其德不差忒，复我清虚，归于至道。"③ 张默生说："无极，指道体而言；归于无极，就是返于道体，而与道体相合了。"④

另外，也有学者认为，这里的"无极"，与《周易》中所说的"太极"意思一样，如奚侗说："无极，与《易·系辞》上所云太极同

---

① 王卡点校：《老子道德经河上公章句》，中华书局1993年版，第114页。
② 熊铁基、陈红星主编：《老子集成》第5卷，宗教文化出版社2011年版，第622页。
③ 熊铁基、陈红星主编：《老子集成》第1卷，宗教文化出版社2011年版，第308页。
④ 张默生：《老子章句新释》，成都古籍书店1988年版，第37页。

谊,谓天地未分之前,元气混而为一,其理幽远,无有穷极,是谓无极。"①董平说:"'无极'即是'太极','太极'即是'无极'。'无极'以言道体自身之在的无限,'太极'以言道体自身之在的'妙有'乃为一切万物的本初原始。"②

笔者认为,这里的"无极",即没有穷尽;而根据老子的思想逻辑,宇宙间的一切,包括天地,均有生死成毁,只有"道"无始无终,无穷无尽,故这里的"无极",指的即"道"。至于有的学者用"太极"来释"无极",似无此必要,因为《老子》书中并没有"太极"的概念,用"太极"来释"无极",容易使问题复杂化。因此,所谓"复归于无极",即指回复没有穷尽的"道"的境界。

(六)"朴"的内涵

"知其荣,守其辱,为天下谷。为天下谷,常德乃足,复归于朴",意即知道尊荣,而安守卑辱,做天下的山谷。做天下的山谷,恒久不变的品德就会充足,就会回复到"朴"的状态。其中的"谷",指的是山间深凹的低地,取其卑下空虚而能容物、应物之意。这里值得我们注意的是"朴"的含义。

对于"复归于朴"中的"朴",学者们主要有两种理解。一种认为,这里的"朴",指的就是"道",如唐玄宗说:"常德圆足,则复归于道矣。朴,道也。"③张默生说:"朴,指浑然的道体而言。"④

一种认为,这里的"朴",是质朴、纯朴的意思,如河上公说:"复当归身于质朴,不复为文饰。"⑤奚侗说:"朴者质素,对荣华言。"⑥

---

① 熊铁基、陈红星主编:《老子集成》第13卷,宗教文化出版社2011年版,第13页。
② 董平:《老子研读》,中华书局2015年版,第143页。
③ 熊铁基、陈红星主编:《老子集成》第1卷,宗教文化出版社2011年版,第428页。
④ 张默生:《老子章句新释》,成都古籍书店1988年版,第37页。
⑤ 王卡点校:《老子道德经河上公章句》,中华书局1993年版,第114页。
⑥ 熊铁基、陈红星主编:《老子集成》第13卷,宗教文化出版社2011年版,第13页。

笔者认为,"朴"的本义指没有经过加工的木材,引申指淳朴、朴实的意思;因"道"具有浑然大全、自然无为等特性,与"朴"的含义相吻合,故亦可用"朴"来指"道"。另外,上文中的"复归于婴儿""复归于无极"亦即复归于"道"的意思,故这里的"复归于朴"亦当指复归于"道"。此正如吴澄所说:"曰无极,曰婴儿,曰朴,皆以喻太初之道。"①也就是说,这里的"朴"应具有双重的含义,既指质朴、纯朴,亦可用来指"道"。因此,"知其雄,守其雌……""知其白,守其黑……""知其荣,守其辱……",三段文字,事实上便是向我们展示了达到"道"的境界的三种不同的方法或途径,故成玄英说:"始自知雄,终乎守辱,三种修学为道之要。"②

四、《老子》第十章,论如何通过虚与实、为与无为的结合来把握"道"

爱民治国,能无为乎?天门开阖,能为雌乎?明白四达,能无知乎?生之,畜之,生而不有,为而不恃,长而不宰,是谓玄德。(第十章)

在上引文字中,老子向我们介绍了一种把握"道"的特殊方式,即通过虚与实、为与无为的结合来把握"道"。如老子讲"爱民治国",讲"明白四达",讲"生之,畜之",这是其"实"的一面,其有为的一面;但老子同时强调,此实和有为要以虚和无为为目标或前提:"爱民治国,能无为乎?""明白四达,能无知乎?""生而不有,为而不恃,长而不宰"。并认为只要这样持而行之,久而久之,便能达到"玄德"亦即"道"的境界。因此,吴澄非常精辟地指出:"此章之意,大抵主于无为而为,自然而然。……老子一书,大抵只是能实而虚,能

---

① 熊铁基、陈红星主编:《老子集成》第5卷,宗教文化出版社2011年版,第623页。
② 熊铁基、陈红星主编:《老子集成》第1卷,宗教文化出版社2011年版,第308页。

有而无,则为至道。纵说横说,不过此理。"①焦竑也说:"夫爱民治国,天门开阖,明白四达,其于生之畜之为之长之皆不废矣,……绌老子者犹谓其弃人事之实而独任虚无也,则未考其文而先有意以诬之者耳,岂不妄哉!"②

（一）"爱民治国"如何以"无为"为原则

"爱民治国,能无为乎",意即爱护人民,治理国家,能遵循无为的原则吗?"无为"是老子关于处世行事、治理国家的重要原则,在第二、第三章中分别有"处无为之事"和"为无为"的说法,意即以无为为原则来处世行事。在此则进一步把"无为"作为"爱民治国"的原则。关于如何在"爱民治国"上以"无为"为原则,学者们主要有以下三种观点。

一是认为在"爱民治国"上采取不有意去爱、不有意去治的方式,顺其自然,最后达到国泰民安的效果,即"无为",如王安石说:"爱民者,以不爱爱之乃长;治国者,以不治治之乃长。惟其不爱而爱、不治而治,故曰无为。"③司马光说:"善爱民者,任其自生,遂而勿伤;善治国者,任物以能,不劳而成。"④

二是认为虽然行动上做着"爱民治国"之事,但内心清静,不以此事累其心,即"无为",如苏辙说:"虽至于爱民治国,一以无心遇之。苟其有心,则爱民者适所以害之,治国者适所以乱之也。"⑤吴澄说:"身虽有事而清静自然,形不疲劳,所谓无为也。"⑥

三是认为在治理国家时爱护人民,政令简单,不扰民,让民众安

---

① 熊铁基、陈红星主编:《老子集成》第4卷,宗教文化出版社2011年版,第501页。
② 焦竑:《老子翼》,华东师范大学出版社2011年版,第26—27页。
③ 容肇祖:《王安石老子注辑本》,中华书局1979年版,第18页。
④ 熊铁基、陈红星主编:《老子集成》第2卷,宗教文化出版社2011年版,第542页。
⑤ 熊铁基、陈红星主编:《老子集成》第3卷,宗教文化出版社2011年版,第5页。
⑥ 熊铁基、陈红星主编:《老子集成》第5卷,宗教文化出版社2011年版,第612页。

居乐业,即"无为",如唐玄宗说:"爱民者,使之不暴卒,役之不伤性。理国者,务农而重谷,事简而不烦,则人安其生,不言而化也。此无为也。"① 陆希声说:"爱民如赤子,治国如小鲜,人各自正,则可以无为矣。"②

上述三种观点,虽然侧重点各不相同,但其实质是相通的,即都认为在"爱民治国"时顺从事物之本性而为、不妄为,便是"无为"。

(二)"天门"及"为雌"的含义

"天门开阖,能为雌乎?",意即感官和心在接触外物时,能守柔守静、感而后应吗?不过,关于其中的"天门"和"为雌"的含义,学者们有不同的理解,需要我们作深入的分析。

概括历代学者关于"天门"的解释,主要有以下三种。

1. 认为"天门"指鼻子,"开阖"指呼吸,"天门开阖"意为用鼻子呼吸时气有出有入,如河上公说:"'天门'谓鼻孔,'开'谓喘息,'阖'谓呼吸也。"③ 吴澄说:"'天门开阖'谓鼻息呼吸有出有入。"④

2. 认为"天门"指心,"天门开阖"指心神的出入或运动变化,如范应元说:"'天门'者,以吾之心神出入而言也。心神本不可以出入言,然而应物为出,应己为入,出则开而入则阖,不可不如是而言也。"⑤ 焦竑说:"'天门'以此心而言。'开阖'以心之运动变化而言。"⑥

3. 认为"天门"指人的感官,"天门开阖"指感官与外界接触时的开闭或动静,如高亨说:"'天门',目耳口鼻。这是人身上天赋的自然门户,所以老子称做天门。'开阖',指视、听、言、食、嗅的动

---

① 熊铁基、陈红星主编:《老子集成》第1卷,宗教文化出版社2011年版,第457页。
② 熊铁基、陈红星主编:《老子集成》第1卷,宗教文化出版社2011年版,第588页。
③ 王卡点校:《老子道德经河上公章句》,中华书局1993年版,第35页。
④ 熊铁基、陈红星主编:《老子集成》第5卷,宗教文化出版社2011年版,第612页。
⑤ 范应元:《老子道德经古本集注》,华东师范大学出版社2010年版,第17页。
⑥ 焦竑:《老子翼》,华东师范大学出版社2011年版,第23页。

作。"① 张默生说:"'天门',指耳目口鼻等感官而言。'天门开阖',是指感官的运用,亦即指心智的运用而言。"②

由上文可知,因为老子本人并没有说这里的"天门"指什么,所以后人只能根据各自的理解作出解释,由此产生种种不同的说法,亦在情理之中。笔者认为,"天门"的"天",当指天然、天生,对于这天然或天生之门,我们可以从具体和抽象两个角度进行把握。具体的天生之门,落实到人身上,即人与外界事物进行交流的器官,可以指鼻、口、耳、目等,也可以指心;抽象的天生之门,则指一切事物的根源或产生之处,可以指"道"、指有无、指"玄牝之门",等等。而从本章的内容来看,"营魄抱一""专气致柔""涤除玄览""爱民治国""明白四达",绝大多数学者认为它们是就人而言的,其主语是人(包括圣人、统治者等),因此,"天门开阖"的主语也应该指人。既然如此,则这里的"天门"应该指人身上的器官,它既包括耳、目、口、鼻等感觉器官,也包括负责思维的器官——心。

关于"为雌"的含义,学者们主要有以下两种不同的理解。

一是认为"为雌"即守柔守静,如河上公说:"治身当如雌牝,安静柔弱。"③ 范应元说:"'雌'者言其主静而和柔也。"④

二是认为"为雌"指唱而后和,感而后应,即效法雌性随物而动,不似雄性之逞强主动,如王弼说:"雌应而不(倡)〔唱〕,因而不为。"⑤ 张默生说:"'为雌',即是守雌,凡守雌道的人,是应而不倡,因而不为的。"⑥

---

① 高亨:《老子注译》,清华大学出版社 2010 年版,第 27 页。
② 张默生:《老子章句新释》,成都古籍书店 1988 年版,第 12 页。
③ 王卡点校:《老子道德经河上公章句》,中华书局 1993 年版,第 35 页。
④ 范应元:《老子道德经古本集注》,华东师范大学出版社 2010 年版,第 17 页。
⑤ 楼宇烈校释:《老子道德经注校释》,中华书局 2008 年版,第 23 页。
⑥ 张默生:《老子章句新释》,成都古籍书店 1988 年版,第 12 页。

笔者认为，把上述两种理解结合在一起，便能较为完整地反映"为雌"的含义：守柔守静，感而后应。结合前面关于"天门开阖"的理解，则"天门开阖，能为雌乎"的意思便是：感官和心在接触外物时，能守柔守静、感而后应吗？而人在与外界事物接触时能保持安静柔弱、应物而动，就既能确保对外界环境的准确感应和正确认识，同时亦能使人形神不劳，保持真朴。

（三）对"明白四达"及"无知"的不同理解

"明白四达"，泛指对事物无所不知、对事理无不通晓，如范应元说："明白，虚也。四达，通也。谓此心虚明坦白，四达皇皇"。① 奚侗说："'明白四达'，是无所不知也。"② 然而，一些学者认为，这里的"明白四达"，并非泛泛而言，而是专就圣人而言的，指圣人掌握大道，无所不知，如李荣说："圣人智周万物，明齐两曜，四方皆照，为四达也。"③ 蒋锡昌说："'明白四达'，言圣人了解大道，能至澈底四达也。"④

有的学者则认为，这里的"明白四达"，是专就统治者而言的，如王弼说："言至明四达，无迷无惑，能无以为乎？则物化矣。所谓道常无为，侯王若能守，则万物〔将〕自化。"⑤ 唐玄宗说："帝王既受历数，临御万方，若能守雌静，则其德明白，如日之照，四达天下。"⑥

河上公则认为，这里的"明白四达"，指的是"道"的特性："言道明白，如日月四达，满于天下八极之外。"⑦

分析"爱民治国，能无为乎？天门开阖，能为雌乎？明白四达，能无知乎？"六句，除了"爱民治国"明显是就统治者而言，其他几

---

① 范应元：《老子道德经古本集注》，华东师范大学出版社2010年版，第17页。
② 熊铁基、陈红星主编：《老子集成》第13卷，宗教文化出版社2011年版，第6页。
③ 熊铁基、陈红星主编：《老子集成》第1卷，宗教文化出版社2011年版，第355页。
④ 蒋锡昌：《老子校诂》，成都古籍书店1988年版，第62页。
⑤ 楼宇烈校释：《老子道德经注校释》，中华书局2008年版，第23页。
⑥ 熊铁基、陈红星主编：《老子集成》第1卷，宗教文化出版社2011年版，第458页。
⑦ 王卡点校：《老子道德经河上公章句》，中华书局1993年版，第35页。

句都没有明确主语为谁,因此,把主语理解为人、圣人或统治者都是可以的。

对于"明白四达,能无知乎"中的"无知"的含义,学者们亦有不同的理解,值得我们注意的,主要有以下两种。

一种认为,这里的"无知",是没有知识、不明事理的意思,也就是我们通常所理解的"无知",因此,"明白四达,能无知乎"意为:虽然通晓一切,能仍然认为自己无知吗?反映的是一种虚心、不自满的态度。如俞樾说:"明白四达能无知,即知白守黑之义也。"① 奚侗说:"明白四达,是无所不知也。知而不自以为知,乃德之上者。"②

一种认为,这里的"知"读作"智",是智巧的意思,"明白四达,能无知乎"指:能通晓事理,不用智巧或心机吗。如林语堂说:"你能大彻大悟,智无不照,不用心机吗?"③ 张默生说:"'无知',读作无智,即不用私智的意思。"④

笔者认为,上述两种理解均能成立,但相比之下,还是以第一种理解更为恰当。因为说无所不知而仍认为自己无知,两者之间的联系较为密切,于理较顺;而说无所不知而不用智巧,两者之间的联系则稍显松散。

最后要指出的是,"爱民治国,能无为乎?天门开阖,能为雌乎?明白四达,能无知乎?"一段文字,不同的《老子》本子有诸多不同的表述,如"能无为乎",有的本子作"能无知乎""能无以知乎";"能无知乎",有的本子作"能无为乎""能无以为乎";等等。为避免烦琐,在此对不同《老子》本子文字上的差别就不展开讨论了。

---

① 熊铁基、陈红星主编:《老子集成》第11卷,宗教文化出版社2011年版,第666—667页。
② 熊铁基、陈红星主编:《老子集成》第13卷,宗教文化出版社2011年版,第6页。
③ 林语堂:《老子的智慧》,湖南文艺出版社2016年版,第40页。
④ 张默生:《老子章句新释》,成都古籍书店1988年版,第13页。

（四）"生之，畜之，生而不有，为而不恃，长而不宰，是谓玄德"的主语是什么？

作为本段文字的结尾，"生之，畜之，生而不有，为而不恃，长而不宰，是谓玄德"并无明确的主语，因此，关于该段文字的主语，历代学者有不同的理解，主要有以下四种观点。

1. 认为主语是"道"，如河上公说："道生万物而畜养之。……道长养万物，不宰割以为器用。"[1]苏辙说："其道既足以生畜万物，又能不有不恃不宰，虽有大德，而物莫之知也，故曰玄德。"[2]

2. 认为主语是圣人，如成玄英说："言圣人自利道圆，利他德满，故能生化群品，畜养含灵。"[3]高亨说："此文当是说圣人生养万物，但原文未举出。"[4]

3. 认为主语是统治者，如唐玄宗说："遂生而不以为有修，为而不恃其功，居长而不为主宰，人君能如此者，是谓深玄之德矣。"[5]朱元璋说："君不轻取，是谓不有。天下措安，君不自逞其能，是谓不恃。"[6]

4. 认为主语既指"道"，亦指圣人，如范应元说："谓万物皆根于道而生，本于德而养，……圣人体是道而无迹，大而化之，是以百姓不知帝力，玄之德也。"[7]董平说："'生之畜之'数句既可以指'道'，又可以指体'道'而行的圣人，因圣人与道体合一。"[8]

笔者认为，本段文字的主语首先应该指"道"，因为生长万物、

---

[1] 王卡点校：《老子道德经河上公章句》，中华书局1993年版，第36页。
[2] 熊铁基、陈红星主编：《老子集成》第3卷，宗教文化出版社2011年版，第5页。
[3] 熊铁基、陈红星主编：《老子集成》第1卷，宗教文化出版社2011年版，第295页。
[4] 高亨：《老子注译》，清华大学出版社2010年版，第28页。
[5] 熊铁基、陈红星主编：《老子集成》第1卷，宗教文化出版社2011年版，第420页。
[6] 熊铁基、陈红星主编：《老子集成》第6卷，宗教文化出版社2011年版，第6页。
[7] 范应元：《老子道德经古本集注》，华东师范大学出版社2010年版，第18页。
[8] 董平：《老子研读》，中华书局2015年版，第82页。

养育万物之类，用于指"道"显得更为恰当；但同时也可以用来指圣人，因为圣人效法大道而行，故亦具备"道"的特性。当然也可以指统治者，但这里所谓的统治者，是专门指具有圣人品格的统治者，而不是普通的统治者。

（五）"长而不宰"的含义

"生之，畜之"，意为产生或生成万物，养育万物，这里的"之"，指万物；"畜"，指养育。对此，学者们的观点较为统一。"生而不有，为而不恃"一句已见于第二章，意为生成万物而不去占有，有作为而不自恃其能。因此，在此要细加分析的，是"长而不宰"的含义。

"长而不宰"的"宰"，通常理解为主宰、宰制的意思，但是，对其中的"长"字，古今学者则有不同的理解，主要有以下三种观点。

1. 认为"长"指"长养"，即抚育培养，因此，"长而不宰"指"道"或圣人长养万物而不宰制或主宰，如河上公说："道长养万物，不宰割以为器用。"① 成玄英说："宰，主也。圣人长养群生，实为化主，而忘功丧我，故云不宰。"②

2. 认为"长"指万物自己生长，因此，"长而不宰"指万物自己生长，而"道"或圣人不去干涉宰制，如王弼说："物自长足，不吾宰成。"③ 蒋锡昌说："'长而不宰'，谓任民自生自长，自作自息，而圣人不去管理或干涉也。"④

3. 认为"长"指官长（或担任官长），包括民之官长或万物之长，因此，"长而不宰"指虽为官长而不加以宰制，如林希逸说："虽为万物之长，而何尝有宰制万物之心。"⑤ 吴澄说："如为官长者，虽宰夫民，

---

① 王卡点校：《老子道德经河上公章句》，中华书局1993年版，第36页。
② 熊铁基、陈红星主编：《老子集成》第1卷，宗教文化出版社2011年版，第295页。
③ 楼宇烈校释：《老子道德经注校释》，中华书局2008年版，第24页。
④ 蒋锡昌：《老子校诂》，成都古籍书店1988年版，第63页。
⑤ 熊铁基、陈红星主编：《老子集成》第4卷，宗教文化出版社2011年版，第501页。

而实无心于长之，故曰不宰。"①

笔者认为，根据前面的分析，该句的主语为"道"或圣人，则无论把"长"理解为长养万物或任万物自己生长，都是可以成立的。第三种理解亦能成立，但要注意的是必须把"长"理解为动词，即担任官长，而不能理解为名词，因为前面"生而不有"的"生"、"为而不恃"的"为"都是动词，则这里的"长"亦应当作动词用。

在本段文字的结尾，老子把"生之，畜之……长而不宰"之德称为"玄德"，关于"玄德"的含义，在本书第二章第三节中已有详细介绍，指的是幽深莫测的至高之德，兹不赘述。这里值得我们注意的是，"玄德"虽然幽深莫测，但是，一个人，若能做到像"道"那样生成养育万物而不去占有，不以主宰自居，便能很自然地拥有这种德，也就是达到了与"道"合一的境界。

---

① 熊铁基、陈红星主编：《老子集成》第5卷，宗教文化出版社2011年版，第612页。

第四章

知"道"守"道"的重要性

老子认为，宇宙万物包括人类都是由"道"创造的，因此，"道"是极其伟大的。然而，此极其伟大之"道"却并非高不可攀，因为首先，人也是很伟大的，人与"道"一样，都属于"四大"之一："故道大，天大，地大，王亦大。域中有四大，而王居其一焉。"（第二十五章）其次，人只要通过某种方式的修炼，让心灵进入无思无欲、虚无自然的状态，或恪守"道"的原则，便可达到与"道"合一的境界，从而"死而不亡""没身不殆"。因此，顺着老子的思想逻辑，我们很自然地便可以得出这样的结论：在老子看来，人生在世，最重要的事情，莫过于修道求道。而在《老子》一书中，对于知"道"守"道"的好处和作用及各种违"道"行为的危害有丰富的论述，亦充分说明了这一点。

第一节 知"道"守"道"的好处和作用

关于知"道"守"道"的好处和作用，老子主要是从两个方面来论述的。一方面，知"道"守"道"的人能得到天下之人的衷心拥护而成为天下之主，如"执大象，天下往"（第三十五章）、"侯王得一为天下正"（第三十九章）；另一方面，知"道"守"道"之人亦即得道之人能获得异乎常人的神奇功能，如"不行而知，不见而名，不为而成"（第四十七章）、"蜂虿虺蛇不螫，猛兽不据，攫鸟不搏"（第五十五章），等等。

一、"执大象，天下往"——《老子》第三十五章，称守"道"者能得天下人的衷心拥护

执大象，天下往。往而不害，安平太。（第三十五章）

上引文字指出，圣人持守大道，就能使天下之人前来归附；圣人对归附的民众不加宰制、干涉，从而使他们得以安宁、平安、通泰。说明圣人持守大道，不仅能使他得到天下民众的拥护，而且亦能使天下民众过上幸福的生活。

（一）"执大象，天下往"的确切含义

"执大象"中的"大象"，古今学者较为一致地认为，它指的就是"道"。如王安石说："大象者，道之喻。"[①] 陈鼓应说："大象：大道。"[②] 那么为什么说这里的"大象"是指"道"呢？一些学者认为，老子在第四十一章中说"大象无形"，即最大的形象没有形体，而"道"无形无名，故这里的"大象"即"道"，如奚侗说："大象，道也。道本无象，强云大象。四十一章所谓'大象无形'也。"[③] 高亨说："大象谓道也。四十一章曰：大象无形。二十一章称道曰：惚兮恍兮，其中有象。十四章称道曰：无物之象。则大象谓道可知矣。"[④]

---

① 容肇祖：《王安石老子注辑本》，中华书局1979年版，第35页。
② 陈鼓应：《老子今注今译》，商务印书馆2003年版，第205页。
③ 熊铁基、陈红星主编：《老子集成》第13卷，宗教文化出版社2011年版，第15页。
④ 熊铁基、陈红星主编：《老子集成》第14卷，宗教文化出版社2011年版，第55页。

也有学者认为，这里的"大象"，指的是大道的法象，如成玄英说："大象，犹大道之法象也。"① 蒋锡昌说："'大象'即指大道而言。盖以道有法象，可为人君之法则，故谓大道为'大象'也。"② 所谓"法象"，是对自然界一切事物现象的总称，因此，所谓"大道之法象"，亦即大道之形象。当然，大道并无形象，因此，所谓大道之形象，只是没有形象的形象。笔者认为，这样的理解亦是很有道理的，因为正如第二十五章"道法自然"中的"自然"指的是"道"，强调的则是"道"的自然而然、自己如此的特性；第二十八章中"朴散则为器"中的"朴"指的是"道"，强调的则是"道"的浑然大全、真朴不散的特性；这里的"大象"也一样，它指的是"道"，但强调的是"道"的无形无象却又为天下有形事物之根源的特性。

"执大象"中的"执"字，有的学者释为"执持"③，有的释为"执守"④。董平则专门强调，这里的"执"，最好不要理解为"执持"，而应理解为"持守""抱持"之类的意思。⑤

笔者认为，董平的强调是很有道理的，无形无象之"道"只能遵循、守护而不能执持，故范应元说："道不可执，此言执者，谓守道者如手之执物不可失也。"⑥

"天下往"中的"往"字，学者们多释为归往、归向。因此，所谓"天下往"，即天下的人都会来归附。不过，对于"天下往"的含义，有的学者有不同的理解，他们认为，"天下往"的主语不是天下之人或天下万物，而是圣人；这里的"往"，不是归往，而是"去"的

---

① 熊铁基、陈红星主编：《老子集成》第1卷，宗教文化出版社2011年版，第313页。
② 蒋锡昌：《老子校诂》，成都古籍书店1988年版，第231页。
③ 熊铁基、陈红星主编：《老子集成》第1卷，宗教文化出版社2011年版，第431页。
④ 陈鼓应：《老子今注今译》，商务印书馆2003年版，第206页。
⑤ 董平：《老子研读》，中华书局2015年版，第159页。
⑥ 范应元：《老子道德经古本集注》，华东师范大学出版社2010年版，第62页。

意思。因此,"天下往"指的是圣人持守大道,则天下各处均可去得,均可畅行,如林希逸说:"天下往者,执道而往行之天下也。"① 董平说:"'天下往'一句,向来都解释为'天下归往',或'天下人都来归往',窃恐或有未谛。窃以为'天下往',犹言'往天下'也。'执大象,天下往',其意思当作:'执大象以往天下。'持守大道之虚无以往天下,则天下无往而不通达,无往而不平和。"②

那么,上述理解有无道理呢?笔者认为,这有赖于我们对下文"往而不害,安平太"的含义的分析。

(二)对"往而不害"的两种理解

不少学者认为,"执大象,天下往",即圣人持守大道,天下之人诚心归往,故接下来说"往而不害",则其意为天下之人归附圣人,圣人对他们不加伤害,如唐玄宗说:"天下四方之人,慕化而往,帝王以道抚绥,而不伤害之。"③ 陆希声说:"夫圣人视民如赤子,唯恐其伤,而况有事伤之乎?未尝有以伤之,则归而往之者,莫有受其伤矣。"④

然而,我们在上面已经讲过,有些学者认为,这里的"往",指的不是天下之人归往,而是指圣人前往,因此,在这些学者看来,所谓"往而不害",便是指圣人在天下往来不会受到伤害或圣人在天下往来时不会伤害天下万物的意思,如林希逸说:"以道而行,则天下孰得而害之。"⑤ 董平说:"抱守大道而往天下,便是把大道对一切万物皆无不衣养、无不覆育的品格实现出来,自然不使任何一物有所伤害,而使一切物皆能得其生养。"⑥

---

① 熊铁基、陈红星主编:《老子集成》第4卷,宗教文化出版社2011年版,第509—510页。
② 董平:《老子研读》,中华书局2015年版,第159页。
③ 熊铁基、陈红星主编:《老子集成》第1卷,宗教文化出版社2011年版,第479页。
④ 熊铁基、陈红星主编:《老子集成》第1卷,宗教文化出版社2011年版,第600页。
⑤ 熊铁基、陈红星主编:《老子集成》第4卷,宗教文化出版社2011年版,第510页。
⑥ 董平:《老子研读》,中华书局2015年版,第159页。

对于"安平太"一句的含义,学者们在理解上则更是众说纷纭,因为"安""平""太"三个字均为多义字,故学者们的理解也五花八门。其中有代表性的,主要有以下四种。

1. 认为"安平太"即安于太平或安于平泰,如陆希声说:"莫受其伤,则天下皆安其夷泰矣。"① 魏源说:"随其所往,安于平泰而不害。"②

2. 对"安平太"的具体含义不作解释,但认为它们属于并列关系,如苏辙说:"则其于万物皆无害矣,故至者无不安,无不平,无不泰。"③ 吴澄说:"利之以不利,则常利而不害,则民得以常安、常平、常泰也。"④

3. 对"安平太"的具体含义不作解释,但认为它们的意思存在递进关系,如王安石说:"能安则能平,能平则能泰。善安然后至于平,平然后至于泰也。"⑤ 杜道坚说:"往而不害,来则安之,安则平,平则泰矣。"⑥

4. 认为"安"是乃、于是、则的意思,"安平太"指乃得平泰或于是太平等意思,如王引之说:"安,犹'于是'也,'乃'也,'则'也。……言往而不害,乃得平泰也。"⑦ 蒋锡昌说:"言万民归往圣人而莫有害之,于是圣人平泰不殆也。"⑧

笔者认为,"安"有安定、平安、乃等多种含义,"平"有平和、平静、太平等多种含义,"太"有安宁、通达、顺利等多种含义;因为老子在此对"安平太"的意思并没有作明确的限定或说明,故只

---

① 熊铁基、陈红星主编:《老子集成》第1卷,宗教文化出版社2011年版,第600页。
② 魏源:《老子本义》,华东师范大学出版社2010年版,第74页。
③ 熊铁基、陈红星主编:《老子集成》第3卷,宗教文化出版社2011年版,第16页。
④ 熊铁基、陈红星主编:《老子集成》第5卷,宗教文化出版社2011年版,第626页。
⑤ 容肇祖:《王安石老子注辑本》,中华书局1979年版,第35页。
⑥ 熊铁基、陈红星主编:《老子集成》第5卷,宗教文化出版社2011年版,第497页。
⑦ 王引之:《经传释词》,上海古籍出版社2014年版,第33页。
⑧ 蒋锡昌:《老子校诂》,成都古籍书店1988年版,第232页。

从"安平太"三个字本身我们无法确定其确切含义,因此,对"安平太"三个字的含义,我们必须联系上文来进行理解。从前面的介绍可知,对于"执大象,天下往。往而不害"的意思,学者们主要有两种理解,一种认为指圣人持守大道,则天下之人皆来归附,而圣人对归附之人不作伤害;一种认为指圣人持守大道,则往行天下而不会受到伤害。从文字本身来说,这两种理解当然都是可以成立的。但是,若从老子思想的内在逻辑而言,笔者认为,第一种理解当更合理些。因为老子在第三十二章中说:"道常无名,……侯王若能守之,万物将自宾。"意即侯王若能持守"道",万物将会自然宾服,此即"执大象,天下往"之意;老子在第三十四章中又说:"万物归焉而不为主,可名为大",意即万物皆归附于"道","道"不以主宰者自居,可以称为"大",这里的不以主宰者自居,即对万物不加干涉、损害,此即"往而不害"之意。既然如此,则"安平太"指的便应是天下之人因不受伤害而"安平太",也就是说,"安平太"指的是人们不受伤害的状况。就此而言,说人们不受伤害,于是太平、平泰,或安于太平,或能得到安平康乐等,当然都是可以的。但是,若取其中一种解释,便会排斥其他的解释,故苏辙、吴澄等把"安平太"释为"无不安,无不平,无不泰",或"常安、常平、常泰"等是很有道理的。不过,作为对该三字的现代注释,不作任何解释亦是不妥当的,而察老子之本意,无非是为了强调圣人对民众不加伤害带来的好处,故笔者主张取"安""平""太"三个字中较有代表性且含义相近的意思,而释之为安宁、平安、通泰。

二、"侯王得一以为天下正"——侯王守"道"而成为天下的君长

万物得一以生,侯王得一以为天下正。(第三十九章)

上引文字明确指出，侯王之所以能成为天下的君长，是因为其能"得一"，即得道。

（一）"得一"中的"一"之所指

《老子》第三十九章中说："昔之得一者：天得一以清，地得一以宁，神得一以灵，谷得一以盈，万物得一以生，侯王得一以为天下正。"对于其中的"一"的含义，古代学者主要有两种解释。一种认为，其中的"一"，指的就是"道"，如成玄英说："一，道也。言曩昔劫初得道之者。"① 苏辙说："一，道也。物之所以得为物者，皆道也。"② 高亨说："一，道的别名，即宇宙的本体。"③

一种认为，其中的"一"，指的是"道之子"，如河上公说："一，无为，道之子也。"④ 司马光说："一者，道之子，物之祖也，故莫不赖之以成功。"⑤

由上文可知，关于"一"的含义，分歧主要集中在它是指"道"还是指"道之子"。一些学者之所以认为这里的"一"指的是"道之子"，主要依据当是第四十二章中所说的"道生一"，因为既然"一"由"道"所生，则它当然就是"道之子"。不过，也有学者认为，"道生一"中的"一"，指的也是"道"，如蒋锡昌说："四十二章：'道生一'，是'一'即'道'也。"⑥ 陈鼓应说："得一：即得道（四十二章：'道生一'）。"⑦ 不过，笔者认为，既然把"得一"的"一"理解成与"道生一"中的"一"相同，则认为"一"即"道"便是不够严谨的，因为正如子由母而产生，但子不是母一样。其实，在《老子》一书中，

---

① 熊铁基、陈红星主编：《老子集成》第1卷，宗教文化出版社2011年版，第316页。
② 熊铁基、陈红星主编：《老子集成》第3卷，宗教文化出版社2011年版，第17页。
③ 高亨：《老子注译》，清华大学出版社2010年版，第69页。
④ 王卡点校：《老子道德经河上公章句》，中华书局1993年版，第154页。
⑤ 熊铁基、陈红星主编：《老子集成》第2卷，宗教文化出版社2011年版，第548页。
⑥ 蒋锡昌：《老子校诂》，成都古籍书店1988年版，第252页。
⑦ 陈鼓应：《老子今注今译》，商务印书馆2003年版，第221页。

除了本章中的"得一",第四十二章中的"道生一",提到"一"的还有第十章的"载营魄抱一",第十四章的"故混而为一",第二十二章的"圣人抱一为天下式"。不过,对于其中的"一"的含义,学者们的理解也不尽相同。如吴澄认为,"得一""抱一""为一""道生一"中的"一"的意思是相同的,指的都是冲虚之气或冲虚之德,它是由"道"而产生的:"一者,冲虚之德,上篇所谓'抱一',所谓'为一',后章所谓'道生一',皆指此而言。"①

但高亨认为,"抱一""为一""得一"中的"一",都是"道之别名":"一者,道之别名也。……自其独立无偶言之,则谓之一。十章曰:载营魄抱一,能无离乎?十四章曰:视之不见名曰夷,听之不闻名曰希,搏之不得名曰微。此三者不可致诘,故混而为一。二十二章曰:圣人抱一为天下式。本章曰:昔之得一者,……谷神玄牝与一皆道之别名。"②

然而,刘笑敢认为,"得一"的"一"与"道生一"的"一"并不相同,且也不能简单地认为它是"道"的别名;这里的"一",一方面与"道"的地位等同,另一方面又突出了世界总根源和总根据的统一、唯一的特点:"本章的'一'突出了世界总根源和总根据的统一、惟一的特点,这个特点用'道'这个符号是表达不出来的,所以用'一'字有其必要和新义。"③

笔者认为,第十章"载营魄抱一",第十四章"混而为一",第二十二章"抱一为天下式",第三十九章"得一",第四十二章"道生一",这是《老子》一书中出现的值得我们注意的五个"一"(其他如第十一章"共一毂"、第二十五章"王居其一"、第六十七章"一曰

---

① 熊铁基、陈红星主编:《老子集成》第5卷,宗教文化出版社2011年版,第629页。
② 熊铁基、陈红星主编:《老子集成》第14卷,宗教文化出版社2011年版,第58—59页。
③ 刘笑敢:《老子古今》,中国社会科学出版社2006年版,第443页。

慈"中的"一",意思很明显,就是指数字)。其中,第十四章的"混而为一",有的学者认为指混而为"道",笔者认为应指合为一个整体。除此之外,"载营魄抱一""抱一为天下式""得一""道生一"中的"一",其含义应该是相同的,都是指与"道"相关的概念。至于其具体含义,当以"道生一"为依据,即"一"是由"道"而来的。而根据笔者在第二十五章中关于"道"的确切含义的论述,在《老子》一书中,与宇宙万物本原相关的"道"字其实具有三重含义:一是作为宇宙万物本原之"字",指的是宇宙万物本原的作用;二是代指宇宙万物的本原;三是代指宇宙万物本原之本体。因此,"道生一"中的"道",指的是宇宙万物本原之本体,"道生一",则指宇宙万物本原之本体显示其作用,因此,这里的"一",当指包含本体与作用的宇宙万物本原。由此来理解本章中的"得一",则我们可以说"一"是"道之子",即作为宇宙万物本原的"道"显现其作用;我们也可以说"一"就是"道",但此"道"非宇宙万物本原之本体,而是包含本体与作用的宇宙万物本原。

(二)"正"及"天下正"的含义

第三十九章"侯王得一以为天下正"中的"侯王",指古代帝王所分封的各国君主。对于其中的"正"字,学者们在理解上则分歧较多,其中较有代表性的,有以下三种。

1. 认为"正"指"平正"或"正平",如河上公说:"侯王得一故能为天下平正。"[1] 唐玄宗说:"侯王得一,故能永有天下,无思不服,而为天下正平也。"[2] "平正"意为公平正直,"正平"意为公正持平,两者的意思差不多。

2. 认为这里的"正"指安定,如林语堂说:"侯王得一才能使得天

---

[1] 王卡点校:《老子道德经河上公章句》,中华书局1993年版,第155页。
[2] 熊铁基、陈红星主编:《老子集成》第1卷,宗教文化出版社2011年版,第482页。

下安定。"①陈鼓应说:"侯王得到'一'而使得天下安定。"②

3.认为这里的"正"指准则、标准,如张松如说:"侯王得到一,因而做天下的准绳。"③汤漳平等说:"侯王得到一而成为天下的准则。"④

然而,值得注意的是,"天下正"中的"正"字,河上公本、景龙碑本等作"正",王弼本、傅奕本、范应元的《老子道德经古本集注》等则均作"贞"。而对于"贞"字的含义,学者们的理解亦很不统一,如有的认为这里的"贞"即"正",而"正"指"主",即君长、首领;有的认为这里的"贞"有模范、准则的意思;有的认为这里的"贞"即"正","为天下贞",即"正天下",也就是使天下正的意思。因此,要弄清楚这里的"正"(或"贞")的含义,首先必须明确这里的文字应作"天下正"还是"天下贞"。一些学者明确指出,这里应作"贞",不应作"正",如范应元说:"贞,正也。王弼、郭云同古本,一本'贞'作'正',亦后人避讳也。"⑤奚侗说:"贞,正也;正,主也。……本书乃借'贞'为'正',河上本改'贞'作'正',非是,观下文自明。"⑥

然而,该字除了河上公本、景龙碑本等作"正",帛书甲乙本亦作"正",因此,一些学者指出,"正"应为本字,如高明说:"'贞'与'正'二字通用,而'正'为本字。"⑦刘笑敢说:"末字'贞',河上本作'正',与帛书甲乙本同,'正'当为本字。"⑧

综上所述,我们可以得出这样两点认识:一是大多数学者认

---

① 林语堂:《老子的智慧》,湖南文艺出版社2016年版,第151页。
② 陈鼓应:《老子今注今译》,商务印书馆2003年版,第224页。
③ 张松如:《老子说解》,齐鲁书社1998年版,第224页。
④ 汤漳平、王朝华译注:《老子》,中华书局2014年版,第151页。
⑤ 范应元:《老子道德经古本集注》,华东师范大学出版社2010年版,第71页。
⑥ 熊铁基、陈红星主编:《老子集成》第13卷,宗教文化出版社2011年版,第17页。
⑦ 高明:《帛书老子校注》,中华书局1996年版,第10页。
⑧ 刘笑敢:《老子古今》,中国社会科学出版社2006年版,第436页。

为,这里的"贞"与"正"意思相同,可通用,因此,从这个角度来说,这里作"贞"或作"正"都是可以的;二是历史上有不少本子作"贞",亦有不少本子作"正",但较为古老的帛书甲乙本均作"正",因此作"正"应更为恰当些。

那么这里的"正"的确切含义应该是什么呢?笔者认为,"正"既有公正的意思,又有准则的意思,还有君长的意思,因此,以上学者们对于"正"(或"贞")的理解均有其依据。至于具体应该是哪种含义,则取决于对"为天下正"中的"为"的理解,因为"为"在这里既可理解为做、成为的意思,亦可理解为使、致使的意思。若把"为"理解为做、成为,则"为天下正"可释为做天下的君长、首领,或成为天下的模范、准则等;若把"为"理解为使、致使,则"为天下正"可释为使天下公正、使天下安定等。而从根本上来说,侯王得到了"一"(即"道"),则既可成为天下人的模范、准则,亦可使天下公正合理,因此,上述理解在道理上都是能够说通的。不过,相比之下,笔者还是倾向于把"为"释为成为,因为"天得一以清,地得一以宁"等中的"以"字,当指"而",则"侯王得一以为天下正"中的"以为",当指"而为",而把"而为"释为"而成为",意思上比较通顺。因此,"侯王得一以为天下正",当指侯王得到"一"而成为天下的君长。

三、"不行而知,不见而名,不为而成"——《老子》第四十七章,称圣人因得道而具有异乎常人的功能

不出户,知天下;不窥牖,见天道。其出弥远,其知弥少。是以圣人不行而知,不见而名,不为而成。(第四十七章)

上引文字是《老子》第四十七章的全部内容,为我们介绍了圣人异乎常人的神奇功能:"不行而知,不见而名,不为而成",即不用出

行就能知道，不用去看就能明白，不用去做就能成功。具体而言，则是"不出户，知天下；不窥牖，见天道"，即不用出门，就能知道天下的事情和事理；不用去看窗外，就能了解天体、气候的状况及其运行变化的规律。老子甚至说："其出弥远，其知弥少"，即如果你往外走得越远，知道的东西就越少。

（一）为什么"不出户"而能"知天下"，"不窥牖"而能"见天道"？

"不出户，知天下"，意为不用出门，就能知道天下的事情和事理，意思比较清楚。"不窥牖"中的"窥"，指从小孔、缝隙或隐蔽处察看，也泛指观看；"牖"指窗户。因此，"不窥牖"，即不通过窗户观看。

"见天道"中的"见"，既可释为看见，亦可释为知道。然而，对于"天道"的含义，学者们则有诸多不同的理解，或认为这里的"天道"指自然之理，"不窥牖，见天道"是因为人一旦达到了自然无为的境界，便能体悟到自然之理，故不需要通过看窗外来了解；或认为这里的"天道"即道，因为对"道"的体悟是通过清静无为来实现的，所以要"见天道"，不需要通过"窥牖"的方法；或认为这里的"天道"指天象、天气及其运行变化的规律。一些学者认为，因为天人相应，人的德行可以影响天体的运行、气候状况等，因此，由人的德行即可推知"天道"，而用不着去"窥牖"；等等。

笔者认为，对于"天道"的含义，我们不妨采取一种特殊的思路来进行理解。根据老子的思想逻辑，"不出户，知天下"应是就圣人而言的，圣人想要"知天下"，可以足不出户，那么其言下之意，便是人们"知天下"的通常做法或普通之人想要"知天下"，就须"出户"。"出户"干什么，无非就是两件事：一是观察、了解客观的事物；二是以此为基础，总结出其中的规律，即"理"。因此，这里的"天下"，既可以指天下的事物，也可以指天下的事理，当然也可以是上述两者兼而有之。再来看"不窥牖,见天道",它指的是圣人想要"见天道",可以不通过窗户往外望,同理,其言下之意是:人们"见天道"的通常做法或普通之人想要"见天道",就需通过窗户往外望。通过窗户往外望能发现什么?无非亦是两个方面:一是天上的日月星辰等天体以及气候状况等,二是据此总结出来的天体运行和气候变化的规律。据此,则这里的"天道",既可以指日月星辰等天体及气候状况,亦可以指天体运行和气候变化的规律,当然也可以是两者兼而有之。

其实,老子说"不出户,知天下;不窥牖,见天道",明显是针对"出户"以"知天下"、"窥牖"以"见天道"的世俗认识方式而言的,对于普通人来说,要想知道天下的事物及事理,就必须"出户",即出门去作具体的考察、了解;要想知道天上的事物及其道理,就需"窥牖",即抬头通过窗户去观察。而圣人与普通之人不同,圣人因为掌握了"道",所以他想知道"天下"和"天道",就不需要"出户"和"窥牖"。而这便是"不出户,知天下;不窥牖,见天道"的实质内涵。

(二)为什么说"其出弥远,其知弥少"?

"其出弥远,其知弥少",从文字本身来说,就是往外走得越远,知道的东西就越少的意思。一些学者亦正是这样来解释的,如高亨说:"有些人走出越远,他知道的东西越少。"[1]张松如说:"谁走得越远,谁就知道得越少。"[2]但是这样的观念似乎并不符合人们的常识,因为一个人走的地方越多,便自然会见多识广,怎么反而会所知越少呢?对此,一些学者解释说,那是因为往外走得越远,接触的外界事物越多,受外界事物的影响也越大,从而造成内心迷惑昏乱,故知道的东西就越少,如成玄英说:"颠倒之夫不能照理,其心逐境弥远而无厌,其知

---

[1] 高亨:《老子注译》,清华大学出版社2010年版,第80页。
[2] 张松如:《老子说解》,齐鲁书社1998年版,第267页。

浅近暗昧而少鉴。"①林希逸说:"若必出而求之,则足迹所及,所知能几?目力所及,所见能几?用力愈劳,其心愈昏,故曰'其出弥远,其知弥少'。"②

这样的解释虽有一定的道理,但不免有强为之说的味道。与之不同的是,一些学者认为,这里的"知",不是指对外界事物的认识,而是指对"道"的认识,因为对"道"的认识需要不断排除外物的干扰、达到清静无为的境界才能获得,所以往外走得越远,受外界事物的影响就越大,对"道"的认识也就越少。如王弼说:"无在于一,而求之于众也。道视之不可见,听之不可闻,搏之不可得。如其知之,不须出户;若其不知,出愈远愈迷也。"③陈鼓应说:"越向外奔逐,对道的认识也越少。"④

笔者认为,上述理解,认为"其出弥远,其知弥少"指往外走得越远,对"道"的认识就越少,这在逻辑上比较顺畅,意思也很清晰,且与上文圣人因为有"道",故可"不出户""不窥牖"而知"天下""天道"恰好相对,因此,应该是比较符合老子之本意的。

"是以圣人不行而知,不见而名",意即所以圣人不用出行就能知道,不用去看就能明白。其中的"名"字,即"明",如朱谦之说:"'名'与'明'音义通"。⑤一些学者进一步认为,所谓"不行而知,不见而名",即指前面的"不出户,知天下;不窥牖,见天道",如成玄英说:"此一句解'不出户,知天下'。……此一句解'不窥牖,见天道'也。"⑥蒋锡昌说:"'不行而知,不见而明',系承上文而言,言

---

① 熊铁基、陈红星主编:《老子集成》第1卷,宗教文化出版社2011年版,第322页。
② 熊铁基、陈红星主编:《老子集成》第4卷,宗教文化出版社2011年版,第514页。
③ 楼宇烈校释:《老子道德经注校释》,中华书局2008年版,第126页。
④ 陈鼓应:《老子今注今译》,商务印书馆2003年版,第248页。
⑤ 朱谦之:《老子校释》,中华书局2017年版,第200页。
⑥ 熊铁基、陈红星主编:《老子集成》第1卷,宗教文化出版社2011年版,第322页。

不出行而知天下，不窥见而明天道也。"①

据此，则所谓"不行而知"，即不用出行就能知道天下的事情和事理；"不见而名"，即不用去看就能知道天体、气候的状况及其运行变化的规律。

"不为而成"中的"不为"，意即无为，不刻意去做，顺乎自然而为，而不是什么都不做。如苏辙说："性之所及，非特能知能名而已，盖可以因物之自然，不劳而成之矣。"② 范应元说："不为而能成万物者，成其自然也。"③

"不为而成"中的"成"，意为成功。一些学者指出，这里的成功，指的是因为圣人无为，不干涉万物，从而使万物得以自然成就。如河上公说："上无所为，则下无事，家给人足，万物自化就也。"④ 林语堂说："不造作施为，就可使万物自化而有成。"⑤

一些学者则进一步指出，"不为而成"一句，是承上面的"不行而知，不见而名"两句而来的，是这两句的结果。如吕惠卿说："知之于所不行，名之于所不见，则不为而成矣。"⑥ 吴澄说："'不为而成'言上二句之效，惟其不行而遍知万事，不窥而洞见一原，故不待有所作为而事事无不完成也。"⑦

也就是说，圣人之所以能"不为而成"，是因为其已达到了"不行而知，不见而名"的境界。这样的解释，当然是很有道理的，一个人只有达到了与"道"合一的境界，才能"不行而知，不见而名"，从而才能真正做到自然无为而取得成功。

---

① 蒋锡昌：《老子校诂》，成都古籍书店 1988 年版，第 301 页。
② 熊铁基、陈红星主编：《老子集成》第 3 卷，宗教文化出版社 2011 年版，第 20 页。
③ 范应元：《老子道德经古本集注》，华东师范大学出版社 2010 年版，第 83 页。
④ 王卡点校：《老子道德经河上公章句》，中华书局 1993 年版，第 184 页。
⑤ 林语堂：《老子的智慧》，湖南文艺出版社 2016 年版，第 176 页。
⑥ 吕惠卿：《老子吕惠卿注》，华东师范大学出版社 2015 年版，第 53 页。
⑦ 熊铁基、陈红星主编：《老子集成》第 5 卷，宗教文化出版社 2011 年版，第 633 页。

四、"知常曰明","没身不殆"——《老子》第十六章,称知"道"者终生不会有危险

夫物芸芸,各复归其根。归根曰静,静曰复命,复命曰常,知常曰明。不知常,妄作凶。知常容,容乃公,公乃王,王乃天,天乃道,道乃久,没身不殆。(第十六章)

上引文字强调了"知常"即懂得恒常不变之道的重要性。老子说:"知常曰明","不知常,妄作凶"。也就是说,懂得恒常不变之道的人才称得上明智,如果不懂得恒常不变之道,任意妄为,就必会有凶险。而且,"知常容,……没身不殆",即懂得恒常不变之道就会包容一切,能包容一切就会公正无私,并最终与"道"合一,"没身不殆":终身都不会有危险。

(一)"复命曰常"中的"常"的含义

在第十六章中,老子说:"夫物芸芸,各复归其根。归根曰静,静曰复命",意思是:万物纷繁众多,各自返回到它们的本源。返回本源则静,静则能还复本性。接下来说:"复命曰常",即还复本性则"常",那么这里的"常"又是什么意思呢?对此,学者们或认为指没有生死,常存不灭;或认为指久而不变;或认为指"常道";或认为指常理、永恒规律、永恒法则;等等。笔者认为,上述各种观点虽具体解释不同,但有一点是共同的,即都认为这里的"常"有恒常存在、不变不灭的特性。因此,我们不妨在综合上述各种解释的基础上,把这里的"常"释为恒常不变的意思。因此,所谓"复命曰常",即还复本性则恒常不变。因为还复本性即还复"道",而"道"是恒常不变的,故"复命曰常"。关于"复命曰常"的具体含义,亦可参见本书第三章第一节中的论述。

(二)"知常曰明。不知常,妄作凶"——"知常"的重要性

"知常曰明",意为懂得恒常不变之道则明智。前面已经讲过,这里的"常",指恒常不变,而根据老子的思想逻辑,唯有"道"才是恒常不变的,其他的一切都是变灭无常的,故恒常不变亦即"道"。这里的"明",是明智的意思。当然,这里所谓的明智,并不是我们通常意义上所说的懂事理、有远见、想得周到,而是指一个人返回性命本真后心中澄明、无任何窒碍的境界,如成玄英说:"既知反会真常之理者,则智惠明照,无幽不烛。"① 董平说:"'知常'即是对于宇宙万物之理的洞明与通达,所以是'明'。'明'则能洞烛幽深,照察玄微,通达物理,而任道自然。"②

"知常"者明智,所以他会按照"道"的要求去处世行事,不胡作非为,故所遇皆吉。与此相反,不"知常"的人,因为不知道事物变化发展的根本规律,不知道社会运行的基本准则,不知道为人处世的起码规矩,凭着自己的一知半解,肆意妄为,甚至倒行逆施,冒天下之大不韪,这样的人,必然会遭遇凶险,所以老子说:"不知常,妄作凶。"关于"不知常,妄作凶"的内涵,古今学者有很好的揭示,如李荣说:"知常信道,所行皆善,天祐人助,故云吉。背道从邪,纵情任意,触涂妄作为失当,人诛鬼责,故云凶也。"③ 牟钟鉴说:"有些人不懂得复根、复命的常道,却在那里逆天而行,逆道而为,于是造成灾难祸患而不知反省,岂不是很可悲的吗?"④

(三)"知常容"中的"容"的含义及为什么"知常"便能"容"

"知常容",意为懂得恒常不变之道就会包容一切。这里的"容",是包容的意思,学者们大多作此理解。如河上公说:"能知道之所常

---

① 熊铁基、陈红星主编:《老子集成》第1卷,宗教文化出版社2011年版,第299页。
② 董平:《老子研读》,中华书局2015年版,第102页。
③ 熊铁基、陈红星主编:《老子集成》第1卷,宗教文化出版社2011年版,第358页。
④ 牟钟鉴:《老子新说》,金城出版社2009年版,第54页。

行,〔则〕去情忘欲,无所不包容也。"① 范应元说:"知常久自然之道,则虚通而无不包容也。"②

那么,懂得恒常不变之道为什么就会包容一切呢?对此,学者们主要有两种不同角度的解释。一种认为,懂得了恒常不变之道,心境便会变得虚静空无,所以能包容一切,如李荣说:"知常达理,等虚空,无所不包,故曰容也。"③ 司马光说:"虚静则无不包。"④ 一种认为,懂得了恒常不变之道,便会无物我、是非、善恶之分,所以能包容一切,如吕惠卿说:"能知常而体之,则万物与我为一矣,故'知常容'。"⑤ 焦竑说:"知常则善恶两忘,是非无朕,何所不容哉?"⑥

上述两种理解实质上是一样的,因为心境达到虚静空无的状态,自然便无物我、是非、善恶之分了。

(四)与"道"合一者为什么就能"没身不殆"?

在强调了"知常"的重要性和作用后,老子接着说:"容乃公,公乃王,王乃天",意即包容一切就能公正无私,公正无私就能天下归往而为王,天下归往而为王就能合乎自然之天。在本段文字的最后,老子说"天乃道,道乃久,没身不殆",其中的"天乃道",意为合乎自然之天就能合乎"道",如张默生说:"能合于天道的自然,也就是与道同体,故曰'天乃道'。"⑦ "道乃久",意为合乎"道"就能长久,这个意思比较好懂,因为"道"是恒久存在的,故与"道"相合,自然便能永久。

"没身不殆",意为终身不会有危险,这里的"殆",是危险的

---

① 王卡点校:《老子道德经河上公章句》,中华书局1993年版,第63页。
② 范应元:《老子道德经古本集注》,华东师范大学出版社2010年版,第28页。
③ 熊铁基、陈红星主编:《老子集成》第1卷,宗教文化出版社2011年版,第358页。
④ 熊铁基、陈红星主编:《老子集成》第2卷,宗教文化出版社2011年版,第543页。
⑤ 吕惠卿:《老子吕惠卿注》,华东师范大学出版社2015年版,第18页。
⑥ 焦竑:《老子翼》,华东师范大学出版社2011年版,第42页。
⑦ 张默生:《老子章句新释》,成都古籍书店1988年版,第20页。

意思。关于与"道"合同者为什么能"没身不殆",学者们亦有具体的解释,如王弼说:"无之为物,水火不能害,金石不能残。用之于心,则虎兕无所投其(齿)〔爪〕角,兵戈无所容其锋刃,何危殆之有乎!"① 范应元说:"虚通而大则常久自然,常久自然则终身不危殆矣。自'知常容'之后,皆人欲尽净而天理流行,何危殆之有也?"②

其实,一个人既已修炼到与"道"合一的境界,自然便能无灾无殃,不死不灭,所谓"没身不殆",当然也是顺理成章之事。

五、"微妙玄通,深不可识"——《老子》第十五章,论得道者的外在表现和精神境界

古之善为士者,微妙玄通,深不可识。夫唯不可识,故强为之容:豫兮若冬涉川,犹兮若畏四邻,俨兮其若客,涣兮其若凌释,敦兮其若朴,旷兮其若谷,混兮其若浊。(第十五章)

上引文字主要描述了"善为士者",即善于修道、行道之人的外在表现和精神境界。"道"是深不可测的,无法用确切的语言来描述;同样,达到很高境界的修道之士的状态也是难以用语言来加以确切描绘的,所以老子在这里只是"强为之容",即勉强对他进行描绘。在老子的笔下,"善为士者"与普通人有很大的不同:他谨慎小心,恭敬庄重,淳厚质朴,胸怀像深谷一样空虚宽广,又和光同尘,像浑浊的水一样混沌不清,……这样的人谁都没有见过,所以他只能作为一种理想人物的形象矗立在那里,除非你能真正按老子的指引去切实地修行。

---

① 楼宇烈校释:《老子道德经注校释》,中华书局2008年版,第37页。
② 范应元:《老子道德经古本集注》,华东师范大学出版社2010年版,第29页。

(一)"古之善为士者"中的"士"的含义及其文字表述之争

"古之善为士者"一句,值得我们注意的主要是其中的"士"的含义是什么。关于这里的"士"的含义,学者们主要有两种理解。一种认为,这里的"士",指的是有道之士或行道之士,因此,"古之善为士者",也就是古代的有道之人或善于行道之人。而有道之人或善于行道之人的特点是已经得道,即已经与"道"合一,如范应元说:"善为士者,谓善能体道之人也。"① 董平说:"善于为道之'士'在本质上是与道本身融为一体的。"②

另一种则强调,这里的"士",指的是正在修道之人,而非已经得道之人,如王安石说:"士者,事道之名。始乎为士,则未离乎事道者也。终乎为圣人,则与道为一,事道不足以言之。"③ 吕惠卿说:"古之善为士者,将以成圣而尽神也。则其为士也,虽未至乎圣神,所以成圣而尽神者,其闻之固已全尽矣。"④

笔者认为,对于"善为士者"究竟是已经得道之人还是正在修道而尚未得道之人,我们很难作出明确的判断,但是,从老子说"善为士者""微妙玄通,深不可识",以及下文的"旷兮其若谷""混兮其若浊"来看,"善为士者"无疑是经过长期的修道实践,已经对"道"有了深入的体悟,并达到极高修养境界的人。

(二)"微妙玄通"的含义及"善为士者"为什么"深不可识"

"微妙玄通,深不可识",意为"善为士者"精微奥妙,幽玄通达,深邃得难以认识。不过,对于"微妙玄通"的含义及"深不可识"的原因,学者们有不同的理解。

这里的"微妙玄通",指"善为士者"经过长期的修道而达到的

---

① 范应元:《老子道德经古本集注》,华东师范大学出版社2010年版,第24页。
② 董平:《老子研读》,中华书局2015年版,第96页。
③ 容肇祖:《王安石老子注辑本》,中华书局1979年版,第21页。
④ 吕惠卿:《老子吕惠卿注》,华东师范大学出版社2015年版,第16页。

境界。关于其确切含义，学者们主要有以下三种解释。

第一种认为，这里的"微妙"，是指"道"自身的特点；"玄通"，则指"善为士者"对"道""玄鉴通照"或精深通达，如唐玄宗说："古之善以道为事者，于彼微言妙道，无不玄鉴通照。"① 林希逸说："此章形容有道之士通于玄微妙，可谓深于道矣。"②

第二种认为，这里的"微""妙""玄""通"是层层递进的关系，反映的当是"善为士者"修炼境界的不断提升，如吕惠卿说："微而后妙，妙而后玄，玄而后通，则深不可识矣。"③ 魏源说："粗尽而微，微至而妙，妙极而玄，则无所不通而深不可识矣。"④

第三种认为，这里的"玄"，是指天，"玄通"指"善为士者"能与天相通，如河上公说："玄，天也。言其志节玄妙，精与天通也。"⑤《老子想尔注》中说："玄者，天也；古之仙士，能守信微妙，与天相通。"⑥

笔者认为，因为"微妙玄通"一句较为概括和抽象，所用字词含义又较丰富，导致学者们从不同的角度对它作出理解，这是很自然之事，故很难断定哪种理解就是正确的，哪种理解又肯定是错误的，因此，为了更好地保持原文的含义及理解上的包容性和开放性，笔者把它解释为：精微奥妙，幽玄通达。

所谓"深不可识"，意为深邃得难以认识，有的学者也释为深刻得难以认识，总之是高深莫测，非常人所能理解。不过，需要注意的是，这里的"深不可识"，与我们平常所理解的深藏心机或城府很深

---

① 熊铁基、陈红星主编：《老子集成》第1卷，宗教文化出版社2011年版，第422页。
② 熊铁基、陈红星主编：《老子集成》第4卷，宗教文化出版社2011年版，第502页。
③ 吕惠卿：《老子吕惠卿注》，华东师范大学出版社2015年版，第16页。
④ 魏源：《老子本义》，华东师范大学出版社2010年版，第38页。
⑤ 王卡点校：《老子道德经河上公章句》，中华书局1993年版，第57页。
⑥ 刘昭瑞：《〈老子想尔注〉导读与译注》，江西人民出版社2012年版，第95页。

不同，它不是"善为士者"故意把自己的内心隐藏起来，而是因为他的修养达到了极高的境界，故普通人根据自己的常识根本无法去认识和理解。

至于"善为士者"为什么"深不可识"，学者们主要有以下两种解释。

一种认为，因为"道"本身是"深不可识"的，"善为士者"以求"道"为目标，故亦"深不可识"，如陈鼓应说："道是精妙深玄，恍惚不可捉摸。体道之士，也静密幽深，难以测识。"①董平说："有道者是精深通达于道之自体的'微妙'状态的，所以才'深不可识'，因为道体自身原本就'不可名状'。"②

一种认为，因为"善为士者"隐居修道，不自我显耀，深藏若虚，故"深不可识"，如宋徽宗说："古之善为士者，微妙玄通，名实不入而机发于踵，其藏深矣，不可测究。列御寇居郑圃四十年，人无识者。老子谓孔子曰：良贾深藏若虚，君子盛德，容貌若愚，其谓是欤？"③杜道坚说："古之善为士者，抱道安常，隐德自修，与世波流，不自满假，自得微妙玄通之理，众人固不识也。"④

笔者认为，"善为士者"之所以"深不可识"，首先是因为他的修养达到了极高的境界，在某种程度上拥有了"道"的特性，故常人无法认识；其次是因为他和光同尘，从来不向他人显示，故普通之人无从认识。因此，上述两种观点，可谓对"深不可识"原因的不同角度的揭示。

（三）老子为什么要对"善为士者""强为之容"？

"夫唯不可识，故强为之容"两句承接上句"深不可识"，指出

---

① 陈鼓应：《老子今注今译》，商务印书馆2003年版，第132页。
② 董平：《老子研读》，中华书局2015年版，第96页。
③ 熊铁基、陈红星主编：《老子集成》第3卷，宗教文化出版社2011年版，第271页。
④ 熊铁基、陈红星主编：《老子集成》第5卷，宗教文化出版社2011年版，第489页。

正因为"善为士者""深不可识",所以在此要勉强描述他的形象。而之所以说是"强为之容",是因为"善为士者"的形象是很难描述的,所以这种描述只能说是勉强描述,如吕惠卿说:"夫惟不可识,则其形容安得以拟议哉?强为之容而已。"① 吴澄也说:"其中深不可测,故强为之模拟其外之容以示人也"。② 那么老子为什么要对"善为士者""强为之容"呢?对此,一些学者认为,老子"强为之容"的目的是引导普通人学道修道,如成玄英说:"方欲引接群品,故于无形之理,而强为修学之容。"③ 李荣说:"夫道既难思,行亦叵识,恐来人无因体道,学者不知立行,下文略举容相,以劝勖也。"④

这样的解释是很有道理的,因为"道"无色无声无形体,普通人无法感知体悟,而修道之人的外貌形象则是具体实在的,因此,通过对其外貌形象的描述,人们便能间接地知道大道是真实存在的,从而起到吸引人们信道修道的效果,所以老子才会在此对"善为士者"的形象勉强加以描述。

(四)"豫兮若冬涉川"等七"若"之间的关系及其内在逻辑

"豫兮若冬涉川,犹兮若畏四邻,俨兮其若客,涣兮其若凌释,敦兮其若朴,旷兮其若谷,混兮其若浊",意思是:犹豫谨慎啊,就像冬天徒步过河;踌躇疑惧啊,就像害怕四周的邻居;恭敬庄重啊,就像做宾客;涣然无凝滞啊,就像冰凌融化;淳厚质朴啊,就像未经加工的木材;胸怀宽广啊,就像空虚的山谷;混沌不清啊,就像浑浊的水体。自"豫兮若冬涉川"至"混兮其若浊",老子一连用七个"若",描述了"善为士者"特有的精神境界、行为特点、心理状态,包括淳厚质朴、虚怀若谷、恭敬庄重、犹豫谨慎等,为我们呈现

---

① 吕惠卿:《老子吕惠卿注》,华东师范大学出版社2015年版,第16页。
② 熊铁基、陈红星主编:《老子集成》第5卷,宗教文化出版社2011年版,第614页。
③ 熊铁基、陈红星主编:《老子集成》第1卷,宗教文化出版社2011年版,第298页。
④ 熊铁基、陈红星主编:《老子集成》第1卷,宗教文化出版社2011年版,第357页。

出一个心无挂碍、大智若愚、行事谨慎的修道者的形象。那么，这七个带有"若"字的句子，老子是随意排列的呢，还是有特别的安排考虑？对此，学者们有不少分析论述。如王安石着重说明了"涣兮其若凌释"与"敦兮其若朴""旷兮其若谷""混兮其若浊"的关系，认为"善为士者"在豁然大悟，像冰凌融化那样后，要返回根本，所以就需"守之以素"，虚怀若谷；同时又不应有分别之心，所以要"混兮其若浊"："夫水本无冰，遇寒则凝。性本无碍，有物则结。有道之士，豁然大悟，万事销亡，如春冰顿释。虽然，亦不可不反诸本也，故'敦兮其若朴'，而守之以素也。故'旷兮其若谷'，谷者，虚而能应者也。然而其道亦不可得而别也，故'混兮其若浊'而已矣。此所谓善为士者也。夫豫也，犹也，以至于混而其若浊也，皆所为不可识而强为之容也。"①

魏源则把七个"若"分为三个部分：第一部分包括"豫兮若冬涉川，犹兮若畏四邻，俨兮其若客"，认为它反映的是"有道者不敢为天下先"，讲的是"入德"，即进入圣人品德修养的境域的内容；第二部分指"涣兮其若凌释"，反映了修道者滞碍顿消，"反本完真"；第三部分包括"敦兮其若朴，旷兮其若谷，混兮其若浊"，反映了修道者"若朴""若谷""若浊"的境界，讲的是"成德"即成就品德的内容。②

董平则认为，老子这里的七句话，前面两句主要指人的心理状态，中间两句指向外显现的行为状态，后面三句描写为道者的内在精神。③

上述学者的观点说明，老子这里的七个"若"，并非随意的罗列，

---

① 容肇祖：《王安石老子注辑本》，中华书局 1979 年版，第 22 页。
② 魏源：《老子本义》，华东师范大学出版社 2010 年版，第 38—39 页。
③ 董平：《老子研读》，中华书局 2015 年版，第 97 页。

而是有其严密的内在逻辑的。至于这个内在逻辑是什么，我们当然可以从各个不同的角度去加以分析和理解。在笔者看来，对于老子此处的七"若"及其内在联系，我们或可从两个角度加以理解。一个是对"善为士者"之"容"的相对静态的、"肖像"式的描绘：他是犹豫谨慎的，他是恭敬庄重的，他是虚怀若谷的，他是和光同尘的，……这些用于描绘"善为士者"之"容"的词汇列在后面的要比列在前面的反映的修养更深，境界更高，体现了层层递进的关系。另一个是从动态的角度，亦即从"善为士者"通过不断的修炼，一步步得"道"的角度对其容态进行描绘，这样，"豫兮若冬涉川，犹兮若畏四邻，俨兮其若客"，便可视作"善为士者"刚开始修炼时的自我要求和心理调整：小心谨慎，端拱庄严，排除杂念。这样修炼既久，便会使身心中的所有疑惑和滞碍慢慢消解，然后豁然贯通，体悟到大道的存在，这便是"涣兮其若凌释"。到达这一阶段后，"善为士者"便显现出一种特有的精神境界："敦兮其若朴，旷兮其若谷，混兮其若浊"。

（五）"善为士者"之"容"是老子所亲见，还是一种想象？

关于本段文字，一个历代学者未作充分讨论，或长期被学者们所忽视的重要问题是：老子"强为之容"的"善为士者"的形象，是老子亲眼所见的，还是老子的想象，或是老子根据传闻所作的转述？因为仅就文字本身来说，老子说"古之善为士者，微妙玄通，深不可识，夫唯不可识，故强为之容"，这样的表述无疑是存在矛盾的：既然是古代的"善为士者"，便说明老子并未见过此人；既未见过此人，又怎么能"强为之容"呢？对自己未见过的人"强为之容"，则这样的描述便是出于想象或推测；既然是想象或推测，则这样的描述又有何意义呢？正是基于此，笔者倾向于老子是对亲眼所见的"善为士者"的描述。虽然老子在文中说是"古之善为士者"，但这不过是一种隐晦的说法，因为从七个"若"可见，老子对"善为士者"形象的描述具体入微，精妙传神，若非亲见，怎么能够达到如此深刻的程度？

在《史记·老子韩非列传》中，记述孔子见过老子后，发出"犹龙之叹"，可见老子之修养和形貌给孔子造成的心灵震撼之大：

> 孔子适周，将问礼于老子。老子曰："子所言者，其人与骨皆已朽矣，独其言在耳。且君子得其时则驾，不得其时则蓬累而行。吾闻之，良贾深藏若虚，君子盛德，容貌若愚。……"孔子去，谓弟子曰："鸟，吾知其能飞；鱼，吾知其能游；兽，吾知其能走。走者可以为罔，游者可以为纶，飞者可以为矰。至于龙，吾不能知，其乘风云而天上。吾今日见老子，其犹龙邪！"

孔子说："至于龙，吾不能知，其乘风云而天上。吾今日见老子，其犹龙邪！"把老子比作在天上飞翔的龙，认为普通人无法识知，可见老子的修养已达极其高深之程度，与这里所谓的"微妙玄通，深不可识"的"善为士者"并无实质的区别。因此，我们完全有理由作出这样的推测：本章所述"善为士者"的形象，极有可能是老子"夫子自道"，即根据自身的实践和体悟，总结出了修道之士的行为特点、精神境界，然后把它描述为"古之善为士者"的形象。

六、"含德之厚，比于赤子"——《老子》第五十五章，称得道者能像赤子一样精气充盈

> 含德之厚，比于赤子。蜂虿虺蛇不螫，猛兽不据，攫鸟不搏。骨弱筋柔而握固，未知牝牡之合而朘作，精之至也。终日号而不嗄，和之至也。（第五十五章）

上引文字通过对"赤子"即初生之婴儿的特点的描述，来反映得道者所达到的境界。具体而言，主要包含这样两个方面的内容：一是指出"赤子"具有以下四个方面的特点：第一，不会受毒虫猛兽的伤害；第二，筋骨柔弱而拳头却攥得很紧；第三，不知男女交合之事而

生殖器常常自动勃起；第四，整天号哭而嗓音不会嘶哑。而赤子之所以具有上述特点，主要原因是其"精之至""和之至"，亦即精气充盈之极，身体协调和谐之极。二是说明"含德之厚，比于赤子"，即怀藏深厚道德亦即得道的人，恰如赤子一样，亦即上述赤子所具有的种种特点，"含德之厚"者亦均拥有。

（一）老子为什么把"含德之厚"者"比于赤子"？

"含德之厚"中的"含"，指怀而不露、隐藏在内的意思；"德"，在老子的思想中，主要指得自"道"的特性，在这里也可泛指道德。故所谓"含德"，便是指怀藏道德而不外露的意思。"厚"，在这里指深厚、淳厚。因此，所谓"含德之厚"，便是怀藏深厚或浑厚之道德。

"比于赤子"中的"赤子"，意为婴儿。之所以称婴儿为赤子，一些学者认为，那是因为婴儿初生时，遍体赤色，故称，如朱谦之说："此云'赤子'，案《汉书·贾谊传》刘奉世注曰：'婴儿体色赤，故曰赤子耳。'"[①] 此说有一定道理。不过，老子在这里所说的"赤子"，并不仅就婴儿的身体颜色而言，而是主要就婴儿的心理特点而言的。如王弼说："赤子，无求无欲，不犯众物"[②]，唐玄宗说："赤子，婴儿之小者，取其内无分别，不生害物之心尔。"[③]

综上所述，则所谓"含德之厚，比于赤子"，意思为：怀藏深厚道德的人，好比初生的婴儿。在《老子》一书中，屡次提到婴儿，如第十章："专气致柔，能婴儿乎？"第二十章："我独泊兮，其未兆，如婴儿之未孩"；第二十八章："常德不离，复归于婴儿。"都是把婴儿状态作为一种很高的境界。那么在本章中，老子为什么要把怀藏深厚道

---

① 朱谦之：《老子校释》，中华书局2017年版，第228页。
② 楼宇烈校释：《老子道德经注校释》，中华书局2008年版，第145页。
③ 熊铁基、陈红星主编：《老子集成》第1卷，宗教文化出版社2011年版，第496页。

德的人与婴儿进行类比呢？对此，学者们有这样的解释："人之初生，其德性至厚也。比其长也，耳目交于外，心识受于内，而益生日益多，则其厚者薄矣。为道者损其所益生，性修反德，德至同于初，故曰'含德之厚，比于赤子'。"①"老子说到修养的成功，往往拿婴儿作比喻。故说：'常德不离，复归于婴儿。'此章又说到赤子，还是一样的意思。婴儿得天最全，得天最全的，可称为常德，亦可称为至德。含德最厚的，莫过于赤子，所以此处又拿赤子来比仿至德之人。"②

笔者认为，这里所谓的"含德之厚"者其实即修道得道之人，修道得道之人最重要的特点，便是无思无欲，与"道"合一。而初生的婴儿，正是无知无识，无欲无为，一切皆顺乎其自然天性的。正因为两者有这些共同的特点，故老子才把怀藏深厚道德的人比作赤子。

（二）"蜂虿虺蛇不螫，猛兽不据，攫鸟不搏"的实质内涵

"蜂虿虺蛇不螫"中的"虿"，指蝎子一类的毒虫；"虺蛇"，指毒蛇；"螫"，即"蜇"，指蜂、蝎子等用毒刺刺人或动物。故所谓"蜂虿虺蛇不螫"，意为蜂蝎毒蛇不会蜇咬他。

"猛兽不据"中的"据"字，读作 jǐ，指动物用爪抓、搏击，如吴澄说："猛兽，虎豹之属，以爪足拿按曰据。"③高亨说："兽用爪抓物为据。"④故"猛兽不据"，意即猛兽不会用利爪抓他。

"攫鸟不搏"中的"攫鸟"，指一类凶猛的鸟，像鹰、雕之类。"搏"字，有的学者释为捕捉、抓，如高亨说："搏读为捕，捉也。"⑤任继愈说："恶鸟不抓他。"⑥有的学者则强调，这里的"搏"，指的是猛禽

---

① 吕惠卿：《老子吕惠卿注》，华东师范大学出版社2015年版，第61页。
② 张默生：《老子章句新释》，成都古籍书店1988年版，第72页。
③ 熊铁基、陈红星主编：《老子集成》第5卷，宗教文化出版社2011年版，第637页。
④ 高亨：《老子注译》，清华大学出版社2010年版，第90页。
⑤ 同上。
⑥ 任继愈：《老子绎读》，国家图书馆出版社2015年版，第120页。

用翅膀和爪子击物，如吴澄说："以翼距击夺曰搏。"① 张默生说："鸷鸟以羽爪击物，叫作'搏'。"② 猛禽捕捉猎物时，必会翼爪并用，故这样的解释也是可以的。综上所述，则"攫鸟不搏"，意即凶猛的鸟不会捉他。

"蜂虿虺蛇不螫，猛兽不据，攫鸟不搏"一段文字，描述赤子不能为外物所伤的状况。那么外物为什么伤害不了赤子呢？对此，学者们主要有以下四种解释。

1. 认为赤子不害物或无害物之心，故物亦不能伤赤子，如河上公说："赤子不害于物，物亦不害之。故太平之世，人无贵贱，〔皆有〕仁心，有刺之物，还反其本；有毒之虫，不伤于人。"③ 王安石说："赤子之心，非有害物也。无害物，则物亦莫能害。"④

2. 认为赤子无心，与"道"类似，故物不能伤害他，如苏辙说："道无形体，物莫得而见也，况可得而伤之乎？人之所以至于有形者，由其有心也。故有心而后有形，有形而后有敌，敌立而伤之者至矣。无心之人，物无与敌者，而曷由伤之夫。赤子之所以至此者，唯无心也。"⑤ 张默生说："至德，是柔弱冲和的，赤子也是柔弱冲和的，他没有一点机心，纯然是一团天理，所以毒虫遇见不螫他，猛兽遇见不害他，鸷鸟遇见也不伤他。"⑥

3. 认为赤子不受外物伤害，并不是因为赤子有什么神通，而是赤子能受到保护，从而远离这些会伤害他的东西，如成玄英说："毒虫，蛇虺类也。攫鸟，鹰鹯类也。猛兽，兕虎类也。……言赤子不犯前境，

---

① 熊铁基、陈红星主编：《老子集成》第5卷，宗教文化出版社2011年版，第637页。
② 张默生：《老子章句新释》，成都古籍书店1988年版，第72页。
③ 王卡点校：《老子道德经河上公章句》，中华书局1993年版，第211—212页。
④ 容肇祖：《王安石老子注辑本》，中华书局1979年版，第48页。
⑤ 熊铁基、陈红星主编：《老子集成》第3卷，宗教文化出版社2011年版，第23页。
⑥ 张默生：《老子章句新释》，成都古籍书店1988年版，第72页。

故不遭三物所加。"① 蒋锡昌说:"赤子所居之地,察乎安危,谨于祸福,故决非毒虫之物可得而害之也。"②

4.认为所谓外物不能伤害赤子,只不过是形象化或夸张性的描述,其实质在于说明"含德之厚"者不受外界环境影响的特点,如董平说:"并不是真的说所有毒虫蛇蝎都不螫'赤子',猛兽、猛禽对他也不攫不搏,而只是通过这种夸大其词的说法来表明这样的意思,即'含德之厚'的有道者是因还原了生命的本然真实而实现了其生命的自在,所以他是不受外在环境的任何影响或侵扰的,是能够'柔弱胜刚强'的。"③ 汤漳平等说:"以上诸句言'含德之厚'者可比婴儿,能不为虫蛇禽兽所伤,与五十章言'善摄生者,陆行不避兕虎,入军不被甲兵'的描述一样,都是对得道之士理想化、象喻化的描述,不可坐实去理解,其意恰似镜花水月,不可说有,亦不可说无。"④

笔者认为,对于老子在此所说的"赤子"不受毒虫、猛兽、攫鸟伤害的实质意义的理解,我们必须注意以下三个方面的问题。

一是所谓"蜂虿虺蛇不螫,猛兽不据,攫鸟不搏",指的就是赤子在遇到这些动物的情况下,不会受到伤害,而不是像上述第三种解释那样,认为是因为赤子远离这些动物,故不会受到伤害。否则,老子在此所说便缺乏针对性和实际意义。

二是对于赤子不受这些动物伤害的情况,不能作绝对化的理解,认为赤子在任何时候、任何情况下都不会受这些动物的伤害,而是指与其他人相比,赤子更不容易受这些动物伤害。因为根据某些经验和常识可知,一个对面临的危险毫无感知或无动于衷的人,更不容易受到伤害。比如面对蜂群时,你仓皇逃跑,反而更容易受到攻击;反之,

---

① 熊铁基、陈红星主编:《老子集成》第1卷,宗教文化出版社2011年版,第328页。
② 蒋锡昌:《老子校诂》,成都古籍书店1988年版,第336页。
③ 董平:《老子研读》,中华书局2015年版,第218—219页。
④ 汤漳平、王朝华译注:《老子》,中华书局2014年版,第221页。

你屏息静止,则不易遭受攻击;若遭遇凶猛的野兽时,你倒地装死,亦有可能躲过一劫。老子在此想表达的,应该是面对危险而无动于衷、不作反应的情况。

三是老子在此说赤子不受外物伤害的真正目的,是说明"含德之厚"者不易受外物伤害,"含德之厚"者因与"道"合一,便获得了"道"不生不灭之特性,自然无物可以伤害之。因此,这里的关键,并不是"含德之厚"者会不会受毒虫猛兽的伤害,而是"含德之厚"者是否能真的与"道"合一,如何与"道"合一,以及与"道"合一的真实情状是什么。

对于赤子的特点,老子除了说其不会受到外物的伤害,还继续说:"骨弱筋柔而握固,未知牝牡之合而朘作,精之至也。终日号而不嗄,和之至也",意即赤子筋骨柔弱,拳头却攥得很紧,不知道男女交合之事,小生殖器却常常勃起,这是精气极其充盈的缘故。整天号哭而嗓音不会嘶哑,这是身体极其协调和谐的缘故。其中的"精之至"中的"精",指精气,即人的精神元气,"至"是达到极点的意思。因此,"精之至"意为精气旺盛,达到极点,或精气极其旺盛的意思。"和之至",则指身体或体内之气极其协调和谐,其中的"和",指和谐协调。也就是说,在老子看来,一个人只要达到了与"道"合一之境,便会像婴儿一样精气充盈之极,身体协调和谐之极,这样自然便不会受到外物的伤害了。

第二节 与"道"相背的行为及其危害

除了强调知"道"守"道"的好处和作用,在《老子》中,还有大量关于不合乎"道"的行为及其危害的论述。在老子看来,逞强用壮,自矜自夸,提倡仁义,等等。这些都属于不合乎"道"的行为,如第三十章中说:"物壮则老,是谓不道";第二十四章中说:"企者不立，跨者不行。……其在道也，曰余食赘行"；第五十三章中说："是谓盗夸。非道也哉！"等等。既然是不合乎"道"的行为，便必然会带来种种严重的危害，故老子明确说："不道早已"（第三十章、第五十五章），"前识者，道之华，而愚之始"（第三十八章），等等。

一、"不道早已"——《老子》第三十章，认为不合乎"道"的东西会提前终结

> 善者果而已，不敢以取强。果而勿矜，果而勿伐，果而勿骄，果而不得已，是谓果而勿强。物壮则老，是谓不道，不道早已。（第三十章）

上引第一段文字指出，善于用兵的人，只要取得战争胜利就应作罢，否则，若一味崇尚武力，炫耀胜利，便是逞强用壮；而"物壮则老"，事物壮盛就会走向衰亡，这在老子看来是明显不合乎"道"的，故说"物壮则老，是谓不道，不道早已"。

第二段文字列举了"益生"和"心使气"两种不合乎"道"的行为：所谓"益生"，即过度补益生命，如饮食奉养过度，纵欲过度之类；所谓"心使气"，即用心去支配体内之气的运行，而不是让气顺乎自然地运行。老子认为，这两种行为都会造成"物壮则老"的后果：因为过度地补益生命，便会使人脱离婴儿的和谐状态，从而进入衰老并走向死亡；用心去支配气，则系恃强用壮，明显违背老子守柔处雌的自然无为之道，故亦会使人进入衰老并走向死亡。所以老子总结说："物壮则老，谓之不道，不道早已。"

值得我们注意的是，上引两段文字中，均出现了"物壮则老，是谓（或'谓之'）不道，不道早已"的文字，那么它们的所指或含义是否一样呢？或其中一处是否系错简重出呢？对此，需要我们作出详细的分析。

(一)"果"及"善者果而已"的含义

第三十章"善者果而已"中的"善者",学者们大多释为善于用兵的人,如王弼说:"言善用师者"①,高亨说:"善于用兵的人"。②王弼所说的"用师",是使用军队作战。

对于"善者果而已"中"果"字的含义,学者们在理解上则分歧较多,其中值得注意的,主要有以下五种理解。

1. 认为"果"指救助、救济,因此,"善者果而已"指善于用兵的人,只求能够救济危难而已。如王弼说:"果,犹济也。言善用师者,趣以济难而已矣。"③林语堂说:"善于用兵的,只求达到救济危难的目的就算了。"④

2. 认为"果"是杀敌、克敌的意思,因此,"善者果而已"指善于用兵的人,只求能杀敌止暴而已,如李荣说:"能用为善杀敌,为果。贼来侵我,所以除之。"⑤蒋锡昌说:"善用师者务在能杀敌人而已。"⑥

3. 认为"果"是果敢、果决的意思,因此,"善者果而已"指善于用兵的人,只是果断地下决心用兵而已,如河上公说:"善〔用〕兵者,当果敢而已,不美之。"⑦吴澄说:"兵之善者,果决于一时以定乱而已。"⑧

4. 认为"果"是成功的意思,因此,"善者果而已"指善于用兵或行事的人,只要取得成功便罢休,如司马光说:"果犹成也,功成则

---

① 楼宇烈校释:《老子道德经注校释》,中华书局2008年版,第78页。
② 高亨:《老子注译》,清华大学出版社2010年版,第55页。
③ 楼宇烈校释:《老子道德经注校释》,中华书局2008年版,第78页。
④ 林语堂:《老子的智慧》,湖南文艺出版社2016年版,第116页。
⑤ 熊铁基、陈红星主编:《老子集成》第1卷,宗教文化出版社2011年版,第365页。
⑥ 蒋锡昌:《老子校诂》,成都古籍书店1988年版,第201页。
⑦ 王卡点校:《老子道德经河上公章句》,中华书局1993年版,第121页。
⑧ 熊铁基、陈红星主编:《老子集成》第5卷,宗教文化出版社2011年版,第624页。

已。"① 刘笑敢说:"司马光的说法似切中本旨。'果'的意思是'济'和'成',不必限于用兵。"②

5. 认为"果"是胜利的意思,因此,"善者果而已"指善于用兵的人,只要获得胜利就罢休,如王安石说:"用兵者,不过胜而已,故曰'善者果而已'。果者,胜之辞也。"③ 高亨说:"善于用兵的人,战胜便罢休了。"④

笔者认为,从以上对于"果而已"的诸种解释来看,无论是把它释为只求能救济危难,只求杀敌止暴,还是只要取得成功或获得胜利便罢休,一个共同的特点,便是指善于用兵的人,实现了用兵的目的,达到了其用兵的效果。老子认为,用兵只要取得成功、实现了预期的目的就行了,所以接下来说:"不敢以取强",即不要以此来逞强于天下。因此,把这里的"果"释为成功、成就,表示结果与预期相合,是比较恰当的。

(二)"果而勿强"与"果而勿矜,果而勿伐,果而勿骄,果而不得已"的关系

"果而勿矜,果而勿伐,果而勿骄"中的"果"字,据上所述,都是指获得成功;"矜",指自尊自大;"伐",指自我夸耀;"骄",指骄傲自满。由此可见,"矜""伐""骄"在这里是近义词,都有以自我为中心、自夸自大的意思。而老子在这里一连串的"勿矜""勿伐""勿骄",说明了他对谦虚、知止之德的重视和强调。

在"果而勿矜,果而勿伐,果而勿骄"之后,老子接着说"果而不得已",这里的"不得已",是无可奈何、不能不如此的意思。因为老子主张"不以兵强天下",即不依靠兵力逞强于天下,因此,便

---

① 熊铁基、陈红星主编:《老子集成》第 2 卷,宗教文化出版社 2011 年版,第 546 页。
② 刘笑敢:《老子古今》,中国社会科学出版社 2006 年版,第 359 页。
③ 容肇祖:《王安石老子注辑本》,中华书局 1979 年版,第 32 页。
④ 高亨:《老子注译》,清华大学出版社 2010 年版,第 55 页。

不能动辄以武力解决矛盾和冲突,只有在用其他手段都无法解决矛盾和冲突时,才不得不采用武力来解决问题,故所谓"果而不得已",指的是获得成功而只是因为迫不得已。对此,古今学者的解释较为一致。

接下来的"是谓果而勿强",意即这叫作获得成功而不逞强。与前面的"果而勿矜,果而勿伐,果而勿骄,果而不得已"的四"果"不同,在"果"字前加了"是谓"二字,说明"果而勿强"是对前面四"果"的总结,即只有做到了上述四"果",才是真正做到了获得成功而不逞强。对此,学者们有这样的解释:"决之而勿矜其能,勿伐其功,勿骄其势,决之于不得已,此所谓决之,而非以兵取强也。"[1]"言能杀敌人而出于不得已,是谓果而勿强也。"[2]

(三)"物壮则老"是否合乎"道"

"物壮则老,是谓不道"两句,从字面上来看,指事物发展到壮盛就走向衰老,这叫作不合于"道",一些学者也正是这样理解的,如唐玄宗说:"物壮则衰,……是谓不合于道。"[3]陈鼓应说:"凡是气势壮盛的就会趋于衰败,这是不合于道的。"[4]

然而,一些学者的理解则与上述明显不同,他们认为,"物壮则老",这是自然的规律,怎么会不合乎"道"呢?因此,这两句文字其实有隐含的意思,即"是谓不道"指的不是"物壮则老",而是指违背了"物壮则老"的规律,是不合乎"道"的。如魏源说:"物壮则老,此天道也,而违之者,是不道矣。"[5]高亨说:"壮了就老,乃是规律。而下文云'是谓不道',可知此句之上,应有省文,省去相反之

---

[1] 范应元:《老子道德经古本集注》,华东师范大学出版社2010年版,第56页。
[2] 蒋锡昌:《老子校诂》,成都古籍书店1988年版,第203页。
[3] 熊铁基、陈红星主编:《老子集成》第1卷,宗教文化出版社2011年版,第429页。
[4] 陈鼓应:《老子今注今译》,商务印书馆2003年版,第194页。
[5] 魏源:《老子本义》,华东师范大学出版社2010年版,第67页。

意。……凡物（包括国家与个人）强壮了就要衰老，若违反此规律，妄自逞强，这叫做不合于道。"①

那么这样的观点有无道理呢？笔者认为，这里的关键，是如何认识"物壮则老"一语的实质。若泛泛而论，则"物壮则老"，这无疑是自然的规律；既然是自然的规律，则老子主张自然无为，怎么可能认为自然的规律不合乎"道"呢？然而在笔者看来，这样的理解，看似合理，其实是陷入了明显的误区。因为老子在此讲"物壮则老，是谓不道"，是从"道"与具体事物之关系的角度来讲的。在老子看来，"道"永恒存在，具体事物则有生有灭，存亡无常。而具体事物之所以有生有灭，便是因为它用"壮"，即都有一个强壮的过程；"道"之所以永恒不灭，是因为"道"守柔处雌，永不用"壮"；既然"道"没有强壮的时候，当然也就没有衰亡的时候。正是从这个意义上，老子说"物壮则老，是谓不道"。

一些学者则进一步认为，这里的"物壮则老"，实际上指的是依靠兵力逞强于天下，因为此种行为不可能长久，故老子说它"不道"，即不合乎"道"。如王弼说："壮，武力暴兴，喻以兵强于天下者也。飘风不终朝，骤雨不终日，故暴兴必不道。"②范应元说："凡物之壮者必老，惟道则无壮无老。苟不体道，而久恃兵为壮，得无老乎？"③

笔者认为，这样的理解，应是深合《老子》义旨的。

（四）"早已"的含义：早死，还是早止？

对于"不道早已"的含义，学者们主要有两种解释，一种认为，这里的"早已"，即早死，因此，"不道早已"指不合于"道"的就会很快死亡或消逝。如河上公说："不行道者早死。"④蒋锡昌说："不道结

---

① 高亨：《老子注译》，清华大学出版社2010年版，第54—55页。
② 楼宇烈校释：《老子道德经注校释》，中华书局2008年版，第78页。
③ 范应元：《老子道德经古本集注》，华东师范大学出版社2010年版，第56页。
④ 王卡点校：《老子道德经河上公章句》，中华书局1993年版，第122页。

果，必致早死，四十二章所谓'强梁者不得其死'也。"①

一种认为，这里的"已"，是停止的意思，因此，"不道早已"指不合于"道"的事情，应该早早停止不做。如成玄英说："物壮则老，兵强则衰，既不谦柔，故非真道，应须止息而勿行也。"② 唐玄宗说："贤臣明主，知其不合于道，当须早止不为，故云'不道早已'。已，止也。"③

笔者认为，上述两种理解，第一种是从"物壮则老"的本义来理解的，意即万物壮盛就走向衰老，这是不合乎"道"的；既然不合乎"道"，自然就会很快消亡。第二种则是从"物壮则老"的引申义来理解的，因为由物壮则老，可引申出依靠兵力逞强于天下不合乎"道"，故必不能长久的意思；作为统治者，既已知道此理，就要赶快停下来，不要靠兵力逞强于天下。因此，以上两种理解都是能够成立的。不过，相比之下，第一种理解显得更直接、更贴切些。

（五）第五十五章"物壮则老，谓之不道，不道早已"与第三十章中相同文字的关系

值得注意的是，《老子》第五十五章中有"物壮则老，谓之不道，不道早已"一段文字，与第三十章类似，只是其中的"谓之"二字，第三十章作"是谓"。对此，一些学者认为，第五十五章的该段文字系错简重出，应予删除，如马叙伦说："此文已见三十章，乃因错简而复出者也。弼于三十章有注，此无注，其明证也。"④ 高亨说："此三句，是三十章的经文，此处乃重出。应删。"⑤

---

① 蒋锡昌：《老子校诂》，成都古籍书店1988年版，第204页。
② 熊铁基、陈红星主编：《老子集成》第1卷，宗教文化出版社2011年版，第310页。
③ 熊铁基、陈红星主编：《老子集成》第1卷，宗教文化出版社2011年版，第475页。
④ 马叙伦：《老子校诂》，浙江古籍出版社2020年版，第264页。
⑤ 高亨：《老子注译》，清华大学出版社2010年版，第90页。

不过，亦有一些学者反对上述观点，如卢育三说："'物壮则老'句正承上'心使气曰强'。"① 牟钟鉴说："'益生曰祥，心使气曰强。物壮则老，谓之不道'，这几句是连在一起的。"②

笔者认为，历史上有代表性的《老子》本子均有该段文字，帛书甲乙本亦有，郭店竹简本作"物壮则老，是谓不道"，说明本章应有该段文字，因此，不能因为它与第三十章中的文字有重复，便认为应该删除。因此，这里值得我们注意的，是它们在不同章的不同语境中出现，具体含义有什么区别。

笔者认为，第三十章的宗旨是"不以兵强天下"，即不要依靠兵力逞强于天下，因为依靠兵力来逞强，必会因招致报复而灭亡。因此，其中的"物壮则老"一句，指的其实就是凡物逞强用壮，便会走向衰老。而在老子看来，这无疑是不符合"道"的，因为"道"以守柔处雌为特点，从不逞强用壮，故能长存不衰。这就说明，凡逞强用壮之物，必不符合"道"，亦必会归于消亡，故老子说"是谓不道，不道早已"。

第五十五章的"物壮则老"等几句，则是紧接赤子"和之至"及"心使气曰强"等而言的，故"物壮则老"中的"壮"，所指当与第三十章中的逞强存在区别。具体而言，第五十五章强调赤子的种种特点，如"骨弱筋柔而握固""精之至""和之至"等，其实都是指赤子守柔处"和"，故才能与"道"类似，不会受到外物的伤害。而随着时间的推移，一个人由婴儿至儿童以至成人，其间用种种手段来"益生"，以"心使气"为生活的常态，从而渐至衰老死亡。则这里的"壮"，既有由少变壮的强壮的意思，也有违背自然而强力去做的意思。

---

① 卢育三：《老子释义》，天津古籍出版社1987年版，第216页。
② 牟钟鉴：《老子新说》，金城出版社2009年版，第176页。

二、《老子》第二十四章，论悖道者"企""跨""伐""矜"的危害

> 企者不立，跨者不行。自见者不明，自是者不彰，自伐者无功，自矜者不长。其在道也，曰余食赘行，物或恶之，故有道者不处。（第二十四章）

上引文字是《老子》第二十四章的全部内容，其中列举了各种违背自然或"道"的行为，如踮起脚跟长久站立、跨越着向前行走、自我夸耀、自高自大等。老子认为，这样的行为都是很不明智的，它们无法让人获得真正的成功。老子甚至进一步指出，这样的行为，从"道"的观点来看，属于"余食赘行"，即残剩的食物，多余的、丑陋的行为，认为有道之人是不会这样做的。

（一）"企者不立，跨者不行"的意蕴

"企者不立"中的"企"字，河上公本、范应元的《老子道德经古本集注》等均作"跂"。朱谦之认为，这里的"跂"即"企"："又'企'与'跂'古通用。……河上本作'跂'，即'企'也。"[①] 朱谦之的说法有理，"跂"在这里的意思与"企"一样，都是指踮起脚跟。

不过，从学者们的解释来看，他们对"企"及"企者不立"的含义有不同的理解，其中有代表性的，主要有这样三种。

1. 认为"企"（或"跂"）是进、进取的意思，从而释"企者不立"为过于求进则无法长久或安宁，如河上公说："跂，进也。谓贪权慕名，进取功荣，则不可久立身行道也。"[②] 王弼说："物尚进则失安，故

---
① 朱谦之：《老子校释》，中华书局2017年版，第101页。
② 王卡点校：《老子道德经河上公章句》，中华书局1993年版，第98页。

曰'企者不立'。"①

2. 认为"企"（或"跂"）是企求、向往的意思，从而释"企者不立"为过分追求利欲则不能长久或不合常道，如成玄英说："跂，慕羡也。言躁竞之夫，心非怀道，不能任真守素，而分外羡欲。然物有素分，不可希跂。既乖其道，岂得长久。"② 陆希声说："跂于利者不可以立于常道。"③

3. 有较多的学者认为，这里的"企"（或"跂"）是踮起脚跟的意思，因此，所谓"企者不立"，指踮起脚跟而立，则不能长久站立的意思，如李嘉谋说："足不至地曰跂，……立而跂，立必不久。"④ 林希逸说："足不著地曰'跂'，跂而立则不能久。"⑤ 高亨说："翘起脚跟的人，不能长久站立。"⑥

笔者认为，从"企者不立"的文字本身来看，应当释为抬起脚跟站立，不能站得长久的意思。当然，老子在此说"企者不立"，并不只是为了说明某种生活常识，而是通过某种生活常识，去揭示更为深刻的意义。关于这一问题，将在后面具体展开论述。

"跨者不行"，意即跨着大步走路，不能行走或远行，对此，古今学者多作此种理解，如杜道坚说："欲速进而大跨，未有能行者矣。"⑦ 林语堂说："凡跨着大步想要走得快的，反走不了多远。"⑧

由以上的讨论可知，"企者不立""跨者不行"，这是生活中极其普通的常识，那么老子在此陈述这一常识，想表达什么样的意思呢？对

---

① 楼宇烈校释：《老子道德经注校释》，中华书局2008年版，第60页。
② 熊铁基、陈红星主编：《老子集成》第1卷，宗教文化出版社2011年版，第305页。
③ 熊铁基、陈红星主编：《老子集成》第1卷，宗教文化出版社2011年版，第595页。
④ 熊铁基、陈红星主编：《老子集成》第3卷，宗教文化出版社2011年版，第633页。
⑤ 熊铁基、陈红星主编：《老子集成》第4卷，宗教文化出版社2011年版，第506页。
⑥ 高亨：《老子注译》，清华大学出版社2010年版，第46页。
⑦ 熊铁基、陈红星主编：《老子集成》第5卷，宗教文化出版社2011年版，第492页。
⑧ 林语堂：《老子的智慧》，湖南文艺出版社2016年版，第92页。

此，学者们主要从两个方面作了揭示。

第一个方面，认为"企"的目的是增加自己的身高，以使自己能看上去高人一头；"跨"的目的是通过加大步伐，以使自己的速度更快或超越别人，因此，"企"和"跨"反映的是一个人的争强好胜之心。老子提倡守柔不争，故"企者不立，跨者不行"说明的是争强好胜者不能长久的道理，如李荣说："徐行缓步，其行久也。企踵越分，行不久也。喻明谦卑退让者可久长也。跨企矜伐者，自危自亡也。"① 范应元说："跂也，跨也，以譬人之好高争先，所立所行不正，不可以常久也。"②

第二个方面，认为人不"企"而立，不"跨"而行，这是符合自然的行为；"企"而立，"跨"而行，则明显违背自然。老子提倡顺乎自然，故"企者不立，跨者不行"说明违背自然而行，必不能长久，必归于失败，如奚侗说："企而立者，不可以久立；跨而行者，不可以长行。盖任智尚力，违乎自然者，必至求得反失。"③ 牟钟鉴说："违背自然之道者，不可长久，不能成功。'企者不立'，踮起脚尖的人站立不久。'跨者不行'，跨步行走者行走不远。因为他们都违背了多数人行立的自然之道，而企图夸张自己突出自己。"④

以上两个方面，可谓对"企者不立，跨者不行"之意蕴的不同角度的揭示，都是很有道理的。当然，它们在实质上亦是相通的，因为在老子看来，争强好胜即违背自然的一种表现。

（二）"其在道也，曰余食赘行"的确切含义

"自见者不明，自是者不彰，自伐者无功，自矜者不长"，意思是：爱自我表现的人，不够明智；自以为是的人，不能得到彰显；爱自我

---

① 熊铁基、陈红星主编：《老子集成》第1卷，宗教文化出版社2011年版，第362页。
② 范应元：《老子道德经古本集注》，华东师范大学出版社2010年版，第44页。
③ 熊铁基、陈红星主编：《老子集成》第13卷，宗教文化出版社2011年版，第11页。
④ 牟钟鉴：《老子新说》，金城出版社2009年版，第79页。

夸耀的人，不会有功劳；自高自大的人，不能长久。说明"自见""自是""自伐""自矜"都是不好的行为，故会造成"不明""不彰""无功"等后果。

"其在道也"中的"其"字，学者们或认为指"自见""自是"等四者，如吴澄说："自见、自是、自伐、自矜之人，若律之于自然之道"①；或认为除了上述四者，还包括"企者"和"跨者"，如范应元说："此跂、跨、自见、自是、自伐、自矜六者之于道"。②笔者认为，这两种理解都是可以的，理解为"四者"，在逻辑上的联系显得更紧密；理解为"六者"，则显得更为全面。

"在道也"的意思是在"道"看来，亦即从"道"的观点来看，如王弼说："其唯于道而论之"③，陆希声说："以道论之"。④

"曰余食赘行"中的"曰"，可以释为"是"，也可以释为"叫作"。"余食"，就是残余的食物、吃剩的食物，亦可叫作残羹剩饭，对此，古今学者的理解较为一致，如成玄英说："余食犹残食也。"⑤董平说："'余食'则是吃剩的食物"。⑥不过，也有学者把"余食"释为多余的或过多的食物，如苏辙说："譬如饮食，适饱则已，有余则病。"⑦李嘉谋说："夫食者适于饱，……既饱之余，刍豢满前，唯恐其不持去。"⑧这样的理解也能说通，但不如释为残剩的食物更显贴切，因为紧接后面有"物或恶之"一句，对于过多的食物，人们似乎不会厌恶，而对于别人吃剩的食物，若再让你去吃，你才会感到厌恶。

---

① 熊铁基、陈红星主编：《老子集成》第5卷，宗教文化出版社2011年版，第620页。
② 范应元：《老子道德经古本集注》，华东师范大学出版社2010年版，第44页。
③ 楼宇烈校释：《老子道德经注校释》，中华书局2008年版，第61页。
④ 熊铁基、陈红星主编：《老子集成》第1卷，宗教文化出版社2011年版，第595页。
⑤ 熊铁基、陈红星主编：《老子集成》第1卷，宗教文化出版社2011年版，第305页。
⑥ 董平：《老子研读》，中华书局2015年版，第127页。
⑦ 熊铁基、陈红星主编：《老子集成》第3卷，宗教文化出版社2011年版，第12页。
⑧ 熊铁基、陈红星主编：《老子集成》第3卷，宗教文化出版社2011年版，第633页。

对于"赘行"的理解，则存在较多的争议。从古今学者的解释来看，关于"赘行"的含义，主要有以下两种理解。

1. 认为"赘行"的"赘"，是赘瘤、肉瘤；"行"，指的是行为，因此，所谓"赘行"，指的是像赘瘤一样多余的、丑陋的行为。如唐玄宗说："赘行者，疣赘之行也。……以此自见自是等行，其于道而论之，如残余疣赘，人所共恶也。"①张默生说："此处'余食赘行'，就是多余的东西，赘疣的行为。"②

2. 认为"赘行"的"赘"，是赘瘤、肉瘤；"行"，则通"形"，指形体、形状，因此，所谓"赘形"，即指赘瘤。如焦竑说："赘，疣赘也。'行'，当作'形'，古字通也。"③易顺鼎说："'行'疑通作'形'，'赘形'即王注所云'疣赘'。疣赘可言形，不可言行也。"④陈鼓应说："'赘形'，王弼本及其他通行古本都作'赘行'。'形'与'行'古字相通。但作'赘行'易生误解，仍应改为'赘形'。"⑤

笔者认为，把"赘行"的"行"释为"形"，并认为"赘形"即指赘瘤，这样的理解当然也是可以的，但不如把"赘行"的"行"释为"行为"更为妥当，理由如下。

一是正如陈鼓应所言，"王弼本及其他通行本都作'赘行'"，马王堆帛书甲乙本亦作"赘行"，目前所见的各种《老子》本子没有作"赘形"的。那么，为什么一些学者要把"赘行"的"行"释为"形"呢？易顺鼎的理由是"疣赘可言形，不可言行也"，陈鼓应的理由是"作'赘行'易生误解"；当然还有一个前提，就是"形"和"行"古字相通。对此，笔者认为，前面介绍的对"赘行"的第一种理解，把

---

① 熊铁基、陈红星主编：《老子集成》第1卷，宗教文化出版社2011年版，第469页。
② 张默生：《老子章句新释》，成都古籍书店1988年版，第30页。
③ 焦竑：《老子翼》，华东师范大学出版社2011年版，第61页。
④ 熊铁基、陈红星主编：《老子集成》第11卷，宗教文化出版社2011年版，第446页。
⑤ 陈鼓应：《老子今注今译》，商务印书馆2003年版，第167页。

"赘行"释为像赘瘤那样多余的、丑陋的行为,在意思上是十分顺畅、合理的,因为"自见""自伐""自矜"等行为,在老子看来,恰如长在人身上的赘瘤一样,既多余,又丑陋。因此,把"赘行"的"行"释为"行为",不但不易引起误解,而且是十分恰当的。

二是易顺鼎说"'行'疑通作'形','赘形'即王注所云'疣赘'",这样的表述亦明显存在断章取义或误导之嫌。为了说明这一问题,我们先来看王弼对"余食赘行"所作的解释:"其唯于道而论之,若郤至之行,盛馔之余也。本虽美,更可薉也。本虽有功而自伐之,故更为疣赘者也。"① 从引文可知,王弼释"赘行"为"若郤至之行",指的是像郤至那样的行为,因此,王弼是把"行"释为"行为",而不是"形"的。这里的"郤至",是春秋时晋国的大夫,他曾在别人面前夸耀自己的功劳,所以王弼把他作为"自伐""自矜"的例子。虽然易顺鼎没有明确说王弼释"行"为"形",但"'赘形'即王注所云'疣赘'"的说法,很容易让人误以为王弼亦是释"行"为"形"的。

综上所述,笔者认为,把"余食赘行"的"余食",释为残剩的食物,而把"赘行"释为多余的、丑陋的行为,这样的解释是十分恰当的。因为残剩的食物肮脏而不可再食,赘瘤长在身上,既多余又丑陋,故老子用"余食赘行"来比喻"自伐""自矜"等不明智的、必然导致失败的行为。

(三)"物或恶之,故有道者不处":有道者不会去做让人厌恶之事

"物或恶之"中的"物",学者们多认为指人,如林希逸说:"食之余弃,形之赘疣,人必恶之"②,高亨说:"物,指人。"③

---

① 楼宇烈校释:《老子道德经注校释》,中华书局2008年版,第61页。
② 熊铁基、陈红星主编:《老子集成》第4卷,宗教文化出版社2011年版,第506页。
③ 高亨:《老子注译》,清华大学出版社2010年版,第46页。

"物或恶之"中的"或"字，学者们多不作注，蒋锡昌则引《广雅·释诂》说："'或，有也'，是'或''有'古通。"① 笔者认为，蒋锡昌所说有理。《尚书·夏书·五子之歌》有"有一于此，未或不亡"一句，其中的"或"，即"有"的意思。这里的"或"，亦当释为"有"。因此，所谓"物或恶之"，是指上述"自是""自伐"等行为受到人们厌恶。

"故有道者不处"中的"不处"，指不居、不据有，具体而言，就是不会去做"企""跨""自伐""自矜"等事。因此，"其在道也，曰余食赘行，物或恶之，故有道者不处"的意思便是："企""跨""自伐""自矜"等，从"道"的观点去看，就像是残剩的食物，是多余的、丑陋的行为，人们都会厌恶它，所以有道之人是不会这么做的。

三、"前识者，道之华，而愚之始"——《老子》第三十八章，论不合于"道"的"前识"是愚昧的根源

> 上礼为之而莫之应，则攘臂而扔之。故失道而后德，失德而后仁，失仁而后义，失义而后礼。夫礼者，忠信之薄，而乱之首。前识者，道之华，而愚之始。是以大丈夫处其厚，不居其薄；处其实，不居其华。故去彼取此。（第三十八章）

在上引文字中，老子用了较多的笔墨来论述他对礼的认识和态度："上礼为之而莫之应，则攘臂而扔之""夫礼者，忠信之薄，而乱之首""是以大丈夫处其厚，不居其薄"，既指出了礼的特点："攘臂而扔之"，即用强制的手段来迫使人们实行礼；又揭示了礼的危害："乱之首"，即礼是祸乱的开端；更明确了对待"礼"的态度："大丈夫处其厚，不居其薄"，即大丈夫当立身于忠信之厚，而不当居于忠信衰

---

① 蒋锡昌：《老子校诂》，成都古籍书店1988年版，第165页。

薄之礼。礼作为社会生活中形成的规范和形式，本来应该是人们内心真情的外化，然而，在实际操作和执行的过程中，礼往往流于纯粹外在的形式，成为人们精神的桎梏，严重束缚人们的行为，故老子才会对礼作出如此严厉的抨击，并加以否定。与此同时，老子进一步指出，不光是礼，包括仁、义等在内，都是不合于"道"的，它们是大道被废弃后才受到人们重视的，故老子称它们是"道之华"，即"道"的虚华，是愚昧的根源："前识者，道之华，而愚之始"，其中的"前识"，指的就是仁、义、礼等。

（一）对"攘臂而扔之"的各种不同理解

"上礼为之而莫之应，则攘臂而扔之"中的"上礼"，意为最高的礼，如河上公说："其礼无上，故言'上礼'。"[①]"礼"是社会生活中由于风俗习惯而形成的为大家共同遵守的规范和仪式，在中国古代，礼在社会生活中起着十分重要的作用。而且，作为一种行为规范和仪式，礼往往具有某种强制色彩，故所谓"上礼为之"，便指上礼之人以礼教人，强迫民众遵行的意思，如李荣说："上礼经三百，威仪三千，以此教人，故曰'为之'。"[②] 司马光则明确说："立制度以强民"。[③]

"莫之应"，意为没有谁响应。因此，所谓"上礼为之而莫之应"，便是指上礼之人有作为（即实施或推行礼）而没有谁响应。那么为什么会发生"上礼为之而莫之应"的情况呢？对此，一些学者认为，那是因为礼崇尚修饰，轻视朴质，与"道"相背，故没有人响应，如河上公说："礼华盛实衰，饰伪烦多，动则离道，不可应也。"[④] 成玄英说："且至道冲寂，大象无形，今乃贱素贵华，重文轻质，不崇恬淡，惟尚威仪，虽为渐教法门，而未能与理相应。非但内乖于道，而乃外亦不

---

① 王卡点校：《老子道德经河上公章句》，中华书局 1993 年版，第 149 页。
② 熊铁基、陈红星主编：《老子集成》第 1 卷，宗教文化出版社 2011 年版，第 369 页。
③ 熊铁基、陈红星主编：《老子集成》第 2 卷，宗教文化出版社 2011 年版，第 548 页。
④ 王卡点校：《老子道德经河上公章句》，中华书局 1993 年版，第 149 页。

能应物，故言为之而莫之应。"①

对于"攘臂而扔之"中的"攘臂"，有不少学者认为，其所指为捋起衣袖，伸出胳膊。如吴澄说："捋却其袂于臂"②，高亨说："攘臂，即伸出胳膊，卷起衣袖。"③不过，也有学者认为，这里的"攘臂"，指的是出臂拱手以行礼的意思，如韩非子说："圣人之复恭敬尽手足之礼也不衰。"（《韩非子·解老》）蒋锡昌也说："言上礼之君为礼，人莫之应，则出臂拱手，强行敬礼"。④"扔之"的"扔"字，王弼本、范应元的《老子道德经古本集注》等作"扔"；帛书甲乙本作"乃"，学者们多认为即"扔"字；《韩非子·解老》、河上公本、傅奕本、景龙碑本等作"仍"。对此，一些学者认为，这里作"扔"或"仍"均可，意思差不多。

对于"扔之"（或"仍之"）的"扔"（或"仍"）的含义，学者们主要有两种解释，一种认为，"扔"（或"仍"）指引、牵引、拉，如司马光说："仍，引也"⑤，林希逸说："仍，引也。民不从而强以手引之，强掣拽之也。"⑥一种认为，"扔"（或"仍"）是因、就的意思，如吴澄说："仍，就也"⑦，奚侗说："扔，因也。因有就谊"。⑧

在介绍了"攘臂"和"扔"的含义后，我们再来看"攘臂而扔之"一句的完整意思，关于该句话的含义，学者们主要有以下四种理解。

1. 认为"攘臂而扔之"指因为自己行礼，别人不响应，于是心生

---

① 熊铁基、陈红星主编：《老子集成》第1卷，宗教文化出版社2011年版，第315页。
② 熊铁基、陈红星主编：《老子集成》第5卷，宗教文化出版社2011年版，第628页。
③ 高亨：《老子注译》，清华大学出版社2010年版，第67页。
④ 蒋锡昌：《老子校诂》，成都古籍书店1988年版，第248页。
⑤ 熊铁基、陈红星主编：《老子集成》第2卷，宗教文化出版社2011年版，第548页。
⑥ 熊铁基、陈红星主编：《老子集成》第4卷，宗教文化出版社2011年版，第511页。
⑦ 熊铁基、陈红星主编：《老子集成》第5卷，宗教文化出版社2011年版，第628页。
⑧ 熊铁基、陈红星主编：《老子集成》第13卷，宗教文化出版社2011年版，第16页。

愤怒，便捋袖伸出胳膊，与别人牵引拉扯，如唐玄宗说："行礼于彼，而彼不应，则攘臂而怒，以相仍引也。"① 陆希声说："今礼敬于人，人未之答，……我乃艴然变色，奋肱而引之。"②

2. 认为"攘臂而扔之"指伸出胳膊牵引拉扯，强迫别人顺从，如林希逸说："为之而莫之应，……民不从而强以手引之，强掣拽之也。只是形容强民之意，故曰'攘臂而仍之'。"③ 陈鼓应说："上礼的人有所作为而得不到回应，于是就扬着胳膊使人强从。"④ 一些学者则进一步明确指出，这里的"扔之"，指的是牵拉别人，使遵守礼，如林语堂说："他自己先行礼，若得不到回答，便不惜伸出手臂来，引着人家强就于礼。"⑤

3. 认为"攘臂而扔之"指出臂拱手以就人或就礼，如吴澄说："为之而莫之应，人不来就我，则我将往就人矣，故捋却其袂于臂，以行而就之也，甚言其劳拙之状。"⑥ 蒋锡昌说："上礼之君为礼，人莫之应，则出臂拱手，强行敬礼，而就人也。"⑦

4. 认为"攘臂而扔之"指因为礼过于烦琐，造成愤怒争斗，人们伸出胳膊，互相牵引拉扯，如河上公说："言〔礼〕烦多不可应，上下忿争，故攘臂相仍引。"⑧ 李荣说："礼烦则乱，下不能行，……则生忿争，是以挥拳攘臂，更相牵引。"⑨

在上述四种理解中，有较多的学者持第二种理解。笔者认为，相

---

① 熊铁基、陈红星主编：《老子集成》第1卷，宗教文化出版社2011年版，第432页。
② 熊铁基、陈红星主编：《老子集成》第1卷，宗教文化出版社2011年版，第602页。
③ 熊铁基、陈红星主编：《老子集成》第4卷，宗教文化出版社2011年版，第511页。
④ 陈鼓应：《老子今注今译》，商务印书馆2003年版，第219页。
⑤ 林语堂：《老子的智慧》，湖南文艺出版社2016年版，第147页。
⑥ 熊铁基、陈红星主编：《老子集成》第5卷，宗教文化出版社2011年版，第628页。
⑦ 蒋锡昌：《老子校诂》，成都古籍书店1988年版，第248页。
⑧ 王卡点校：《老子道德经河上公章句》，中华书局1993年版，第149页。
⑨ 熊铁基、陈红星主编：《老子集成》第1卷，宗教文化出版社2011年版，第369页。

比之下，第二种理解确实要更为合理些。因为上礼之人在实行礼时，没有人响应他，面对这样的局面，他"攘臂而扔之"，即挽起衣袖，露出胳膊，牵引拉扯别人，强迫他们行礼，老子在此是用比喻的手法，来说明礼的强迫的性质。因此，这样的解释，是比较顺畅，亦比较合理的。

（二）礼与"忠信之薄"的关系

在论述了礼的弊端后，老子接着说："故失道而后德，失德而后仁，失仁而后义，失义而后礼"，意思是：所以失去了"道"，然后就有了德；失去了德，然后就有了仁；失去了仁，然后就有了义；失去了义，然后就有了礼。说明在"德""仁""义""礼"的排列中，"礼"的层次是最低的。接着又说："夫礼者，忠信之薄，而乱之首"，其中的"忠信"，指忠诚信实；"薄"，指衰薄，即衰败浇薄。然而，对于"夫礼者，忠信之薄"的具体含义，学者们则有不同的理解，其中有代表性的，主要有以下两种。

一种认为，"夫礼者，忠信之薄"，是指礼是由于忠信衰薄才产生的，如王弼说："夫礼也，所始首于忠信不笃。"① 李荣说："人皆敦厚，各怀忠信，亦无烦曲礼。但忠信已薄，浇浮更厚，惑乱滋甚，以礼理之。"②

另一种认为，"夫礼者，忠信之薄"，是指礼造成了忠信衰薄的状况，如河上公说："言礼废本治末，忠信日以衰薄。"③ 奚侗说："礼尚文饰，文胜则质衰，诈伪萌生，忠信之行因之而薄。"④

那么，哪一种理解更符合老子的本意呢？笔者认为，在对待仁义忠孝等的态度上，《老子》第十八章是较有代表性的："大道废，有仁

---

① 楼宇烈校释：《老子道德经注校释》，中华书局2008年版，第94页。
② 熊铁基、陈红星主编：《老子集成》第1卷，宗教文化出版社2011年版，第369页。
③ 王卡点校：《老子道德经河上公章句》，中华书局1993年版，第150页。
④ 熊铁基、陈红星主编：《老子集成》第13卷，宗教文化出版社2011年版，第16页。

义;……六亲不和,有孝慈;国家昏乱,有忠臣。"如果以此逻辑来理解"夫礼者,忠信之薄",则其也可以表述为:忠信薄,而有礼。因此,第一种理解当更符合老子的本意。当然,这并不意味着第二种理解就是错误的,因为礼的实质是用外在的仪式来反映内心的真实情感,如司马光说:"忠信,礼之本也。"① 苏辙也说:"忠信而无礼,则忠信不见,礼立而忠信之美发越于外。"② 因此,从这个角度而言,礼当然有其存在的价值。但是,要用外在的仪式恰当地表达内心的真情实感是很不容易的事情,世俗之人往往拘执于外在的仪式而不顾内心的情感,从而使礼沦为纯粹的形式。而形式主义的礼受到人们的重视,必会造成诈伪盛行,使忠信愈益衰薄。因此,从这个角度去理解"夫礼者,忠信之薄",也是可以的,只是相比之下,第一种理解更为恰当些。

"乱之首"中的"首",意为开端、开始,因此,所谓"乱之首",即祸乱的开端。那么,老子为什么说礼是祸乱的开端呢?对此,一些学者认为,那是因为礼"贱质贵文",轻内在的实质而重外在的形式,使虚伪欺诈盛行,这就必然会导致祸乱,如河上公说:"礼者贱质而贵文,故正直日以少,邪乱日以生。"③ 蒋锡昌说:"忠信质衰,则务外饰;务外饰,则生诈伪;生诈伪,则乱起焉。"④

笔者认为,这样的理解是有道理的。一个社会,如果人人缺乏真诚之心,相互间尔虞我诈,以满足个人私利为唯一的追求目标,面对这样的状况,统治者不是通过根本性的变革,以恢复人们的淳朴本性,而是想通过假大空的仪式或种种违背人性的规矩来维持统治,只会使统治秩序更加混乱。

---

① 熊铁基、陈红星主编:《老子集成》第2卷,宗教文化出版社2011年版,第548页。
② 熊铁基、陈红星主编:《老子集成》第3卷,宗教文化出版社2011年版,第17页。
③ 王卡点校:《老子道德经河上公章句》,中华书局1993年版,第150页。
④ 蒋锡昌:《老子校诂》,成都古籍书店1988年版,第250页。

（三）对于"前识"的各种不同理解

对于"前识者，道之华，而愚之始"中的"前识"的含义，学者们有种种不同的理解，其中较有代表性的，主要有以下三种。

1. 认为"前识"指先知、先见之明，即认识事物在众人之前，也就是"智"，如王弼说："前识者，前人而识也。……竭其聪明以为前识，役其智力以营庶事。"① 吴澄说："前识犹先知，智也。"②

2. 认为"前识"指意度，即主观猜测，如韩非子说："前识者，无缘而妄意度也。"（《韩非子·解老》）宋徽宗说："以智为凿，揣而锐之，敝精神而妄意度，兹谓前识。"③

3. 认为"前识"指制礼之人预先设定种种礼仪规范等，如唐玄宗说："前识者，制礼之人也。"④ 范应元说："前识犹言先见也。……谓制礼之人自谓有先见，故因天理而为节文，以为人事之仪则也。"⑤ 陈鼓应说："'前识'，指预设种种礼仪规范。"⑥

当代学者则大多持上述第一种理解，认为"前识"指先知、先见之明，也就是"智"，如蒋锡昌说："'前识者'犹言先知者，即三章所谓'智者'。"⑦ 高亨说："前识，有先见之明，即所谓'智'。"⑧

那么"前识"究竟应该指什么呢？在回答这个问题前，我们先来看"道之华，而愚之始"的含义。

"道之华"中的"华"字，有不少学者释为"虚华"，如奚侗说：

---

① 楼宇烈校释：《老子道德经注校释》，中华书局2008年版，第94页。
② 熊铁基、陈红星主编：《老子集成》第5卷，宗教文化出版社2011年版，第629页。
③ 熊铁基、陈红星主编：《老子集成》第3卷，宗教文化出版社2011年版，第285页。
④ 熊铁基、陈红星主编：《老子集成》第1卷，宗教文化出版社2011年版，第481页。
⑤ 范应元：《老子道德经古本集注》，华东师范大学出版社2010年版，第70页。
⑥ 陈鼓应：《老子今注今译》，商务印书馆2003年版，第218页。
⑦ 蒋锡昌：《老子校诂》，成都古籍书店1988年版，第251页。
⑧ 高亨：《老子注译》，清华大学出版社2010年版，第67页。

"华云虚华，与真实相对。"① 蒋锡昌说："'华''实'对言，是'华'即虚华。"② "虚华"即浮华不实，因此，所谓"道之华"，便是指"道"的虚华，亦即不是"道"的质朴的本质，而是不合乎"道"的浮华不实的东西。"愚之始"的含义很好理解，即愚昧的开始。综上所述，则"前识者，道之华，而愚之始"的意思为："前识"，是"道"的虚华，愚昧的开始。

由此来反观"前识"的含义，笔者认为，这里的"前"，当指以前的、过去的，"识"，指认识，因此，所谓"前识"，当指前已有之的认识，亦即人们对事物已有的认识，在此则主要指仁、义、礼等，理由如下。

一是第三十八章的核心是论述德、仁、义、礼等的特点，若按上述第一、第二种理解，"前识"指先见之明或主观猜测，则明显脱离了本章的主题。一些学者认为，"前识"实即指"智"，因此，老子在此加上"前识"，说明是继前面讨论仁、义、礼后，接着谈"智"。如吴澄说："前识犹先知，智也。"③ 张默生说："'前识'即'前知'，是说未来的事，预先可以知道。前面是说的'道''德''仁''义''礼'，此处是说的'智'。"④ 但是，若果真如此，老子为什么不像前面说仁、义、礼一样直接说"智者，道之华"，而要用令人费解的"前识"一词？因此，此种说法，明显缺乏说服力。

二是上述第三种理解认为"前识"指预先设定的种种礼仪规范等，其思路有一定的启发意义，但它把"前识"局限于预先设定的礼仪规范，则明显存在偏颇。在笔者看来，此种理解的依据应该是"前识者"句与"夫礼者"句系对文，故认为上一句讲礼，则下一句亦应

---

① 熊铁基、陈红星主编：《老子集成》第 13 卷，宗教文化出版社 2011 年版，第 16 页。
② 蒋锡昌：《老子校诂》，成都古籍书店 1988 年版，第 251 页。
③ 熊铁基、陈红星主编：《老子集成》第 5 卷，宗教文化出版社 2011 年版，第 629 页。
④ 张默生：《老子章句新释》，成都古籍书店 1988 年版，第 49—50 页。

该讲礼，如唐玄宗和范应元就释"前识者"为"制礼之人"或"制礼之人自谓有先见"。而事实上，上一句讲礼，后一句不一定必然也是讲礼。笔者认为，老子在这里想要表达的意思应该是：凡仁、义、礼等世俗推行的种种品德、规范等，均属于"前识"，均是前已有之的对事物的认识，它们都是"道之华"，即都是不合乎"道"的浮华不实的东西；对它们的大力推行，终将造成民众远离大道，陷于愚昧，故它们是"愚之始"。

（四）"处其厚，不居其薄；处其实，不居其华"中"厚""薄""实""华"的含义

"是以大丈夫处其厚，不居其薄"中的"大丈夫"，通常指有志气、有节操、有作为的男子，这里则专指"无为而无以为"的"上德"之人。对于"处其厚"的含义，学者们则有不同的理解，他们或把"厚"释为敦厚、淳厚，因此"处其厚"即立身于敦厚或淳厚的意思；或认为"处其厚"指处于道与德的厚实境地；或认为这里的"厚"，指与上文"忠信之薄"相对的"忠信之厚"，因此，"处其厚"指处身于忠信之厚的意思；等等。

对于"不居其薄"的含义，学者们多释"薄"为浇薄之礼，因此，"不居其薄"指不处于礼、不尚礼。由此可见，虽然学者们对于"处其厚"有不同的解释，但是对于"不居其薄"的解释则较为一致，这就说明，学者们大多是把"是以大丈夫处其厚，不居其薄"看作承上面的"夫礼者，忠信之薄，而乱之首"而言，故才会把其中的"薄"直接视作是"礼"。由此反推，则学者们虽然把"处其厚"中的"厚"或释为敦厚，或释为道德厚实，或释为忠信之厚，其实质也是一样的，都是围绕忠信之厚而言的。因此，对于"是以大丈夫处其厚，不居其薄"的含义，我们可以理解为：所以大丈夫立身于忠信之厚，而不居于忠信衰薄之礼。

接下来的"处其实，不居其华"中的"实"，相对于上文"道之

华"的"华"而言,"道之华"指"道"的虚华,则"处其实"指立身于"道"的朴实。如范应元说:"处其道之实"①,林语堂说:"以守道为务"。②

对于"不居其华"的含义,因学者们大多把"前识"释为"智",故亦释这里的"华"为"智",而把"不居其华"释为不用智,如吴澄说:"谓体道不用智"③,蒋锡昌说:"'华'指智言。'处其实不居其华',言处道不处智也。"④因笔者把"前识"释为仁、义、礼等前已有之的认识,故在笔者看来,所谓"不居其华",当指不居于仁、义、礼等不合乎"道"的浮华不实的东西。

本段文字的最后一句:"故去彼取此",是对"是以大丈夫处其厚,不居其薄;处其实,不居其华"的进一步明确和总结,其所"去"的,即"不居"的"薄"和"华";其所"取"的,即要"处"的"厚"和"实"。因此,"去彼取此",即舍弃"薄""华"而采取"厚""实"的意思。

四、《老子》第五十三章,论"非道"的"盗夸"之行

> 大道甚夷,而民好径。朝甚除,田甚芜,仓甚虚;服文采,带利剑,厌饮食,财货有余,是谓盗夸。非道也哉!(第五十三章)

在上引文字中,老子对统治者实行的不合于"道"的有为之治的表现和危害作了明确的揭示:"朝甚除,田甚芜,仓甚虚;服文采,带利剑,厌饮食,财货有余",即一方面是朝政混乱,田地荒芜,仓库空虚;另一方面统治者却依靠剥削人民而过着奢华的生活。对于这样

---

① 范应元:《老子道德经古本集注》,华东师范大学出版社2010年版,第71页。
② 林语堂:《老子的智慧》,湖南文艺出版社2016年版,第147页。
③ 熊铁基、陈红星主编:《老子集成》第5卷,宗教文化出版社2011年版,第629页。
④ 蒋锡昌:《老子校诂》,成都古籍书店1988年版,第252页。

的统治者，老子明确称之为"盗夸"，并斥责道："非道也哉！"

（一）"大道甚夷，而民好径"的双重含义

"大道甚夷"中的"夷"字，学者们多释为平、平易或平坦的意思，如河上公说："夷，平易也。"① 陈鼓应说："夷：平坦。"②

对于"而民好径"中的"径"字，学者们则有几种不同的理解。一种认为指小路、捷径，如范应元说："径，小路，言其捷也。"③ 吴澄说："径者，小路，与大道相反。"④ 另一种认为指邪径，如河上公说："而民好从邪径也。"⑤ 王弼说："而民犹尚舍之而不由，好从邪径"。⑥ 不过，"邪径"既可指比正道近便的小路，也可指不正当的途径，因此其意思不是很明确。一种认为指"邪道"即不正的路，如成玄英说："径，邪道也。"⑦ 蒋锡昌说："而俗君好邪道也。"⑧ 还有一种认为，这里的"径"，本义指小路，引申指不正的路或正途之外的路，如张默生说："'径'，是小路，此处有邪路的意思。"⑨ 刘笑敢说："'径'即小径、曲径、险径，即小路，比喻正途之外的方法和途径。"⑩

综上所述，笔者认为，对于这里的"径"，我们可以把它理解为包含小路和邪路这双重含义，但是从老子下面的论述来看，这里的"径"，指的当是有为之邪路。

对于"大道甚夷"中的"大道"，学者们亦有不同的理解。一种认为这里的"大道"指老子之"道"，或正道、常理，如唐玄宗说：

---

① 王卡点校：《老子道德经河上公章句》，中华书局1993年版，第203页。
② 陈鼓应：《老子今注今译》，商务印书馆2003年版，第269页。
③ 范应元：《老子道德经古本集注》，华东师范大学出版社2010年版，第94页。
④ 熊铁基、陈红星主编：《老子集成》第5卷，宗教文化出版社2011年版，第635页。
⑤ 王卡点校：《老子道德经河上公章句》，中华书局1993年版，第203页。
⑥ 楼宇烈校释：《老子道德经注校释》，中华书局2008年版，第141页。
⑦ 熊铁基、陈红星主编：《老子集成》第1卷，宗教文化出版社2011年版，第327页。
⑧ 蒋锡昌：《老子校诂》，成都古籍书店1988年版，第327页。
⑨ 张默生：《老子章句新释》，成都古籍书店1988年版，第69页。
⑩ 刘笑敢：《老子古今》，中国社会科学出版社2006年版，第550页。

"且大道之化,贵夫无为无事,则平易"①,吕惠卿说:"大道之为体,不知而知,则夷之甚者也"。②另一种认为指的就是大路,如张默生说:"大道坦坦荡荡,是最平稳的,走起来决无危险"。③张松如说:"大道是很平坦的"。④还有一种则从本义和引申义两个方面去理解这里的"大道",如陆希声说:"夫大道之云犹亨衢也。亨衢平易,无往不达,以其大直,不患小迂。而世人欲速,由于捷径,是以崎岖迷惑,不达所趋。故圣人病之,慎所施教,畏其导民于邪路,终不合于大道焉。"⑤苏辙说:"大道夷易,无有险阻,世之不知者,以为迂缓,而好径以求捷。故凡舍其自然而有所施设者,皆欲速者也。"⑥

陆希声说"夫大道之云犹亨衢也。亨衢平易,无往不达",即把"大道"理解为大路;但他又说"畏其导民于邪路,终不合于大道焉",则是以"大道"指抽象之道。苏辙说"大道甚夷,无有险阻",即把"大道"释为大路,但他又说"故凡舍其自然而有所施设者,皆欲速者也",则是把"舍其自然"看作违背"大道"的行为,则无疑是把"大道"释为抽象之道。笔者认为,"大道甚夷"中的"大道",可以理解为同时包含了大路和抽象之道双重意思,但主要还是指老子的无为之道。

(二)"朝甚除,田甚芜,仓甚虚;服文采,带利剑,厌饮食,财货有余"——统治者无道之表现

对于"朝甚除"的含义,学者们多释"朝"为宫室,"除"为整治、整洁之义,故"朝甚除"指宫室修得很好或宫室很整洁的意思,

---

① 熊铁基、陈红星主编:《老子集成》第1卷,宗教文化出版社2011年版,第494页。
② 吕惠卿:《老子吕惠卿注》,华东师范大学出版社2015年版,第59页。
③ 张默生:《老子章句新释》,成都古籍书店1988年版,第69页。
④ 张松如:《老子说解》,齐鲁书社1998年版,第297页。
⑤ 熊铁基、陈红星主编:《老子集成》第1卷,宗教文化出版社2011年版,第608页。
⑥ 熊铁基、陈红星主编:《老子集成》第3卷,宗教文化出版社2011年版,第22页。

如王弼说:"朝,宫室也。除,洁好也。"① 林希逸说:"譬如有国家者,治其朝廷则甚整。除,治也,为宫室台榭之类也。"② 任继愈说:"宫殿整洁。"③

也有一些学者认为,"朝甚除"中的"除"是治理的意思,因此,"朝甚除"指君主实行有为之治,如唐玄宗说:"除,理也。言好径之君不尚无为之化,但以有为为理,虽云'甚除',有为则伤巧诈,故云尚贤矜智,则生巧伪。"④ 宋徽宗说:"尚贤使能,以致朝廷之治。"⑤

不过,有较多的当代学者认为,"朝甚除"中的"除"读作"涂"或借为"污",是腐败、肮脏、污秽之意,因此,"朝甚除"指朝廷很腐败肮脏的意思,如马叙伦说:"'除'借为'污',犹'朽'之作'涂'也。诸家以'除治'解之,非也。"⑥ 高亨说:"除,读为'涂'。《广雅》:'涂,污也。'……他们的朝廷很肮脏(政治混浊,官吏贪污)。"⑦

笔者认为,当代学者认为"除"读作"涂"或借为"污",从而释"朝甚除"为朝廷很肮脏腐败,其实质与一些学者释"朝甚除"为君主实行有为之治是一样的,因为正是君主的有为之治,才导致了朝政的混乱或腐败,如上引唐玄宗所说:"故云尚贤矜智,则生巧伪。"因此,不如把"除"释为治理,而把"朝甚除"释为朝政因实行有为之治而混乱。因为在权威的工具书中,"除"并无读作"涂"或借为"污"的义项,因此,这样的解释是有很明显的主观随意性的。至于把"朝甚除"释为宫室修得很好或宫室很整洁的意思,笔者认为,这

---

① 楼宇烈校释:《老子道德经注校释》,中华书局2008年版,第141页。
② 熊铁基、陈红星主编:《老子集成》第4卷,宗教文化出版社2011年版,第516页。
③ 任继愈:《老子绎读》,国家图书馆出版社2015年版,第115页。
④ 熊铁基、陈红星主编:《老子集成》第1卷,宗教文化出版社2011年版,第494页。
⑤ 熊铁基、陈红星主编:《老子集成》第3卷,宗教文化出版社2011年版,第291页。
⑥ 马叙伦:《老子校诂》,浙江古籍出版社2020年版,第252页。
⑦ 高亨:《老子注译》,清华大学出版社2010年版,第87页。

样的解释虽然也很通顺，但从整段文字的意思来看，便显得不太协调。因为从"朝甚除，田甚芜，仓甚虚"三句来看，"芜""虚"都是表示负面的含义，则"除"亦应表示负面的含义，这样才能从整体上与下文"服文采，带利剑"等在意思上相对。若把"朝甚除"释为宫室十分整洁，则该句文字便在意思上与"服文采，带利剑"等为一类了。

"田甚芜，仓甚虚"两句的意思十分好懂，"芜"指田地荒废、野草丛生，因此，"田甚芜"指田地十分荒芜。因田地荒芜，没有收获，自然也就没有可积蓄的东西，故"仓甚虚"，即仓库十分空虚。而造成"田甚芜，仓甚虚"的根本原因则是"朝甚除"，即统治者实行有为之治，干扰民众正常的生产活动，使民众不能按时从事耕种，从而导致田地荒芜，没有收成。

"服文采"中的"服"，意为穿着；"文采"，意为华丽的衣服。因此，"服文采"即穿着华丽的衣服。"带利剑"，意为佩带锋利的剑。"厌饮食"中的"厌"，意为吃饱、饱足，因此，"厌饮食"，即吃饱了饮食。"财货有余"中的"财货"，指钱财货物、财物，因此，"财货有余"即家里有剩余的财物。

笔者认为，"服文采，带利剑，厌饮食，财货有余"四句，相对于上文的"朝甚除，田甚芜，仓甚虚"而言，意即不循大道的统治者，因为喜欢走邪道，搞得朝政混乱，田地荒芜，仓库空虚，然而他们自己却服饰鲜丽，身佩利剑，饱餐美食，私积丰厚，这是对专制社会之恶的极其形象而深刻的揭露。

（三）"盗夸"之"夸"的含义：奢侈，夸耀，还是大？

关于"是谓盗夸"中"盗夸"的含义，古代学者主要有两种解释。一种认为，"盗夸"的"盗"，指盗贼；"夸"，指夸耀。因此，"盗夸"指统治者掠夺民众的财富，就像盗贼一样，而且不以为耻，反而因此而向别人夸耀，如成玄英说："多赋多敛，如盗如贼。既蓄既积，且矜且夸。"① 杜道坚说:"此皆无益于生,有害于治,是谓为盗而夸富于人。"②

另一种认为,"盗夸"的"盗"指盗窃,"夸"指奢侈,因此,"盗夸"指盗窃民财以满足自己的奢侈生活,如李荣说:"取不足积有余,盗之谓也。爱文彩,事贪侈,夸之义也。"③ 奚侗说:《荀子·仲尼》篇:贵而不为夸,杨注:夸,奢侈也。以上数者,皆盗窃人民财力以成其奢侈之行,故云盗夸。"④

然而,"是谓盗夸"中的"夸",《韩非子·解老》引《老子》作"竽"。"竽"是古代一种竹制的簧管乐器,与笙相似,但比笙略大。对于"盗竽"的含义,韩非子有这样的解释:"大奸作则小盗随,大奸唱则小盗和。竽也者,五声之长者也,故竽先则钟瑟皆随,竽唱则诸乐皆和。今大奸作则俗之民唱,俗之民唱则小盗必和。"(《韩非子·解老》)其大致的意思是:小的盗贼都会追随大的奸诈之人,竽是五音中领头的,竽一吹奏,各种乐器都会随之奏响,因此,"盗竽"意即强盗中的竽,也就是强盗中领头的。

韩非子的观点受到一些学者的赞同,他们认为这里的"盗夸"应作"盗竽",如焦竑说:"'盗竽',误作'盗夸',今从韩非本。"⑤ 高亨说:"'夸''竽'并从于得声,古盖通用,其谊则韩非说是。'盗竽'犹言盗魁也。竽以乐喻,魁以斗喻,其例正同。既朝甚除,田甚芜,仓甚虚,而犹服文彩,带利剑,厌饮食,财货有余,直是人群之盗魁,故曰'是谓盗竽'。"⑥

---

① 熊铁基、陈红星主编:《老子集成》第1卷,宗教文化出版社2011年版,第327页。
② 熊铁基、陈红星主编:《老子集成》第5卷,宗教文化出版社2011年版,第506页。
③ 熊铁基、陈红星主编:《老子集成》第1卷,宗教文化出版社2011年版,第376页。
④ 熊铁基、陈红星主编:《老子集成》第13卷,宗教文化出版社2011年版,第21页。
⑤ 焦竑:《老子翼》,华东师范大学出版社2011年版,第131页。
⑥ 熊铁基、陈红星主编:《老子集成》第14卷,宗教文化出版社2011年版,第68页。

然而，也有一些学者不赞成《韩非子》中的观点，如魏源说："《韩非子》又作'盗竽'，胥非本旨。"① 奚侗说："《韩非·解老》篇：'夸'作'竽'，说解穿凿，于谊不合。"②

笔者认为，这里的《老子》原文应作"盗夸"，而不应作"盗竽"，理由有二：一是历史上有代表性的《老子》本子如河上公本、王弼本、景龙碑本等均作"盗夸"，不能单凭《韩非子》所引《老子》中的文字即改变原文；二是韩非子关于"盗竽"含义的解释十分牵强，若要表示强盗中领头的即强盗头子的意思，老子似乎没有必要用此令人十分费解而又别扭的"盗竽"一词。

在关于"盗夸"含义的解释中，还有一种值得注意的观点，就是认为这里的"夸"是"大"的意思，因此"盗夸"指盗之大者，亦即大盗、强盗头子，不少当代学者的《老子》注译著作如林语堂的《老子的智慧》、张松如的《老子说解》、牟钟鉴的《老子新说》等均把"盗夸"释为强盗头子或强盗的头目。然而，对于这样的理解，人们难免会发出这样的疑问：若要表达强盗头子之类的意思，老子完全可以用意思十分明确的盗首、大盗之类，为什么要用极易引起误解的"盗夸"呢？

由以上的介绍可知，关于"盗夸"的含义，学者们可谓众解纷纭，莫衷一是，故一些学者明确指出，对于"盗夸"的含义，迄今未有确解。如卢育三在介绍完对"盗夸"的各种解释后说："三种解释都可通，不知何者为确"。③ 刘笑敢说："'盗夸'二字比较费解，歧见较多。"④ 既然如此，笔者认为，我们不妨还是回到古代学者对"盗夸"的解释思路上来。由上面的介绍可知，古代学者对"盗夸"主要有两

---

① 魏源：《老子本义》，华东师范大学出版社2010年版，第110页。
② 熊铁基、陈红星主编：《老子集成》第13卷，宗教文化出版社2011年版，第21页。
③ 卢育三：《老子释义》，天津古籍出版社1987年版，第209页。
④ 刘笑敢：《老子古今》，中国社会科学出版社2006年版，第549页。

种解释：一种认为指通过盗窃获得财物而夸耀于众，另一种认为指通过盗窃获得财物而过奢侈的生活。因"夸"既有夸耀的含义，又有奢侈的含义，而从上文"朝甚除，田甚芜，仓甚虚；服文采，带利剑，厌饮食，财货有余"来看，其既有通过盗窃获得财物而夸耀于众的含义，又有通过盗窃获得财物而过奢侈生活的意思，因此，这两种理解均是可以成立的。不过，考虑到"服文采，带利剑，厌饮食，财货有余"四句中，前两句"服文采，带利剑"有夸耀的含义，但后两句"厌饮食，财货有余"并无明显的夸耀的含义，而这四句无疑有明显的生活奢侈之义，故笔者倾向于上述第二种理解，释"盗夸"为通过盗窃获得财物而过奢侈的生活。

本段文字的最后一句为"非道也哉"，其中的"非道"，意为不合乎道、违背道，与第三十章"不道早已"中"不道"的意思相同。如成玄英说："乖理悖德，谓之非道。"① 陆希声说："非有道之治也。"②

"非道也哉"一句是对上文"朝甚除……是谓盗夸"的总结，意为此种行为太不合乎道了。老子在此补这一句，表示自己对此种行为深恶痛绝，故林希逸说："此好径之徒也，岂知至道，故曰非道哉。老子之文，如此等处可谓工绝。"③ 范应元也说："此老氏伤时之言，而亦足以戒后世也。"④

五、"损不足以奉有余"——《老子》第七十七章中与"天之道"相背的"人之道"

天之道，其犹张弓与？高者抑之，下者举之；有余者损之，不足者

---

① 熊铁基、陈红星主编：《老子集成》第1卷，宗教文化出版社2011年版，第327页。
② 熊铁基、陈红星主编：《老子集成》第1卷，宗教文化出版社2011年版，第608页。
③ 熊铁基、陈红星主编：《老子集成》第4卷，宗教文化出版社2011年版，第516—517页。
④ 范应元：《老子道德经古本集注》，华东师范大学出版社2010年版，第94页。

补之。天之道，损有余而补不足。人之道则不然，损不足以奉有余。孰能有余以奉天下？唯有道者。（第七十七章）

上引文字首先论述了"天之道"的一个重要的特点："损有余而补不足"，即减少有余的，弥补不足的。当然，老子在此强调"天之道""损有余而补不足"的特点，是希望人们能效法天道。然而，老子却发现："人之道则不然，损不足以奉有余。"即世俗之人往往违背天道，他们喜欢减少不足的去供给有余的。但是，这种"损不足以奉有余"的做法必然会导致社会矛盾的严重激化，并最终造成统治的崩溃和统治者的灭亡。然而，统治者却往往至死不悟，他们宁愿坐等灭亡之日来临，也不愿意效法"天之道"去"损有余而奉不足"，故老子无奈地说："孰能有余以奉天下，唯有道者。"即只有得道的圣人才能真正效法天道去"损有余而补不足"，世俗的统治者是根本不可能做到的。

（一）"天之道"的含义及"张弓"之所指

对于"天之道，其犹张弓与"中"天之道"的含义，学者们通常释为自然之道或自然的规律，如成玄英说："自然之道喻若张弓"[1]，高亨说："天之道，指自然界的规律。"[2]

对于"张弓"及"高者抑之，下者举之；有余者损之，不足者补之"的含义，学者们则有各种不同的理解，其中有代表性的，主要有以下两种。

1.认为这里的"张弓"及"高者抑之"等指给弓上弦时调整弓弦的松紧长短等，以使其适合使用，如高亨说："《说文》曰：张，施弓弦也。盖施弦于弓时，弦之位高，则抑之，故曰'高者抑之'。弦之位下，则举之，故曰'下者举之'。弦之长有余，则损之，故曰'有

---

[1] 熊铁基、陈红星主编：《老子集成》第1卷，宗教文化出版社2011年版，第343页。
[2] 高亨：《老子注译》，清华大学出版社2010年版，第118页。

余者损之'。弦之长不足，则补之，故曰'不足者补之'。"① 张默生说："天道的作用，好像施弦于弓时是一样吧？弦位高了，则抑之使低；弦位低了，则举之使高；弦长有余，则损之使短；弦长不足，则补之使长。"②

2.认为这里的"张弓"及"高者抑之"等指拉弓射箭，拉弓射箭时为了能射中目标，故需要调整弓的位置及拉弓时所用的力量，如任继愈说："天的'道'，不很像〔射箭瞄准〕拉开的弓吗？高了就把它压低，低了就把它上举，过满了就减些力，不满时就加些力。"③董平说："'张弓'，是把弓拉开，开弓当然是要射箭，所以下面几句所说，都是'瞄准'之事。……弓箭抬得太高了就压低一些，太低了就举高一些，弓张得太满了就放松一些，不够饱满就补足一些，这样才能击中目标，也即是达到'目的'。"④

那么上述两种解释中哪一种更有道理呢？笔者认为，既然老子在此以"张弓"为例，目的是说明"高者抑之，下者举之；有余者损之，不足者补之"的"天之道"，则我们首先应该弄清楚"高者抑之"等几句话的确切含义。如果撇开这里的"张弓"是指拉弓射箭还是制弓上弦，仅就其文字本身的含义而言，它们指的是：高的把它往下压，低的把它往上举；多余的就减少它，不足的就补充它。因此，"高者抑之，下者举之；有余者损之，不足者补之"一段文字的实质，就是减损多余的，弥补不足的，使之归于适中。以此道理来解释制弓上弦，则如前面一些学者所言，"高者抑之，下者举之"指弦位高了，就把它压低，弦位低了，就把它升高；"有余者损之，不足者补之"，指弦太长了，就把它缩短，弦太短了，就把它加长。以此道理来解释拉

---

① 熊铁基、陈红星主编：《老子集成》第14卷，宗教文化出版社2011年版，第81页。
② 张默生：《老子章句新释》，成都古籍书店1988年版，第101页。
③ 任继愈：《老子绎读》，国家图书馆出版社2015年版，第169页。
④ 董平：《老子研读》，中华书局2015年版，第271页。

弓射箭，则"高者抑之，下者举之"，指射箭时弓举得太高就把它压低些，弓举得太低就把它抬高些；"有余者损之，不足者补之"，指弓拉得太满就减些力，弓拉得不够满就加些力。应该说，这两种解释在道理上都是能说通的，但是相比之下，笔者更倾向于把这里的"张弓"释为拉弓射箭。因为这样的解释更直观，在道理上更通顺：人们在拉弓射箭的时候，无论是弓举得过高或过低，都不容易射中目标，所以需要"高者抑之，下者举之"；射箭以射中目标为目的，用力过大或过小都会射不中目标，所以要"有余者损之，不足者补之"。若释"张弓"为制弓上弦，则一是所谓弦位太高、弦位太低的说法让人不好理解和把握；二是弓弦太长则使之减短，太短则把它补长的说法亦似不符合实情，因为在制弓上弦时，若弦太短了，通常是会换一根长的，而不会把它接上一截使变长。因此，既然老子在此是要用"张弓"来说明"高者抑之"等道理，则当以更通俗易懂、在道理上更顺畅者为妥。

那么，"天之道"的"高者抑之，下者举之；有余者损之，不足者补之"都有哪些具体表现呢？对此，一些学者认为，寒暑往来，四季变化，地气上升，天气下降等，体现的都是抑高举下、损有余而补不足的天道，如唐玄宗说："天道亦然，日月寒暑，一往一来，来则损其有余，往者与其不足，则成岁功矣。"[1] 杜道坚说："地气上升，天气下降，抑高举下之道也；热极变凉，寒极变温，损有余补不足之道也。"[2]

笔者认为，在老子看来，"天之道"的根本特点，就是保持宇宙的动态平衡状态，一方面，宇宙间的一切不是一成不变的，而是处于不断的变化之中，否则宇宙间就会是一片死寂，缺乏生机；另一方

---

[1] 熊铁基、陈红星主编：《老子集成》第1卷，宗教文化出版社2011年版，第510页。
[2] 熊铁基、陈红星主编：《老子集成》第5卷，宗教文化出版社2011年版，第517页。

面，宇宙间的一切变化都有某种度，当某种变化达到一定程度时，它必会向相反的方向转化，如以上引文中的日中则昃、寒极必热等即是如此。

（二）"人之道"的内涵

"天之道，损有余而补不足"，意即自然的规律，是减少有余的，弥补不足的。其实上文的"天之道，……有余者损之，不足者补之"已表达了同样的意思，这里之所以要重复这一句，是为了引出下文的"人之道则不然"，故成玄英说："仍前生后，重出此文。"[①]

"人之道则不然，损不足以奉有余"，意即"人之道"则与"天之道"即自然的规律不同，它是减少不足的，去供给有余的。这里值得我们注意的是"人之道"的含义。

关于"人之道"的含义，一些学者释为人类行为的原则、人类社会的制度，等等。如高亨说："人类社会的制度就不这样，是掠夺财物不足的穷人，来供养财物有余的富人。"[②]刘笑敢说："老子所说的人之道是人类的行为方式和原则。"[③]

然而，对于这样的解释，董平表达了不同的观点，他认为这里的"人之道"指的是统治者的实际做法，与"社会的一般律则"无关："这里的'人之道'是对现实统治者的嘲讽与批判，是不能把它解释为'社会的一般律则'的，这样的解释，不能不说是一种严重失误。"[④]

笔者认为，董平的观点是有道理的，老子在此所说的"人之道"，指的是世俗之人通行的做法或规则，而不是指人类的原则、社会的法则之类，因为作为人类的原则或社会的法则，都是提倡公平公正、博

[①] 熊铁基、陈红星主编：《老子集成》第1卷，宗教文化出版社2011年版，第343页。
[②] 高亨：《老子注译》，清华大学出版社2010年版，第119页。
[③] 刘笑敢：《老子古今》，中国社会科学出版社2006年版，第755页。
[④] 董平：《老子研读》，中华书局2015年版，第272页。

爱济众的，没有人敢公然提倡要劫贫济富，只是有的统治者常常说一套做一套罢了。故河上公说："人道则与天道反，世俗之人损贫以奉富，夺弱以益强也。"① 顾欢也说："人谓俗人也。流俗之道每与天反，损少以益多，减贱以奉贵也。"②

有的学者则进一步指出，"人之道"之所以与"天之道"相反，是因为天道无为无私，人则有为有私，故"人之道""损不足以奉有余"，如王弼说："与天地合德，乃能包之如天之道。如人之量，则各有其身，不得相均。"③ 苏辙说："天无私，故均；人多私，故不均。"④ 因此，人只有达到无私无为的境界，才能像"天之道"那样"损有余而补不足"。

本段文字的结尾之句："孰能有余以奉天下，唯有道者"，其中的"孰能有余以奉天下"，意即谁能有多余的东西而把它拿出来供给天下之人，如成玄英说："谁能有余财德以施天下苍生乎？"⑤ 高亨说："犹言谁能以有余奉天下。"⑥

"唯有道者"，意即只有有道的人。而所谓有道的人，亦即体道、悟道，能遵行老子所说之"道"的人。如牟钟鉴说："只有得道者才能做到这一点，因为得道者懂得道法自然的道理，他没有私利，一心为公，只是为了成全天下人的美好生活，自己别无他求。"⑦

有的学者强调，这里的"有道者"，指的是有道之君、有道的统治者，如河上公说："唯有道之君能行〔之〕也。"⑧ 蒋锡昌说："此言世

---

① 王卡点校：《老子道德经河上公章句》，中华书局1993年版，第294页。
② 熊铁基、陈红星主编：《老子集成》第1卷，宗教文化出版社2011年版，第244页。
③ 楼宇烈校释：《老子道德经注校释》，中华书局2008年版，第186页。
④ 熊铁基、陈红星主编：《老子集成》第3卷，宗教文化出版社2011年版，第30页。
⑤ 熊铁基、陈红星主编：《老子集成》第1卷，宗教文化出版社2011年版，第343页。
⑥ 熊铁基、陈红星主编：《老子集成》第14卷，宗教文化出版社2011年版，第81页。
⑦ 牟钟鉴：《老子新说》，金城出版社2009年版，第243页。
⑧ 王卡点校：《老子道德经河上公章句》，中华书局1993年版，第295页。

之人君,孰能以有余奉天下乎?唯有道者能之也。"① 笔者认为,这样理解也是可以的,因为在通常情况下,只有统治者才有资格和条件去帮助天下之人。但是,把这里的"有道者"理解为有道之人,要更为恰当些,因为一个大公无私的有道之人,即使他不是统治者,亦可以用他自己的发明创造、用他有价值的思想去造福天下之人。

---

① 蒋锡昌:《老子校诂》,成都古籍书店1988年版,第449页。

第五章

与"道"相关的重要概念术语

在《老子》一书中，除了"道"，还涉及不少重要的概念术语，如"德""一""朴""无""有""无名""有名""自然""无极"等。这些概念术语，往往与"道"存在着密切的联系，如"德"，通常认为通"得"，指得自"道"的特殊性质；如"自然"，其本意为自己如此、自然而然，有时亦指"道"之本体；如"一"，通常认为即"道之子"，是"道"之本体的作用的显现；如"朴"，既指质朴浑厚，有时亦指"道"，用来反映"道"的浑然整全的特性；如"无"，其本意为没有，但因"道"之本体无声无形，不可捉摸，故老子有时亦用"无"来指"道"；……因此，弄清上述概念术语的确切含义及其与"道"的关系，对于我们准确把握老子道论的内涵，全面、完整地认识老子思想，都有十分重要的价值和意义。

第一节　德

在老子思想中，"德"可谓仅次于"道"的重要概念，这从马王堆帛书《老子》前为《德经》、后为《道经》及《老子》又称《道德经》即可明显地反映出来。在《老子》一书中，"德"字共44见。老子之"德"的基本含义是指得自"道"的特性或性质，如第二十一章"孔德之容，惟道是从"，第二十八章"常德不离""常德不忒"，第五十九章"早服，谓之重积德"等中的"德"，指的都是这个意思。但是，具体而言，《老子》中的"德"字的含义并不完全相同，它们有的指"道"之本体的作用的显现，有的指品德、德行，有的指恩惠、恩德，有的指得到等，需要我们作出深入的考察和仔细的辨析。

一、指"道"显现出来的作用

道生之，德畜之，物形之，势成之。是以万物莫不尊道而贵德。道之尊，德之贵，夫莫之命而常自然。故道生之，德畜之，长之育之，亭之毒之，养之覆之。（第五十一章）

对于上引文字中的"德"字，学者们或认为指万物得自"道"的本性，或认为指"道"的作用或显现。笔者认为，上述两种理解均有其道理，但在本章中当侧重指"道"的作用或显现，它包括两个方面的内容：其一为赋予万物以"道"的特性；其二为畜养万物。关于上引第五十一章文字的具体解释，可参见本书第二章第三节。

二、指得自"道"的性质、特性

孔德之容，惟道是从。（第二十一章）

知其雄，守其雌，为天下谿。为天下谿，常德不离，复归于婴儿。知其白，守其黑，为天下式。为天下式，常德不忒，复归于无极。知其荣，守其辱，为天下谷。为天下谷，常德乃足，复归于朴。（第二十八章）

上德不德，是以有德；下德不失德，是以无德。上德无为而无以为，下德为之而有以为。上仁为之而无以为，上义为之而有以为。上礼为之而

莫之应,则攘臂而扔之。故失道而后德,失德而后仁,失仁而后义,失义而后礼。(第三十八章)

上德若谷,大白若辱,广德若不足,建德若偷。(第四十一章)

修之身,其德乃真;修之家,其德乃余;修之乡,其德乃长;修之邦,其德乃丰;修之天下,其德乃普。(第五十四章)

含德之厚,比于赤子。(第五十五章)

治人事天,莫若啬。夫唯啬,是以早服;早服,谓之重积德;重积德,则无不克。(第五十九章)

是谓不争之德。(第六十八章)

上引八段文字中的"德",指的都是得自"道"的性质或特性,不过,为了表述上的方便,有的亦可泛泛地称之为品德、德行或道德之类。

(一)"孔德之容"的含义

第二十一章"孔德之容,惟道是从"中的"德"字,学者们较为一致地认为,它就是"得"即得到的意思,具体而言,便是人或万物从幽隐无形的"道"而得到的特殊性质,因此,"德"亦可谓"道"在具体事物中的显现,如苏辙说:"道无形也,及其运而为德,则有容矣,故德者道之见也。"[①]林希逸说:"德之为言得也,得之于己曰德。"[②]关于"孔德之容,惟道是从"的含义,在本书第一章第三节中已有具体的介绍,兹不赘述。

(二)什么是"常德"

第二十八章"知其雄,守其雌,为天下谿。为天下谿,常德不离,复归于婴儿。知其白,守其黑,为天下式。为天下式,常德不忒,复归于无极。知其荣,守其辱,为天下谷。为天下谷,常德乃足,复

---

① 熊铁基、陈红星主编:《老子集成》第3卷,宗教文化出版社2011年版,第10页。
② 熊铁基、陈红星主编:《老子集成》第4卷,宗教文化出版社2011年版,第505页。

归于朴"一段文字,意思是:知道雄强,而安守柔弱,做天下的小河沟。做天下的小河沟,"常德"就不会离去,就能回复婴儿般纯真的状态。知道光明,而安守暗昧,做天下的榜样。做天下的榜样,"常德"就不会有差失,就能回复没有穷尽的"道"的境界。知道尊荣,而安守卑辱,做天下的山谷。做天下的山谷,"常德"就会充足,就能回复质朴本真的状态。对于其中的"常德",学者们多释为真常之德即恒久不变的品德。一些学者则进一步认为,这里的"常德",指的即是人所禀受的"道"。

笔者认为,"德"者,"得"也,在《老子》中,"德"多指得自"道"的性质。人能始终保持谦下守静,便能与"道"合一,使"道"不离身,此即"常德不离"。关于"常德"的具体含义,可参见本书第三章第二节的相关论述。

(三)"上德"及"不德"的含义

第三十八章"上德不德,是以有德;下德不失德,是以无德。上德无为而无以为,下德为之而有以为。上仁为之而无以为,上义为之而有以为。上礼为之而莫之应,则攘臂而扔之。故失道而后德,失德而后仁,失仁而后义,失义而后礼"一段文字,大意是:上德的人自然无为,不刻意追求德,所以才有德;下德的人刻意去追求德,所以反而没有德。上德的人自然无为而无心于为,下德的人有作为而且有心去为。上仁的人有作为而无心于为,上义的人有作为而且有心去为。上礼的人有作为而没有人回应时,就捋起袖子,露出胳膊,硬拉着别人顺从。所以失去了道,然后就有了德;失去了德,然后就有了仁;失去了仁,然后就有了义;失去了义,然后就有了礼。

本段文字的开头两句"上德不德,是以有德",短短的八个字中,出现了三个"德"字。关于"德"字的含义,我们在前面已经讲过,"德"者,得也,指人或万物从幽隐无形的"道"而得到的特殊性质,因此,"德"亦可谓"道"在具体事物中的显现或"道"的作用。

本章中的"德",其含义亦大致相同,如王弼说:"德者,得也。常得而无丧,利而无害,故以德为名焉。何以得德?由乎道也。"[1] 董平说:"'德'者,得也,有得于道谓之德。'德'是必以'道'为本原的,故通常谓之'道德'。"[2]

对于"上德"的含义,一些学者认为,它指的是最高的德,如河上公说:"德大无上,故言'上德'也。"[3] 刘笑敢说:"上德是最高尚的德"。[4] 有些学者则专门强调,"上德"指与"道"相合之德,如陆希声说:"上德合道"[5],杜道坚说:"蹈道得德,是谓上德"。[6]

笔者认为,以上两种解释只是角度不同,其实质是一样的,因为只有合乎"道"的德才能称为最高的德,最高的德亦必是合乎"道"的德。

不过,亦有不少学者把这里的"上德"释为具有上德的人,如王弼说:"是以上德之人,唯道是用"[7],张松如说:"上德之人不讲求德"[8],等等。笔者认为,把"上德"释为最高的德或上德之人都是可以的,因为这里的"德"本来就指的是人从"道"而获得的特性。

对于"不德"的含义,学者们多把它释为不以有德自居或不自恃有德的意思,如司马光说:"推至诚而行之,不自以为德。"[9] 刘笑敢说:"最高的德不自以为有德,不炫耀自己的德性(上德不德)。"[10]

因此,对于"上德不德,是以有德"的含义,居于主流的理解,

---

[1] 楼宇烈校释:《老子道德经注校释》,中华书局 2008 年版,第 93 页。
[2] 董平:《老子研读》,中华书局 2015 年版,第 167 页。
[3] 王卡点校:《老子道德经河上公章句》,中华书局 1993 年版,第 147 页。
[4] 刘笑敢:《老子古今》,中国社会科学出版社 2006 年版,第 425 页。
[5] 熊铁基、陈红星主编:《老子集成》第 1 卷,宗教文化出版社 2011 年版,第 602 页。
[6] 熊铁基、陈红星主编:《老子集成》第 5 卷,宗教文化出版社 2011 年版,第 499 页。
[7] 楼宇烈校释:《老子道德经注校释》,中华书局 2008 年版,第 93 页。
[8] 张松如:《老子说解》,齐鲁书社 1998 年版,第 217 页。
[9] 熊铁基、陈红星主编:《老子集成》第 2 卷,宗教文化出版社 2011 年版,第 548 页。
[10] 刘笑敢:《老子古今》,中国社会科学出版社 2006 年版,第 425 页。

便是最高的德或上德之人不以有德自居，所以才是真正有德，如徐大椿说："上德，德之最上者也。不德，以与德合体而相忘于德也。如此则德常在我而终身不离矣。"① 陈鼓应说："上德的人不自恃有德，所以实是有德。"②

不过，笔者认为，一些学者把"不德"释为不自以为有德或不以德自居，虽大意不差，但仍不够确切。在笔者看来，这里的"不德"，当指不刻意求德的意思。因为"上德"的实质，是与"道"相合；而要做到与"道"相合，唯一的办法，就是无思无欲，一切顺乎自然，此正如韩非子所说："凡德者，以无为集，以无欲成，以不思安，以不用固"（《韩非子·解老》）；而正因为自然无为，不刻意求德，才能真正得到"德"，所以老子说"是以有德"。因此，"上德不德，是以有德"的确切含义应该是：上德的人自然无为，不刻意求德，所以才有德。

（四）"下德不失德"的内涵

"下德不失德"中的"下德"，与上文的"上德"相对而言，因"上德"指最高尚的德或具有最高尚之德的人，因此，一些学者想当然地把"下德"释为"品德低下的人"③，这无疑是一种误解。有不少学者认为，这里的"下德"，指的是比"上德"低一层次的德，因其比不上"上德"，故称之为"下德"，如河上公说："德不及'上德'，故言'下德'也。"④ 成玄英说："证未造极，故称为下。"⑤

一些学者则进一步指出，这里的"下德"，其实指的就是仁、义等世俗的道德标准，如王弼说："凡不能无为而为之者，皆下德也，仁

---

① 熊铁基、陈红星主编：《老子集成》第9卷，宗教文化出版社2011年版，第681页。
② 陈鼓应：《老子今注今译》，商务印书馆2003年版，第218页。
③ 沙少海、徐子宏：《老子全译》，贵州人民出版社1989年版，第75页。
④ 王卡点校：《老子道德经河上公章句》，中华书局1993年版，第147页。
⑤ 熊铁基、陈红星主编：《老子集成》第1卷，宗教文化出版社2011年版，第315页。

义礼节是也。"① 董平说："'下德'则是'玄德'的分离形式，即是通行于人间世的'仁''义''礼''智'等等。"②

既然"下德"指仁、义等道德，故一些学者认为，"下德不失德"中的"不失德"，指的便是不失去仁、义等品德，如吴澄说："煦煦为仁，惟恐失其德，故曰'不失德'。"③ 高亨说："下等品德的国君，掌握仁义礼智等品德而不失掉，所以就没有自然的品德。"④

以上对"下德不失德"的解释，有一个共同的特点，就是都以儒家的"德"来理解"下德不失德"中的"德"。这样的理解，乍看之下，似乎也并无什么不妥，因为它在意思上也很通顺，不过，在笔者看来，这种解释并不符合老子的本意，对老子思想存在明显的误读。因为从"上德不德，是以有德；下德不失德，是以无德"这段文字来看，一共出现了六个"德"字，按照常理，这六个"德"字的意思应该是一样的，而不应该一会儿指道家之"德"，一会儿指儒家之"德"。根据我们在前面对"上德不德，是以有德"的分析可知，其中的三个"德"，指的都是道家之"德"，即从"道"而得到的特性，故其意思为：上德的人自然无为，不刻意求德，所以才有德。据此，则根据逻辑一贯的原则，"下德不失德，是以无德"，就应当指下德之人不能自然无为，刻意去追求德，所以就没有德。因为根据老子的思想宗旨，"上德"指与"道"相合之德，只有无思无欲，自然无为，才能与"道"冥合，从而具有德；而人一旦有欲有为，刻意去追求德，便无法真正获得德，所以老子才说"下德不失德，是以无德"。

（五）"失道而后德，失德而后仁"中的"德"的含义

从历代学者对"故失道而后德，失德而后仁，失仁而后义，失义

---

① 楼宇烈校释：《老子道德经注校释》，中华书局 2008 年版，第 94 页。
② 董平：《老子研读》，中华书局 2015 年版，第 167 页。
③ 熊铁基、陈红星主编：《老子集成》第 5 卷，宗教文化出版社 2011 年版，第 628 页。
④ 高亨：《老子注译》，清华大学出版社 2010 年版，第 67 页。

而后礼"的具体解释来看,他们大多只是泛泛地说失去了道才有了德,失去了德才有了仁,等等。如蒋锡昌说:"此言人君失无为之道,而后以德化为治,失德化而后以仁爱为治,失仁爱而后以分义为治,失分义而后以礼敬为治也。"① 张松如说:"所以失去了道然后才有德,失去了德然后才有仁,失去了仁然后才有义,失去了义然后才有礼。"②

这样的解释当然说不上有什么不对,但是它无疑存在一个很明显的问题,就是对这里的"德"指的是什么,缺乏明确的交代。在本章中,关于"德",老子提到了"上德"和"下德",故这里的"德",若不是指"上德",便是指"下德"。而根据我们在前面的讨论,"上德"合"道","上德"与"道"是同一的,而"失道而后德"中的"德"是失去"道"以后才有的,故这里的"德"不可能指"上德"。对此,一些学者亦已有明确的论述:"失道者,失上德也,上德合道,故云失道"。③ 陆希声也以"失于上德"来释"失道":"且上德无为,自然合道,失于上德……。"④ 因此,这里的"德"便只能是指"下德"。然而,对于"下德"的含义,据前所述,有不少学者认为它指的就是仁义礼智等品德,这样就产生了一个很明显的问题:既然"德"本身就包含仁、义、礼等,那么老子说"失德而后仁",就像说"失水果而后有苹果"一样,这样的说法是根本不能成立的。我们必须注意,老子之"德"主要指的是得自"道"的特性,我们不能把它与儒家以仁、义等为核心的"德"相混淆;老子所谓的"下德",指的是德之下者,也就是比"上德"低的德,它的特点是以"无为"为追求的目标,但是刻意追求"无为",不能做到像"上德"那样纯粹自然

---

① 蒋锡昌:《老子校诂》,成都古籍书店1988年版,第249页。
② 张松如:《老子说解》,齐鲁书社1998年版,第217页。
③ 熊铁基、陈红星主编:《老子集成》第1卷,宗教文化出版社2011年版,第432—433页。
④ 熊铁基、陈红星主编:《老子集成》第1卷,宗教文化出版社2011年版,第602页。

无为，故老子称之为"下德"。因此，这里的"失道而后德"，其实质内涵是：失去了"道"才有刻意追求无为的德。至于"失德而后仁"，则指的是失去了刻意追求无为的德才有了仁。因老子这里的"德"虽为"下德"，但仍以"无为"为追求的目标，而在老子看来，它比儒家的仁德要高一个层次，故才有此说。下面的"失仁而后义，失义而后礼"中的"义""礼"则都是具体的德目，其中"仁"的核心内容是爱人，"义"指符合正义或道德规范，"礼"指社会生活中由于风俗习惯而形成的行为准则、道德规范和各种礼节。在这三者中，"仁"最重要，"礼"则是各种外在的礼节 仪式，其重要性比不上"义"，故才有从高至低的"仁""义""礼"的排列顺序。

（六）"上德""广德""建德"的确切含义

对于第四十一章"上德若谷，大白若辱，广德若不足，建德若偷"中的"上德"，学者们主要有两种理解，一种认为指至德、最高的德，如范应元释为"德之上者"①，陈鼓应释为"崇高的德"②。另一种认为指具有崇高的德的人，如河上公释为"上德之人"③，蒋锡昌的《老子校诂》、董平的《老子研读》亦均作相同的解释。

有的学者认为，这里的"上德"即第三十八章中所说的"上德"，如王弼说："不德其德，无所怀也。"④苏辙说："上德不德，如谷之虚也。"⑤然而，对于第三十八章中的"上德"，学者们亦是有的把它释为盛德、至德，有的把它释为上德之人，因此，把这里的"上德"释为最高的德或具有最高之德的人，都是可以的。

对于"上德若谷"中的"谷"字，学者们亦主要有两种理解，一

---

① 范应元：《老子道德经古本集注》，华东师范大学出版社2010年版，第75页。
② 陈鼓应：《老子今注今译》，商务印书馆2003年版，第231页。
③ 王卡点校：《老子道德经河上公章句》，中华书局1993年版，第164页。
④ 楼宇烈校释：《老子道德经注校释》，中华书局2008年版，第112页。
⑤ 熊铁基、陈红星主编：《老子集成》第3卷，宗教文化出版社2011年版，第18页。

种认为指川谷，即山间流水的通道，取其低下之义，如河上公说："上德之人若深谷，不耻垢浊也。"① 林语堂说："上德反像低下的川谷。"②

另一种认为，这里的"谷"指山谷，即山间深凹的低地，取其虚而能容之意，如林希逸说："上德若谷，能虚而不自实也。"③ 刘笑敢说："品德高尚，反而能虚怀若谷。"④

综上所述，则对于"上德若谷"的含义，我们可以得出以下四种理解：

1. 上德之人虚怀若谷；

2. 上德之人像低下的川谷；

3. 最高的德虚怀若谷；

4. 最高的德像低下的川谷。

笔者认为，从意思上来说，以上四种理解都是有道理的，只是相比之下，第四种理解要更恰当些。因为从第四十一章前面的内容来看，多为把相反的事物放在一起进行比较，如"明道若昧"中的"明"与"昧"、"进道若退"中的"进"与"退"，等等。因此，对于"上德若谷"中的"上德"和"谷"，最好也是从相反的意义去理解。而在上述四种理解中，相反之义最为显著的便是第四种理解：以"高"与"下"相对。

对于"广德若不足"的含义，当代学者多释为广大的德好像不足的意思，如林语堂说："广大的德行反似不足的样子"⑤，陈鼓应说："广大的德好似不足"。⑥ 那么这里的"不足"又是什么意思呢？对此，上

---

① 王卡点校：《老子道德经河上公章句》，中华书局1993年版，第164页。
② 林语堂：《老子的智慧》，湖南文艺出版社2016年版，第161页。
③ 熊铁基、陈红星主编：《老子集成》第4卷，宗教文化出版社2011年版，第512页。
④ 刘笑敢：《老子古今》，中国社会科学出版社2006年版，第462页。
⑤ 林语堂：《老子的智慧》，湖南文艺出版社2016年版，第161页。
⑥ 陈鼓应：《老子今注今译》，商务印书馆2003年版，第231页。

述学者均未作具体的解释。有的学者认为这里的"不足"指"气量狭小",如高亨说:"广大的德好像狭小"①,刘笑敢说:"广大之德不同于一般人的见识,往往被人看作气量狭小"。②那么,德行广大之人为什么会被人看作气量狭小呢?这样的说法似乎不太好理解。

对于"广德若不足"的含义,古代学者在理解上亦存在不少的分歧,其中值得我们注意的,主要有这样三种。

1. 认为"广德"指德行广大之人,"不足"指其外在形象看上去十分愚钝,似乎存在欠缺,如河上公说:"德行广大之人若愚顽不足也。"③成玄英说:"言怀大德之士,体道虚忘,故内至有余,而外若不足。"④

2. 认为"广德若不足"指极其充盈之德就像空虚不足的样子,如王弼说:"广德不盈,廓然无形,不可满也。"⑤李荣说:"大满若冲。"⑥

3. 认为"不足"指不自以为有余、不自满自夸的意思,因此,"广德若不足"指虽有广大之德而不自满自足的意思,如吕惠卿说:"广德者,廓乎其无不容也,而未尝自见、自是、自矜、自伐也,斯不亦若不足乎?"⑦范应元说:"德之广者,不自盈满,故若不足。"⑧

在上述三种理解中,第一种理解以外形愚钝释"不足",虽也能说通,但显得取义较窄。第二、第三种理解在实质上是一样的,因为不自满自足,必须以虚怀若谷、以内心的虚而不足为前提。因此,笔

---

① 高亨:《老子注译》,清华大学出版社2010年版,第73页。
② 刘笑敢:《老子古今》,中国社会科学出版社2006年版,第462页。
③ 王卡点校:《老子道德经河上公章句》,中华书局1993年版,第164页。
④ 熊铁基、陈红星主编:《老子集成》第1卷,宗教文化出版社2011年版,第318页。
⑤ 楼宇烈校释:《老子道德经注校释》,中华书局2008年版,第112页。
⑥ 熊铁基、陈红星主编:《老子集成》第1卷,宗教文化出版社2011年版,第371页。
⑦ 吕惠卿:《老子吕惠卿注》,华东师范大学出版社2015年版,第47页。
⑧ 范应元:《老子道德经古本集注》,华东师范大学出版社2010年版,第75页。

者认为,"广德若不足"应指广大的德好像空虚不足的意思。

对于"建德若偷"的含义,首先值得我们注意的,是历史上以俞樾为分界线,形成了两种明显不同的解释思路。在俞樾以前,学者们多把"建德"释为建立道德或建立道德之人,对于"偷"的含义,则主要有以下两种理解。

1.认为"偷"是偷窃、盗窃的意思,因此,所谓"建德若偷",指建立道德或进行道德修养通常是私下里默默进行,就像偷盗东西时不想被人知道一样,如成玄英说:"偷,盗也。言建立大德之人,藏名隐迹,如彼偷窃,不用人知。故上经云:犹若畏四邻。"[①]唐玄宗说:"偷,盗也。建立阴德之人,潜修密行,如被盗窃,常畏人知,故曰若偷。"[②]

2.认为这里的"偷"是苟且、怠惰的意思,因此,所谓"建德若偷",指的是顺应自然而不有意去做,表面上看是苟且怠惰,却有实实在在的建树,如苏辙说:"因物之自然而无所立者,外若偷惰,而实建也。"[③]吴澄说:"若偷惰不立,乃所以为建立。"[④]

然而,至清代的俞樾,则提出了对"建德若偷"的一种新的解释思路,他认为"建德"的"建"通"健","建德"指刚健之德,"建德若偷"指刚健之德反而像"偷惰"即苟且怠惰一样:"今按'建'当读为'健',《释名·释言语》曰:健,建也,能有所建为也。是'建''健'音同而义亦得通。'健德若偷',言刚健之德反若偷惰也。正与上句'广德若不足'一律。"[⑤]

俞樾的观点受到不少学者的支持,如马叙伦说:"'建'字俞先生

---

① 熊铁基、陈红星主编:《老子集成》第1卷,宗教文化出版社2011年版,第318页。
② 熊铁基、陈红星主编:《老子集成》第1卷,宗教文化出版社2011年版,第485页。
③ 熊铁基、陈红星主编:《老子集成》第3卷,宗教文化出版社2011年版,第18页。
④ 熊铁基、陈红星主编:《老子集成》第5卷,宗教文化出版社2011年版,第630页。
⑤ 熊铁基、陈红星主编:《老子集成》第11卷,宗教文化出版社2011年版,第670页。

说是。"① 张默生说:"俞樾说:'建'当为'健',……默按其说甚是,当从之。"② 任继愈说:"健德好似怠惰。"③

笔者认为,与以前的解释相比,俞樾的解释确实要显得更为顺畅和合理些,故其观点能得到众多学者的支持。不过,把"建德若偷"释为建立德行而在私下里默默进行,好像偷窃东西时不想被别人知道一样,这样的解释也是符合老子思想的,因为在第十五章中,老子描述"善为士者"的形象说:"犹兮若畏四邻",意即善于修道行道之人行事极其慎重,就像生怕被邻居发现他在做违法之事一样。因此,"若偷"与"若畏四邻",其意思是相通的。至于把"建德若偷"释为不有意去做而有建树,看上去好像偷惰,亦是符合老子的自然无为之旨的,只是这样的理解有增字作解之嫌。

(七)"修之身,其德乃真"的内涵

第五十四章"修之身,其德乃真;修之家,其德乃余;修之乡,其德乃长;修之邦,其德乃丰;修之天下,其德乃普"一段文字,指出一个人用"善建""善抱"即善于建立和抱持之道来治身,他的德就纯真;然后再用"善建""善抱"之道来治家、治乡、治国、治天下,其自身之德就能不断地充实、扩充,并惠及天下。这说明在老子看来,修道不应仅仅停留于一人自身的修养,而应把它推广到全家、全乡乃至整个天下。而且也只有这样,个人之德才能得到真正的实现。

其中的"修之身",亦即"修之于身",如林希逸说:"修诸身则实而无伪"④,以"诸"释"之",而"诸"即"之于"的意思。对于"之于"中的"之"字,不少学者认为指的即"道",如《老子道德经河

---

① 马叙伦:《老子校诂》,浙江古籍出版社 2010 年版,第 214 页。
② 张默生:《老子章句新释》,成都古籍书店 1988 年版,第 54 页。
③ 任继愈:《老子绎读》,国家图书馆出版社 2015 年版,第 92 页。
④ 熊铁基、陈红星主编:《老子集成》第 4 卷,宗教文化出版社 2011 年版,第 517 页。

上公章句》释"修之于身"为"修道于身"①,《唐玄宗御注道德真经》、陆希声的《道德真经传》亦均作相同的解释。有的学者则进一步认为,这里的"道"或"修之于身"中的"之",指的就是前面所说的"善建""善抱"之道或原则,如卢育三说:"用善建、善抱的原则(道)治身"②,汤漳平等说:"这种善建善抱的品德,修于身"③。因此,所谓"修之身",即指用"善建""善抱"之道来修身。

《老子》中所说的"德",多指得自"道"的特性,而"其德乃真"中的"德",则具体指用"善建""善抱"之道来治身而获得的品德、德性。这里的"真",意为真实、纯真,如成玄英说:"道德真实也。"④高亨说:"修德于一身,他的德就纯真。"⑤因此,"其德乃真",意为他的德就纯真。这里的逻辑是很顺畅的:因为"善建"指善于以"道"为依据建立德行,"善抱"指善于抱道,而"道"是纯真无妄的,以这样的原则来治身,自然就能使自己与纯真无妄之"道"合一,故说"其德乃真"。

对于下文的"修之家,其德乃余""修之乡,其德乃长"等的含义,则均可据此类推。

(八)"含德之厚"的含义

第五十五章"含德之厚"中的"含",指怀而不露、隐藏在内的意思;"德",在老子的思想中,指得自"道"的特性,为了表述上的方便,亦可泛称为道德;"厚",在这里指深厚、淳厚的意思。故所谓"含德之厚",便是怀藏深厚或浑厚之道德的意思。关于"含德之厚,比于赤子"的具体含义,在本书第四章第一节中有具体的介绍,兹不

---

① 王卡点校:《老子道德经河上公章句》,中华书局1993年版,第207页。
② 卢育三:《老子释义》,天津古籍出版社1987年版,第211页。
③ 汤漳平、王朝华译注:《老子》,中华书局2014年版,第219页。
④ 熊铁基、陈红星主编:《老子集成》第1卷,宗教文化出版社2011年版,第328页。
⑤ 高亨:《老子注译》,清华大学出版社2010年版,第89页。

赘述。

（九）"重积德"：不断地积累德行

第五十九章"治人事天，莫若啬。夫唯啬，是以早服；早服，谓之重积德"一段文字，意思是：治理人民，修养身心，没有比爱惜精神更好的。正因为爱惜精神，所以尽早从事于"道"；尽早从事于"道"，叫作"重积德"。其中的"早服"，学者们或释为早作准备，或释为很早服从于道理，等等。笔者认为，把它释为尽早从事于"道"，似更为恰当。

对于"重积德"的含义，学者们的具体解释虽各不相同，但基本意思大致是相似的，这就是释"重"为深厚、多的意思，如成玄英说："重，深重也，……其德深重"①，吴澄说："重，多也。"② 释"积"为积累的意思，如成玄英说："积，累积也。"③ 吴澄说："积，畜聚于内也。"④ 释"德"为"得"，即得自"道"的特性，如蒋锡昌说："三十八章王注'德者，得也'。此言早返于道，则积得日厚也。"⑤ 董平说："'德'者，得也，是人有得于道体的本然之性。"⑥ 综上所述，则所谓"重积德"，就是多多积累德行、不断积累德行或德行积累深厚的意思，如林希逸说："德至此，则愈积愈盛矣。"⑦ 高亨说："就是不断地积累美德"。⑧

接下来的"重积德，则无不克"，意为不断地积累德行，就无往而不胜。其中的"克"，是战胜的意思。

---

① 熊铁基、陈红星主编：《老子集成》第1卷，宗教文化出版社2011年版，第332页。
② 熊铁基、陈红星主编：《老子集成》第5卷，宗教文化出版社2011年版，第639页。
③ 熊铁基、陈红星主编：《老子集成》第1卷，宗教文化出版社2011年版，第332页。
④ 熊铁基、陈红星主编：《老子集成》第5卷，宗教文化出版社2011年版，第639页。
⑤ 蒋锡昌：《老子校诂》，成都古籍书店1988年版，第365页。
⑥ 董平：《老子研读》，中华书局2015年版，第229页。
⑦ 熊铁基、陈红星主编：《老子集成》第4卷，宗教文化出版社2011年版，第518页。
⑧ 高亨：《老子注译》，清华大学出版社2010年版，第95页。

（十）"是谓不争之德"的内涵及其与上文的关系

第六十八章"善为士者，不武；善战者，不怒；善胜敌者，不与；善用人者，为之下"一段文字，意思为：善于做军事将领的人，不逞勇武；善于打仗的人，不会发怒；善于战胜敌人的人，不和敌人对阵交锋；善于用人的人，对人谦下。接下来说，"是谓不争之德"，意即这叫作不与人相争的品德，其意思是比较清楚的，学者们亦大多作此种理解，其中的"德"，指的是品德、德行的意思。而且，学者们大多认为，该句是针对上文中的"善为士者，不武；善战者，不怒；善胜敌者，不与"而言的，如李荣说："此结上不武、不怒，而能胜敌也。"[1] 卢育三说："'不争之德'承上文'善为士者不武，善战者不怒，善胜敌者不与'。"[2]

不过，对于"是谓不争之德"一句与上文的关系，一些学者有不同的理解，如有的学者认为其系针对上文的四句话而言："此结上文善士者常柔而不武，善战者常慈而不怒，善胜者常让而不争，善用人者常谦而为下。"[3] "'不争之德'是'善为士者不武，善战者不怒，善胜敌者弗与，善用人者为之下'。"[4] 河上公则认为"是谓不争之德"系就"善用人者，为之下"而言："谓上为之下也。是乃不与人争之道德也。"[5] 等等。

笔者认为，老子说"是谓不争之德，是谓用人之力"，其中的"是谓用人之力"明显系就"善用人者，为之下"而言，则"是谓不争之德"当以就"善为士者，不武；善战者，不怒；善胜敌者，不与"而言为妥。

---

[1] 熊铁基、陈红星主编：《老子集成》第1卷，宗教文化出版社2011年版，第383页。
[2] 卢育三：《老子释义》，天津古籍出版社1987年版，第253页。
[3] 熊铁基、陈红星主编：《老子集成》第1卷，宗教文化出版社2011年版，第506页。
[4] 刘笑敢：《老子古今》，中国社会科学出版社2006年版，第690页。
[5] 王卡点校：《老子道德经河上公章句》，中华书局1993年版，第268页。

三、指经过修行而达到的境界——《老子》第六十三、第七十九章中的"德"的含义

为无为,事无事,味无味。大小多少,报怨以德。(第六十三章)

和大怨,必有余怨,安可以为善?是以圣人执左契,而不责于人。故有德司契,无德司彻。(第七十九章)

上引两段文字中的"德"字,意思较为特别,泛泛而言,其指的是得到的意思;具体而言,则指的是通过"为无为,事无事,味无味"的修行而达到的境界。

(一)对"报怨以德"的两种理解

第六十三章"为无为,事无事,味无味",意即按照无为的原则行事,从事不妄生事端的事情,品味寡淡无味的滋味。对于"大小多少,报怨以德"中"报怨以德"的含义,古代学者主要有两种理解,一种认为指不计较别人的仇怨,反而用恩德去回报,并认为此即《老子》第四十九章中所说的"不善者吾亦善之""不信者吾亦信之",如吕惠卿说:"不善者吾亦善之,德善;不信者吾亦信之,德信,而皆报之以德矣。人之所难忘者,怨也,而以德报之,则它不足累其心矣。"[①]王道说:"报怨以德,犯而不校也,不善亦善、不信亦信之意。"[②]

另一种认为,"报怨以德",指有道之士达到了与"道"合一的境界,内无仇怨之心,故无可报之怨,只是修德而已,如李荣说:"归无为之大道,保自然之无累,遗兹混浊,味此清虚,咎过不生,怨仇不起,此报怨〔以〕德也。"[③]焦竑说:"惟道非形非数,而圣人与之为一,以无为为为,以无事为事,以无味为味,爱恶妄除,圣凡情尽,而泊

[①] 吕惠卿:《老子吕惠卿注》,华东师范大学出版社2015年版,第73页。
[②] 熊铁基、陈红星主编:《老子集成》第6卷,宗教文化出版社2011年版,第267页。
[③] 熊铁基、陈红星主编:《老子集成》第1卷,宗教文化出版社2011年版,第380页。

然栖乎性宅,则大小多少一以视之,而奚怨之可报哉,惟德以容之而已。"①

当代学者则大多认同上述第一种理解,把"报怨以德"释为用恩德回报别人的仇怨,如高亨说:"用恩德报答仇恨(使人消除害我的念头)。"②陈鼓应说:"用德来报答怨恨。"③

对于"报怨以德"的确切含义应该是什么,笔者将在介绍"大小多少"的含义后再一并讨论。

(二)对"大小多少"的五种理解

与"报怨以德"相比,学者们对"大小多少"的理解则呈现出更为复杂的状况,因为"大小多少"一句,既无主语,与"报怨以德"之间又似无明显的联系,故学者们各骋想象,从多个角度对它展开了解释,其中有代表性的,主要有以下五种。

1. 认为"大小多少"的含义不清,很难解释,或为误文,或有脱字,不可强解,如姚鼐说:"'大小多少'下有脱字耳,不可强解也。"④奚侗说:"'大小多少'句谊不可说,疑上下或有脱简。"⑤

2. 认为"大小多少"指以小为大、以少为多,即把小的看成大、把少的看成多,如司马光说:"视小若大,视少若多,犯而不校。"⑥高亨说:"他把小事看成大事,把少事看成多事。用恩德报答仇恨。"⑦

3. 认为"大小多少"指大生于小,多出于少,如朱谦之说:"'大小多少',即下文'天下难事必作于易,大事必作于细'之说,谊非

---

① 焦竑:《老子翼》,华东师范大学出版社2011年版,第155页。
② 高亨:《老子注译》,清华大学出版社2010年版,第101页。
③ 陈鼓应:《老子今注今译》,商务印书馆2003年版,第299页。
④ 熊铁基、陈红星主编:《老子集成》第9卷,宗教文化出版社2011年版,第787页。
⑤ 熊铁基、陈红星主编:《老子集成》第13卷,宗教文化出版社2011年版,第24页。
⑥ 熊铁基、陈红星主编:《老子集成》第2卷,宗教文化出版社2011年版,第554页。
⑦ 高亨:《老子注译》,清华大学出版社2010年版,第101页。

不可解。……此谓大由于小,多出于少。"①陈鼓应说:"大生于小,多起于少"。②

4.认为"大小多少"指事物的大与小、多与少的分别,如李嘉谋说:"世所谓大小多少者,以形言也。圣人游于形器之外,故大小多少,等而为一。夫大小多少,尚等而一之,又况于恩怨报施之间乎?"③焦竑说:"夫事涉于形,则有大小;系乎数,则有多少,此怨所由起也。惟道非形非数,而圣人与之为一,……而奚怨之可报哉?"④

5.认为"大小多少"指怨或仇怨的大小或多少,如李荣说:"怨之生,或大或小;仇之起也,乍少乍多。……若能归无为之大道,……咎过不生,仇怨不起,此报怨〔以〕德也。"⑤任继愈说:"不计较人家对我恩怨多少,我总是以'德'相报。"⑥

(三)"大小多少,报怨以德"的实质内涵

笔者认为,对于"大小多少"的含义,之所以歧解纷纭,除了该句文字本身确实显得有些突兀,一个重要的原因,还是在于学者们对"报怨以德"的理解出现了偏差。由以上的介绍可知,学者们或释"报怨以德"为用恩德回报仇怨,或释为有道之人早已超越了恩怨之分,所以并不会去报什么怨,而只是自己修德而已。而在笔者看来,这两种解释都偏离了老子的本意。因为首先,老子既然在这里说"报怨以德",便是论述如何"报怨"的问题。也就是说,老子在这里讨论的,是当别人伤害了我、有负于我的时候,我该怎么去"报怨"?如果这

---

① 朱谦之:《老子校释》,中华书局2017年版,第267页。
② 陈鼓应:《老子今注今译》,商务印书馆2003年版,第299页。
③ 熊铁基、陈红星主编:《老子集成》第3卷,宗教文化出版社2011年版,第646页。
④ 焦竑:《老子翼》,华东师范大学出版社2011年版,第155页。
⑤ 熊铁基、陈红星主编:《老子集成》第1卷,宗教文化出版社2011年版,第380页。
⑥ 任继愈:《老子绎读》,国家图书馆出版社2015年版,第139页。

时候把问题直接就解释成有道之人与"道"合一，故没有恩怨之见，所以也不会去"报怨"，便无疑显得立论过高，有些偏离正题、风马牛不相及了。以此种误解去理解"大小多少"，便极易把它释为事物的大小、多少的区别，因为说有道之人没有大小、多少的分别，从而也不会有恩怨的观念，这在逻辑上似乎是很顺畅的。其次是把"报怨以德"释为用恩德去回报仇怨，则这样的观念极易遭到人们的诟病，如《论语·宪问》中孔子就明确对此提出过批评："何以报德？以直报怨，以德报德。"意即既已用恩德来报答仇怨，那么用什么来报答恩德呢？孔子认为，正确的方式，应该是以"直"即用与"怨"相应的方式来回报仇怨，用恩德来回报恩德。应该说，孔子的观点是很有道理的，反驳也是很有力度的。用恩德来报答仇怨的方式，看似其人大度能容，显得很高尚，实际上却极易破坏社会的既定规则，造成社会秩序的混乱。因为既然作恶不需要付出代价，甚至还能得到报以恩德的好处，那不正好是在鼓励人们去作恶么？以此种误解去释"大小多少"的含义，便极易把"大小多少"释为以小为大、以少为多，如上引司马光、高亨等的解释均是如此。

　　既然以上两种解释思路都存在偏颇，那么什么样的解释思路才是合理的呢？对此，笔者认为，要把握老子"报怨以德"的确切含义，我们可以从以下两个方面展开理解。首先我们必须明确，"报怨以德"中的"怨"，指的是怨恨的意思，而非仇怨、仇恨的意思，因为对于杀父、杀兄之类的仇恨，通常只能采取以牙还牙、血债血偿的方式，对于此类仇恨若报之以"德"，则与禽兽何异？因此，老子在这里说到"报怨"，指的是当他人冒犯了你、伤害了你，使你对对方充满怨恨的时候，你该如何采取行动来报此怨恨。

　　其次，老子在这里提出的报复怨恨的方式是"以德"，也就是用"德"，那么这个"德"是什么意思呢？笔者认为，这个"德"，不能简单地释为与"道"合一的境界，因为那会因立论过高而使问题的讨论失去了针对性；也不能把它理解为恩德，因为用恩德来回报仇恨，既有沽名钓誉之嫌，又有纵容作恶之弊。因此，对于这里的"德"，我们最好释为通"得"，指得到。具体而言，就是指通过前面所说的"为无为，事无事，味无味"而获得的结果或达到的境界。因为对于普通人来说，当他需要抱怨的时候，通常是以眼还眼，以牙还牙，硬碰硬，求得一时之快。然而，这样做的结果，无非就是两个：一个是报复不成，旧怨添新怨；另一个是报复成功，但对方亦会寻机再施报复，从而陷入冤冤相报的死循环。所以老子才会独辟蹊径，指出"报怨"的一种有效的新途径："以德"。也就是说，当他人对你造成实质性的伤害时，进行报复，那是必须的，但是，报复的方法，却不是直接实施反击，而是潜下心来，默默地用功，不断地壮大自己，增强自己的实力。为此，你需要"为无为"，按照自然无为的原则行事，不妄为；"事无事"，不去做妄生事端的事情；"味无味"，学会品味寡淡无味的滋味。总之，就是要从自己身上下功夫，充分挖掘自己的潜能，苦心孤诣，使自己的实力得到极大的提高。而一旦当你达到了他人无法企及的境界，作出了他人望尘莫及的成绩，则那些曾经伤害过你的人，便自然会为自己以前的愚蠢行为愧悔不已，从而发自内心地改恶从善，心悦诚服地向你忏悔认罪，而这不正是"报怨"的最佳效果和最高境界吗？

基于对"报怨以德"的上述理解，再来反观"大小多少"的含义，笔者认为，这里的"大小多少"，当指"怨"而言，意即无论怨恨是大、是小、是多、是少，我都一概用自身修行所得来回报，来进行报复。因此，在前面介绍的关于"大小多少"的五种理解中，第五种理解，亦即李荣、任继愈等的理解是较为合理的。

（四）"和大怨"的最好办法是"报怨以德"

第七十九章"和大怨，必有余怨，安可以为善"，意即调和大的怨恨，必然会有余留的怨恨，这怎么能称得上是妥善呢？

那么什么才是老子认为的妥善的做法呢？对此，有不少学者认为，只有无心无为，物我为一，恩怨不起，才是真正的妥善，如唐玄宗说："若能上化清静，无事无为，人有淳朴之风，迹无余怨之弊，方可为善矣。"①奚侗说："圣人长养万物，一切平等，无恩怨之观，报怨以德，不知其为怨也。"②

值得我们注意的是，在对"和大怨，必有余怨，安可以为善"一段文字的理解上，一些学者指出，第六十三章中的"报怨以德"一句，应移至此处，如陈柱《老子集训·新定老子章句》中认为该段文字应作"报怨以德，和大怨，必有余怨，安可以为善"，马叙伦亦持同样的观点："六十章'报怨以德'一句，当在此（指'和大怨'——引者注）上。"③高亨、严灵峰、陈鼓应等则认为，"报怨以德"一句应移至"必有余怨"和"安可以为善"之间，如高亨说："此文当作和大怨，必有余怨，报怨以德，安可以为善，安犹乃也。……调和大怨，其怨不能尽释，唯报怨以德，乃可以为善矣。"④

笔者认为，历史上有代表性的《老子》本子这里均无"报怨以德"一句，帛书甲本亦无该句（乙本残损），因此，认为应把"报怨以德"移至此处，完全是一种主观猜测，无疑是很不妥当的。但是，这些学者把"报怨以德"与"和大怨，必有余怨"联系起来进行解释，又是很有启发意义的。因为从上面的解释可知，有不少学者认为，老子说"和大怨，必有余怨"称不上妥善，因此，老子认为的妥善办法是指无心无为，不起恩怨，而这样的观点其实是值得商榷的。因为第一，这样的解释仅仅是这些学者的主观推测，我们在《老子》一书中找不到相关的文字证据。第二，这样的观点虽然也能把问题解释通，

---

① 熊铁基、陈红星主编：《老子集成》第1卷，宗教文化出版社2011年版，第512页。
② 熊铁基、陈红星主编：《老子集成》第13卷，宗教文化出版社2011年版，第29页。
③ 马叙伦：《老子校诂》，浙江古籍出版社2020年版，第343页。
④ 熊铁基、陈红星主编：《老子集成》第14卷，宗教文化出版社2011年版，第82页。

因为一个人能做到无心无为，不起恩怨之念，当然是最妥善的，但是，放眼世界，芸芸众生中，又有几个人能真正做到无心无为，不起恩怨的，故魏源说"学道者苟于大怨强自和之，而尚有藏怒宿怨之存于中，即使终不发作，而纤芥未去，与丘山同"[①]，就很好地说明了这一点。因此，这些学者的解释，无疑存在立论过高之弊。第三，在《老子》一书中，与"和大怨，必有余怨"意思相关的，唯有第六十三章的"报怨以德"一句，因此，把它们联系在一起进行解释，当是顺理成章之事。第四，用"报怨以德"来解释"和大怨，必有余怨，安可以为善"，则其确切含义可以得到较好的揭示。因为我们在第六十三章解释"报怨以德"的含义时已经说过，"报怨以德"指的是用自身修行所得来回报怨恨，故在本章中，老子认为，对待大怨，正确的方法，应该是增强自身的能力和实力，最终凭借压倒一切的实力优势使对方发自内心地忏悔其罪恶，并改恶从善。而"和大怨"即调和大的怨恨的做法，则需要结怨的双方坐下来讨价还价，各自让步、妥协，最终达成折衷的协议，使双方表面上归于和好。因为这样的和好是以利益算计为基础的，并非真的从内心里化解了怨怨，因此，一旦外部条件发生变化，冤冤相报之事就随时都有可能发生，所以老子才会说这样的做法"安可以为善"。

（五）"圣人执左契，而不责于人"的内涵

"是以圣人执左契，而不责于人"中的"责"，是索取、求取的意思，因此，"不责于人"，即不向别人索取。如范应元说："责，求也。"[②] 吴澄说："取财物于人曰'责'。"[③]

这里值得我们注意的是"左契"的含义及"圣人执左契，而不责

[①] 魏源：《老子本义》，华东师范大学出版社2010年版，第154页。
[②] 范应元：《老子道德经古本集注》，华东师范大学出版社2010年版，第133页。
[③] 熊铁基、陈红星主编：《老子集成》第5卷，宗教文化出版社2011年版，第648页。

于人"的确切内涵。

关于"左契"的含义,当代学者多认为指左右两份契约中左边的一份契约。因古代契约用木片或竹片制成,分为左右两片,故左边的一片称为左契,也叫左券,由债权人执持,右边的一片则由债务人执持。因此,"圣人执左契,而不责于人",指圣人明明可以凭借左券向债务人要回财物,却不向对方要。据此,一些学者认为,圣人放弃对应得之财物的索求,这样当然就既不会有怨恨,也用不着去调和怨恨了,如蒋锡昌说:"'是以圣人执左契而不责于人',言圣人执人所交左契而不索其报也。如此,则怨且无由生,复何和之有乎。"①

这里需要指出的是,关于"圣人执左契,而不责于人"的确切内涵,学者们大多从圣人明明可以凭借左契索取却不去索取,说明圣人为而不争,有功不居,从而不生怨恨,故为对待怨恨最好之办法的角度去理解。这样的理解当然是可以的,但是仍嫌不够深入和准确。在笔者看来,既然老子在这里讨论的是如何对待怨恨的问题,则对于"圣人执左契,而不责于人",亦当从此角度加以理解。"左契"的原意为索偿的凭证,老子在此其实是采取比喻的手法,意为有人对圣人欠下了怨,则圣人随时可以采取报复行动,然而圣人却并没有去报复,就像明明掌握着左契,却并不去索偿一样。因此,这里所述的,其实就是"报怨以德"的思想,因为所谓"报怨以德",即以自身修行所得来回报怨恨,别人欠了圣人怨,圣人不去报复,只是专心做自己该做的事情,最终让对方幡然悔悟,改恶从善。而这正是对待怨恨最妥善的办法,故老子才会在"和大怨,必有余怨,安可以为善"后紧接着说"是以圣人执左契,而不责于人"。而尤其值得我们注意的是,"圣人执左契,而不责于人"的说法,亦说明老子所说的"报怨以德",

---

① 蒋锡昌:《老子校诂》,成都古籍书店1988年版,第458页。

并不是以恩德去回报怨恨,而是虽有怨恨,但不直接去报复,而是依靠自身修德的方式来达到报复的目的。

(六)对于"有德司契,无德司彻"的不同理解

对于"有德司契"中的"司契",当代学者多释为掌握契据或借据,因此,所谓"有德司契",指的是有德的人掌握契据的意思,如高亨说:"有德的人只掌握着契据"①,牟钟鉴说:"有德的人主管借версии"。②一些学者还进一步认为,这里的"司契",即上文所说的"执左契而不责于人",如蒋锡昌说:"此言有德之君主执左契而不责于人"③,张松如说:"此言有德执左契而不责于人"。④

然而,对于"有德司契"的含义,古代学者的解释则可谓五花八门,如河上公释为有德之君督察契信:"有德之君,司察契信而已。"⑤李荣释"契"为"合",认为"有德司契"指有德之人注重的是与无为之道相合:"司,主也。契,合也。……有德之所主,上合无为之道,混然冥一"⑥,等等。笔者认为,"故有德司契"一句,紧承"是以圣人执左契,而不责于人"而来,因此,其中的"契"字,当指相同的意思,而圣人即有德之人,因此,"故有德司契",应是对上文的进一步说明,故把它释为所以有德的人只是掌握契据而已,是比较恰当的。

对于"无德司彻"的含义,学者们更是众解纷纭,其中值得我们注意的,主要有以下三种解释。

1. 认为"司彻"指伺察人之过失,如河上公说:"无德之君,背其

---

① 高亨:《老子注译》,清华大学出版社 2010 年版,第 121 页。
② 牟钟鉴:《老子新说》,金城出版社 2009 年版,第 251 页。
③ 蒋锡昌:《老子校诂》,成都古籍书店 1988 年版,第 459 页。
④ 张松如:《老子说解》,齐鲁书社 1998 年版,第 408 页。
⑤ 王卡点校:《老子道德经河上公章句》,中华书局 1993 年版,第 301 页。
⑥ 熊铁基、陈红星主编:《老子集成》第 1 卷,宗教文化出版社 2011 年版,第 387 页。

契信,司人所失。"① 王弼说:"彻,司人之过也。"②

2. 认为这里的"彻"指"迹",亦即辙迹、形迹,"司彻"指注重外在的形迹,如成玄英说:"彻,迹也。……无德之者,犹滞筌蹄,未能洞遣。迹既不泯,故言'司彻'也。"③ 俞樾说:"古字'彻'与'辙'通。……无德之君,则皇皇然司察其辙迹也。"④

3. 认为这里的"彻"指古代的一种分配方法,即彻法,令各家一起耕作并平均分配收入,因其用心计较,故称之为无德,如吴澄说:"古者助法,一井之田分为九区,八家各受私田一区,其中一区为公田,八家同耕公田而各耕私田,私田百亩所收,或食九人,或食八人,或食七人,或食六人,下食五人,由其各家丁力多寡强弱不同故也。周改助为彻法,恐八家私田所收之不均,故八家私田亦令通力合作而均收之,八家所得均平而无多寡之异。……司彻法者,患其不均,有心计较,故曰无德。"⑤ 魏源说:"盖德之未至,如彼主彻法者然,令八家合作,计亩均分,自以为至平,而不知多寡必较,锱铢不让,强以齐人之不齐,而适使之争耳。"⑥

值得注意的是,当代学者大多把这里的"彻"释为周代的一种税法,而把"司彻"释为掌管税收,如蒋锡昌说:"'彻'乃周之税法。……无德之君主以收税为事。……取于人无厌,则大怨至也。"⑦ 陈鼓应说:"司彻:掌管税收。'彻'是周代的税法。……无德的人就像

---

① 王卡点校:《老子道德经河上公章句》,中华书局1993年版,第301页。
② 楼宇烈校释:《老子道德经注校释》,中华书局2008年版,第188页。
③ 熊铁基、陈红星主编:《老子集成》第1卷,宗教文化出版社2011年版,第344页。
④ 熊铁基、陈红星主编:《老子集成》第11卷,宗教文化出版社2011年版,第674—675页。
⑤ 熊铁基、陈红星主编:《老子集成》第5卷,宗教文化出版社2011年版,第649页。
⑥ 魏源:《老子本义》,华东师范大学出版社2010年版,第154页。
⑦ 蒋锡昌:《老子校诂》,成都古籍书店1988年版,第459页。

掌管税收的人那样苛取。"[1]

笔者认为,"彻"有治理、撤去等意思,又可指周代的一种田税制度,即按十分抽一的税率收税,等等。那么在此应指何种意思呢? 根据前面对"有德司契"的介绍可知,"有德司契"指有德的人只是掌握契据而不向对方索偿,则"无德司彻"与"有德司契"当为相反的含义,因此,它应该指无德之人凭借契约向对方索偿的意思,故把这里的"彻"释为税收,而把"司彻"释为掌管税收,是比较恰当的。但是,当代学者大多认为"无德司彻"指无德的人苛取于民,从而导致结怨,则值得商榷。在笔者看来,这里的"有德""无德"的"德",并非泛泛指道德的意思,而是"报怨以德"中的"德",它指的是人通过"为无为,事无事,味无味"之修行而获得的能力或达到的境界,"有德"者即有此种能力或达到此种境界的人,这样的人,在对待怨恨时只是"司契"而已,即只是"执左契,而不责于人",他不会向对方索偿,只是凭借自己的实力而让对方发自内心地忏悔并改恶从善。而"无德"之人即没有此种能力或没有达到此种境界的人,故他才会直接向对方索偿,即采取以牙还牙的报复方式,所以老子称之为"司彻",即像掌管税收者收税一样向对方索偿。

四、指恩惠、恩德:《老子》第六十章中的"德交归焉"之"德"

> 夫两不相伤,故德交归焉。(第六十章)

《老子》一书中的四十四个"德"字,大多指的是得自"道"的性质或特性,而较少指恩惠、恩德的意思,上引文字中的"德"指的

---

[1] 陈鼓应:《老子今注今译》,商务印书馆2003年版,第343页。

则恰恰是恩惠、恩德，这是其中较为罕见的例子。

（一）"两不相伤"的含义：两者互相不伤害，还是两者都不伤人？

第六十章"以道莅天下，其鬼不神；非其鬼不神，其神不伤人；非其神不伤人，圣人亦不伤人"，意思为：用"道"来治理天下，鬼就无法显灵；不是鬼无法显灵，而是鬼显灵时不会伤人；不是鬼显灵时不会伤人，是因为圣人也不会伤人。接下来说"夫两不相伤，故德交归焉"，对于"两不相伤"的含义，学者们存在较多的争议，其中有代表性的理解，主要有以下三种。

1. 有较多的学者认为，"两不相伤"指鬼和圣人都不伤害人，如李荣说："鬼神圣人，两者也，俱能利物，不相伤也。"① 张松如说："两者当指鬼与圣人。……两者都不伤害人。"②

2. 认为"两不相伤"指鬼和人互相不伤害，如成玄英说："'两'谓鬼处于阴，人处于阳，幽显得所，不相损害。"③ 苏辙说："人鬼之所以不相伤者，由上有圣人耳。"④

3. 认为"两不相伤"指圣人与民、鬼与人互相不伤害，如韩非子说："上不与民相害，而人不与鬼相伤，故曰：'两不相伤。'"（《韩非子·解老》）高亨说："两不相伤，指鬼与人，圣人与众人。"⑤

笔者认为，"两不相伤"的含义之所以不好解，关键在于如何理解这里的"相"的含义。"相"既有互相、交互的意思，如"相生相克""奔走相告"中的"相"；也有表示一方对另一方的动作的意思，如"实不相瞒""好言相劝"中的"相"。韩非子、成玄英、苏辙等从

---

① 熊铁基、陈红星主编：《老子集成》第1卷，宗教文化出版社2011年版，第379页。
② 张松如：《老子说解》，齐鲁书社1998年版，第327—329页。
③ 熊铁基、陈红星主编：《老子集成》第1卷，宗教文化出版社2011年版，第333页。
④ 熊铁基、陈红星主编：《老子集成》第3卷，宗教文化出版社2011年版，第25页。
⑤ 高亨：《老子注译》，清华大学出版社2010年版，第97页。

"相"的"互相"义来理解,故才会释"两不相伤"为鬼与人或圣人与鬼、鬼与人互不伤害。而在笔者看来,在关于"伤"的问题上,老子在本章中只提到"其神不伤人""圣人亦不伤人",并未涉及鬼与人、鬼与圣人或圣人与民互相伤害的问题,因此,这里的"相",应该释为表示一方对另一方的动作的意思,而不应释为"互相"的意思。既然如此,则这里的"两不相伤",无疑应以"其神不伤人""圣人亦不伤人"为依据,释为"神"(即鬼显灵)与"圣人"两者都不伤害人的意思。

(二)"德交归焉"的含义:都把德归于圣人,还是都把恩德归于民?

对于"德交归焉"的含义,学者们亦是众解纷纭,其中较有代表性的,主要有以下两种理解。

1. 认为"德交归"指鬼与人都把德归于圣人,如苏辙说:"人鬼之所以不相伤者,由上有圣人耳,故德交归之。"[①] 吴澄说:"交,皆也。天地之气不伤害人者,以圣人不伤害天地之气也。圣人不伤害天地之气者,以其简静而民气和平也。两者不相伤,皆由于圣人之德,故皆归德于圣人也。"[②]

2. 认为"德交归"指鬼和圣人的恩德都归于民,如李荣说:"圣人慈善鬼正直,慈善处显而光润,正直在幽以潜资,俱以德泽交归众人。"[③] 卢育三说:"德交归焉,因为圣人与鬼都不伤人,所以两者的恩德都归于民。"[④]

笔者认为,"德交归"中的"德",当指恩惠、恩德,如成玄英释

---

① 熊铁基、陈红星主编:《老子集成》第3卷,宗教文化出版社2011年版,第25页。
② 熊铁基、陈红星主编:《老子集成》第5卷,宗教文化出版社2011年版,第640页。
③ 熊铁基、陈红星主编:《老子集成》第1卷,宗教文化出版社2011年版,第379页。
④ 卢育三:《老子释义》,天津古籍出版社1987年版,第231页。

"德"为"恩惠"①，李荣释"德"为"德泽"②等；"交"，当指俱、皆、都，如陆希声说："皆归德于圣人"③，高亨说："交，俱也"④；"归"，当指归属、属于。因此，"德交归"，即恩德都归属。那么，"恩德都归属"的具体含义又是什么呢？若以上句"两不相伤"即鬼和圣人都不伤人为依据，当指把恩德都归属于民众，亦即把恩德都给了民众；若从整章意思来看，则可理解为：鬼和圣人都不伤人的原因是圣人实行无为之治，因此，鬼和圣人"两不相伤"，故民众都把德归于圣人。两相比较，笔者以为后一种理解更好些，根据前一种理解，既然已说鬼与圣人都不伤人，再说鬼与圣人把恩德都给了民众，则在意思上显得有些重复；而根据后一种解释，因为鬼和圣人都不伤人，所以民众都把德归于圣人，则便是进一步强调了清静无为的好处，且与本章开头的"治大国，若烹小鲜"亦能很好地呼应，故于义为长。

五、"玄德"：深奥玄妙的最高德行

生之，畜之，生而不有，为而不恃，长而不宰，是谓玄德。（第十章）

故道生之，德畜之，长之育之，亭之毒之，养之覆之。生而不有，为而不恃，长而不宰，是谓玄德。（第五十一章）

故以智治国，国之贼；不以智治国，国之福。知此两者亦稽式。常知稽式，是谓玄德。玄德深矣，远矣，与物反矣，然后乃至大顺。（第六十五章）

上引三段文字中都出现了"玄德"的概念。从字面上说，"玄

---

① 熊铁基、陈红星主编：《老子集成》第1卷，宗教文化出版社2011年版，第333页。
② 熊铁基、陈红星主编：《老子集成》第1卷，宗教文化出版社2011年版，第379页。
③ 熊铁基、陈红星主编：《老子集成》第1卷，宗教文化出版社2011年版，第612页。
④ 高亨：《老子注译》，清华大学出版社2010年版，第97页。

德"即深奥玄妙的德行。至于其确切含义,则需要我们作出深入的分析。

(一)对"玄德"的两种不同理解

第十章"生之,畜之,生而不有,为而不恃,长而不宰,是谓玄德",大致意思是:生成万物,养育万物,生成万物而不去占有,有所作为而不自恃其能,任万物生长而不做主宰,这叫作"玄德"。老子把"生之,畜之……长而不宰"之德称为"玄德",从字面意思来看,"玄德"即深奥玄妙之德,那么老子为什么要把这样的德行称为"玄德"呢?"玄德"的确切含义又是什么呢?对此,古今学者主要有两种理解。一是认为"玄德"指上德、至德,即最高的德行;二是认为此"玄德"是"道"之"德",是圣人效法"道"而获得之"德",而"道"是"玄之又玄"、幽深莫测的,所以,称这种德为"玄德",强调的是其幽冥难知、不可得见的特性。笔者认为,这里的"玄德",应该同时包含上述两种含义,因此,所谓"玄德",指的便是幽深莫测的最高之德。关于"玄德"之含义的具体解释,可参见本书第二章第三节。

(二)《老子》第十章中的"生之,畜之,……是谓玄德"是否系错简重出

"生之,畜之,生而不有,为而不恃,长而不宰,是谓玄德",这一段文字除了第十章,又见于第五十一章,且在第五十一章中的内容更为丰富,作"故道生之,德畜之,长之育之,亭之毒之,养之覆之。生而不有,为而不恃,长而不宰,是谓玄德",因此,一些学者提出,该段文字在第十章中疑为错简重出,如奚侗说:"此节自'生之畜之'以下,又见五十一章,而彼章文谊完足,此疑重出而又有脱简。"① 陈

---

① 熊铁基、陈红星主编:《老子集成》第13卷,宗教文化出版社2011年版,第6页。

鼓应说:"这几句重见于五十一章,疑为五十一章错简重出。"①

然而,蒋锡昌、高亨等认为,该段文字在本章中是就圣人而言,在第五十一章中则是就"道"而言,因此,两处的含义并非完全相同,不能认为其在本章中是错简重出,如蒋锡昌说:"五十一章,'道生之,德畜之'。'生之畜之',谓道生畜人民也。……自'生之'至此,言圣人治国之表现与成功,故最后以'玄德'二字赞之。"②高亨说:"此谓圣人之于民也。五十一章曰:……则谓道之于物也。文同意异。圣人法道,又可见一斑。"③

值得注意的是,在马王堆帛书乙本中,该段文字为:"生之,畜之,生而弗有,长而弗宰也,是谓玄德。"在马王堆帛书甲本相当于今本第五十一章的文字中,该段文字为:"道生之,畜之,长之,遂之,亭(之,毒之,养之,覆之。生而)弗有也,为而弗恃也,长而弗宰也,此之谓玄德。"由此可见,两章间文字的差别是很明显的,因此,刘笑敢认为,这两章的文字很有可能是作者有意为之:"这两个帛书本并非如传世本那样机械地相互重复,这几句话原本可能是作者有意缩写第五十一章的内容,或者是第五十一章发展了第十章的内容,并非简单的重复。"④

那么,该段文字在第十章中究竟是否属于错简重出呢? 笔者认为,不应视为错简重出,理由有二。

一是迄今能见到的几乎所有的《老子》文本,其第十章(或相应的位置)中都有该段文字,我们不能因为第五十一章中有与其类似的文字,便轻率地认为系错简重出。

二是若删去"生之,畜之"及后面的文字,则第十章的文字便是

---

① 陈鼓应:《老子今注今译》,商务印书馆2003年版,第112页。
② 蒋锡昌:《老子校诂》,成都古籍书店1988年版,第63页。
③ 熊铁基、陈红星主编:《老子集成》第14卷,宗教文化出版社2011年版,第38页。
④ 刘笑敢:《老子古今》,中国社会科学出版社2006年版,第192页。

纯粹由"载营魄抱一，能无离乎？专气致柔，能婴儿乎？涤除玄览，能无疵乎？爱民治国，能无为乎？天门开阖，能为雌乎？明白四达，能无知乎？"这六个问句组成，这在形式上便显得不够完整；而且，从《老子》全书来看，第八十一章中其他八十章的最后一句都是从正面进行论述，没有一章是以问句结束的，唯独本章以问句结束，亦显得很是突兀。

（三）《老子》第六十五章中的"常知稽式"与"玄德"的关系

第六十五章中的"故以智治国，国之贼；不以智治国，国之福。知此两者亦稽式"，意思是：所以用智慧来治理国家，是国家的祸害；不用智慧来治理国家，是国家的福祉。知道这两者也是一种法则。其中的"知此两者亦稽式"一句，迄今并无确解，笔者在此只是依据原文直译为"知道这两者也是一种法则"。接下来的"常知稽式，是谓玄德"，就文字本身来说，指的是常常知道这种法则，这叫作"玄德"。本章中的"玄德"，其含义当与第十章、第五十一章中所说的一样，指的是深奥玄妙的德行，如唐玄宗说："是谓深远玄妙之德也。"[①] 任继愈说："'玄德'，深奥、玄远，非感官所能直接感受，看不见，故称玄德。"[②]

那么为什么"常知稽式"就能称为"玄德"呢？对此，一些学者认为，"常知稽式"，即常常恪守不以智治国的法则，能这么做的人，非具备玄妙之德不可，故说"常知稽式，是谓玄德"。如司马光说："知用智不若不用，非有精微之德，其孰能与于此。"[③] 林语堂说："若能常怀这种标准在心，不以智治国，必能与道同体，而达玄德的境界。"[④]

---

① 熊铁基、陈红星主编：《老子集成》第1卷，宗教文化出版社2011年版，第504页。
② 任继愈：《老子绎读》，国家图书馆出版社2015年版，第146页。
③ 熊铁基、陈红星主编：《老子集成》第2卷，宗教文化出版社2011年版，第554页。
④ 林语堂：《老子的智慧》，湖南文艺出版色2016年版，第233页。

这样的解释无疑是很有道理的。因为对于一个手握大权的古代统治者来说，你让他有权不用，不去显示自己的聪明，而去与民同归于愚，这几乎是不可能的事情。但是，如果他有极高的道德修养，达到了自然无为的境界，当然就不会去用智慧治国了，所以老子才说："能知稽式，是谓玄德。"

六、《老子》第二十三章中的充满争议之"德"

> 故从事于道者，同于道；德者，同于德；失者，同于失。同于道者，道亦得之；同于德者，德亦得之；同于失者，失亦得之。（第二十三章）

关于上引文字，历史上的各种《老子》本子存在诸多差异，粗略统计，有十多种不同的表述。文字不同，其含义自然也会不同，这就为我们把握其中的"德"的含义及本段文字的意蕴增添了不少难度。故在此拟先厘定文字，再分析其意义。

以往学者在厘定本段文字时，往往会先列举各种不同本子中的表述，但这样的做法，因引文过长、过多，常常使读者看得头昏脑涨，且不得要领。因此，笔者在此拟采取一种特别的做法：先列出王弼本的文字，然后指出不同本子与王弼本的区别，再分析哪一种表述更为合理。

王弼本本段文字为：

> 故从事于道者，道者同于道，德者同于德，失者同于失。同于道者，道亦乐得之；同于德者，德亦乐得之；同于失者，失亦乐得之。[①]

与王弼本不同且值得我们注意的，主要有以下三种表述。

1.去掉王弼本"道者同于道"中的"道者"二字，作"同于道"。

[①] 楼宇烈校释：《老子道德经注校释》，中华书局2008年版，第57—58页。

首先提出该观点的是俞樾，他认为，《淮南子·道应训》引《老子》该文中即无"道者"二字，从王弼对该句的注中也能发现，王弼本原无"道者"二字，因此"道者"二字应删："下'道者'二字，衍文也。本作'从事于道者，同于道'，……《淮南子·道应》篇引老子曰：'从事于道者，同于道'，可证古本不叠'道者'二字。王弼注曰：'故从事于道者以无为为君，不言为教，绵绵若存，而物得其真，于道同体，故曰"同于道"。'是王氏所据本正作'故从事于道者，同于道'，然以河上公注观之，则二字之衍久矣。"①

俞樾的观点得到一些学者的支持或认同，如蒋锡昌说："俞氏谓'道者'下'道者'二字当从《淮南》删，……是也。"② 高亨说："今王本、河上本并重'道者'二字。亨按：不当重'道者'二字。"③

值得注意的是，作"故从事于道者，同于道"，与作"故从事于道者，道者同于道"，在意思上有明显的不同，尤其是当我们把它与下文"德者同于德，失者同于失"联系起来理解时。我们先来看"故从事于道者，同于道；德者，同于德；失者，同于失"，其意思为：所以致力于道的人，就与道相合；致力于德的人，就与德相合；致力于失道和失德的人，就与失道、失德相合。这里的"从事于道"，是致力于"道"的意思。这里的"失"，指失道、失德的意思，不少学者都作此种理解。

而如果作"故从事于道者，道者同于道，德者同于德，失者同于失"，因这里的"道者""德者""失者"的所指并不是很明确，在理解时就会产生不小的分歧。历史上有不少本子，如河上公本、苏辙的《老子解》及范应元的《老子道德经古本集注》等该句均同王弼本，因

---

① 熊铁基、陈红星主编：《老子集成》第11卷，宗教文化出版社2011年版，第668页。
② 蒋锡昌：《老子校诂》，成都古籍书店1988年版，第160页。
③ 熊铁基、陈红星主编：《老子集成》第14卷，宗教文化出版社2011年版，第48页。

此，从他们的具体解释中，我们可以很清楚地看出这种分歧：

> 道者谓好道〔之〕人也。同于道者，所为与道同也。德〔者〕谓好德〔之〕人也。同于德者，所为与德同也。失谓任己〔而〕失人也。同于失者，所为与失同也。①

> 夫苟从事于道矣，则其所为合于道者得道，合于德者得德，不幸而失，虽失于所为，然必有得于道德矣。②

> 故天下之从事于道者，惟上之从。上从道者，下同于道；上从德者，下同于德；上从失者，下同于失。③

从以上引文可知，河上公把"道者"释为"好道之人"，苏辙释为"所为合于道者"，即行为合于道的人，意思相近，杜道坚则释为"上从道者"，即统治者致力于道；关于"失"字，河上公释为"任己而失人"，杜道坚未作解释，苏辙则释为"不幸而失"，并认为虽然有失，但"必有得于道德矣"，苏辙之所以会这么理解，是因为根据文字本身，无论"道者""德者"，还是"失者"，都是"从事于道者"，即都是致力于"道"的人，既是致力于"道"的人，则虽有失，亦不会有大失。

这种理解上的混乱亦从一个侧面证明了该段文字不当有"道者"二字。令人欣慰的是，马王堆帛书甲乙本该段文字均无"道者"二字，这就进一步证明了由俞樾率先提出的观点是正确的。因此，综上所述，笔者认为，王弼本"道者同于道"中的"道者"二字应当删去。

2. 去掉"道亦乐得之""德亦乐得之""失亦乐得之"中的三个"乐"字，作"道亦得之""德亦得之""失亦得之"。在各种《老子》

---

① 王卡点校:《老子道德经河上公章句》，中华书局1993年版，第95页。
② 熊铁基、陈红星主编:《老子集成》第3卷，宗教文化出版社2011年版，第12页。
③ 熊铁基、陈红星主编:《老子集成》第5卷，宗教文化出版社2011年版，第492页。

本子中，河上公本、林希逸的《道德真经口义》等均如王弼本有三个"乐"字，然而，傅奕本、范应元的《老子道德经古本集注》等不少本子则无三个"乐"字。那么这里究竟是否应该有"乐"字呢？对此，劳健明确指出，不当有"乐"字："又河上作'同于道者，道亦乐得之'云云三句，'得'字上皆多一'乐'字，傅、范、开元、敦煌皆无此'乐'字。按：王弼注曰：'言随行其所，故同而应之'，证此三句皆当有'同'字，无'乐'字。"①

另外，马王堆帛书甲乙本亦无三个"乐"字，因此，一些学者认为，此三个"乐"字系衍文："谂之帛书，王本何只并衍'乐'字"②，"其'乐'字亦是不必要的衍文。"③

笔者认为，这里有三个"乐"字，与无三个"乐"字，在意思上并无实质性的区别，因为所谓"道亦乐得之"，意为"道"也乐于得到他；所谓"道亦得之"，意为"道"也得到他，两者差别不大，体现的都是同声相应的道理，因此，该句有三个"乐"字，与无三个"乐"字，均是可以的，但因傅奕本、《老子想尔注》、景龙碑本、范应元的《老子道德经古本集注》等历史上有代表性的《老子》本子多无"乐"字，且帛书甲乙本亦无"乐"字，故这里还是以无"乐"字为妥。

3. 把后半段文字——"同于道者，道亦乐得之；同于德者，德亦乐得之；同于失者，失亦乐得之"以帛书本为依据，改为"同于德者，道亦德之；同于失者，道亦失之"。如陈鼓应说："此数句各本纷异，以帛书乙本为优，据改。"④董平说："本章的文字传世各本有较大差异。

---

① 熊铁基、陈红星主编：《老子集成》第15卷，宗教文化出版社2011年版，第309页。
② 高明：《帛书老子校注》，中华书局1996年版，第347页。
③ 刘笑敢：《老子古今》，中国社会科学出版社2006年版，第299页。
④ 陈鼓应：《老子今注今译》，商务印书馆2003年版，第165页。

这里主要是根据帛书甲、乙本对王弼本的文字做了必要的校订。"①

刘笑敢认为,帛书本此处的"德"字,均应读作"得",并认为王弼本与河上公本之误,就在于把"德"误认为是"道德"之"德",从而衍出了诸多不应有的文字:"对于河上本、王弼本来说,关键在于'德'的读法。'得'字,帛书本原作'德',根据上下文义,此'德'与'失'相对,显然应该读作'得',全段皆讨论得失问题,与道德之德无关。然而后来王弼、河上二本的编者不知就里,读'德'为本字,又根据'德者同于德'一句将原文'同于道'(帛23.7)三字衍生成'道者同于道'(河、王23.8),下面又衍出'同于道者,道亦乐得之'(河、王23.11)以与'同于德者,德亦乐得之'(河、王23.12)相匹配。结果河上、王弼二本既是'道'与'德'的整齐对仗,又附属着关于'失'的原句,则全文意义殊不可解。"②

刘笑敢认为这里的"德"应读为"得",有不少学者亦持此种观点,如林希逸说:"德,得也。……可得则得,我亦无违焉。"③易顺鼎说:"两'德'字皆当作'得',与下'失者同于失'相对。……'德''得'二字虽通,而王本则作'得'不作'德',诸家作'德'者,疑因上文言'道'而误以为道德相连也。"④

然而,亦有不少学者认为,这里的"德",就是"道德"之"德",如陆希声说:"从事于德,用德者也。虽失常道,未失常德,故德亦得之,则同于德矣。"⑤魏源说:"道者、德者、失者,统言世上从事于学之人,有此三等也。全其自然之谓道,有得于自然之谓德,失

---

① 董平:《老子研读》,中华书局2015年版,第124页。
② 刘笑敢:《老子古今》,中国社会科学出版社2006年版,第299页。
③ 熊铁基、陈红星主编:《老子集成》第4卷,宗教文化出版社2011年版,第505—506页。
④ 熊铁基、陈红星主编:《老子集成》第11卷,宗教文化出版社2011年版,第445—446页。
⑤ 熊铁基、陈红星主编:《老子集成》第1卷,宗教文化出版社2011年版,第595页。

其自然之谓失。"①

这就告诉我们,把这里的"德者""同于德"等中的"德"释为"得",虽然不失为一种合理的解释,但并非唯一的解释,把这里的"德"释为"道德"之"德",同样也能解释得通。由此再来反观刘笑敢关于王弼本、河上公本该段文字系由帛书本而衍出的观点,值得我们进行商榷的主要有这样两点:

一是刘笑敢说"全段皆讨论得失问题,与道德之德无关",未免有些武断,因为老子在此说"故从事于道者,同于道",明显亦涉及"道"的问题,并非只讨论得失问题;既涉及"道"的问题,则把"德"释为从"道"获得的特性,亦即"道德"之"德",把"失"释为失道和失德,在逻辑上亦完全能够说通。

二是刘笑敢说王弼、河上公二本的编者不知这里的"德"当读为"得",从而把帛书本的"同于德者,道亦德之;同于失者,道亦失之"扩充为三句:"同于道者,道亦乐得之;同于德者,德亦乐得之;同于失者,失亦乐得之",以与上面的"故从事于道者,道者同于道,德者同于德,失者同于失"相配,这样的说法,一方面有很大的主观猜测的成分,因为真实情况是否如此,我们无从得知;另一方面则是以帛书本是正确的,王弼本和河上公本必定有误为前提的。而从前面的介绍可知,关于该段文字,历史上不同的本子虽有不同的表述,但它们除了两个地方,即有的作"道者同于道",有的作"同于道";有的有三个"乐"字,有的无三个"乐"字,其他的文字绝大部分都是基本相同的,这就令我们很自然地产生这样的想法:王弼本该段文字或有其更古老的源头,只是我们现在尚未发现罢了。因此,笔者认为,该段文字仍当以王弼本为主要依据,帛书本可作为重要的参考,但不应以帛书本中的文字直接替代王弼本。

---

① 魏源:《老子本义》,华东师范大学出版社 2010 年版,第 53 页。

第二节 自然

在《老子》一书中,"自然"一词共五见。对于"自然"的确切含义,是目前老子学界的一个热门研究课题。在《老子》中,"自然"主要指自己如此、自然而然的意思,如"希言自然"(第二十三章)、"夫莫之命而常自然"(第五十一章)等中的"自然",指的都是这个意思。"自然"概念之所以受到学者们的重视,关键还在于第二十五章中的"道法自然"一句,因为根据"道法自然"的说法,应该有一个比"道"更根本的东西,需要"道"去效法。然而,在老子思想中,"道"是宇宙万物的本原,怎么可能有一个比"道"更根本的东西呢?因此,关于"道法自然"中的"自然"的含义,需要我们作出深入的探讨。

一、《老子》中的"自然"大多指自己如此、自然而然

功成事遂,百姓皆谓我自然。(第十七章)
希言自然。(第二十三章)
道之尊,德之贵,夫莫之命而常自然。(第五十一章)
是以圣人欲不欲,不贵难得之货;学不学,复众人之所过。以辅万物之自然,而不敢为。(第六十四章)

上引四段文字中的"自然",都是指自己如此、自然而然的意思。

(一)为什么"百姓皆谓我自然"及关于其中的"自然"的不同理解

第十七章"功成事遂,百姓皆谓我自然"中的"功成事遂",意为功业建立了,事情成功了,这里的"遂",是成功的意思。那么,是什么功业建立了,什么事情成功了呢?对此,河上公认为,就是达

到了天下天平:"谓天下太平也。"① 成玄英认为,就是使天下万物得以化育护养:"亭毒之功成,育养之事遂"。② 总而言之,这里的"功成事遂"就是使民众过上了理想中的幸福生活。

"百姓皆谓我自然",意为百姓都说我们本来就是这样的。这里的"自然",是自己如此、本来如此的意思。那么,老百姓过上了理想中的幸福生活,不去感谢君主,不去感谢政府,却说我本来就是这样的,我就应该这样过日子,这又是为什么呢?对此,学者们大多认为,这是因为统治者以无为之道治国,对百姓的生活不横加干涉,一切顺其自然,从而使百姓过上了幸福的生活;统治者对此不以功自居,老百姓不知道这一切都是统治者实施无为之治的结果,从而误以为这一切都是自己理所应当的,所以"皆谓我自然"。如王弼说:"居无为之事,行不言之教,不以形立物,故功成事遂,而百姓不知其所以然也。"③ 吴澄说:"盖圣人不言无为,俾民阴受其赐,得以各安其生,及其功既成,事既遂,而百姓皆谓我自如此,不知其为君上之赐也。"④

有的学者则进一步指出,所谓"功成事遂,百姓皆谓我自然",即对第十七章第一句"太上,下知有之"的进一步说明,因为"太上,下知有之"意为最好的君主以无为之道治国,不用政教法令束缚民众,民众只知道存在这么一位君主,对其所作所为则一无所知,所以民众在过上幸福生活时,不知道这是君主的功劳,反而认为自己本来就是这样的,如唐玄宗说:"功成而不执,事遂而无为,百姓日用而不知,谓我自然而成遂,则'太上,下知有之'之谓也。"⑤ 林希逸说:"太上

---

① 王卡点校:《老子道德经河上公章句》,中华书局1993年版,第69页。
② 熊铁基、陈红星主编:《老子集成》第1卷,宗教文化出版社2011年版,第300页。
③ 楼宇烈校释:《老子道德经注校释》,中华书局2008年版,第41页。
④ 熊铁基、陈红星主编:《老子集成》第5卷,宗教文化出版社2011年版,第615—616页。
⑤ 熊铁基、陈红星主编:《老子集成》第1卷,宗教文化出版社2011年版,第423页。

之时，功既成矣，事既遂矣，天下之人阴受其赐而不自知，皆曰我自然如此，所谓帝力于我何加是也。"①

这样的理解无疑是很有道理的，老子在本章中要强调的，正是"太上"的无为而治，而"犹兮其贵言""百姓皆谓我自然"便是这种无为而治的具体体现和结果。

需要指出的是，关于此处的"自然"的含义，古代学者大多释为"自然如此""自然而然"之类的意思，如河上公说："百姓不知君上之德淳厚，反以为己自当然也。"②陆希声说："使百姓咸遂其性，皆曰我自然而然。"③

所谓"自然如此""自然而然"，即事物依其本性而发展，没有外力的干涉和影响，当代学者也大多是这么理解的，如陈鼓应说："自然：自己如此。……百姓都说：'我们本来是这样的。'"④董平说："'原本如此''自然而然'，叫做'自然'。"⑤

然而，刘笑敢则认为，"自然"在《老子》一书中有很高的地位，以河上公为代表的对"自然"的通行理解未必符合"自然"的基本思想："河上公所代表的通行的理解未必符合《老子》全文中'自然'的基本思想。按照这样理解，自然只是百姓自认为如此的一种陈述。但事实上，'自然'在《老子》中有很高地位，不是一般性的描述性词语。除本章外，《老子》中'自然'还有四见。……这些例句都说明'自然'不是一般的叙述性辞汇，而是与道、与圣人、与万物密切相关的普遍性概念和价值。本章之'自然'如果按通行的解释，就只是百姓不知圣人之作用，而自以为成功的陈述，不合'自然'在《老子》

---

① 熊铁基、陈红星主编：《老子集成》第4卷，宗教文化出版社2011年版，第503页。
② 王卡点校：《老子道德经河上公章句》，中华书局1993年版，第69页。
③ 熊铁基、陈红星主编：《老子集成》第1卷，宗教文化出版社2011年版，第591页。
④ 陈鼓应：《老子今注今译》，商务印书馆2003年版，第142—143页。
⑤ 董平：《老子研读》，中华书局2015年版，第105页。

中的最高价值的地位。"①

刘笑敢进一步认为,这里"百姓皆谓我自然"中的"我",指的亦不应是百姓,而应是圣人:"所以其句义应该是百姓称赞圣人无为而治的管理办法符合自然的原则。"因此,这里的"自然",也应从普遍性概念和价值的角度来理解。②

笔者认为,刘笑敢说这里的"我"是指圣人而非百姓自己,这里的"自然"不能按通行的解释,这是值得商榷的。因为在第十七章中,老子明确说:"太上,下知有之",即最好的君主,百姓只知道他的存在,却不知其所作所为;又说:"犹兮其贵言",即最好的君主迟疑审慎,不轻易发号施令。正因为这样,所以百姓在"功成事遂"时,才说是自己本来如此。若说这里的"我"指圣人,又说这里的"自然"指普遍性的概念和价值,则会产生这样两个问题:一是刘笑敢说"百姓皆谓我自然"指"百姓称赞圣人无为而治的管理办法符合自然的原则",既然说"百姓称赞圣人",这便明显属于"其次"的"亲而誉之",而不是"太上"的"下知有之"了,因为第十七章中明确说:"太上,下知有之;其次,亲而誉之",意即最好的君主,百姓只知道他的存在;次一等的君主,百姓亲近并且赞美他。二是百姓说圣人"自然",且此"自然"又是在普遍原则的意义上使用的,则无疑过于抬高了百姓的思维水平,不符合百姓说话的身份特点。因此,笔者认为,我们对老子的"自然"概念当然可以作各种各样深入的分析,但是就本章而言,把它理解为"自己如此""自然而然",当更为简洁明了,亦更为恰当。

(二)"希言自然"中的"希言"的含义及其与"自然"的关系

第二十三章"希言自然"中的"自然",与第十七章"百姓皆谓

---

① 刘笑敢:《老子古今》,中国社会科学出版社2006年版,第236页。
② 同上。

我自然"中的"自然"意思一样,指的是自己如此、自然而然的意思。因老子在第二十五章中说"道法自然",故有的学者认为,这里的"自然",指的其实就是"道",如成玄英说:"自然者,重玄之极,道也。"①张默生说:"'自然',是道的体状,故说'道法自然'。"②这种说法有一定的道理,关于"自然"与"道"的关系,笔者将在后面作详细的分析。

这里值得我们注意的首先是"希言"的含义。从古今学者关于"希言"的解释来看,他们对于"希言"主要有以下四种理解。

1. 认为"希言"之"希",即第十四章"听之不闻,名曰希"之"希";而"听之不闻,名曰希",指"道"虽客观存在,但"道"无声,用耳朵无法听到它的声音,因此,"希"代表一种特殊的无声状态。据此,则"希言"便指一种特殊的"无言",其实质是"道"之所言或合于"道"之言,如王弼说:"'听之不闻,名曰希'。下章言:道之出言,淡兮其无味也,视之不足见,听之不足闻。然则无味不足听之言,乃是自然之至言也。"③吕惠卿说:"'希言'者,以道言也,故曰'自然'。"④

2. 认为"希言"即不言、无言,如吴澄说:"希言,无言也。"⑤张默生说:"'希言',和'无言'的意思差不多。"⑥

3. 认为"希言"与第五章"多言数穷"中的"多言"相反,因此,"希言"即少言、少说话的意思,如李荣说:"希,少也。'多言数穷',

---

① 熊铁基、陈红星主编:《老子集成》第1卷,宗教文化出版社2011年版,第304页。
② 张默生:《老子章句新释》,成都古籍书店1988年版,第28页。
③ 楼宇烈校释:《老子道德经注校释》,中华书局2008年版,第57页。
④ 吕惠卿:《老子吕惠卿注》,华东师范大学出版社2015年版,第27页。
⑤ 熊铁基、陈红星主编:《老子集成》第5卷,宗教文化出版社2011年版,第619页。
⑥ 张默生:《老子章句新释》,成都古籍书店1988年版,第28页。

少言合道。"① 王安石说:"'多言数穷',故希言则自然。"②

4.当代学者大多认为,"希言"即少言的意思,但这里的"言",指的是政教法令,因此,"希言"即减少政教法令的意思,它反映的实即老子无为而治的思想,如蒋锡昌说:"'希言'者,少声教法令之治……谓圣人应行无为之治。"③ 董平说:"'希言'的'言',其所指既可以是政教法令,也可以是统治者所提倡、倡导、宣扬的东西。"④

综上所述,笔者认为,第一、第二种解释意思相近,但第二种解释把"希言"直接释为"不言""无言",没有明确揭示其与"道"之间的内在关联,故不如第一种解释更为恰当;第三、第四种解释意思相近,但第三种解释释"希言"为少说话,拘于文字本身,未作深入挖掘,不如第四种解释释为减少政令更为恰当。至于第一、第四种解释哪一种更为恰当,笔者认为,这两种解释各具特色,均有道理,但第一种解释稍显曲折,不如第四种解释在意思上显得更为明确、顺畅。因此,笔者倾向于把"希言自然"释为少发政令合乎自然的意思。因为"自然"意为自然而然,把"希言"释为少发政令,则其体现的正是无为而治的原则,而按照老子的思想逻辑,无为而治恰恰是自然的体现。

(三)对"道之尊,德之贵"的不同理解及"莫之命"与"常自然"的含义

对于第五十一章中"道之尊,德之贵"的含义,学者们主要有两种理解。一种认为,"道之尊,德之贵"指"道"的尊崇,"德"的贵重。如唐玄宗说:"今道之所以尊,德之所以贵"⑤,高亨说:"道的尊

---

① 熊铁基、陈红星主编:《老子集成》第1卷,宗教文化出版社2011年版,第361页。
② 容肇祖:《王安石老子注辑本》,中华书局1979年版,第27页。
③ 蒋锡昌:《老子校诂》,成都古籍书店1988年版,第156页。
④ 董平:《老子研读》,中华书局2015年版,第124页。
⑤ 熊铁基、陈红星主编:《老子集成》第1卷,宗教文化出版社2011年版,第492页。

崇，德的贵重"。① 另一种认为，"道之尊，德之贵"指"道"所以被尊崇，"德"所以被重视。如范应元说："道德非有爵，而万物常自然尊贵之"②，任继愈说："'道'所以被尊崇，'德'所以被重视"。③

对于"夫莫之命而常自然"的含义，学者们也主要有两种理解。一种认为，"莫之命"指"道"和"德"对万物不施加命令，"常自然"指"道"和"德"顺万物之性，让万物自然生长发展，如李嘉谋说："道之尊，德之贵，至于此极矣。然不自尊其尊，不自贵其贵。其施于物非有心于物也，莫之命而常自然。自然而生，自然而畜，凡所以长育成熟，以至于养之覆之，莫非自然者。"④ 蒋锡昌说："道之所以尊，德之所以贵，即在于不命令或干涉万物而任其自化自成也。"⑤

另一种认为，"莫之命而常自然"指万物尊道贵德的行为完全是出于自然，没有谁命令它们这么做；或没有谁下令使道尊德贵，而万物自然尊道贵德，如吴澄说："道尊德贵则非有命之者，而万物常自如此尊贵之也。"⑥ 傅佩荣说："道受到尊崇，德受到重视，这是没有任何命令而向来自然如此的。"⑦

以上是古今学者关于"道之尊，德之贵，夫莫之命而常自然"一段文字的主要解释，可见其中存在的分歧还是很大的。笔者认为，要获得对该段文字含义的确切理解，我们应从"道之尊，德之贵"中的"尊""贵"二字的含义入手。

从该段文字的上句"是以万物莫不尊道而贵德"的意思来看，它指的是万物没有不尊崇道而重视德的，其中的"尊"和"贵"都是

---

① 高亨：《老子注译》，清华大学出版社2010年版，第85页。
② 范应元：《老子道德经古本集注》，华东师范大学出版社2010年版，第90页。
③ 任继愈：《老子绎读》，国家图书馆出版社2015年版，第111页。
④ 熊铁基、陈红星主编：《老子集成》第3卷，宗教文化出版社2011年版，第642页。
⑤ 蒋锡昌：《老子校诂》，成都古籍书店1988年版，第317页。
⑥ 熊铁基、陈红星主编：《老子集成》第5卷，宗教文化出版社2011年版，第634页。
⑦ 傅佩荣：《傅佩荣译解老子》，东方出版社2012年版，第73页。

动词。因此，老子接下来说"道之尊，德之贵"，则其中的"尊"和"贵"也应该作动词，指"道"所以被尊崇，"德"所以被重视。当然，把这里的"尊"和"贵"理解为名词，意为尊贵和贵重，在意思上也能说通，但不如作动词理解更为恰当，更能体现文字运用的前后一贯性。

既然"道之尊，德之贵"指"道"所以被尊崇，"德"所以被重视，则接下来的"夫莫之命而常自然"当指万物对"道"的尊崇、对"德"的重视并没有谁发布命令，而永远是自然而然的，这样便正好与上句"万物莫不尊道而贵德"相呼应，而其他关于该段文字意思的种种理解，均存在不够顺畅的地方。

（四）"辅万物之自然"与"不敢为"之间的关系

对于第六十四章"是以圣人欲不欲，不贵难得之货；学不学，复众人之所过"中"欲不欲"及"学不学"的内涵，学者们主要有两种理解，一种认为，"欲不欲"指欲人所不欲，"学不学"指学人所不学，因此，所谓"圣人欲不欲，……学不学"指圣人想要的，正是众人所不想要的；圣人所学的，正是众人不学的。如林希逸说："众人之所不欲者，圣人欲之；众人之所贵者，圣人不贵之。……众人之所不学者，圣人学之。"[①] 张默生说："圣人深深的明白这种道理，所以不与众人的居心和行事一样。譬如说：众人所欲的，是难得之货。圣人偏偏欲众人之所不欲，故曰'欲不欲'；……譬如说，众人所学的，都是追逐知识，好凭自己的聪明去作事，结果，往往落得满身错过。圣人偏偏'为道日损'，学众人之所不学，故曰'学不学'。"[②]

另一种认为，"欲不欲"指以不欲为欲，"学不学"指以不学为学，因此，所谓"圣人欲不欲，……学不学"指圣人想要的，是没有欲

---

① 熊铁基、陈红星主编：《老子集成》第4卷，宗教文化出版社2011年版，第521页。
② 张默生：《老子章句新释》，成都古籍书店1988年版，第85—86页。

望；圣人所学的，是不学。如吴澄说："此言圣人之欲，以不欲为欲；圣人之学，以不学为学。"① 任继愈说："因此，'圣人'的欲望就是无欲，……〔圣人〕的学问就是不学。"②

笔者认为，说圣人想要的，正是众人不想要的，与说圣人想要的是没有欲望，两者并无实质的区别，因为众人皆逐欲，所以众人不想要的，正是没有欲望。说圣人所学的，正是众人不学的，与说圣人所学的是不学，两者亦无实质的区别，因为圣人所学的是无为清静，众人所学的是外在的知识和各种智巧，圣人与众人所学各异，且圣人不学世俗之知识，故说"圣人学不学"。因此，上述两种理解，可谓对"欲不欲""学不学"之内涵的不同角度的揭示，都是有道理的。

对于"复众人之所过"一句，则可有两种理解：一是指返回众人之所过，亦即从众人所犯的过失中返回，使自己避免众人所犯之过失；二是指使众人从过失中返回，亦即最终使众人没有过失的意思。

"以辅万物之自然，而不敢为"中的"辅"，指辅助、辅佐的意思。"不敢为"中的"为"，指强为、妄为，即不顾客观规律，凭自己的意愿去做的意思，如司马光说："不敢强有所为也。"③ 范应元说："不敢妄为也。"④ 因此，所谓"以辅万物之自然，而不敢为"，意即辅助万物的自然变化，而不敢有意去做。其意思是比较清楚的。不过，这里还是有几个问题需要作深入的分析。

一是何谓"万物之自然"。关于"万物之自然"，学者们有这样的论述："一切众生皆禀自然正性"⑤，"物之性也，本乎自然"⑥，"万物生

---

① 熊铁基、陈红星主编：《老子集成》第5卷，宗教文化出版社2011年版，第642页。
② 任继愈：《老子绎读》，国家图书馆出版社2015年版，第143页。
③ 熊铁基、陈红星主编：《老子集成》第2卷，宗教文化出版社2011年版，第554页。
④ 范应元：《老子道德经古本集注》，华东师范大学出版社2010年版，第113页。
⑤ 熊铁基、陈红星主编：《老子集成》第1卷，宗教文化出版社2011年版，第336页。
⑥ 熊铁基、陈红星主编：《老子集成》第1卷，宗教文化出版社2011年版，第381页。

成，皆不出自然"①，等等。据此，对于"万物之自然"的含义，我们可以得出这样两点认识：(1) 指自然是万物的本性；(2) 指万物的生长发展是一个自然而然的过程。当然，这两者其实也是合一的：正因为万物有自然而然的本性，故其生长发展才呈现为自然而然的过程。

二是圣人为何要"辅万物之自然"。既然万物有自然而然的本性，能自然而然地生长发展，那么一切顺其自然就可以了，圣人为何要去"辅"呢？对此，学者们有这样的解释："一切众生皆禀自然正性，迷或（惑）妄执，丧道乖真，圣人欲持学不学之方，引导令其归本。"②"物之性也，本乎自然，欲者以染爱累真，学者以分别妨道，遂使真一之源不显，至道之性难明，不入于无为，但归于败失。圣人显自然之本性，辅万物以保真。"③

也就是说，万物虽皆有自然之性，但此自然之性是潜藏的，众生迷妄，失其本性，故需要圣人来辅助，来引导众生，使返璞归真。其实，关于这一点，第三十七章中亦已有明确揭示："道常无为而无不为。侯王若能守之，万物将自化。化而欲作，吾将镇之以无名之朴。"意即侯王若能守无为之道，对万物不加干涉，万物将自己生长发展。但万物在生长发展时会有私欲产生，此时就需要侯王"镇之以无名之朴"，也就是需要侯王来辅助万物。

三是圣人既已采取某种方式"辅万物之自然"，为何又说"不敢为"呢？对此，一些学者指出，圣人之"辅万物之自然"，是依据万物的自然本性因势利导，而不是一意孤行，更不是违背自然而妄行，如河上公说："圣人动作因循，不敢有所造为，恐远本也。"④奚侗说：

---

① 熊铁基、陈红星主编：《老子集成》第2卷，宗教文化出版社2011年版，第554页。
② 熊铁基、陈红星主编：《老子集成》第1卷，宗教文化出版社2011年版，第336页。
③ 熊铁基、陈红星主编：《老子集成》第1卷，宗教文化出版社2011年版，第381页。
④ 王卡点校：《老子道德经河上公章句》，中华书局1993年版，第251页。

"圣人之有为也，不撄人之心，不逆物之情，辅相万物自然而已。无为而无不为，固不敢妄有所为也。"①

也就是说，圣人之"为"，是"辅万物之自然"，即根据万物的自然本性加以辅助，使万物能自然生长变化而不偏离正道，这样的"为"，实际上就是"无为"。此正如高亨所言："《老子》极言圣人无为。……其无为之义，颇令人眩惑。而本章乃明揭而出之曰：'辅万物之自然而不敢为。'始知《老子》所谓圣人无为者，只是因其自然而已。"②

二、指"道"之本体——《老子》第二十五章中的"自然"

人法地，地法天，天法道，道法自然。（第二十五章）

上引文字具体说明了"道"、天、地、人"四大"间的关系：由人而地，而天，而"道"，转相效法，层层递进。然而，"道法自然"一句，仿佛存在一个高于"道"的"自然"，这给人们的理解带来很大的困扰，并由此导致了对于整段文字含义的诸多不同的理解。

（一）"人法地，地法天，天法道"的内涵

"人法地"中的"法"，指仿效、效法的意思，因此，所谓"人法地"，便是人应当效法地的意思。那么人应当效法地的什么东西呢？对此，学者们大多认为，地以安静为特点，故"人法地"，就是要像地一样安静的意思，如成玄英说："必须法地安静，静为行先，定能生惠也。"③ 王安石说："人法地之安静，故无为而天下功。"④

---

① 熊铁基、陈红星主编：《老子集成》第13卷，宗教文化出版社2011年版，第25页。
② 熊铁基、陈红星主编：《老子集成》第14卷，宗教文化出版社2011年版，第76页。
③ 熊铁基、陈红星主编：《老子集成》第1卷，宗教文化出版社2011年版，第306页。
④ 容肇祖：《王安石老子注辑本》，中华书局1979年版，第29页。

不过，也有学者作别的理解，如魏源说："法地之无不载"。① 河上公的解释则更为丰富："人当法地安静和柔，种之得五谷，掘之得甘泉，劳而不怨，有功而不置也。"② 这些解释虽具体内容不同，但其实质是相通的：凡大地具有的优秀德性，如厚重、宁静、生长养育万物、不居功等，都是人所应效法的对象。

所谓"地法天"，指大地效法天。那么大地效法天的什么东西呢？王弼说，大地当效法天的以"道"为准则："地不违天，乃得全载，法天也。……天法于道，地故则焉。"③ 王安石说，大地应效法天的以"无为"为准则："地法天之无为，故不长而万物育。"④

同样，所谓"天法道"，便是天效法"道"。天效法"道"的什么东西呢？不少学者认为，就是效法"道"的自然，如王弼说："天不违道，乃得全覆，法道也。……道（顺）〔法〕自然，天故资焉。"⑤ 魏源说："法道之无不生成而已。道本自然，法道者亦法其自然而已。"⑥

据上所述，则"人法地，地法天，天法道"的含义似乎是十分简单而清晰的，然而事实却并非如此，那么它究竟复杂在哪里呢？对此，笔者将在后面作具体论述。

（二）"道法自然"的真谛

"道法自然"一句，是本段文字的难点所在，历来争议极多。从文字本身来说，所谓"道法自然"，便是"道"效法自然，一些学者正是这样理解的，如林希逸说："道又法于自然，是自然又大于道与天地也。"⑦ 但如果这样理解，则据"人法地，地法天，天法道，道法自

---

① 魏源：《老子本义》，华东师范大学出版社2010年版，第56页。
② 王卡点校：《老子道德经河上公章句》，中华书局1993年版，第103页。
③ 楼宇烈校释：《老子道德经注校释》，中华书局2008年版，第64页。
④ 容肇祖：《王安石老子注辑本》，中华书局1979年版，第29页。
⑤ 楼宇烈校释：《老子道德经注校释》，中华书局2008年版，第64页。
⑥ 魏源：《老子本义》，华东师范大学出版社2010年版，第56页。
⑦ 熊铁基、陈红星主编：《老子集成》第4卷，宗教文化出版社2011年版，第506页。

然"，便出现了"人""地""天""道""自然"这样一个五者递进的序列，"自然"为其中的最高者，这不仅与前面"道大，天大，地大，王亦大。域中有'四大'"的说法相"矛盾"，因为加上"自然"，便变成了"五大"，而不是"四大"，而且"自然"高于"道"，与"道"作为天地万物本原的思想亦相"矛盾"。因此，对于这样的理解，不少学者都提出了批评："若如惑者之难，以道法效于自然，是则域中有五大，非四大也。又引《西升经》云：虚无生自然，自然生道，则以道为虚无之孙，自然之子。妄生先后之义，以定尊卑之目，塞源拔本，倒置何深？"①"'自然'只是形容'道'生万物的无目的、无意识的程序。'自然'是一个形容词，并不是另外一种东西，所以上文只说'四大'，没有说'五大'。老子的'道法自然'的思想跟目的论的说法鲜明地对立起来。"②

正是认识到把"道法自然"理解为"道"效法自然会带来种种思想上的混乱和内在矛盾，一些学者在对"人法地，地法天，天法道，道法自然"进行理解时采取了一种特殊的做法，就是把全句的主语理解为"人"，"法地""法天""法道""法自然"均是人之所为，以避免"道法自然"一语造成的混乱，如成玄英说："人，王也。必须法地安静，静为行先，定能生惠也。……既静如地，次须法天清虚，覆育无私也。……既能如天，次须法道虚通，包容万物也。既能如道，次须法自然之妙理，所谓重玄之域也。"③魏源说："末四语以人法为主，……言王者何以全其大乎？亦法天之无不覆，法地之无不载，法道之无不生成而已。道本自然，法道者亦法其自然而已。"④

正是顺着这样的思路，高亨明确指出，该段文字应作"人法地，

---

① 熊铁基、陈红星主编：《老子集成》第1卷，宗教文化出版社2011年版，第471页。
② 冯友兰：《中国哲学史新编试稿》，中华书局2017年版，第286—287页。
③ 熊铁基、陈红星主编：《老子集成》第1卷，宗教文化出版社2011年版，第306页。
④ 魏源：《老子本义》，华东师范大学出版社2010年版，第56页。

法天，法道，法自然"："'人法地'四句，旧注如此断句，讲不圆通。亨按：当作'人法地，法天，法道，法自然'。地、天、道三字传钞误重。"①

除了上述理解，学界还有一种较为通行的理解，就是把"道法自然"理解为"道"的本性就是自然而然，道并无所法，如河上公说："道性自然，无所法也。"②陈鼓应说："道法自然：道纯任自然，自己如此。"③

然而，对于这样的理解，刘笑敢明确提出了质疑："这是河上公以来常见的解释。……这样读从语法上来讲则有些不妥。因为在'人法地，地法天，天法道，道法自然'四句中，前三句的'法'都是动词，惟独最后一句的'法'突然解释为名词，殊为突兀，于理未惬。……事实上，这种读法，不仅把'自然'作为重要的名词性概念的意义读丢了，而且也把'道'本身丰富的内容读丢了。"④

笔者认为，古今学者对于"道法自然"的理解之所以会陷入种种困境，关键在于对"自然"的理解出现了偏差。因为把"道法自然"中的"自然"仅仅理解为自然而然亦是不够全面的。在笔者看来，这里的"自然"，指的就是"混成之物"，即宇宙万物本原之本体，因为"混成之物"的特性是自然（意为自然而然），故以"自然"代指；这里的"道"，指的是"混成之物"的具体作用，而非"混成之物"之本体。因此，所谓"道法自然"，便是指"道"效法"混成之物"，说得再具体些，便是"道"效法以"自然"为特性的"混成之物"。对于这一道理，其实古代学者已有一些揭示，只是因为语言过于晦涩，未能引起学者们足够的重视，如王弼说："道不违自然，乃得其性，

---

① 高亨：《老子注译》，清华大学出版社2010年版，第47页。
② 王卡点校：《老子道德经河上公章句》，中华书局1993年版，第103页。
③ 陈鼓应：《老子今注今译》，商务印书馆2003年版，第173页。
④ 刘笑敢：《老子古今》，中国社会科学出版社2006年版，第316—317页。

〔法自然也〕。法自然者，在方而法方，在圆而法圆，于自然无所违也。自然者，无称之言，穷极之辞也。"①

王弼说"自然者，无称之言，穷极之辞也"，令我们很自然地想起王弼对"域中有四大"的注文："凡物有称有名，则非其极也。……无称不可得而名，〔故〕曰域也。"其中的"无称"，指的就是"混成之物"。这里的"自然者，无称之言，穷极之辞也"几句，有的本子亦作"自然，无称穷极之辞"②，意即"自然"是"无称"的推到至极之处的文词，因此，这里的"自然"，指的即是"混成之物"。故所谓"道法自然"，即"道"效法"混成之物"，而所谓"道"效法"混成之物"，指的是"道"作为"混成之物"之作用，充分体现、展示以自然而然为特性的"混成之物"。所以，在此必须说明的是，"道"与"混成之物"只有体用之别，它们属于一"物"，而非二"物"，此正如范应元所说："道一而已，有体用焉，……体用一源，非有二道也。"③

第三节 "无"与"有"

"无"与"有"，是老子思想的两个十分重要的概念，它们包含两个层次的意义：第一个层次，从宇宙本体论和生成论的意义上，"无"指的是宇宙万物本原之本体，它无声无形，不可捉摸，故称之为"无"；"有"指的是宇宙万物本原之本体显现其作用，如创生宇宙万物，并作为宇宙万物变化发展的内在根据和动力。从这个意义上说，"无"是"有"的根据，"有"是"无"的显现，"无"比"有"要更为根本，故老子说"天下万物生于有，有生于无"（第四十章）。第二个

---

① 楼宇烈校释：《老子道德经注校释》，中华书局2008年版，第64页。
② 同上，第68页。
③ 范应元：《老子道德经古本集注》，华东师范大学出版社2010年版，第1页。

层次，则是就物理世界而言的，"有"指的是存在某种东西，"无"指的是不存在或没有某种东西，这个意义上的"有"和"无"既互相区别："有"即是"有"，"无"即是"无"，"有"不等于"无"；又相互依存："有"是相对于"无"而言的，没有"无"就没有"有"，没有"有"也不会有"无"，而且，"有"可以变为"无"，"无"可以变为"有"，故老子说"有无相生"（第二章）。另外，老子进一步指出，日常生活中的器物之所以有某种实用价值，正是"有"与"无"相结合的结果：如一个陶器，正是因为它四周的"有"和中间的"无"的结合，才能发挥盛物的作用；一间房子，正是因为它四周墙壁的"有"与中间的"无"的结合，才能发挥住人或储物的作用，故老子说："有之以为利，无之以为用。"（第十一章）

一、"有"和"无"：具体事物的存在与不存在

有无相生。（第二章）

三十辐，共一毂，当其无，有车之用。埏埴以为器，当其无，有器之用。凿户牖以为室，当其无，有室之用。故有之以为利，无之以为用。（第十一章）

执今之道，以御今之有。（第十四章）

上引三段文字中的"无"和"有"，均是就具体事物的存在与不存在而言的。

（一）"有无相生"："有"和"无"互相依存转化

第二章中的"有无相生"，指"有"和"无"互相依存和转化，它主要包含这样两层意思：一是事物总是不断地处于从无到有、又从有到无的转变过程中，大到天地的成毁，小到四季的更替、植物的枯荣变化等，莫不如此。二是"有"与"无"的概念是互相依存的，没有"有"就没有"无"，没有"无"也就不会有"有"。如成玄英说：

"有无二名，相因而立。"①《唐玄宗御制道德真经疏》中也说："夫有不自有，因无而有，……无不自无，因有而无，……故云相生。"②

在对"有无相生"这句话的理解上，当今学者多强调这里的"有""无"是就现象界的事物的存在或不存在而言的，而非就本根意义上的道体而言，如陈鼓应说："'有''无'，指现象界事物的显或隐而言。……不同于……喻本体界之道体的'无''有'。"③刘笑敢说："本章之'有无相生'是就现象界或经验界来说的，和第四十章'天下万物生于有，有生于无'从宇宙演化生成的角度讨论有无的关系完全不同，二者是不应该混淆的。"④然而，与刘笑敢强调这里的"有无相生"不同于第四十章的"天下万物生于有，有生于无"恰成对照的是，一些古代学者则明确用第四十章的"天下万物生于有，有生于无"来解释这里的"有无相生"。如李荣说："天下之物生于有，有生于无。从无出有，自有归无，故曰相生。"⑤吕惠卿也说："是故天下之物生于有，有生于无，是之谓有无之相生。"⑥但是严格说来，"天下万物生于有，有生于无"表述的只是具体事物是从"有"而来，"有"又是从"无"而来，并没有说"无生于有"的意思，故不能据此得出"有无相生"的结论。所以当今学者的辨析和强调是有道理的。

（二）第十一章中的"有"和"无"的含义

第十一章中"三十辐，共一毂，当其无，有车之用。埏埴以为器，当其无，有器之用。凿户牖以为室，当其无，有室之用，"这一段

---

① 熊铁基、陈红星主编：《老子集成》第1卷，宗教文化出版社2011年版，第288页。
② 熊铁基、陈红星主编：《老子集成》第1卷，宗教文化出版社2011年版，第452页。
③ 陈鼓应：《老子今注今译》，商务印书馆2003年版，第81页。
④ 刘笑敢：《老子古今》，中国社会科学出版社2006年版，第142页。
⑤ 熊铁基、陈红星主编：《老子集成》第1卷，宗教文化出版社2011年版，第351页。
⑥ 吕惠卿：《老子吕惠卿注》，华东师范大学出版社2015年版，第3页。

文字的意思是：三十根辐条汇集到一个车毂上，有了车毂中空无的地方，才有车的作用。揉和泥土制成陶器，有了陶器中空无的地方，才有陶器的作用。开凿门窗建造房屋，有了门窗及房屋中空无的地方，才有房屋的作用。最后得出结论说："故有之以为利，无之以为用"，意即"有"给人提供便利，"无"发挥了它的作用。也就是说，所谓"有之以为利"，指的是车、器、室等实有的东西给人提供便利，这里的"利"，是便利、利益的意思；所谓"无之以为用"，则是指这些实有的东西的空无之处发挥了作用。

本章中涉及"有"和"无"的文字，有"有之以为利""当其无"和"无之以为用"。对于"有之以为利"中的"有"，学者们多理解为具体存在的事物；对于"当其无"中的"无"，学者们多理解为空虚、空无，基本上不存在争议。争议较多的，是"无之以为用"中的"无"，指的究竟是形而上意义的"无"，还是经验层面的空无。

一些学者从道和器的角度去理解"无"和"有"，认为这里的"无"相当于道，属于形而上层面的概念；这里的"有"相当于形而下层面的器，即器物。如陆希声说："夫形而上者谓之道，形而下者谓之器。道者以'无'为其用，器者以'有'为其利。"[①] 张默生说："一切器物的用处，全在于'无'。大道是无形无象的，而天地万物均由道生，可见无形无象的大道，真是妙用无穷！"[②]

不过，当代学者大多认为，这里的"有"和"无"，均是就现象界或经验层面而言的，这里的"无"并非形而上意义的"无"，与《老子》第四十章"有生于无"中的"无"有根本的区别。如陈鼓应说："本章所说的'有''无'是就现象界而言的"[③]，董平说："本章所讲的

[①] 熊铁基、陈红星主编：《老子集成》第1卷，宗教文化出版社2011年版，第589页。
[②] 张默生：《老子章句新释》，成都古籍书店1988年版，第14页。
[③] 陈鼓应：《老子今注今译》，商务印书馆2003年版，第117页。

'有''无',均是就现象而言,与作为本原性实在之道的'无'应当在领会上有所区分。"①

笔者认为,相较而言,从现象界的层面去理解本章中的"有"和"无",当更接近老子的本意。因为从本章内容来看,老子是从经验事物中总结出某种有规律性的道理,他从车毂、陶器、房屋这一个个的具体东西中抽象出"有",用来指具体存在的事物;从车毂之空无处、陶器之空无处、房屋之空无处中抽象出"无",用来泛指事物的空无之处。因此,这里的"有"和"无"是比具体事物高一层次的概念,但还未提升到本体论的高度,故若从本体论的高度去理解这里的"无",无疑是诠释过度了。

(三)《老子》第十四章中的"御今之有":驾驭现今的具体事物

第十四章"执今之道,以御今之有",意为持守现今的"道",来驾驭现今的具体事物。其中的"有",指具体事物。不过,也有学者认为这里的"有"通"域",指邦域、国家。笔者认为,从"有"的含义来看,既可以指具体存在的事物,又可通"域",指邦域、国家,因此,这两种理解均可成立;但是,驾驭具体事物的含义要更为广泛,它可以包括治理国家的内容,因此,相比之下,还是把"有"释为具体事物更为恰当。关于"执今之道,以御今之有"的具体含义,可参见本书第三章第二节中的相关论述。

二、"无"比"有"更为根本

天下万物生于有,有生于无。(第四十章)

对于上引文字的理解,学者们存在很多的争论,如"有生于无"中的"有",有的学者认为指天地,有的学者认为指有形之物,有的

---

① 董平:《老子研读》,中华书局2015年版,第84页。

学者认为指的是"道"的实存性，等等。此外，一些学者常常用第二章中的"有无相生"来说明本章中的"有"和"无"的关系。如宋徽宗说："然则有无之相生，若循环然"①，李道纯说："只这有无相生之理，多少学人不知端的"。② 然而，第二章中的"有无相生"，主要是就现象界或经验界来说的，本章的"天下万物生于有，有生于无"则是从本体论和宇宙生成论的角度而言的，两者存在实质的不同，不应把两者简单等同。笔者认为，这里的"有"，指的就是"道"，但它指的是"道"的作用，而非"道"的本体；而这里的"无"，指的才是"道"的本体。因此，所谓"天下万物生于有，有生于无"，便是指天下万物生于"道"的作用，而"道"的作用生于"道"的本体。说得更确切些，便是：因为有了"道"的作用，从而有了天下万物；而"道"的作用则是"道"的本体的外化、显现。关于"天下万物生于有，有生于无"的具体含义，可参见本书第二章第二节中的相关论述。

第四节 "无名"与"有名"

"无名"与"有名"，从文字本身来说，即没有名称与有名称的意思，如《老子》第三十二章中的"道常无名""始制有名"，第四十一章中的"道隐无名"等中的"无名"与"有名"，都是指没有名称与有名称的意思。然而，在老子思想中，宇宙万物本原之本体无声无形，无法命名，故老子又称宇宙万物本原之本体为"无名"；宇宙万物本原之作用表现为创生宇宙万物，此作用可见可知，故老子又称之为"有名"，如第一章"无名，天地之始；有名，万物之母"中的"无名"与"有名"，就是指宇宙万物本原之本体和作用而言的。

---

① 熊铁基、陈红星主编：《老子集成》第 3 卷，宗教文化出版社 2011 年版，第 286 页。
② 熊铁基、陈红星主编：《老子集成》第 5 卷，宗教文化出版社 2011 年版，第 14 页。

道可道：老子的道论

一、"无名"与"有名"："道"之本体与"道"之作用

无名，天地之始；有名，万物之母。故常无欲，以观其妙；常有欲，以观其徼。此两者同出而异名，同谓之玄。玄之又玄，众妙之门。（第一章）

上引文字论述了宇宙万物的本原与天地、万物的关系，其大致意思为：无名的"道"的本体，是天地的本始；有名的"道"的作用，是万物的母亲。所以，常常清静无欲，去观照无名的精微奥妙；常常有心运用，去观察有名的边际。无名和有名这两者都源出于"道"而名称不同，它们都可以说是很玄妙的。玄妙而又玄妙，是蕴含深奥玄妙之理的万物产生的门户。其中的"无名"，指的是宇宙万物本原之本体；"有名"，指的是宇宙万物本原之作用。"观其妙"中的"其"，指无名；"观其徼"中的"其"，指有名；"此两者"，指无名和有名。关于"无名，天地之始；有名，万物之母"的确切含义，在本书第二章第一节中有详细的介绍，兹不赘述。

二、"无名"与"有名"：没有名称与有名称

道常无名、朴，虽小，天下莫能臣。侯王若能守之，万物将自宾。天地相合，以降甘露，民莫之令而自均。始制有名，名亦既有，夫亦将知止，知止所以不殆。（第三十二章）

化而欲作，吾将镇之以无名之朴。无名之朴，夫亦将不欲。不欲以静，天下将自定。（第三十七章）

道隐无名。（第四十一章）

与《老子》第一章中"无名"与"有名"的含义不同，上引文字中出现的"无名"和"有名"，多是就通常意义上的没有名称和有名

称而言的。

(一)《老子》第三十二章中的"道常无名":"道"永远没有名称

第三十二章"道常无名"中的"无名",就文字本身的意思来说,指没有名称;就其具体内涵来说,则指"道"无法命名,故无名称。而"道"之所以无法命名,是因为"道"无声无形,人们对无声无形的东西无法进行命名。关于"道常无名"的确切含义,在本书第一章第二节中有详细介绍,兹不赘述。

(二)《老子》第三十二章中的"始制有名"的内涵

第三十二章中的"始制有名"一句,因"始"和"制"均是多义字,故理解起来颇有难度,历代学者对其含义的理解分歧亦很多。详细考察学者们对"始制有名"的解释,可以发现,其中有代表性的,主要有以下三种理解。

1.认为"始"指的是"无名,天地之始"中的"始",亦即是"道";"有名"指有了名称,也指有各种名称的万物;"制",是指裁割、使分散。因此,所谓"始制有名",指的是"道"分散而为万物(相当于第二十八章中所说的"朴散则为器"),于是有了各种名称,如蒋锡昌说:"'始'即万物之始,指道而言。……言大道裁割以后,即有名号,二十八章所谓'朴散则为器'也。"[1] 牟钟鉴说:"朴散则为器。所以大道必然散而为万物,形成各种不同的属性和称谓,这便是'始制有名'。"[2]

2.认为"始制有名"的主语应是侯王或圣人,"始"是开始、才的意思,"制"是制御、管理的意思,"有名"指天下有名称之物。因此,所谓"始制有名",指的是侯王或圣人开始制御或管理有名之物的意思,或指侯王或圣人开始设置名分尊卑等制度以管理有名之物的意思,

---

[1] 蒋锡昌:《老子校诂》,成都古籍书店1988年版,第218页。
[2] 牟钟鉴:《老子新说》,金城出版社2009年版,第103页。

如王弼说:"'始制',谓朴散始为官长之时也。始制官长,不可不立名分以定尊卑,故'始制有名'也。"① 董平说:"'始制有名。''制'的意思,大抵是制度、管理之意。'始'当作'才'或'开始'来讲。这句话其实是承接着上文的'侯王'说的,省略了主语,当是'侯王始制有名'。'侯王'既因能守'朴'而使万物'自宾',居于主位,于是才开始建立制度以管理一切'有名'。……而所谓'有名',则天下一切事物、一切人物、一切名物之谓也。"②

3. 认为"始制有名"指老子开始给宇宙万物的本原创造了"道"这个名字,如范应元说:"道本无名,老子初不得已而强为之名,以发明后世,此'始制有名'也。"③ 高亨说:"我开始给它创造个名字,称它为道,它就有了名字了。"④

笔者认为,在上述三种理解中,第三种理解存在明显的问题,因为我们在对第二十五章的解释中已明确指出,"道"只是宇宙万物本原的"字",而不是"名"或"强名",因此,把"始制有名"释为开始给宇宙万物的本原以"道"之"名"的观点不能成立。至于其他两种理解,笔者认为均是可以成立的,只是相比之下,第一种理解显得更直接、更易把握,第二种理解则在意思上稍显曲折。因此,所谓"始制有名",意为:"道"分散而为万物,就有了各种名称。

接下来的"名亦既有,夫亦将知止",意为有了名以后,亦即有了万物、有了万物之名称以后,也要知道适可而止。具体而言,则是万物及万物的名称产生以后,人们很容易沉迷于对各种具体事物的追逐之中,从而产生种种诈伪和纷争,离大道越来越远,所以老子告诫人们:"夫亦将知止",即一定要知道适可而止,要知道在欲望面前止

---

① 楼宇烈校释:《老子道德经注校释》,中华书局 2008 年版,第 81 页。
② 董平:《老子研读》,中华书局 2015 年版,第 152 页。
③ 范应元:《老子道德经古本集注》,华东师范大学出版社 2010 年版,第 58 页。
④ 高亨:《老子注译》,清华大学出版社 2010 年版,第 58 页。

住脚步。对此,学者们大多是这样理解的,如林希逸说:"此名既有,则一生二,二生三,何所穷已。知道之士,当于此而知止,则不循名而逐末矣。"① 林语堂说:"既已定了名称,纷争也就跟着产生,所以人便不可舍本逐末,应该知道适可而止。"②

为了强调"知止"的重要性,老子进一步强调说:"知止所以不殆。"意即知道适可而止所以没有危险。一些学者指出,"知止"可以不受物欲左右,还能复归于大道,当然就不会有危险了,如焦竑说:"知止则不随物迁,淡然自足,殆无从生矣。"③ 奚侗说:"止于道者,无危殆。"④

(三)《老子》第三十七章中的"无名之朴"指"道"之本体

第三十七章"化而欲作,吾将镇之以无名之朴"中的"化",即前面"侯王若能守之,万物将自化"中的"化",意为生长变化。"欲作"的"作",学者们多认为指起、产生、萌动的意思。然而,对于"欲"字的理解,却明显分为两种观点。一种认为,这里的"欲"是名词,指欲望、贪欲,因此,"欲作"指欲望产生或私欲萌动;另一种认为,这里的"欲"是将要、想要,因此,"欲作"指将要或想要有所作为。笔者认为,考虑到下文的"夫亦将不欲""不欲以静"中的"欲"均指贪欲、欲望,则"欲作"的"欲"最好还是理解为贪欲、欲望。

"吾将镇之以无名之朴"中的"吾",学者们多认为指王侯、侯王,如唐玄宗说:"吾者,王侯自称也。"⑤ 范应元说:"吾者指王侯

---

① 熊铁基、陈红星主编:《老子集成》第4卷,宗教文化出版社2011年版,第509页。
② 林语堂:《老子的智慧》,湖南文艺出版社2016年版,第122页。
③ 焦竑:《老子翼》,华东师范大学出版社2011年版,第83页。
④ 熊铁基、陈红星主编:《老子集成》第13卷,宗教文化出版社2011年版,第14页。
⑤ 熊铁基、陈红星主编:《老子集成》第1卷,宗教文化出版社2011年版,第480页。

而言。"①

对于"镇之以无名之朴"中的"镇"字,学者们则主要有两种理解,一种认为,"镇"是压住或压定使不动的意思,如吴澄说:"镇谓压定使之不起。"②焦竑说:"镇者,压定之使不动也。"③另一种认为,这里的"镇"是安抚、使安定的意思,如成玄英说:"既起斯欲,即须以无名朴素之道安镇其心,令不染有。"④董平说:"'镇'者,安也,安止、安抚、安定之意。"⑤

笔者认为,老子治国,主张无为而治,行不言之教,均是以柔性的方式来加以治理,故这里的"镇",不宜释为压、压定的意思,而应释为安抚、使安定的意思。

对于上面所说的"化而欲作",老子说"吾将镇之以无名之朴",那么"无名之朴"又是什么意思呢?对此,学者们亦有不同的理解,其中值得我们注意的,主要有以下三种。

1. 认为"无名之朴"就是"道",如《唐玄宗御注道德真经》说:"无名之朴,道也。"⑥吴澄说:"无名之朴谓此无为之道也。"⑦不少当代学者亦持此种理解,如刘笑敢说:"无名之朴就是道,就是'法自然'的原则的体现。"⑧董平说:"'无名之朴',即是道。"⑨

2. 认为"无名之朴"中的"无名"指"道","朴"指真朴、朴素,因此,"无名之朴"指"道"的真朴,如蒋锡昌说:"'无名',道也。

---

① 范应元:《老子道德经古本集注》,华东师范大学出版社2010年版,第65页。
② 熊铁基、陈红星主编:《老子集成》第5卷,宗教文化出版社2011年版,第627页。
③ 焦竑:《老子翼》,华东师范大学出版社2011年版,第91页。
④ 熊铁基、陈红星主编:《老子集成》第1卷,宗教文化出版社2011年版,第314页。
⑤ 董平:《老子研读》,中华书局2015年版,第165页。
⑥ 熊铁基、陈红星主编:《老子集成》第1卷,宗教文化出版社2011年版,第432页。
⑦ 熊铁基、陈红星主编:《老子集成》第5卷,宗教文化出版社2011年版,第627页。
⑧ 刘笑敢:《老子古今》,中国社会科学出版社2006年版,第413页。
⑨ 董平:《老子研读》,中华书局2015年版,第165页。

'朴',真也。……吾将压之以道之真也。"①陈鼓应说:"我就用道的真朴来安定它。"②

3.认为"无名之朴"中的"无名",指没有名称;"朴",指"道"。因此,"无名之朴"即没有名称的"道",如成玄英说:"朴,道也。……即须以无名朴素之道安镇其心。"③沙少海等说:"我将用没有名称的'道'来镇伏它们。"④

笔者认为,从字面意思来说,"无名"指没有名称,也可指"道";"朴"指朴质、真朴,也可指"道"。因此,把"无名"和"朴"合在一起进行排列组合,则"无名之朴"不外乎四种含义:一是指没有名称的"道",二是指"道"之真朴,三是指"道",四是指没有名称的朴质。从以上所述可以发现,对于"无名之朴"的含义,学者们多作前面三种理解,而未见有作第四种理解者。那么在前面三种理解中,哪一种理解又更为合理呢?笔者认为,首先应该肯定,以上三种理解均是有道理的,只是相比之下,第一种理解认为"无名之朴"即"道",虽显得直截清楚,但无疑有简单化之嫌,因为如果"无名之朴"即"道",那么老子直接说"道"或"朴"就可以了,大可不必用四个字来表述。因此,这里的"无名之朴",或当指无名的"道",或当指"道"的真朴。而在这两种理解中,笔者认为,指无名的"道"又要更恰当些。因为笔者在解释第一章"道可道,非常道"的含义时曾经说过,作为宇宙万物本原的"道",包含本体和作用两个方面,其本体无声无形,不可言说,故"无名";其作用可见可知,可以命名,故"有名"。而老子在这里之所以说"无名之朴",意在用"无名"强调这里所说的"道",指的是"道"的本体而非"道"的作用,因此,

---

① 蒋锡昌:《老子校诂》,成都古籍书店1988年版,第241页。
② 陈鼓应:《老子今注今译》,商务印书馆2003年版,第213页。
③ 熊铁基、陈红星主编:《老子集成》第1卷,宗教文化出版社2011年版,第314页。
④ 沙少海、徐子宏:《老子全译》,贵州人民出版社1989年版,第72页。

若把这里的"无名"直接释为"道",便是把"道"的本体和作用混为一谈了。而这里的"朴",指的才是"道",但强调的是"道"的浑然整全、纯一不散的特性。

那么,当人们的私欲萌动时,"镇之以无名之朴"该怎样来具体操作和实施呢?对此,一些学者指出,"镇之以无名之朴"不是以有为的手段来压制人们的私欲,而是统治者自己保持无欲安静,仿效"道"的"无为",重新回到自然无为的立场上,从而使人们的私欲自然消释,如高亨说:"'镇之以无名之朴',是说用道来安定众人,即仿效道的无为,恢复人类的自然状态,取消人为的种种制度,使大家都过着朴素生活。"①刘笑敢说:"无名之朴就是道,就是'法自然'的原则的体现,所以,无名之朴的'镇'实际是使人警醒,重新回到自然无为的立场上,化解大家的不满和过多的欲望。"②

笔者认为,这样的理解,虽亦有一定的道理,但只是泛泛而论,明显缺乏针对性。因为老子在前面说"道常无为而无不为。侯王若能守之,万物将自化",即是说统治者用无为之道来进行治理,使民众自然生长变化,而现在的问题则是民众在自然生长变化的过程中产生了私欲,即所谓"化而欲作"。这至少说明两个问题:一是"无为"的作用存在某种"局限",即它可以确保万物按其本性自然生长变化,但不能确保万物在自然生长变化的过程中不萌生私欲;二是当万物的私欲萌生时,就不能再一味安守"无为",而是要用"无名之朴"来镇抚。这就说明,"镇之以无名之朴"与"无为"并不完全相同,而是存在某种区别的。

笔者认为,所谓"镇之以无名之朴",实即"无欲"的意思。关于这一点,一些学者已有明确的论述,如林希逸说:"无名之朴,何

---

① 高亨:《老子注译》,清华大学出版社2010年版,第62页。
② 刘笑敢:《老子古今》,中国社会科学出版社2006年版,第413页。

也？亦无欲而已。"① 蒋锡昌说："设人民自生自长而有贪欲起者,吾将压之以道之真也。道之真何？即无欲而已。"② 也就是说,当民众在自然生长变化的过程中萌生私欲时,侯王要用无欲来镇抚,至于如何用无欲来镇抚,使民众消除私欲,《老子》一书中有不少相关的论述：

不尚贤,使民不争；不贵难得之货,使民不为盗；不见可欲,使民心不乱。是以圣人之治,虚其心,实其腹,弱其志,强其骨。常使民无知无欲,使夫智者不敢为也。为无为,则无不治。(第三章)

五色令人目盲,五音令人耳聋,五味令人口爽,驰骋畋猎令人心发狂,难得之货令人行妨。是以圣人为腹不为目,故去彼取此。(第十二章)
绝圣弃智,民利百倍；绝仁弃义,民复孝慈；绝巧弃利,盗贼无有。

此三者,以为文不足,故令有所属：见素抱朴,少私寡欲。(第十九章)

(四)《老子》第四十一章中的"道隐无名"的含义

对于第四十一章"道隐无名"中的"隐",学者们多释为幽隐、隐微的意思；"无名",则指没有名称。因此,所谓"道隐无名",即"道"幽隐而没有名称的意思。如河上公说："道潜隐,使人无能指名也。"③ 高亨说："大道隐微,甚至没有名称。"④ 陈鼓应说："道幽隐而没有名称。"⑤ 也就是说,因为"道"无形象,人们看不到它的样子,所以无法对它命名。关于"道"无名称的问题,笔者在前面已有详细的解释,兹不赘述。

---

① 熊铁基、陈红星主编：《老子集成》第4卷,宗教文化出版社2011年版,第510页。
② 蒋锡昌：《老子校诂》,成都古籍书店1988年版,第241页。
③ 王卡点校：《老子道德经河上公章句》,中华书局1993年版,第165页。
④ 高亨：《老子注译》,清华大学出版社2010年版,第73页。
⑤ 陈鼓应：《老子今注今译》,商务印书馆2003年版,第231页。

第五节 "一"与"抱一"

在《老子》中,"一"也是一个与"道"关系十分密切的概念,因为在第四十二章中,老子明确说"道生一,一生二",说明"一"是"道"最先"生"出来的东西;在第三十九章中,又有"天得一以清,地得一以宁"等说法,说明"一"比天和地要更为根本。除此之外,在第十章和第二十二章中,又有"抱一"的说法,学者们大多认为,"抱一"即持守"道"的意思。笔者认为,老子之"一",指的就是"道",确切而言,则其所指为包含本体与作用的宇宙万物本原需要指出的是,在第十四章中,有"此三者不可致诘,故混而为一"的表述,对于其中的"一",一些学者认为其所指即"道",笔者认为,这里的"一"不应指"道",而应指联合而成的整体的意思。

一、"一":包含本体与作用的宇宙万物本原

昔之得一者:天得一以清,地得一以宁,神得一以灵,谷得一以盈,万物得一以生,侯王得一以为天下正。(第三十九章)

道生一,一生二,二生三,三生万物。(第四十二章)

对于第三十九章"昔之得一者""天得一以清"等中的"一"的含义,笔者在本书第四章第一节中有详细的介绍,认为它指的是包含本体与作用的宇宙万物本原。至于第四十二章"道生一,一生二"中的"一"的含义,笔者在本书第二章第二节中亦已有详细的论述,它指的亦是包含本体与作用的宇宙万物本原。

二、持守"道"——《老子》第十、第二十二章中的"抱一"的含义

载营魄抱一，能无离乎？（第十章）

是以圣人抱一为天下式。（第二十二章）

上引两段文字中的"抱一"，都是指守持"道"的意思；其中的"一"，指的就是"道"，具体而言，则指的是"道"的作用。因此，所谓"抱一"，亦即按照"道"的原则处世行事的意思。

（一）第二十二章"是以圣人抱一为天下式"中的"抱一"的含义及其是否应作"执一"

第十章中"载营魄抱一，能无离乎？"意思是：让精神持守"道"，能不分离吗？其中的"抱一"，指持守"道"。对此，笔者在本书第三章第一节中已有详细的介绍，故在此不再赘述。

对于第二十二章中"是以圣人抱一为天下式"的"抱"字，学者们亦多释为守、守持的意思，如河上公说："抱，守也。"[①] 成玄英说："抱，守持也。"[②] 学者们分歧较多的是对"一"字的理解。从古代学者的解释来看，他们对"一"及"抱一"主要有以下两种理解。

1. 认为"一"指的是"道"，所谓"抱一"，指的是持守"道"的意思，如成玄英说："圣人持此一中之道，执范群生。"[③] 李荣说："一，道也。圣人怀道，故言抱一。"[④]

2. 认为"一"是最少的数，因此"抱一"体现的是上文所说的"少则得"的道理，如焦竑说："一，少之极也，抱一而天下式，则其

---

① 王卡点校：《老子道德经河上公章句》，中华书局1993年版，第90页。
② 熊铁基、陈红星主编：《老子集成》第1卷，宗教文化出版社2011年版，第304页。
③ 同上。
④ 熊铁基、陈红星主编：《老子集成》第1卷，宗教文化出版社2011年版，第361页。

得多矣。"① 魏源说："一者少之极，然抱之以为天下式，则其得多矣。"②

除了上述两种理解，古代学者对于"抱一"还有各种别的理解，如唐玄宗认为指"抱守淳一"："当须抱守淳一，自全真素。"③ 苏辙认为指"复性"即回复本性："抱一者，复性者也。"④ 吴澄认为指守持"冲虚之德"："一者，冲虚之德也。……圣人抱此冲虚之德"⑤，等等。当然，这里所谓的"淳一""本性""冲虚之德"，都与"道"有密切的关系。

当代学者则多持上述第一种理解，认为"抱一"即持守"道"的意思，如高亨说："一，指道。……圣人掌握这个道术。"⑥ 林语堂说："所以圣人紧守着'道'。"⑦

需要指出的是，"圣人抱一"中的"抱一"，帛书甲本和乙本均作"执一"。对此，高明认为，此处应作"执一"，不应作"抱一"，因"执一"是"执道"的意思，"抱一"则是"合一"的意思，两者含义不同。⑧

在当代学者中，陈鼓应、董平等亦认为该句文字应以帛书本为准，如陈鼓应说："执一：通行本为'抱一'，帛书甲、乙本并作'执一'，帛本为是。"⑨ 董平说："这句话……据帛书甲、乙本改，具体可参见高明先生的《帛书老子校注》。"⑩

综合以上各种观点，关于这里的"抱一"，笔者有以下几点认识。

---

① 焦竑:《老子翼》，华东师范大学出版社 2011 年版，第 59 页。
② 魏源:《老子本义》，华东师范大学出版社 2010 年版，第 51 页。
③ 熊铁基、陈红星主编:《老子集成》第 1 卷，宗教文化出版社 2011 年版，第 467 页。
④ 熊铁基、陈红星主编:《老子集成》第 3 卷，宗教文化出版社 2011 年版，第 11 页。
⑤ 熊铁基、陈红星主编:《老子集成》第 5 卷，宗教文化出版社 2011 年版，第 619 页。
⑥ 高亨:《老子注译》，清华大学出版社 2010 年版，第 44 页。
⑦ 林语堂:《老子的智慧》，湖南文艺出版社 2016 年版，第 85 页。
⑧ 高明:《帛书老子校注》，中华书局 1996 年版，第 340—341 页。
⑨ 陈鼓应:《老子今注今译》，商务印书馆 2003 年版，第 161 页。
⑩ 董平:《老子研读》，中华书局 2015 年版，第 121 页。

首先，对于"抱一"的含义，当以理解为持守"道"为妥，因为把"一"理解为最少的数，从而认为"抱一"体现了"少则得"的道理，虽然也能说通，但总是给人某种牵强的感觉。因为从文字本身来看，老子在第二十二章中说"曲则全，枉则直，洼则盈，敝则新，少则得，多则惑"，然后说"是以圣人抱一为天下式"，则"圣人抱一为天下式"当是对从"曲则全"至"多则惑"的道理的总结，而不光是对"少则得，多则惑"的总结。

其次，高明认为"执一"指"执道"，"抱一"指"合一"，这只是其一家之言而已，因为"抱一"亦可指守"道"的意思，不一定非指"合一"。在第十章中，老子说"载营魄抱一"，对于其中的"抱一"，古今学者有各种不同的理解，有的认为指持守"道"，有的认为指抱守精神，有的认为指合一，等等。笔者认为，"载营魄抱一"中的"抱一"亦应理解为持守"道"的意思（具体可参见本书第三章第一节的相关解读）。

最后，除了帛书甲乙本，历史上有代表性的《老子》本子多作"圣人抱一"，说明作"圣人抱一"有广泛的影响，而且"抱一"与"执一"在意思上并无实质的区别，因此，仅凭帛书本即改动《老子》原文，并不妥当。

（二）"式"及"圣人抱一为天下式"的含义

关于"为天下式"中的"式"的含义，古今学者主要有两种理解，一种认为指法式，即法度、准则，如河上公说："式，法也。……能为天下法式也。"[①] 林希逸说："所以为天下之法式。"[②] 另一种认为指模范、范式，亦即榜样、楷模，如成玄英说："式，法则也。……故为

---

① 王卡点校：《老子道德经河上公章句》，中华书局1993年版，第90页。
② 熊铁基、陈红星主编：《老子集成》第4卷，宗教文化出版社2011年版，第505页。

天下修学之楷模也。"① 高亨说："式，法也，模范。……做为天下的模范。"②

笔者认为，结合前面对于"抱一"的理解，若把"式"理解为法度、准则，则"圣人抱一为天下式"意为圣人守"道"作为天下的法度；若把"式"理解为榜样、楷模，则"圣人抱一为天下式"意为圣人守"道"作为天下的楷模。两相比较，前面一种理解在意思上不如后一种顺畅。因此，老子之所以要在"曲则全""少则得"等后接着说"是以圣人抱一为天下式"，是因为"曲则全""少则得"等体现的正是"道"的原则，圣人要遵"道"而行，故遵守"曲则全""少则得"等与"道"相关的原则而作为天下的楷模。

三、《老子》第十四章中"故混而为一"的"一"的含义：联合而成的整体，还是指"道"？

视之不见，名曰夷；听之不闻，名曰希；搏之不得，名曰微。此三者不可致诘，故混而为一。其上不皦，其下不昧，绳绳兮不可名，复归于无物。（第十四章）

关于上引文字的具体含义，笔者在本书第一章第二节中已有详细的介绍，这里要强调指出的是，其中的"混而为一"即合而为一或合成一体的意思，如林语堂说："所以它是混沌一体的"③，沙少海等说："所以合而为一"。④ 而无论"混沌一体"还是"合而为一"的"一"，都是指联合而成的整体。有的学者认为，这里的"一"指的就是"道"，这种说法是不正确的。

---

① 熊铁基、陈红星主编：《老子集成》第1卷，宗教文化出版社2011年版，第304页。
② 高亨：《老子注译》，清华大学出版社2010年版，第44页。
③ 林语堂：《老子的智慧》，湖南文艺出版社2016年版，第58页。
④ 沙少海、徐子宏：《老子全译》，贵州人民出版社1989年版，第25页。

第六节 天道

在《老子》中,有不少关于"天道"或"天之道"的论述,如第九章:"功遂身退,天之道";第四十七章:"不窥牖,见天道";第八十一章:"天之道,利而不害";等等。那么"天道"或"天之道"有什么区别,它们与"道"又是什么关系呢?有不少学者认为,"天道"即"天之道",它们的意思是一样的。然而,关于"天道"或"天之道"的确切含义,学者们的理解则存在较大的分歧,如有较多的学者认为,"天道"或"天之道"中的"天",指自然;"道",指规律,因此,"天道"或"天之道"指的便是自然的规律。但也有学者认为,"天道"或"天之道"即"道",指的是宇宙万物的本原。还有学者认为,"天道"或"天之道"指的是天体运行的规律。笔者认为,《老子》中"天道"或"天之道"的含义并不完全相同,它们有的指自然的规律,有的指天体运行的规律,等等。对于它们的确切含义,要根据其所处的语境作出判断。

一、《老子》中的"天道"多指自然的规律

功遂身退,天之道。(第九章)

天之道,不争而善胜,不言而善应,不召而自来,全単然而善谋。(第七十三章)

天之道,其犹张弓与?高者抑之,下者举之;有余者损之,不足者补之。天之道,损有余而补不足。(第七十七章)

天道无亲,常与善人。(第七十九章)

天之道,利而不害;圣人之道,为而不争。(第八十一章)

上引五段文字中的"天道"或"天之道"中的"天",学者们多认为指自然;"道",则指规律。因此,这里的"天道"或"天之道",

指的都是自然的规律。

（一）为什么第九章称"功遂身退"为"天之道"？

第九章"功遂身退，天之道"中的"功遂身退"，意为功业成就，自身隐退，这里的"身退"，是自身隐退的意思。然而，也有一些学者认为，这里所谓的"身退"，并不是指自身隐退，而是指在事业成功之后，心中不以功自居，如王真说："此言'身退'者，非谓必使其避位而去也，但欲其功成而不有之耳。"① 陈鼓应说："'身退'并不是引身而去，更不是隐匿形迹。……老子要人在完成功业之后，不把持，不据有，不露锋芒，不咄咄逼人。可见老子所说的'身退'，并不是要人做隐士，只是要人不膨胀自我。老子哲学，丝毫没有遁世思想。"②

笔者认为，上述观点虽然看上去似乎更具包容性，亦更容易为人们所接受，实际上却在某种程度上误读了老子的思想，具体理由如下。

一是老子明确说"功遂身退"，所谓"身退"，就是让自身退下来，如《汉语大词典》释"功遂身退"说："谓大功告成之后，自身隐退，不再作官"，解释得十分清楚。而所谓虽身"居富贵功名之域"，而心中不以功自居的说法，只能说是"心退"，而不能说是"身退"。

二是所谓身不退而心退的说法，其实是缺乏可操作性的。放眼古代官场，一个身居高位的成功者，有谁不想再接再厉，在功业或功名上更进一步？即使他自己不想，他的家人、他身边的利益集团也会不断地鼓动他、怂恿他，使他身不由己，投入对名利的不断争逐之中。当然也不乏有一些看似淡泊名利的官场中人，但这些人之所以看上去

---

① 熊铁基、陈红星主编:《老子集成》第1卷，宗教文化出版社2011年版，第566页。
② 陈鼓应:《老子今注今译》，商务印书馆2003年版，第107页。

淡泊超脱，往往是缺乏一展身手的机会，一旦时机到来，他们大多不会轻易放过。在第三章中，老子说过："不见可欲，使民心不乱"，可见"可欲"之物会使人心迷乱，现在你让这些成功者整天处身名利场中，满眼都是可欲之物，却又让他们不能动心，这得有多么坚定的意志才能做到？

那么，一个人辛辛苦苦，经过不懈的努力，好不容易功成名就了，为什么不能就此好好享受胜利果实，而必须功成不居，自身隐退呢？这其中的原因，综合古今学者的观点，主要有以下两个。

一个是"功遂身退"，是根据"天之道"的要求。那么这里的"天之道"的具体内涵又是什么呢？对此，学者们较为一致地认为，它指的是"日中则移，月满则亏"，"四时之运，成功者退"，物极必反，等等。如河上公说："此乃天之常道也。譬如日中则移，月满则亏，物盛则衰。"[1] 苏辙说："日中则移，月满则亏，四时之运，功成者去。"[2]

也就是说，日到中天后必西斜，月亮圆满后必亏缺，春夏秋冬四季必更替；物极必反，事物在充分发挥它的本来价值或最大价值后必让位或衰落，这便是"天之道"即自然的规律。而这个规律本身，便蕴含了"功遂身退"的道理。因此，根据人道应当效法天道的原则，人们也必须在功成名就后自身隐退。

另一个是功成名就后若不及早隐退，恋栈权势地位，必会有不测之祸，如李荣说："若贪荣不退，必致危亡。"[3] 范应元说："自古及今功成名遂而身不退者，祸每及之。"[4] 确实，从中国历史上看，功成名就后恋栈不退，因而遭受祸殃的例子，可谓数不胜数：春秋时期，越国

---

[1] 王卡点校：《老子道德经河上公章句》，中华书局1993年版，第32页。
[2] 熊铁基、陈红星主编：《老子集成》第3卷，宗教文化出版社2011年版，第4页。
[3] 熊铁基、陈红星主编：《老子集成》第1卷，宗教文化出版社2011年版，第354页。
[4] 范应元：《老子道德经古本集注》，华东师范大学出版社2010年版，第15—16页。

大臣文种辅佐越王勾践打败吴国后,不听范蠡"飞鸟尽,良弓藏;狡兔死,走狗烹"的警告,不愿抛弃荣华富贵,结果死于非命;伍子胥帮助吴王阖庐夺得君位,并率领吴军大破楚军,报了杀父之仇后,却仍想在吴国享有一人之下、万人之上的地位,最终被吴王逼令自杀;……血淋淋的事实让一些智者警醒,让他们能在名利关头看到危险,在富贵场中察觉祸患。据《汉书》记载,张良(字子房)为汉朝的建立立下了不朽功勋,然而,在汉朝建立后大封功臣时,张良却辞掉了三万户的封赏,自愿封为留侯。他后来还对别人说:我凭借三寸不烂之舌而成为帝王之师,得到万户的赏赐,并被封为侯,这对于一个普通人来说,已到了极点,已经足够了。因此我希望能抛弃人间的俗事,追随赤松子(传说中的仙人)隐居修仙。在汉朝初年对功臣的血腥屠戮中,张良能够得以善终,就与他这种"功遂身退"的处世态度与做法有直接的关系。

(二)第七十三章中无为而无不为的"天之道"

第七十三章中"天之道,不争而善胜,不言而善应,不召而自来,繟然而善谋"的一段文字,对于其中的"天之道",不少学者亦释为自然的规律。

"不争而善胜"中的"不争",指不与物争;"善胜",即善于取胜。不过,对于这里的"善胜"的具体内涵,学者们有不同的理解,其中有代表性的,主要有这样三种。一是认为这里的"善胜"指天虽不与物争,但没有物敢违背天;二是认为这里的"善胜"指天道谦卑柔弱,而柔弱胜刚强,故善于取胜;三是认为老子在第二十二章中说:"夫唯不争,故天下莫能与之争",在第六十六章中又说:"以其不争,故天下莫能与之争",因此,天不与物争,自然就善于取胜。

笔者认为,"天之道"的特点,是一切顺其自然,柔弱不争,然而所有违背自然、争强好胜的事物都归于灭亡,而一切顺乎自然、柔弱不争的事物都归于生存,这不恰好说明"天"是最终的胜利者吗?因此，上述种种解释，均可视为对"不争而善胜"之内涵的不同角度的揭示。

"不言而善应"中的"应"，学者们多释为回应、响应，因这里的"不言而善应"，其主语是上文的"天之道"，那么老子说"天之道"不说话而善于回应，其具体内涵又是什么呢？对此，学者们有各种不同的解释，其中有代表性的，主要有这样三种。一是认为这里的"不言而善应"，指的是天虽不说话，但是顺从天道则吉，违逆天道则凶，毫无例外，这便是天之不说话而善于回应；二是认为这里的"不言而善应"，指天必对人的善恶行为施以福祸之报；三是认为"不言而善应"，即《论语·阳货》中孔子所说的"天何言哉？四时行焉，百物生焉"。

笔者认为，如前所述，所谓"天之道"即自然的规律，规律是客观的，不管人们是否承认它，它都存在着。规律本身不会说话，但人们只要顺从规律行事，便能得到好的结果；违背规律行事，便会受到惩罚，这一点是确定无疑的，就像影之随形、响之应声一样，故老子说"不言而善应"。

"不召而自来"，即不召唤而自动到来，意思十分清楚、简单。然而，如果我们进一步追问："不召而自来"的具体内涵是什么，"不召"的主语是什么，"自来"的主语又是什么？情况便会变得复杂起来。从古今学者对该句文字的具体解释可以发现，人们对它的理解并不统一，其中有代表性的，主要有这样三种：一是认为"不召而自来"指的是阴阳寒暑，一年四季，不用召唤而自动到来；二是认为"不召而自来"指善恶报应不召唤而自动到来；三是认为"不召而自来"指处于谦下的位置则万物自动前来归附。

笔者认为，这里的"不召而自来"，是承上文"天之道"而言的，而所谓"天之道""不召而自来"，意即"不召而自来"是符合天道的，或凡符合天道的必须是"不召而自来"的，而不是依靠强制命令、生拖死拽。因此，这里的"不召而自来"，强调的是自然如此，而非人为。以此来衡量，则上述三种解释，均可视作对"不召而自来"之内涵的不同角度的揭示。

"繟然而善谋"中的"繟"，学者们多释为舒缓、宽缓，如苏辙说："繟然舒缓"[①]，奚侗说："繟，《说文》：'带缓也。'引申有宽缓谊。"[②]而所谓天道舒缓或宽缓，指的是天道从容缓慢，不急迫。"善谋"，意为善于谋划。然而，天道无心，怎能像人那样谋划呢？因此，对于这里的"善谋"的内涵，学者们有各种不同的解释，其中值得注意的，主要有这样三种。一是认为天道"善谋"，指天道善于福善祸淫，报应不爽；二是认为天道"善谋"，指的是其所为无不成功；三是认为天道"善谋"，指的是天能提前知道吉凶，并通过"垂象"即显示征兆来进行预示。

笔者认为，天道即自然的规律，它表现为一个完整而严密的体系，规范着自然和人类的一切变化、活动，老子在这里说"善谋"，是采用拟人的手法，表示这一套体系如此完备，仿佛是提前谋划好了似的。而所谓"繟然"，是指天道从容不迫发挥其作用，因为一切均在其设计和掌握之中，无论什么样的行为，都会有相应的回报，丝毫不爽。

综上所述，"不争而善胜，不言而善应，不召而自来，繟然而善谋"中的"不争""不言""不召"等，反映的其实都是天道的自然无为的特性，而"善胜""善应""自来""善谋"等，反映的则是天道的"无不为"，即什么都是其所为的特性，故张默生说："道之体，是不争，不言，不召，繟然；其用，便是善胜，善应，自来，

---

① 熊铁基、陈红星主编：《老子集成》第3卷，宗教文化出版社2011年版，第29页。
② 熊铁基、陈红星主编：《老子集成》第13卷，宗教文化出版社2011年版，第27页。

善谋。故其体是'无为',其用是'无不为'。"①这样的观点是很有道理的。

(三)第七十七章论"天之道"与"张弓"的关系

对于第七十七章"天之道,其犹张弓与"中的"天之道",学者们通常亦释为自然之道或自然的规律,如成玄英说:"自然之道喻若张弓"②,蒋锡昌说:"此以张弓喻自然之道也。"③高亨说:"天之道,指自然界的规律。"④

对于"张弓"及"高者抑之,下者举之;有余者损之,不足者补之"的含义,学者们则有各种不同的理解,其中有代表性的,主要有这样两种:一种认为这里的"张弓"及"高者抑之"等指给弓上弦时调整弓弦的松紧及把过长的弓弦截短或把不够长的弓弦补长等,以使其适合使用;另一种认为这里的"张弓"及"高者抑之"等指拉弓射箭,拉弓射箭时为了能射中目标,故需要调整弓的位置及拉弓时所用的力量。

那么这里的"张弓"究竟是指给弓上弦还是拉弓射箭呢?在笔者看来,若释"张弓"为制弓上弦,则一是所谓弦位太高、弦位太低的说法让人不好理解和把握;二是弓弦太长则使之减短,太短则把它补长的说法亦似不符合实情,因为在制弓上弦时,若弦太短了,通常是会换一根长的,而不会把它接上一截使变长。因此,把"张弓"释为拉弓射箭,要更为通俗易懂,在道理上亦更为顺畅。

那么,"天之道"的"高者抑之,下者举之;有余者损之,不足者补之"都有哪些具体表现呢?笔者认为,在老子看来,"天之道"的根本特点,就是保持宇宙的动态平衡状态,一方面,宇宙间的一切不是

---

① 张默生:《老子章句新释》,成都古籍书店1988年版,第98页。
② 熊铁基、陈红星主编:《老子集成》第1卷,宗教文化出版社2011年版,第343页。
③ 蒋锡昌:《老子校诂》,成都古籍书店1988年版,第446页。
④ 高亨:《老子注译》,清华大学出版社2010年版,第118页。

一成不变的，而是处于不断的变化之中，否则宇宙间就会是一片死寂，缺乏生机；另一方面，宇宙间的一切变化都有某种度，当某种变化达到一定程度时，它必会向相反的方向转化，如日中则昃、寒极必热等即是如此。

（四）第七十九章中的"天道无亲"与第五章的"天地不仁"的关系

第七十九章"天道无亲，常与善人"中的"天道"，学者们通常释为自然的规律；"无亲"，指没有偏爱、没有亲疏。因此，"天道无亲"，可释为天道没有偏爱或自然的规律没有偏爱。如河上公说："天道无有亲疏"[1]，陈鼓应说："自然的规律是没有偏爱的"。[2]

一些学者则进一步认为，"天道无亲"与第五章"天地不仁"的意思类似，如刘笑敢说："'天道无亲'体现了'道法自然'的原则。类似的说法见于第五章'天地不仁，以万物为刍狗。……'这里的'不仁'和'无亲'一样说明天道没有情感、意志、目的、偏私。"[3]董平说："本章的'天道无亲'实际上也即是'天地不仁'。"[4]

笔者认为，老子之"道"无形无象，无思无欲，而"天法道"（第二十五章），则天道亦必然是无思无欲的。无思无欲的天道当然不可能有偏爱。而"天地不仁"，意为天地对万物不仁爱，一切顺乎自然，因此，"天道无亲"与"天地不仁"在本质上是相通的。

"常与善人"中的"与"字，学者们通常释为帮助、援助，因此，所谓"常与善人"，指常常帮助善人。如吴澄说："天道无所私

---

[1] 王卡点校：《老子道德经河上公章句》，中华书局1993年版，第301页。
[2] 陈鼓应：《老子今注今译》，商务印书馆2003年版，第343页。
[3] 刘笑敢：《老子古今》，中国社会科学出版社2006年版，第769页。
[4] 董平：《老子研读》，中华书局2015年版，第279页。

亲，常救助善人。"① 蒋锡昌说："此言天道无亲，常助善人也。"② 因此，所谓"天道无亲，常与善人"，即自然的规律没有偏爱，常常帮助善人。

需要指出的是，"天道无亲，常与善人"，这只是一种比喻性或拟人的说法，因为天道即自然的规律，它无思无欲，不可能有意识地去做什么事情，更不可能发现谁是善人就去帮助他。因此，"天道无亲，常与善人"的实质是：因为善人之所为符合天道，所以善人常常能实现自己的目标。

（五）第八十一章中"天之道，利而不害"的"利而不害"之实义

第八十一章"天之道，利而不害"中的"天之道"，一些学者亦释为自然的规律，如成玄英说："天然之道生成万物"③，陈鼓应说："自然的规律"。④

"利而不害"，意即有利于物而不害物，如林语堂说："天道无私，对于万物有利而无害。"⑤ 高亨说："天之道是利物而不害物"。⑥ 一些学者指出，所谓"天之道""利而不害"，具体表现在其生长养育万物而不加宰制，如唐玄宗说："天道施生，长养万物，利也；无所宰割，不害也。"⑦ 杨增新说："天道只顺万物之自然，故利而不害。"⑧

一些学者则进一步指出，"天之道，利而不害"，实际上是指"天之道"虽客观上有利于万物，但不言利，因为一言利，则害亦在其中，

---

① 熊铁基、陈红星主编：《老子集成》第5卷，宗教文化出版社2011年版，第649页。
② 蒋锡昌：《老子校诂》，成都古籍书店1988年版，第459页。
③ 熊铁基、陈红星主编：《老子集成》第1卷，宗教文化出版社2011年版，第346页。
④ 陈鼓应：《老子今注今译》，商务印书馆2003年版，第350页。
⑤ 林语堂：《老子的智慧》，湖南文艺出版社2016年版，第265页。
⑥ 高亨：《老子注译》，清华大学出版社2010年版，第124页。
⑦ 熊铁基、陈红星主编：《老子集成》第1卷，宗教文化出版社2011年版，第513页。
⑧ 熊铁基、陈红星主编：《老子集成》第12卷，宗教文化出版社2011年版，第182页。

唯"天之道"无所利、不言利，故"利而不害"即只有利而没有害，如吕惠卿说："凡物有所利则有所不利，有所不利则不能不害矣。唯天之道无所利，则无所不利，无所不利则利而不害矣。"① 林希逸说："天之道虽有美利，而不言所利，则但见有利而无害。才有利之之名，则害亦见矣。"②

笔者认为，这样的强调是很有道理的，客观上做着对对方有利的事情，却并不认为自己正在做对对方有利之事的心，才是真正的"利而不害"。

二、《老子》第四十七章中的"天道"指天体、气候的状况及其运行变化的规律

不出户，知天下；不窥牖，见天道。（第四十七章）

上引文字中的"天道"，与《老子》一书中其他的"天道"或"天之道"存在明显的区别，即它并非泛泛地指自然的规律，而是指天体、气候的状况及其运行变化的规律。

（一）"天道"的含义及为什么"不出户"而能"知天下"、"不窥牖"而能"见天道"

"不出户，知天下"，意即不用出门，就能知道天下。关于其中的天下，学者们或认为指天下的事情，或认为指天下的事理，或认为既可指天下的事情，亦可指天下的事理。

"不窥牖"中的"窥"，指从小孔、缝隙或隐蔽处察看，也泛指观看；"牖"指窗户。因此，"不窥牖"，即不通过窗户观看。"见天道"中的"见"，既可释为看见，亦可释为知道。然而，对于"天道"的

---

① 吕惠卿：《老子吕惠卿注》，华东师范大学出版社2015年版，第92页。
② 熊铁基、陈红星主编：《老子集成》第4卷，宗教文化出版社2011年版，第526页。

含义，学者们则有诸多不同的理解，其中值得我们注意的，主要有以下三种。

1. 认为这里的"天道"指自然之理，"不窥牖，见天道"是因为人一旦达到了自然无为的境界，便能体悟到自然之理，故不需要通过看窗外来了解，如成玄英说："天道，自然之理也。隳体坐忘，不窥根窍，而真心内朗，睹见自然之道。此以智照真也。"[1]陈鼓应说："不望窗外，能够了解自然的法则。"[2]

2. 认为这里的"天道"即"道"，因为对"道"的体悟是通过清静无为来实现的，所以要"见天道"，不需要通过"窥牖"的方法。如范应元说："无为自然者，天道也，何待窥牖而见。"[3]刘笑敢说："这里的'天道'不限于'天之道'的意义，不限于自然界的道理，应该和本根之'道'是同义词。"[4]

3. 认为这里的"天道"指天象、天气及其运行变化的规律。一些学者认为，因为天人相感应，人的德行可以影响天体的运行、气候状况等，因此，由人的德行即可推知"天道"，而用不着去"窥牖"。如河上公说："圣人不出户以知天下者，以己身知人身，以己家知人家，所以见天下也。天道与人道同，天人相通，精气相贯。人君清静，天气自正；人君多欲，天气烦浊。吉凶利害，皆由于己。"[5]唐玄宗说："人天相应，精气交通，人君为政以德，则象纬以之不迷；威侮五行，则阴阳由其舛候。……是知行发于己，象著于天，岂俟窥牖然后见也？《易》曰：言行，君子所以动天地矣。"[6]

---

[1] 熊铁基、陈红星主编：《老子集成》第1卷，宗教文化出版社2011年版，第322页。
[2] 陈鼓应：《老子今注今译》，商务印书馆2003年版，第248页。
[3] 范应元：《老子道德经古本集注》，华东师范大学出版社2010年版，第83页。
[4] 刘笑敢：《老子古今》，中国社会科学出版社2006年版，第504页。
[5] 王卡点校：《老子道德经河上公章句》，中华书局1993年版，第183—184页。
[6] 熊铁基、陈红星主编：《老子集成》第1卷，宗教文化出版社2011年版，第489页。

一些当代学者亦有与此类似的解释，如任继愈说："天道，日月星辰运行的规律。"[①] 高明说："'天道'指天体运动规律。"[②]

由上文可见，对于"天道"的含义，以及前面的"天下"的含义，学者们众说纷纭，让人很难判定究竟孰对孰错。在本书第四章第一节中，笔者曾说过，要认识这里的"天下"及"天道"的含义，我们不妨采取一种特殊的思路：根据本章的论述，"不出户，知天下"是就圣人而言的，圣人想要"知天下"，可以足不出户，那么其言下之意，便是普通之人想要"知天下"，就须"出户"。"出户"干什么，无非就是两件事：一是观察、了解客观的事物；二是以此为基础，总结出其中的规律，即"理"。因此，这里的"天下"，既可以指天下的事物，也可以指天下的事理，当然也可以是上述两者兼而有之。再来看"不窥牖，见天道"，它指的是圣人想要"见天道"，可以不通过窗户往外望，同理，其言下之意是：人们"见天道"的通常做法或普通之人想要"见天道"，就需通过窗户往外望。通过窗户往外望能发现什么？无非亦是两个方面：一是天上的日月星辰等天体以及气候状况等，二是据此总结出来的天体运行和气候变化的规律。据此，则这里的"天道"，既可以指日月星辰等天体及气候状况，亦可以指天体运行和气候变化的规律，当然也可以是两者兼而有之。

至于为什么圣人能"不出门"而"知天下"，"不窥牖"而"见天道"，根本的原因，就在于圣人与"道"合一，而"道"是宇宙万物的本原，宇宙万物均是由"道"创生的，因此，有了对"道"的体悟和把握，自然就知道了"天下"和"天道"，此正如王弼所说："执古之道，可以御今；虽处于今，可以知古始。故不出户、窥牖，而可

[①] 任继愈：《老子绎读》，国家图书馆出版社2015年版，第104页。
[②] 高明：《帛书老子校注》，中华书局1996年版，第51页。

知也。"①

（二）"见天道"是否应改为"知天道"

这里需要讨论的是，"不出户，知天下；不窥牖，见天道"一段文字，傅奕本作"不出户，可以知天下；不窥牖，可以知天道"，《韩非子·喻老》所引《老子》作"不出于户，可以知天下；不窥于牖，可以知天道"，范应元《老子道德经古本集注》作"不出户，可以知天下；不窥牖，可以见天道"，帛书甲本作"不出于户，以知天下；不窥于牖，以知天道"（乙本残损）；等等。这其中，有的本子"户"和"牖"前有"于"字，有的本子"户"和"牖"后有"以"字，有的本子"户"和"牖"后有"可以"二字，但这些区别都不重要，因为加不加这些字对句意并无影响，这里值得我们注意的是：通行本"见天道"，《韩非子》所引《老子》、傅奕本及帛书本等均作"知天道"。对此，一些学者认为，这里应作"知天道"，而不应作"见天道"，如高明说："帛书甲、乙本'见'字作'知'，皆作'以知天道'。论之古籍，……此文当据帛书本订正为：'不出于户，以知天下。不窥于牖，以知天道。'"②刘笑敢说："就文义说，'天道'是抽象的，本不能'见'，改为'见天道'就与第十四章所说'视之不见'相冲突，所以并不恰当。"③

不过，笔者认为这里仍以作"见天道"为妥，理由如下。

一是历史上有代表性的《老子》本子如河上公本、王弼本、景龙碑本等多作"见天道"。

二是"见"字既有"看见"的意思，亦有"知道"的意思，如《淮南子·修务训》："今使六子者易事，而明弗能见者何？"对于其中

---

① 楼宇烈校释：《老子道德经注校释》，中华书局2008年版，第126页。
② 高明：《帛书老子校注》，中华书局1996年版，第51页。
③ 刘笑敢：《老子古今》，中国社会科学出版社2006年版，第501页。

的"见"字，高诱注曰："见，犹知也。"因此，刘笑敢说"'天道'是抽象的，本不能'见'"，这样的说法并不妥当。

三是根据前面所说，这里的"天道"，既可以指天体运行及气候状况，也可以指天体运行及气候变化的规律，而作为天体运行及气候状况，无疑是可以"看见"的，因此，作"见天道"，与前面的"知天下"相对，既可以使文字形式更丰富，又能恰当地表达意思，故这样的表述并无问题。

第七节　朴

"朴"也是《老子》中屡屡出现的概念，在老子思想中，"朴"主要有三个方面的含义：一是指"道"之本体，如第三十七章"化而欲作，吾将镇之以无名之朴"中的"朴"，指的就是"道"之本体；二是指质朴本真、浑厚整全，如第十五章"敦兮其若朴"、第五十七章"我无欲，而民自朴"等中的"朴"，都是这个意思；三是同时包含质朴本真和"道"双重含义，如第二十八章"复归于朴""朴散则为器"中的"朴"，就既可以指质朴本真，亦可以指"道"。

一、《老子》第三十七章中的"朴"指"道"之本体

道常无为而无不为。侯王若能守之，万物将自化。化而欲作，吾将镇之以无名之朴。无名之朴，夫亦将不欲。不欲以静，天下将自定。（第三十七章）

上引文字是《老子》第三十七章的全部内容，其大意为：道永远顺乎自然，不有意去做什么，实际上却没有什么不是其所做。侯王如果能持守它，万物将自然生长变化。在生长变化的过程中产生了贪欲，我将用"无名之朴"来使它安定。用"无名之朴"来使它安定，也就

不会产生贪欲。不产生贪欲而至于宁静，天下将会自然安定。这里值得我们注意的是"朴"及"无名之朴"的含义。

在本书本章第四节解释"无名之朴"的含义时，笔者曾说过，对于"无名之朴"，古今学者通常有三种理解，一是认为指没有名称的"道"，二是认为指"道"之真朴，三是认为指"道"。那么在前面三种理解中，哪一种理解又更为合理呢？笔者认为，指无名的"道"又要更恰当些。因为笔者在解释第一章"道可道，非常道"的含义时曾经说过，作为宇宙万物本原的"道"，包含本体和作用两个方面，其本体无声无形，不可言说，故"无名"；其作用可见可知，可以命名，故"有名"。而老子在这里之所以说"无名之朴"，意在用"无名"强调这里所说的"道"，指的是"道"的本体而非"道"的作用，因此，若把这里的"无名"直接释为"道"，便是把"道"的本体和作用混为一谈了。而这里的"朴"，指的才是"道"，但强调的是"道"的浑然整全、纯一不散的特性。

二、《老子》第二十八章中的"朴"既指质朴本真，亦指"道"

> 知其荣，守其辱，为天下谷。为天下谷，常德乃足，复归于朴。朴散则为器，圣人用之，则为官长，故大制不割。（第二十八章）

上引文字从"知其荣"至"复归于朴"，论述的是怎样修道得道；从"朴散则为器"至"故大制不割"，论述的则是得道之圣人如何对待天下万物，具体的方式则是设立"官长"，"大制不割"，即设官分职以统御天下万物，顺乎万物之本性，对万物不作割裂与损伤，无为而治，从而使万物能最终"复归于朴"。其中的"朴"字，具有质朴本真和"道"的双重含义。

（一）"复归于朴"中"朴"的双重内涵

"知其荣"中的"荣"，学者们多认为指尊贵、荣耀的意思；"守其辱"中的"辱",学者们多认为指卑辱,即卑微屈辱的意思,因此,所谓"知其荣,守其辱",就是知道尊荣,而安守卑辱的意思。具体而言,便是知道什么是尊荣,知道若安于尊荣,骄矜自得,卑辱就会随之降临,从而安守卑辱,却反而能得到或长保尊荣。

"为天下谷",意为做天下的"谷",这里的"谷",指的是山间深凹的低地,取其卑下空虚而能容物、应物之意。

对于"复归于朴"中的"朴"的含义,笔者认为,"朴"的本义指没有经过加工的木材,引申指淳朴、朴实的意思;因"道"具有浑然大全、自然无为等特性,与"朴"的含义相吻合,故亦可用"朴"来指"道"。关于"复归于朴"的具体含义,在本书第三章第二节中有具体的介绍,在此就不赘述了。

(二)"朴散则为器"的双重含义

由上文可知,"复归于朴"中的"朴"既可以指未经加工的木材或材料,也可以指"道"。因此,"朴散则为器"也可以作两种意义的理解,一种是释"朴"为未经加工的木材或材料,则"朴散则为器"意为把原来整全的材料分割或加工制成各种器物,如吴澄说:"木朴之未散也,抱其天质之全,及破碎其全,则散之而为所斫之器。"① 徐大椿说:"朴者,不雕不琢,无一物之形而具万物之质。散者,漓其本真,加以造作之工,一有造作则随人所为而成一器,此物不能为彼物,而太朴漓矣。"②

另一种是释"朴"为"道",则"朴散则为器"意为"道"散而为万物,亦即万物由"道"而生,并禀有"道"的特性,如河上公说:"道散则为神明,流为日月,分为五行也。"③ 蒋锡昌说:"'朴散则为器',言道散而为万物也。"④

---

① 熊铁基、陈红星主编:《老子集成》第5卷,宗教文化出版社2011年版,第623页。
② 熊铁基、陈红星主编:《老子集成》第9卷,宗教文化出版社2011年版,第677页。
③ 王卡点校:《老子道德经河上公章句》,中华书局1993年版,第115页。
④ 蒋锡昌:《老子校诂》,成都古籍书店1988年版,第191页。

有的学者则进一步借用《周易·系辞传》中的"形而上者谓之道,形而下者谓之器"来说明这里的"朴散则为器"的含义,如林希逸说:"太朴既散,而后有器,即形而上谓之道,形而下谓之器也。"① 魏源说:"朴不可以一器名,及太朴既散,而后形而上之道,为形而下之器矣。"②

所谓"形而上",指没有形;"形而下",指有形。"道"无形,所以属于"形而上";器有形,所以称为"形而下"。因此,把"朴散则为器"释为原来整全的材料分割或加工制成各种器物,是从其文字的本义上去理解的;把它释为"道"散而为万物,则亦可看作从其引申义上去理解的。而同时从上述两种含义来理解"朴散则为器",方可把握其完整的意义。

三、《老子》第十五、第十九章等中的"朴"指质朴本真、浑厚整全

敦兮其若朴。(第十五章)
见素抱朴,少私寡欲。(第十九章)
道常无名、朴,虽小,天下莫能臣。(第三十二章)
我无欲,而民自朴。(第五十七章)

关于上引四段文字中的"朴"的含义,学者们存在各种不同的理解,或认为指真朴,或认为指"道",等等。笔者认为,它们应指本真质朴、浑厚整全等意思,而不应指"道"。

(一)第十五章中的"敦兮其若朴"意为像原木一样淳厚质朴

在《老子》第十五章中,对古代善于修道、行道之人的形象作了

---

① 熊铁基、陈红星主编:《老子集成》第4卷,宗教文化出版社2011年版,第507页。
② 魏源:《老子本义》,华东师范大学出版社2010年版,第61页。

详细的描述，如"豫兮若冬涉川，犹兮若畏四邻，……敦兮其若朴，旷兮其若谷"，等等。其中的"敦兮其若朴"，意为：淳厚质朴啊，就像未经加工的木材。这里的"敦"，是淳厚、厚重的意思；朴，指原木，即未经加工成器的木材，强调的是其浑厚整全、未经雕琢的特性。对此，古今学者的理解较为一致。不过，关于"敦兮其若朴"整句话的含义，学者们则主要有以下两种理解。

一是认为它用来形容"善为士者"朴实无华，不事伪饰，如河上公说："内守精神，外无文采也。"[①] 焦竑说："若朴质而无文章也。"[②] 其中的"无文采""无文章"，都是指保持原先的质地，不作人为修饰的意思。

二是认为它用来指"善为士者"返本归真，恢复其天然的本性。如吕惠卿说："敦兮其若朴，复其初也。"[③] 魏源说："为道至于融释，则反本完真，乃能存天性之全而不雕于人伪，故若朴也。"[④]

笔者认为，以上两层意思是密切关联的：只有真正做到朴实无伪，才能回复人的天真本性；同样，人若回复到自身的天真本性，必是已做到了朴实无伪。因此，老子在此用"敦兮其若朴"，描绘的是"善为士者"无任何虚伪做作、质朴无华、如婴儿般天真纯洁的容态。

（二）第十九章"见素抱朴，少私寡欲"的实质内涵

第十九章中的"见素抱朴，少私寡欲"，直译的意思为：显现本色，持守质朴，减少私心和欲望。在不少学者看来，"素"和"朴"体现了"道"的特性，因此，他们通常认为，"见素抱朴"已是一种很高

---

① 王卡点校：《老子道德经河上公章句》，中华书局1993年版，第58页。
② 焦竑：《老子翼》，华东师范大学出版社2011年版，第37页。
③ 吕惠卿：《老子吕惠卿注》，华东师范大学出版社2015年版，第16页。
④ 魏源：《老子本义》，华东师范大学出版社2010年版，第39页。

的修养。如李荣说:"万境无染,见素也;守一不移,抱朴也。"① 董平说:"洞达本原,抱持天真,祛除各种相对价值的诱导,还归于'道'之本原的素朴"。②

另外,一些学者还认为,"见素抱朴"是"少私寡欲"的前提,即人只要能做到"见素抱朴",便自然会"少私寡欲"。如吕惠卿说:"素而不杂,朴而不散,则复乎性,而外物不能惑,而少私寡欲矣。"③ 范应元说:"不离素朴,则民见素抱朴,自然私少欲寡矣。"④

然而,如果"见素抱朴"是一种很高的修养,则把"少私寡欲"与之并列,总是让人觉得不太恰当,因为"少私寡欲"只是指减少私心和欲望,怎么能与"见素抱朴"相提并论呢?值得注意的是,为了使"少私寡欲"与"见素抱朴"处于相同的境界水平,有不少学者把"少私寡欲"解释为无私、公正、无欲无求等意思。如河上公说:"少私者,正无私也。寡欲者,当知足也。"⑤ 司马光说:"无我,无求。"⑥ 蒋锡昌亦认为,"少私寡欲"即"无私无欲"的意思。"此文'少私',即七章之'无私';'寡欲',即五十七章之'无欲'。"⑦

如果"少私寡欲"即"无私无欲"的意思,则把它与"见素抱朴"并列,当然就是很恰当的了。然而,笔者认为,把"少私寡欲"释为"无私无欲"终究不妥,因为"少"和"无"不是量的不同,而是质的不同,把两种性质上不同的东西混为一谈,是不可以的;"少私寡欲"应该理解为减少私心和欲望的意思,而不是没有私心和欲望的意思。

---

① 熊铁基、陈红星主编:《老子集成》第 1 卷,宗教文化出版社 2011 年版,第 359 页。
② 董平:《老子研读》,中华书局 2015 年版,第 110 页。
③ 吕惠卿:《老子吕惠卿注》,华东师范大学出版社 2015 年版,第 22 页。
④ 范应元:《老子道德经古本集注》,华东师范大学出版社 2010 年版,第 34 页。
⑤ 王卡点校:《老子道德经河上公章句》,中华书局 1993 年版,第 77 页。
⑥ 熊铁基、陈红星主编:《老子集成》第 2 卷,宗教文化出版社 2011 年版,第 544 页。
⑦ 蒋锡昌:《老子校诂》,成都古籍书店 1988 年版,第 122 页。

既然不能把"少私寡欲"的境界拔高，而老子又把它与"见素抱朴"并列而言，那么，唯一的可能，便是学者们把"见素抱朴"的境界人为地拔高了。在笔者看来，"见素抱朴"的"素"和"朴"并非从体现"道"的特性的层次而言，而是人们通常所理解的真实、质朴的意思，也就是说，"见素抱朴"就是指做人要真实，要保持质朴、不要虚伪的意思。这样来理解，则"见素抱朴"与"少私寡欲"便处于同一层次上了。因此，以下学者的观点无疑是很有启发意义的："不言守素而言见素，不言返朴而言抱朴，不言无私而言少私，不言绝欲而言寡欲。盖见素然后可以守素，抱朴然后可以返朴，少私然后可以无私，寡欲则致于不见所欲者也。"①"圣智仁义巧利一切弃绝，不复见用，则民从其化而返朴也。圣人惟恐后世学者担负不起，属之以易简，曰'见素抱朴，少私寡欲'，易取于人也。"②

因此，从通常的意义下去理解老子"见素抱朴"的含义，正可见出老子思想之平实、实用的一面，即老子不仅重视"道"，亦重视"术"。当然，这里所说的"术"，不是指耍心机、弄权术，而是指在"道"的原则的指导下，在现实生活中的具体运用，因此，李道纯所谓"圣人惟恐后世学者担负不起，属之以易简，……易取于人也"，可谓中的。

（三）第三十二章中"道常无名、朴，虽小"的"朴"的含义

对于第三十二章"道常无名、朴，虽小"中"朴"的含义，笔者在本书第一章第二节中曾指出，这里的"朴"，应当释为形容词的质朴、浑然整全的意思，而不应释为名词性的"道"。因此，所谓"道常无名、朴，虽小"，意即"道"永远是没有名、浑然整全的，虽然微妙无形。

---

① 容肇祖：《王安石老子注辑本》，中华书局1979年版，第25页。
② 熊铁基、陈红星主编：《老子集成》第5卷，宗教文化出版社2011年版，第9页。

最后，对于第五十七章"我无欲，而民自朴"中的"朴"，学者们多释为淳朴、朴实的意思，因此，所谓"我无欲，而民自朴"，意即我没有贪欲，人民自然淳朴，如唐玄宗说："人君诚能内守冲和，外无营欲，则下之感化自淳朴也。"① 陈鼓应说："我没有贪欲，人民就自然朴实。"② 因为统治者没有贪欲，则上行下效，民众自然也就归于淳朴，这个道理是比较好理解的。

第八节 "无极"与"冲气"

在《老子》中，与"道"相关的重要概念还有"无极""冲气"等。"无极"的概念见于第二十八章："复归于无极"；"冲气"的概念见于第四十二章："冲气以为和"。不过，关于"无极"和"冲气"的确切含义，古今学者存在诸多的争议，需要我们作出深入的分析。

一、《老子》第二十八章中的"无极"意为没有穷尽的"道"

> 知其白，守其黑，为天下式。为天下式，常德不忒，复归于无极。（第二十八章）

上引文字讲述了修道得道的具体方法，即在明知"白"即光明、明白的好处的前提下，却不执着于光明、明白，而是去安守"黑"即晦暗、暗昧，从而达到对"道"的体悟。

关于这里的"无极"的含义，学者们主要有两种理解：一种认为，"无极"就是无穷极即没有穷尽的意思；另一种认为，这里的"无极"即"道"。笔者认为，这里的"无极"，即是没有穷尽的意思；而

---

① 熊铁基、陈红星主编：《老子集成》第 1 卷，宗教文化出版社 2011 年版，第 498 页。
② 陈鼓应：《老子今注今译》，商务印书馆 2003 年版，第 282 页。

根据老子的思想逻辑，宇宙间的一切，包括天地，均有生死成毁，只有"道"无始无终，无穷无尽，故这里的"无极"，指的即是"道"。关于该段文字的具体含义，笔者在本书第三章第二节中有具体的介绍，兹不赘述。

二、《老子》第四十二章中的"冲气"之所指

万物负阴而抱阳，冲气以为和。（第四十二章）

关于上引文字中的"冲气"，学者们有各种不同的理解，或认为"冲气"即"道生一"中的"一"，或认为"冲气"指激荡阴阳之气，等等。笔者认为，这里的"冲气"，即冲虚之气，实即指"道"。

（一）充满争议的"负阴而抱阳"

对于"万物负阴而抱阳"的含义，学者们有诸种不同的理解，其中值得我们注意的，主要有以下三种。

1. 认为"负阴而抱阳"指既有阴、又有阳，即蕴含着阴阳的意思，如林希逸说："万物之生，皆抱负阴阳之气。"[①] 张松如说："万物内涵着阴又包容着阳。"[②]

2. 认为"负阴而抱阳"指背阴向阳即背对着阴、面向着阳的意思，如陆希声说："然万物之生也，莫不背阴而向阳。"[③] 陈鼓应说："万物背阴而向阳。"[④]

3. 认为"负阴而抱阳"指人或动物等的后面是阴气，前面是阳气，如吴澄说："万物皆以三者而生，故其生也，后负阴，前抱阳。"[⑤] 焦竑

---

① 熊铁基、陈红星主编：《老子集成》第4卷，宗教文化出版社2011年版，第513页。
② 张松如：《老子说解》，齐鲁书社1998年版，第246页。
③ 熊铁基、陈红星主编：《老子集成》第1卷，宗教文化出版社2011年版，第604页。
④ 陈鼓应：《老子今注今译》，商务印书馆2003年版，第237页。
⑤ 熊铁基、陈红星主编：《老子集成》第5卷，宗教文化出版社2011年版，第631页。

说:"凡动物背止于后,阴静也;耳目口鼻居前,阳动也。故曰'负阴抱阳'。"[1]

当代学者多持上述第一种理解。笔者认为,第一种理解确实是比较合理的,因为阴阳是矛盾对立的两个方面,任何事物都是对立面的统一,正是此对立面的统一、和谐共存,使事物得以保持稳定的状态;同时,也正是此对立面的互相斗争,彼此间力量的消长,推动着事物向前发展。所以老子说"万物负阴而抱阳",即万物蕴含着阴和阳,这样的思想是十分深刻的,揭示了事物内在的本质。上述第二种理解,把"负阴抱阳"释为背阴向阳,虽然也在某种程度上反映了事物的某种共性,但未免有绝对化之嫌,因为我们不能说天地间的所有事物都是背阴而向阳的,也有不少生物是喜阴而忌阳的。而且,把"负阴抱阳"释为背阴向阳,亦有把深刻的哲理平庸化之嫌。至于第三种理解,其实质与第一种是一样的,即它也认为万物都蕴含阴和阳,只是它认为阴在后面而阳在前面,所说虽不无道理,但未免显得过于拘泥。

(二)"冲气"的含义:冲虚之气,还是摇动阴阳之气?

对于"冲气以为和"的含义,学者们也是众说纷纭,迄今未能统一。其中值得我们注意的,主要有以下三种理解。

1. 认为这里的"冲气"即"道生一"中的"一","冲气以为和"指冲气使万物得以柔和或使阴阳得以调和。如唐玄宗说:"一者冲气也,……万物得阴阳冲气生成之故,故负抱阴阳,含养冲气,以为柔和也。"[2] 吴澄说:"道自无中生出冲虚之一气,冲虚一气生阳生阴,……和谓阴阳适均而不偏胜。万物之生以此冲气,既生之后,亦必以此冲气为用,乃为不失其本。"[3]

---

[1] 焦竑:《老子翼》,华东师范大学出版社2011年版,第110页。
[2] 熊铁基、陈红星主编:《老子集成》第1卷,宗教文化出版社2011年版,第434页。
[3] 熊铁基、陈红星主编:《老子集成》第5卷,宗教文化出版社2011年版,第631页。

2. 认为"冲气"的"冲"是"虚"的意思，因此，"冲气以为和"指无形之虚气使阴阳得以调和。如奚侗说："虚则气通，而阴阳和调。"① 张默生说："'冲'，有'虚'字义，……万物之所以成万物，又必须有虚灵之气调和其间，否则万物是不能成的。"②

3. 认为"冲气"的"冲"不是"虚"的意思，而是摇动的意思，"冲气以为和"，指摇动阴阳之气使调和的意思。如蒋锡昌说："《说文》：'冲，涌摇也'；此字老子用以形容牝牡相合时，摇动精气之状，甚为确切。'气'指阴阳之精气而言。'和'者，阴阳精气互相调和也。……'冲气以为和'，言摇动精气以为调和也。"③ 张松如说："这阴阳两气互相激荡而为和。"④

笔者认为，按照老子的思想逻辑来进行分析，万物皆由"道"而生，万物产生后，皆禀有"道"的特性，而且，正是此"道"的特性，使万物（包括人）得以生存和发展，如第六十二章说："道者，万物之奥。善人之宝，不善人之所保。"而"虚"正是"道"的重要特性，如《老子》第四章中说："道冲，而用之或不盈"，对于其中的"冲"字的含义，学者们大多解释为"虚"，即空虚、虚无。因此，把这里的"冲"释为"虚"，认为是虚气（实即是"道"）使万物得以保持和顺、和谐的状态，这样的解释是比较顺畅的，也契合老子的思想宗旨，而且历史上有不少学者亦一直都是这么理解的。若把"冲"释为摇动、震荡，认为"冲气"是阴阳之气互相激荡，这样虽然也能说通，但是我们很难从《老子》一书中找到其他与之相关的论述，因此难免让人怀疑这样的解释是否符合老子的本意。

---

① 熊铁基、陈红星主编：《老子集成》第13卷，宗教文化出版社2011年版，第18页。
② 张默生：《老子章句新释》，成都古籍书店1988年版，第56—57页。
③ 蒋锡昌：《老子校诂》，成都古籍书店1988年版，第280—281页。
④ 张松如：《老子说解》，齐鲁书社1998年版，第246页。

附　录

《老子》

一　章

道可道，非常道；名可名，非常名。无名，天地之始；有名，万物之母。故常无欲，以观其妙；常有欲，以观其徼。此两者同出而异名，同谓之玄。玄之又玄，众妙之门。

二　章

天下皆知美之为美，斯恶已；皆知善之为善，斯不善已。故有无相生，难易相成，长短相形，高下相倾，音声相和，前后相随。是以圣人处无为之事，行不言之教；万物作焉而不辞，生而不有，为而不恃，功成而弗居。夫唯弗居，是以不去。

三　章

不尚贤，使民不争；不贵难得之货，使民不为盗；不见可欲，使民心不乱。是以圣人之治，虚其心，实其腹，弱其志，强其骨。常使民无知无欲，使夫智者不敢为也。为无为，则无不治。

四 章

道冲，而用之或不盈。渊兮，似万物之宗。挫其锐，解其纷，和其光，同其尘。湛兮，似或存。吾不知谁之子，象帝之先。

五 章

天地不仁，以万物为刍狗；圣人不仁，以百姓为刍狗。天地之间，其犹橐籥乎？虚而不屈，动而愈出。多言数穷，不如守中。

六 章

谷神不死，是谓玄牝。玄牝之门，是谓天地根。绵绵若存，用之不勤。

七 章

天长地久。天地所以能长且久者，以其不自生，故能长生。是以圣人后其身而身先，外其身而身存。非以其无私邪？故能成其私。

八 章

上善若水。水善利万物而不争，处众人之所恶，故几于道。居善地，心善渊，与善仁，言善信，正善治，事善能，动善时。夫唯不争，故无尤。

九　章

持而盈之，不如其已。揣而锐之，不可长保。金玉满堂，莫之能守。富贵而骄，自遗其咎。功遂身退，天之道。

十　章

载营魄抱一，能无离乎？专气致柔，能婴儿乎？涤除玄览，能无疵乎？爱民治国，能无为乎？天门开阖，能为雌乎？明白四达，能无知乎？生之，畜之，生而不有，为而不恃，长而不宰，是谓玄德。

十一章

三十辐，共一毂，当其无，有车之用。埏埴以为器，当其无，有器之用。凿户牖以为室，当其无，有室之用。故有之以为利，无之以为用。

十二章

五色令人目盲，五音令人耳聋，五味令人口爽，驰骋畋猎令人心发狂，难得之货令人行妨。是以圣人为腹不为目，故去彼取此。

十三章

宠辱若惊，贵大患若身。何谓宠辱若惊？宠为下，得之若惊，失之若惊，是谓宠辱若惊。何谓贵大患若身？吾所以有大患者，为吾有身，及吾无身，吾有何患？故贵以身为天下，若可托天下；爱以身为天下，若可寄天下。

十四章

视之不见，名曰夷；听之不闻，名曰希；搏之不得，名曰微。此三者不可致诘，故混而为一。其上不皦，其下不昧，绳绳兮不可名，复归于无物。是谓无状之状，无物之象，是谓惚恍。迎之不见其首，随之不见其后。执今之道，以御今之有，能知古始，是谓道纪。

十五章

古之善为士者，微妙玄通，深不可识。夫唯不可识，故强为之容：豫兮若冬涉川，犹兮若畏四邻，俨兮其若客，涣兮其若凌释，敦兮其若朴，旷兮其若谷，混兮其若浊。孰能浊以静之徐清？孰能安以动之徐生？保此道者，不欲盈。夫唯不盈，故能敝复成。

十六章

致虚极，守静笃。万物并作，吾以观复。夫物芸芸，各复归其根。归根曰静，静曰复命，复命曰常，知常曰明。不知常，妄作凶。知常容，容乃公，公乃王，王乃天，天乃道，道乃久，没身不殆。

十七章

太上，下知有之；其次，亲而誉之；其次，畏之；其次，侮之。

信不足，焉有不信。犹兮其贵言。功成事遂，百姓皆谓我自然。

十八章

大道废，有仁义；智慧出，有大伪；六亲不和，有孝慈；国家昏乱，有忠臣。

十九章

绝圣弃智，民利百倍；绝仁弃义，民复孝慈；绝巧弃利，盗贼无有。此三者，以为文不足，故令有所属：见素抱朴，少私寡欲。

二十章

绝学无忧。唯之与阿，相去几何？美之与恶，相去何若？人之所畏，不可不畏。荒兮，其未央哉！众人熙熙，如享太牢，如春登台。我独泊兮，其未兆，如婴儿之未孩；儽儽兮，若无所归。众人皆有余，而我独若遗。我愚人之心也哉！沌沌兮！俗人昭昭，我独昏昏；俗人察察，我独闷闷。澹兮其若海，兮若无止。众人皆有以，而我独顽且鄙。我独异于人，而贵食母。

二十一章

孔德之容，惟道是从。道之为物，惟恍惟惚。惚兮恍兮，其中有象；恍兮惚兮，其中有物。窈兮冥兮，其中有精；其精甚真，其中有信。自今及古，其名不去，以阅众甫。吾何以知众甫之然哉？以此。

二十二章

曲则全,枉则直,洼则盈,敝则新,少则得,多则惑。是以圣人抱一为天下式。不自见,故明;不自是,故彰;不自伐,故有功;不自矜,故长。夫唯不争,故天下莫能与之争。古之所谓"曲则全"者,岂虚言哉?诚全而归之。

二十三章

希言自然。飘风不终朝,骤雨不终日。孰为此者?天地。天地尚不能久,而况于人乎?故从事于道者,同于道;德者,同于德;失者,同于失。同于道者,道亦得之;同于德者,德亦得之;同于失者,失亦得之。信不足,焉有不信。

二十四章

企者不立,跨者不行。自见者不明,自是者不彰,自伐者无功,自矜者不长。其在道也,曰余食赘行,物或恶之,故有道者不处。

二十五章

有物混成,先天地生。寂兮寥兮,独立而不改,周行而不殆,可以为天下母。吾不知其名,字之曰道,强为之名曰大。大曰逝,逝曰远,远曰反。故道大,天大,地大,王亦大。域中有四大,而王居其一焉。人法地,地法天,天法道,道法自然。

二十六章

重为轻根,静为躁君。是以君子终日行不离辎重。虽有荣观,燕处超然。奈何万乘之主而以身轻天下?轻则失本,躁则失君。

二十七章

善行,无辙迹;善言,无瑕谪;善数,不用筹策;善闭,无关楗而不可开;善结,无绳约而不可解。是以圣人常善救人,故无弃人;常善救物,故无弃物。是谓袭明。故善人者,不善人之师;不善人者,善人之资。不贵其师,不爱其资,虽智大迷,是谓要妙。

二十八章

知其雄,守其雌,为天下谿。为天下谿,常德不离,复归于婴儿。知其白,守其黑,为天下式。为天下式,常德不忒,复归于无极。知其荣,守其辱,为天下谷。为天下谷,常德乃足,复归于朴。朴散则为器,圣人用之,则为官长,故大制不割。

二十九章

将欲取天下而为之,吾见其不得已。天下神器,不可为也。为者败之,执者失之。故物或行或随,或嘘或吹,或强或羸,或载或隳。是以圣人去甚,去奢,去泰。

三十章

　　以道佐人主者，不以兵强天下。其事好还。师之所处，荆棘生焉。大军之后，必有凶年。善者果而已，不敢以取强。果而勿矜，果而勿伐，果而勿骄，果而不得已，是谓果而勿强。物壮则老，是谓不道，不道早已。

三十一章

　　夫佳兵者，不祥之器，物或恶之，故有道者不处。君子居则贵左，用兵则贵右。兵者不祥之器，非君子之器，不得已而用之，恬淡为上。胜而不美，而美之者，是乐杀人。夫乐杀人者，则不可以得志于天下矣。吉事尚左，凶事尚右。偏将军居左，上将军居右，言以丧礼处之。杀人众多，以悲哀泣之；战胜，以丧礼处之。

三十二章

　　道常无名、朴、虽小，天下莫能臣。侯王若能守之，万物将自宾。天地相合，以降甘露，民莫之令而自均。始制有名，名亦既有，夫亦将知止，知止所以不殆。譬道之在天下，犹川谷之与江海。

三十三章

　　知人者智，自知者明。胜人者有力，自胜者强。知足者富。强行者有志。不失其所者久，死而不亡者寿。

三十四章

大道泛兮,其可左右。万物恃之而生而不辞,功成不名有。衣养万物而不为主,常无欲,可名于小;万物归焉而不为主,可名为大。是以圣人终不为大,故能成其大。

三十五章

执大象,天下往。往而不害,安平太。乐与饵,过客止。道之出口,淡乎其无味,视之不足见,听之不足闻,用之不可既。

三十六章

将欲歙之,必固张之;将欲弱之,必固强之;将欲废之,必固兴之;将欲夺之,必固与之。是谓微明。柔弱胜刚强。鱼不可脱于渊,国之利器不可以示人。

三十七章

道常无为而无不为。侯王若能守之,万物将自化。化而欲作,吾将镇之以无名之朴。无名之朴,夫亦将不欲。不欲以静,天下将自定。

三十八章

上德不德,是以有德;下德不失德,是以无德。上德无为而无以为,下德为之而有以为。上仁为之而无以为,上义为之而有以为。上礼为之而莫之应,则攘臂而扔之。故失道而后德,失德而后仁,失仁而后义，失义而后礼。夫礼者，忠信之薄，而乱之首。前识者，道之华，而愚之始。是以大丈夫处其厚，不居其薄；处其实，不居其华。故去彼取此。

三十九章

昔之得一者：天得一以清，地得一以宁，神得一以灵，谷得一以盈，万物得一以生，侯王得一以为天下正。其致之，天无以清，将恐裂；地无以宁，将恐发；神无以灵，将恐歇；谷无以盈，将恐竭；万物无以生，将恐灭；侯王无以贵高，将恐蹶。故贵以贱为本，高以下为基。是以侯王自谓孤、寡、不谷。此其以贱为本邪？非乎？故致数舆无舆。不欲琭琭如玉，珞珞如石。

四十章

反者道之动，弱者道之用。天下万物生于有，有生于无。

四十一章

上士闻道，勤而行之；中士闻道，若存若亡；下士闻道，大笑之，不笑，不足以为道。故建言有之：明道若昧，进道若退，夷道若颣，上德若谷，大白若辱，广德若不足，建德若偷，质真若渝，大方无隅，大器晚成，大音希声，大象无形，道隐无名。夫唯道，善贷且成。

四十二章

道生一,一生二,二生三,三生万物。万物负阴而抱阳,冲气以为和。人之所恶,唯孤、寡、不谷,而王公以为称。故物或损之而益,或益之而损。人之所教,我亦教之。强梁者不得其死,吾将以为教父。

四十三章

天下之至柔,驰骋天下之至坚。无有入无间,吾是以知无为之有益。不言之教,无为之益,天下希及之。

四十四章

名与身孰亲?身与货孰多?得与亡孰病?甚爱必大费,多藏必厚亡。故知足不辱,知止不殆,可以长久。

四十五章

大成若缺,其用不弊。大盈若冲,其用不穷。大直若屈,大巧若拙,大辩若讷。躁胜寒,静胜热,清静为天下正。

四十六章

天下有道,却走马以粪;天下无道,戎马生于郊。罪莫大于可欲,祸莫大于不知足,咎莫大于欲得。故知足之足,常足矣。

四十七章

不出户，知天下；不窥牖，见天道。其出弥远，其知弥少。是以圣人不行而知，不见而名，不为而成。

四十八章

为学日益，为道日损。损之又损，以至于无为。无为而无不为。取天下常以无事，及其有事，不足以取天下。

四十九章

圣人无常心，以百姓心为心。善者，吾善之；不善者，吾亦善之，德善。信者，吾信之；不信者，吾亦信之，德信。圣人在天下，歙歙焉，为天下浑其心。百姓皆注其耳目，圣人皆孩之。

五十章

出生入死。生之徒，十有三；死之徒，十有三；人之生生，动之死地，亦十有三。夫何故？以其生生之厚。盖闻善摄生者，陆行不遇兕虎，入军不被甲兵；兕无所投其角，虎无所措其爪，兵无所容其刃。夫何故？以其无死地。

五十一章

道生之，德畜之，物形之，势成之。是以万物莫不尊道而贵德。道之尊，德之贵，夫莫之命而常自然。故道生之，德畜之，长之育之，亭之毒之，养之覆之。生而不有，为而不恃，长而不宰，是谓玄德。

五十二章

天下有始，以为天下母。既得其母，以知其子；既知其子，复守其母，没身不殆。塞其兑，闭其门，终身不勤；开其兑，济其事，终身不救。见小曰明，守柔曰强。用其光，复归其明，无遗身殃，是谓袭常。

五十三章

使我介然有知，行于大道，唯施是畏。大道甚夷，而民好径。朝甚除，田甚芜，仓甚虚；服文采，带利剑，厌饮食，财货有余，是谓盗夸。非道也哉！

五十四章

善建者不拔，善抱者不脱，子孙以祭祀不辍。修之身，其德乃真；修之家，其德乃余；修之乡，其德乃长；修之邦，其德乃丰；修之天下，其德乃普。故以身观身，以家观家，以乡观乡，以邦观邦，以天下观天下。吾何以知天下之然哉？以此。

五十五章

含德之厚，比于赤子。蜂虿虺蛇不螫，猛兽不据，攫鸟不搏。骨弱筋柔而握固，未知牝牡之合而朘作，精之至也。终日号而不嗄，和之至也。知和曰常，知常曰明，益生曰祥，心使气曰强。物壮则老，谓之不道，不道早已。

五十六章

知者不言，言者不知。塞其兑，闭其门，挫其锐，解其纷，和其光，同其尘，是谓玄同。故不可得而亲，不可得而疏；不可得而利，不可得而害；不可得而贵，不可得而贱。故为天下贵。

五十七章

以正治国，以奇用兵，以无事取天下。吾何以知其然哉？以此：天下多忌讳，而民弥贫；民多利器，国家滋昏；人多伎巧，奇物滋起；法令滋彰，盗贼多有。故圣人云："我无为，而民自化；我好静，而民自正；我无事，而民自富；我无欲，而民自朴。"

五十八章

其政闷闷，其民淳淳；其政察察，其民缺缺。祸兮，福之所倚；福兮，祸之所伏。孰知其极？其无正？正复为奇，善复为妖。人之迷，其日固久。是以圣人方而不割，廉而不刿，直而不肆，光而不耀。

五十九章

治人事天，莫若啬。夫唯啬，是以早服；早服，谓之重积德；重积德，则无不克；无不克，则莫知其极；莫知其极，可以有国；有国之母，可以长久。是谓深根固柢、长生久视之道。

六十章

治大国，若烹小鲜。以道莅天下，其鬼不神；非其鬼不神，其神不伤人；非其神不伤人，圣人亦不伤人。夫两不相伤，故德交归焉。

六十一章

大国者下流，天下之交；天下之牝，牝常以静胜牡，以其静，故为下也。故大国以下小国，则取小国；小国以下大国，则取大国。故或下以取，或下而取。大国不过欲兼畜人，小国不过欲入事人。夫两者各得其所欲，大者宜为下。

六十二章

道者，万物之奥。善人之宝，不善人之所保。美言可以市，尊行可以加人。人之不善，何弃之有？故立天子，置三公，虽有拱璧以先驷马，不如坐进此道。古之所以贵此道者何？不曰求以得，有罪以免邪？故为天下贵。

六十三章

为无为，事无事，味无味。大小多少，报怨以德。图难于其易，为大于其细。天下难事，必作于易；天下大事，必作于细。是以圣人终不为大，故能成其大。夫轻诺必寡信，多易必多难。是以圣人犹难之，故终无难矣。

六十四章

其安易持，其未兆易谋，其脆易泮，其微易散。为之于未有，治之于未乱。合抱之木，生于毫末；九层之台，起于累土；千里之行，始于足下。为者败之，执者失之。是以圣人无为故无败，无执故无失。民之从事，常于几成而败之。慎终如始，则无败事。是以圣人欲不欲，不贵难得之货；学不学，复众人之所过。以辅万物之自然，而不敢为。

六十五章

古之善为道者，非以明民，将以愚之。民之难治，以其智多。故以智治国，国之贼；不以智治国，国之福。知此两者亦稽式。常知稽式，是谓玄德。玄德深矣，远矣，与物反矣，然后乃至大顺。

六十六章

江海所以能为百谷王者，以其善下之，故能为百谷王。是以圣人欲上民，必以言下之；欲先民，必以身后之。是以圣人处上而民不重，处前而民不害。是以天下乐推而不厌。以其不争，故天下莫能与之争。

六十七章

天下皆谓我道大，似不肖。夫唯大，故似不肖。若肖，久矣其细也夫。我有三宝，持而宝之。一曰慈，二曰俭，三曰不敢为天下先。慈，故能勇；俭，故能广；不敢为天下先，故能成器长。今舍慈且勇，舍俭且广，舍后且先，死矣！夫慈，以战则胜，以守则固。天将救之，以慈卫之。

六十八章

善为士者,不武;善战者,不怒;善胜敌者,不与;善用人者,为之下。是谓不争之德,是谓用人之力,是谓配天,古之极也。

六十九章

用兵有言:"吾不敢为主,而为客;不敢进寸,而退尺。"是谓行无行,攘无臂,执无兵,扔无敌。祸莫大于轻敌,轻敌几丧吾宝。故抗兵相若,哀者胜矣。

七十章

吾言甚易知,甚易行。天下莫能知,莫能行。言有宗,事有君。夫唯无知,是以不我知。知我者希,则我贵矣。是以圣人被褐怀玉。

七十一章

知不知,上;不知知,病。是以圣人不病。以其病病,是以不病。

七十二章

民不畏威,则大威至。无狎其所居,无厌其所生。夫唯不厌,是以不厌。是以圣人自知不自见,自爱不自贵。故去彼取此。

七十三章

勇于敢则杀,勇于不敢则活。此两者,或利或害。天之所恶,孰知其故?天之道,不争而善胜,不言而善应,不召而自来,然而善谋。天网恢恢,疏而不失。

七十四章

民不畏死,奈何以死惧之?若使民常畏死,而为奇者,吾得执而杀之,孰敢?若民常且必畏死,则常有司杀者杀。夫代司杀者杀,是谓代大匠斫。夫代大匠斫者,希有不伤其手矣。

七十五章

民之饥,以其上食税之多,是以饥。民之难治,以其上之有为,是以难治。民之轻死,以其求生之厚,是以轻死。夫唯无以生为者,是贤于贵生。

七十六章

人之生也柔弱,其死也坚强;草木之生也柔脆,其死也枯槁。故坚强者死之徒,柔弱者生之徒。是以兵强则不胜,木强则共。强大处下,柔弱处上。

七十七章

天之道,其犹张弓与?高者抑之,下者举之;有余者损之,不足者补之。天之道，损有余而补不足。人之道则不然，损不足以奉有余。孰能有余以奉天下？唯有道者。是以圣人为而不恃，功成而不处，其不欲见贤。

七十八章

天下莫柔弱于水，而攻坚强者莫之能胜，以其无以易之也。柔之胜刚，弱之胜强，天下莫不知，莫能行。是以圣人云："受国之垢，是谓社稷主；受国不祥，是谓天下王。"正言若反。

七十九章

和大怨，必有余怨，安可以为善？是以圣人执左契，而不责于人。故有德司契，无德司彻。天道无亲，常与善人。

八十章

小国寡民。使有什伯之器而不用，使民重死而不远徙。虽有舟舆，无所乘之；虽有甲兵，无所陈之。使民复结绳而用之。甘其食，美其服，安其居，乐其俗。邻国相望，鸡犬之声相闻，民至老死，不相往来。

八十一章

信言不美，美言不信。善者不辩，辩者不善。知者不博，博者不知。圣人不积，既以为人己愈有，既以与人己愈多。天之道，利而不害；圣人之道，为而不争。